Nicolao Herminier

Tractatus de Sacramentis Tomus Primus

Nicolao Herminier

Tractatus de Sacramentis Tomus Primus

ISBN/EAN: 9783742808790

Manufactured in Europe, USA, Canada, Australia, Japa

Cover: Foto ©Andreas Hilbeck / pixelio.de

Manufactured and distributed by brebook publishing software
(www.brebook.com)

Nicolao Herminier

Tractatus de Sacramentis Tomus Primus

Ad Simplicem usum Fratris Joseph
Mariae a S. Gennaro Clerici; postea ad
Conventum Divi Bonaventurae
Urbis // Ai Tibe

PRÆFATIO.

QUÆ fuit hactenus erga varios NICOLAI L'HERMINIER Libros Theologiæ candidatorum propensio, quam quidem nemo nescit maximam extitisse, ea futurum id esse pollicetur ut qui nunc paulo post Autoris funus prodeunt in lucem de Sacramentorum argumento Tractatus, ii bonam gratiam aditusque patentes apud sacræ disciplinæ studiosos facile consequantur. Ibit enim in rempublicam litterariam sine parente liber posthumus, non tamen omni destitutus præsidio, quoniam ibit fama parentis superstite stipatus. Tamen operæ pretium esse visum est efficere ut liber in fronte gereret imaginem aliquam autoris, speciemque ejus leviter descriptam legentium oculis exhiberet. Quippe qua sumus ætate ut librorum sic etiam hominum qui scripsere libros, præcipue postquam fato functi sunt, summus aliquis amor tenet homines litteratos magnaque discendi cupido, qua ex tellure procreati illi fuerint & qua præditi natura, quot & quas litteris typisque mandaverint scriptiones, quam demum in vita personam sustinuerint. Atque hic amor usque adeo nonnullorum incessit animos, ut si de aliquo scribis autore, quicumque ille est, id forte unum debeas metuere ne etiam qui multa scribis pauca videaris scripsisse. Haud erit tamen de operis istius Scriptore sermo longus & copiosus: neque enim aut vita ejus aut Historia scribitur; sed levis affingitur adumbratio viri, quam quidem ne laudationem dixeris sed brevem earum rerum, quæ ad illum pertinent, nudamque narrationem.

NICOLAUS L'HERMINIER natus est in Gallia in oppido Sancti Ulphacii apud Cenomanos die 11. Novembris anno 1657. Ubi primum per ætatem factus erat litteris maturus, in ipsam urbem Cenomanum se contulit, ibique humanas didicit litteras & Logicæ operam dedit. Deinde vero Tonsura prima jam initiatus anno 1671, tum Parisios ad Urbem Regni principem & domicilium bonarum artium accessit, cursuque Philosophiæ, ut vocant, in Academia Parisiensi confecto, Sacræ Theologiæ animum adjecit atque in Scholis Sorbonicis auditor assedit. Die 12. Decembris anno 1682. Baccalaureatus gradum adeptus est; licentiam Theologicam postea emensus per annos 1686. & 1687. lauream vero Doctoralem die 31. Martii anno 1689. consecutus.

Vir fuit ingeniosus & subtilis qui argute cogitaret & acute; cogitationes suas redigendi in ordinem lucidum scientissimus; ex quo accidebat ut perspicue diceret quæcumque sentiebat; non captator elegantiarum, sed anguste differens ad Dialecticorum morem in quorum disciplina sese exercuerat. Ut his erat dotibus instructus, aptissimusque proinde ad docendum, sic ipse, hortantibus etiam amicis, ducem ac Magistrum Nobilissimis se commodavit juvenibus, qui ad domum ejus velut ad Scholam privatam facto deinceps agmine confluxerunt, Theologica argumenta cum eo versaturi & quid ex uno quoque genere quæstionum sumendum foret ab illo accepturi. Jam tum enim contigerat ut essent aliqui Theologiæ exercitati præceptores, qui privatis candidatorum studiis subvenirent & opitularentur ad discendum, veluti opportunæ ac benignæ ingeniorum obstetrices. Quoniam vero in usu consuetudineque alios docendi non solum doctrina, sed etiam quæ doctrinæ incrementa sunt ac lumina comparantur, dicendi ac disputandi methodus nitida, copiaque & potestas rerum ut commodissime aptissimeque pertractentur; ita evasit ille in dies ex illis exercitationibus domesticis doctus magis scribendique de rebus Theologicis facultatem contraxit.

Et vero jam ipso anno 1700. *Summam Theologicam ad usum Scholæ accommodatam* divulgare cœpit misitque primum in lucem Tractatum, *De Attributis*, *SS. Trinitate & Angelis*, annisque subinde volventibus varios de præcipuis Theologiæ argumentis Tractatus edidit, quorum plerique iterum ac sæpius mandati typis fuerunt. Etenim placuit multis methodus, qua conscripti erant, simplex & perlucida; ordine ac distributione res etiam quæ caliginosæ maxime sunt ita subigens ac

com-

componens ut splendidis cogat luminibus collucere; reconditæ & longius quæsitæ parca doctrinæ quo magis consulat perspicuitati. Illud etiam visum fuit, ubi primum Tractatus de proprietatibus Dei prodiisset, Theologum illum non insistere semper tritis aliorum Theologorum vestigiis, sed sequi potius hanc Durandi de S. Porciano legem quam in Præfatione in 4. Libros sententiarum & sibi & cæteris ita præcepit: *Methodus autem loquendi ac scribendi in cæteris quæ fidem non tangunt, est ut magis innitamur rationi quam authoritati cujusque Doctoris, quantumcumque celebris vel solemnis*; nimirum ipsius Divi Thomæ methodo obstiterat non leviter, quandoquidem ex quinque argumentis, quibus Doctor Angelicus effecit Deum esse, quatuor veluti caduca & vacua censoria animadversione ablegavit, unumque duntaxat esse scripsit firmum & grave quod retineri deberet. Factum quidem confidenter, quod aliquis Theologorum hucusque non fecerat: immo vero anno 1691. Rector & Professores Academiæ Parisiensis adhibita consultatione constituerant ut ex iis universi ab ista longe abhorrerent propositione quam nonnulli eorum ferebantur docuisse: *Il faut réjetter toutes les raisons dont les Théologiens & les Philosophes se sont servi jusqu'ici avec Saint Thomas, pour démontrer qu'il y a un Dieu*. Et quidem non universas S. Thomæ rationes Theologus recentior everterat, sed maximam, quod utique non leve erat, argumentorum ejus partem. Iste porro hominis conatus, quem Diarium Trevoltianum anni 1701. mensibus Maio & Junio reipublicæ litterariæ renuntiaverat, non injucundus Baylo accidit, utpote qui in Dictionario critico ad articulum *Zabarella* rem commemoravit; ratus enim vero uti credibile est, ab illo exemplo veniam dari sibi quod rationibus prope universis quæ Deum existere probant nefarie invidens earum obtrectator passim extitisset. Tamen novæ summæ Theologicæ autoris ratio longissime a Bayli impietate discrepabat; ille enim constituerat primum probari ratione facile posse Deum esse, momentisque evidentibus probaverat ipse: quæ res a Baylo tot argumentorum quæ in eo sunt genere quantum potuit eversore, si universa ejus opera versas, nusquam serio suscepta.

Fuit

Fuit vero alter Tractatus qui adversus M. L'HERMINIER gravem plurimorum Catholicorum concitavit offensionem; nempe aliquis Anonymus *Summam Theologicam* ac præcipue Tractatum de Gratia accusavit de Hæresi Janseniana, crimenque objectum probare aggressus est publica Scriptione Gallica quæ inscripta erat: *Dénonciation de la Théologie de M.* L'HERMINIER *à nos Seigneurs les Evêques*. Hic vero ut infamem a suis cervicibus propulsaret accusationem (quippe resciverat nolle Divum Hieronymum *in suspicione Hæreseos quemquam esse patientem*) defensionem sui molitus est animosam, in qua tamen, cum professus esset primum se ab hæresi Janseniana Doctrinaque ipsius Jansenii totis animis abhorrere, plura quæ reprehensa fuerant corrigebat, alia quæ novellorum Dogmatum levem habebant suspicionem Catholica interpretatione purgabat, nonnulla etiam, quæ emendari non potuissent, resecari penitus extirparique debere ipse concedebat. Quæ quidem defensio præfationis loco apposita est ad frontem editionis Tractatus de Gratia quæ anno 1709. recusa est, multis purgata locis, omnique, saltem uti autor ferebat, Jansenismi colore eluto expiata. Illius enim vero defensionis nulla autoritas sane fuit apud eruditum Bibliothecæ Jansenianæ Scriptorem, in ea quandoquidem *summæ Theologicæ* præsertim ob Tractatum de Gratia stationem assignavit. Quippe ita fecit propter editionem ipsam anni 1709. neutiquam vero ob illum de Gratia Tractatum qui anno 1721. duobus comprehensus voluminibus, cum antea unico includeretur minus patens, typis excusus fuit: hic enim nequidem ab autore *Bibliothecæ* memoratus est; neque etiam illi hactenus prodeundi in lucem potestas concessa ob justas causas quas quivis facile conjiciat etiamsi non erit Oedipus.

Qua autem tempestate M. L'HERMINIER Parisiis versatus maxime eo adlaborabat ut *Summam Theologicam* perficeret, hoc est anno 1707. tum Cenomanum accersitus ut illic Canonicus Theologus institueretur; iterum anno 1708. ineunte creatus est in eadem Ecclesia Archidiaconus de *Passaio*, ut vocant; deinde anno 1723. sede Episcopali Cenomanorum tunc vacante Vicarius Generalis cunctis Capituli suffragiis est renuntiatus.

Sci-

Scilicet vir bonus & humanissimus Fratrum Canonicorum gratiam facile sibi conciliaverat. Demum anno 1725. relicta patria Lutetiam rediit, atque illic in otio litterato plures annos consumpsit. Interea vero amicorum adhortationibus excitatus ut scriberet aliquid de Sacramentis, quod quidem argumentum fuerat ab illo in summa Theologica prætermissum, membranas & scrinia sua excussit, inventasque has de Sacramentis disputationes, quæ nunc pervulgantur, olim in gratiam Abbatis alicujus nobilissimi privatim conscriptas, rursus reddidit incudi, opus recognovit diligenter atque ita perpolitum auctumque prælo sudandum tradidit.

Ecce autem *prope* erant *dies mortis suæ*; quippe paulo post in morbum incidit ex quo non potuit convalescere; igitur peccata confessus sacerdoti e Paroecia S. Sulpitii in qua habitabat, sacroque viatico munitus viam universæ carnis ingressus est die sexta Maii anno 1735. anno septem & septuaginta sexque menses natus; deinde in Ecclesiam S. Sulpitio dicatam elatus est illicque ante majus altare humatus. Illum ferunt jam morti proximum dixisse aliquid quod suum erga supremam Ecclesiæ universalis definitionem, Constitutionem *Unigenitus*, a qua olim ad Concilium misere provocaverat, obsequium testaretur palam : utinam rumor ille non sit mendax; sed an verus sit haud scio satis ut dicam. Hoc unum moneo, amice lector, quæcumque sunt in istis de Sacramentis septem Tractatibus æqua esse & Catholica, opusque Theologiæ candidatis non mediocrem afferre utilitatem posse. Adjiciam quoque, quia rem non ingratam tibi futuram puto, omnium M. L'HERMINIER operum indicem tam accuratum quam haberi potuit.

Tractatus de Attributis & de SS. Trinitate & Angelis. Plures fuere Tractatus de Attributis editiones : I. anno 1700. quæ etiam Tractatum de SS. Trinitate & Angelis continebat. II. quæ solum Tractatum de Attributis habebat anno 1707. III. anno 1714. superioribus editionibus multo locupletior. IV. anno 1719.

Tractatus de Trinitate & Angelis. Primum editus est una cum Tractatu de Attributis anno 1700. deinde separatim ab illo Tractatu annis 1709. 1714. 1720.

Lettre d'un Docteur de Sorbonne à un jeune Abbé en forme de disser-

dissertation, où l'on examine quelle sorte de distinction il faut admettre entre les Attributs de Dieu, anno 1704.

Tractatus de Incarnatione simul cum Tractatu *de Gratia, de Justificatione & merito*, editus est anno 1702. separatim annis 1709. 1718.

Tractatus de Gratia, Justificatione & merito, separatim a Tractatu de Incarnatione editus est annis 1709. & 1720. iterum anno 1721. mandatus typis & quidem multo locupletior, sed non divulgatus.

Tractatus de actibus humanis & de legibus, annis 1703. 1712. 1719.

Tractatus de Peccatis, 1710. 1713. 1719.

Tractatus de Fide, Spe, & Charitate, 1711. 1719.

Tractatus de Sacramentis, 1713.

TRA-

TRACTATUS
DE
SACRAMENTIS IN GENERE.

IN præsenti Tractatu hæc veniunt examinanda. 1. Nomen & definitio Sacramenti. 2. Existentia Sacramentorum in quolibet hominum statu. 3. Differentia quæ reperitur inter Sacramenta veteris legis & novæ. 4. Quænam sint partes essentiales Sacramentorum novæ legis. 5. Eorum virtus & efficacia. 6. Dicemus de Ministro; 7. de Subjecto; 8. de eorum numero; denique nonnulla addemus de ceremoniis in administratione Sacramentorum usurpari solitis.

CAPUT I.

De nomine & definitione Sacramenti.

NOmen Sacramenti diversas apud Autores habet significationes: sumitur quandoque pro juramento, eo fortassis quod juramentum sit peraliquid sacrum. Sumitur aliquando pro arcana cujuspiam rei voluntate. Tobiæ 12. *Sacramentum*, hoc est secretum, *Regis abscondere bonum est*. Sumitur & pro signo quovis rei sacræ seu sanctitatem aliquam hominibus conferat, seu non conferat; quo sensu Manna in veteri lege Sacramentum erat Eucharistiæ, vel signum spiritalis refectionis per Eucharistiam aliquando comparandæ.

At Sacramentum in hoc tractatu, prout nempe commune est Sacramentis tum antiquæ tum novæ legis, sumitur pro signo rei aliquam sanctitatem hominibus conferente.

Definitur accurate signum sacrum gratiæ divinæ ad sanctitatem hominibus impertiendam a Deo institutum.

Dicitur 1. *Signum*, quia Sacramenta sunt res externæ & sensibiles quæ aliud a se significant, Circumcisio v. g. Genes. 17. dicitur signum fœderis. Baptismus Rom. 6. dicitur signum Sepulturæ & Resurrectionis. Vox illa signi tenet locum generis in definitione Sacramenti, quia multa sunt alia signa quæ non sunt Sacramenta. Signum porro definitur a Philosophis res quæpiam sensibilis quæ ducit in cognitionem alterius.

Dicitur 2. *Sacrum*, quia omne Sacramentum ad sanctum Dei cultum pertinet, nec est de genere rerum prophanarum, cujus conditionis defectu, Manna, Serpens Æneus, & alia ejusmodi quæ in veteri lege mis̃ticas habebant significationes, non erant Sacramenta, quia in cultum religionis non adhibebantur. Idem dicitur sacrum, quia est signum rei sacræ, hominem scilicet consecrantis & initiantis.

Dicitur 3. *Gratiæ divinæ*, quia essentialiter competit cuilibet Sacramento significare gratiam Dei, quamquam diversimode; Sacramenta enim veteris legis mediate tantum significabant gratiam, quatenus significabant Sacramenta nostra quæ gratiam Dei sanctificantem immediate significant & producunt. Cum autem hæc in scripturis dicuntur significare passionem Christi ut Baptismus v. g. de quo dicitur Rom. 6. *Quicumque baptizati sumus in Christo, in morte ipsius baptizati sumus*. Id intelligitur secundario, quia primario Sacramenta nostra significant id quod producunt, adeoque gratiam.

Dicitur 4. *a Deo institutum*, ejusmodi sunt enim quælibet Sacramenta ut solus Deus ea instituere possit, quod Sacramentum nimirum est signum arbitrarium, ut mox dicemus, unde hoc ipso cætera signa quæ sunt ab hominibus instituta tametsi gratiam significent, ut aqua benedicta, non sunt tamen Sacramenta, sed, ut loquuntur Theologi, res sacramentales.

Dicitur denique *ad sanctitatem hominibus impertiendam*, quia omne Sacramentum habet essentialiter vim conferendi aliquam sanctitatem; Sacramenta quidem veteris legis conferebant sanctitatem externam, nostra vero conferunt sanctitatem internam. Scilicet duplex distinguitur sanctitas, una exterior, altera interior. Exterior seu legalis est mundatio alicujus noxæ legalis qualem ex præscripto legis contrahebant Judæi in certis casibus, ut quando v. g. hominem mortuum tetigerant, quam sanctitatem legalem conferebant Sacramenta veteris legis: Sanctitas interior est ipsa animæ sanctificatio quæ fit per gratiam sanctificantem, quam sanctitatem conferunt novæ legis Sacramenta, ut ostendetur infra: unde per id tanquam per essentialem differentiam constituuntur Sacramenta in genere & ab omni alio signo differunt, quod apta sint & instituta ad aliquam sanctitatem hominibus impertiendam.

Atque hinc in numero Sacramentorum reponi non debent varia signa & figuræ veteris testamenti quæ res sacras utcumque significabant, quod videlicet ad sanctificationem hominibus procurandam primario non destinabantur. Hinc etiam Sacramentum differt a sacrificio, eo videlicet quod sacrificium primario ac per se tendit ad agnoscendam supremam Dei majestatem; Sacramentum vero ordinatur primario, ut mox dixi, ad hominis sanctitatem.

Jam vero nihil necesse est referre & discutere varias Sacramenti definitiones quas afferunt Lutherus, Calvinus & eorum asseclæ, & quas legere poteris apud Bellarminum: cum enim aiunt illi hæretici Sacramenta nihil aliud esse quam signa promissionum divinarum, vel Christianæ professionis notas, vel signa externa quibus ad virtutum exercitium compellimur, vel demum testimonia voluntatis Dei quibus ad excitandam & fovendam fidem nostram uti debemus, & alia id genus; eo solum tendunt ut virtutem omnem & efficaciam nostris Sacramentis adimant, quem errorem fuse postea & fortiter evertemus.

Quæres 1. Utrum allata Sacramenti definitio conveniat univoce Sacramentis antiquæ & novæ legis?

Resp. affirmative. Siquidem ea definitio convenit univoce utriusque legis Sacramentis quæ illis competit secundum eamdem rationem; sed allata definitio competit Sacramentis antiquæ & novæ legis, secundum eamdem rationem, quatenus nempe utraque illa Sacramenta signa sunt gratiæ divinæ, & aliquam conferunt hominibus sanctitatem; in quo posita est ratio generica Sacramenti. Ex eo autem quod Sacramenta veteris legis producant solum aliquam sanctitatem externam & legalem, Sacramenta vero novæ legis sanctitatem conferant internam, quæ est ipsa gratia Dei, colligi non debet rationem genericam Sacramenti non esse eamdem in utriusque legis Sacramentis; hæc enim differentia sanctitatis respicit speciem, non genus Sacramenti. Fatendum est tamen magis proprium esse cujusvis Sacramenti producere, quam significare gratiam; Sacramentum, inquit Bellarminus, dicitur a sacrando, non a significando. Cum aliunde multa sint rei sacræ signa, quæ tamen vera non sunt Sacramenta, neque in veteri lege, ut manna & agnus Paschalis; neque in nova lege, ut aqua benedicta.

Quæritur 2. Qualia signa sint Sacramenta?

Resp. 1. Duplex distingui signum, naturale videlicet & arbitrarium; naturale est illud quod ex natura sua significat, ut vestigium respectu pedis, fumus respectu ignis. Arbitrarium est illud quod nonnisi ex voluntate instituentis significat, cai, ut hedera foribus appensa respectu vini venalis.

Resp. 2. Sacramenta esse signa arbitraria; nam illa signa sunt arbitraria quæ nonnisi ex arbitrio & institutione Dei significant: Sed talia sunt omnia Sacramenta: Baptismus enim v. g. ex natura sua vim non habet significandi remissionem peccati originalis, sed illam significat & operatur solum ex libera Dei voluntate: igitur.

Dehinc Sacramenta dicuntur a Theologis signa permanentia, quia nempe cum sint publica religionis symbola, tandiu durare debent, quandiu durabit ipsamet religio; unde lotio pedum quamquam a Christo instituta, non est Sacramentum novæ legis, quia instituta non est in ratione signi semper duraturi.

Caput II.

De existentia Sacramentorum in variis hominum statibus.

Quatuor distinguuntur hominum status. Primus innocentiæ, qui fluxit ab Adami creatione ad ejus lapsum; sic dicitur quia innocentiam nondum amiserat primus parens. Secundus, qui dicitur legis naturæ ab Adami peccato usque ad Moysem; sic dicitur, non quod per solam naturam sine gratia homo salvari tunc potuerit, sed quod nulla lege scripta regebatur usque ad Moysem. Tertius, legis scriptæ a Moyse usque ad Christum. Et quartus, qui nunc viget a Christo Domino, & dicitur status legis novæ seu Evangelicæ: & nonnullæ moventur quæstiones de Sacramentis illorum statuum.

Caput III.

An extiterint Sacramenta in statu innocentiæ.

Nulla extiterant Sacramenta in statu innocentiæ.

Probatur quia de ejusmodi Sacramentis naturæ innocentis altum est silentium in Scripturis & universa Traditione, unde gratis & sine ullo fundamento affirmaretur instituta tunc fuisse Sacramenta.

Obj. Matrimonium institutum est in statu naturæ innocentis, ut constat ex Genes. cap. 2. *Propter hoc relinquet homo patrem & matrem suam & adhærebit uxori suæ*: Adeoque de matrimonio instituto in statu innocentiæ mentio habetur in scripturis.

Dist. maj. Fuit institutum in officium naturæ, conc. In ratione Sacramenti, nego. Matrimonium scilicet tunc fuit institutum a Deo, ut licita foret generis humani propagatio, nec fuit evectum ad dignitatem Sacramenti nisi ab ipso Christo. Porro cum S. Paulus matrimonium appellat Sacramentum, loquitur de matrimonio Christianorum, tum quia dicit illud esse magnum in Christo & in Ecclesia, tum quia loquitur in præsenti, *magnum est*, non ait, *magnum fuit*; tum denique, quia hæc verba, *propter hoc relinquet homo patrem & matrem*, cadere non possunt in Adamum, qui nec patrem nec matrem habuit.

Inst. S. Augustinus lib. de nuptiis & concupiscentia cap. 21. inducit matrimonium loquens & dicens se fuisse ante peccatum: *Respondebit*, inquit, *etiam connubii Sacramentum, De me ante peccatum dictum est in paradiso, relinquet homo patrem & matrem*: ergo putabat matrimonium fuisse Sacramentum in statu innocentiæ.

Dist. ant. se fuisse ante peccatum in ratione contractus, conc. In ratione Sacramenti, neg. nam Augustinus probat solum eo loci matrimonium fuisse institutum a Deo ante peccatum, ut ostendat contra Pelagianos nuptias de se non esse malas & causam peccati, nec uspiam vult ostendere illud tunc fuisse Sacramentum. Nec miror quod illud appellet Sacramentum, sensus enim præfatæ propositionis est connubii Sacramentum, id est quod Sacramentum est apud nos, extitisse ante peccatum, non in ratione quidem Sacramenti, sed ut verum matrimonium a Deo institutum.

Quæres utrum aliqua extitissent in illo statu si diutius durasset?

Resp. id valde dubium esse, quia nihil certi super ea re colligi potest neque ex Scriptura neque ex Traditione; sed si in ejusmodi casibus conjecturas usurpare liceat, verisimilius est nulla prorsus futura fuisse, quia eo potissimum instituta videntur Sacramenta, ut homo infirmus per peccatum factus, beneficio rerum sensibilium ad spiritalia perducatur; sed in statu innocentiæ nulla fuisset in hominibus infirmitas, sed perfecta viguisset in omnibus eorum facultatibus integritas. Igitur.

Dices. Fuissent in illo statu sacrificia, ut vulgo conjiciunt Theologi; ergo & Sacramenta.

Neg. cons. & paritatem. Ratio disparitatis est, quia sacrificia de se instituta sunt ad cultum Dei, qui coli debuit ab hominibus in quolibet statu; Sacramenta vero instituta sunt primario tanquam signa externa, quibus excitetur homo & juvetur ad propriam sanctificationem acquirendam, quibus proinde opus non habuisset in illo felici statu.

Neque est quod objiciantur hæc S. Augustini verba lib. 19. contra Faustum cap. 11. *In nullum nomen religionis seu verum seu falsum coagulari homines possunt, nisi aliquo signaculorum aut Sacramentorum visibilium consortio.* Quasi contendat Sanctus Doctor aliqua esse Sacramenta in omni religione; siquidem id unum docet habita ratione præsentis hominum status, in quo nullam formant societatem sine aliquo signo externo; quod si id velis extendere ad omnem hominum statum, etiam innocentiæ, respondebitur forte in eo futura fuisse sacrificia, quibus hominum religio fuisset visibilis.

CAPUT IV.

An quædam extiterint Sacramenta in statu Legis naturæ.

VErisimile est quædam fuisse Saccramenta in statu legis naturæ.

1. Id colligitur ex autoritate Sancti Augustini lib. 5. contra Julianum cap. 11. sic loquentis, *Nec ideo credendum est ante datam circumcisionem famulos Dei, quandoquidem eis inerat mediatoris fides in carne venturi, nullo Sacramento ejus opitulatos fuisse parvulis suis, quamvis quid illud esset aliqua necessaria causa scriptura sacra latere voluerit.* Cui sententiæ subscribunt Autor operis de vocatione Gentium lib. 2. cap. 23. & S. Thomas 3. p. q. 6. art. 3. in corpore articuli.

2. Quia dubio procul Deus instituit aliquod remedium peccati originalis in quolibet statu, alioquin defuissent hominibus media ad eorum salutem necessaria, quod cum voluntate Dei salvandi omnes homines conciliari vix posset; sed verisimile est tale remedium, vel fuisse aliquod signum sensibile, vel saltem cum aliquo signo externo conjunctum, per quod nempe homines in unum Ecclesiæ visibilis corpus consociarentur: probabile est igitur extitisse Sacramenta in statu legis naturæ.

Propono hanc sententiam solummodo ut probabilem, non ut certam: siquidem in re quæ pendet a voluntate Dei nihil affirmare possumus tanquam certum, nisi id innotescat vel ex Scripturis, vel ex Traditione: sed instituta fuisse Sacramenta in lege naturæ nec docet Scriptura, nec Traditio.

Dehinc si quæratur quænam determinate fuerint illa Sacramenta in lege naturæ

turæ

turæ & ante datam circumcisionem. Respondemus cum S. Augustino in loco mox adducto, nihil certi hac in re definiri posse, quia hoc ipsum latere voluit scriptura: igitur.

Remedium illud non aliud fuit quam fides in Mediatorem venturum: id probant multi, ex Scripturis, quæ passim docent neminem salvari posse, sine fide Christi, 1. Corinth. 3. *Fundamentum aliud nemo potest ponere præter id quod positum est, quod est Christus-Jesus*. Act. 4. cap. *Non est aliud nomen sub cælo datum hominibus in quo oporteat nos salvos fieri*. Quæ quidem loca, inquiunt, probant in quocunque statu post peccatum, Christi ut mediatoris venturi fidem fuisse necessariam ad salutem.

Verum clarius id efficitur ex autoritate S. Aug. lib. 2. de nuptiis & concupiscentia cap. 11. *Per fidem justificati sunt parvuli & magni ante circumcisionem*. Et lib. 2. de nuptiis & concupiscentia cap. 11. *Superioribus temporibus omnino latuit Sacramentum justificationis ex fide. Eadem tamen fides mediatoris salvos justos faciebat antiquos pusillos cum magnis*. Quam sententiam amplectuntur alii scriptores mox citati.

Adulti salvabantur per fidem propriam, infantes vero per fidem parentum, ut post S. Augustinum scribit S. Bernardus Ep. 77. ad Hugonem his verbis, *In nationibus quotquot inventi sunt fideles, adultos quidem fide & sacrificiis credimus expiatos, parvulis autem solam profuisse, immo & sufficisse fidem parentum*.

Fides illa erat actualis, infusa & agebat ex opere operato. 1. Erat actualis nec sufficiebat habitualis; agebat enim per modum remedii per actualem sui applicationem. 2. Erat infusa, nam ex S. Augustino lib. 2. de nuptiis cap. 11. *Fides salvos faciens pusillos & magnos non erat vetus testamentum, sed gratia Dei per Jesum Christum*. 3. Agebat ex opere operato per modum scilicet Sacramenti, non per modum meriti & suffragii; etsi enim parentes aliquo peccato fuissent inquinati, tamen mundabantur infantes.

Fides illa aliquo signo sensibili manifestabatur, quod nimirum erat conditio hanc fidem applicans, non causa effectrix gratiæ sanctificantis, ut constat ex S. Augustino, & aliis scriptoribus supra citatis, qui ex una parte vim mundandi a peccato originali tribuunt fidei in Christum, & ex altera docent fuisse semper aliquod signum fidei protestativum.

Obj. Solam fidem sine ullo signo sufficisse in illo statu docet aperte Tertullianus lib. de Bapt. cap. 13. *Fuerit salus retro per fidem nudam ante Domini Passionem & Resurrectionem, at ubi fides aucta est credendi in Nativitatem, Passionem, & Resurrectionem, addita est ampliatio Sacramento, obsignatio Sacramenti, vestimentum quodammodo fidei quæ retro erat nuda*.

Resp. id affirmate non pronunciare Tertullianum ut constat ex ejus verbis, *fuerit retro*, &c. Ibi enim asserens Baptismi necessitatem sibi objicit ratiocinium quorumdam, qui opponebant sine ulla *aqua* ablutione & per solam fidem olim fuisse justificatos homines, quibus respondet *fuerit retro* quasi dicat, esto quod per solam fidem justificabantur olim homines; nunc habemus legem a Christo latam his verbis, *Nisi quis renatus fuerit*, &c. Ubi perspicuum est Tertullianum loqui, ut aiunt, dato non concesso, & in propria mente non asserere per solam fidem ante Christum datam fuisse hominibus justificationem, quasi fides illa aliquo signo non involveretur, per quod saltem applicaretur.

Obj. S. Gregorius lib. 4. moralium cap. 2. sic loquitur: *Quod apud nos valet aqua Baptismatis, hoc egit apud veteres, vel pro parvulis sola fides, vel pro majoribus virtus sacrificii*. Ergo sola fides sine ullo sensibili mundabat.

Dist. ant. Sola fides quod nimirum fidei non ipsi signo tribuebatur justificatio, conc. quod nullum esset signum quo tunc homines suam protestarentur fidem, neg. Certe mentem & doctrinam S. Augustini

gustini hoc in capite sequitur S. Gregorius; hæc autem duo tradit Augustinus, antiquos salvos fuisse factos per fidem Mediatoris, & illam fidem fuisse semper per aliquod signum sensibile applicatam.

Atque ita conciliatur quod ait S. Thomas in 4. sent. dist. 1. quæst. 2. art. 6. sola parentum fide parvulos in statu legis naturæ fuisse justificatos, cum his S. ejusdem Doctoris verbis in summa 3. p. q. 70. art. 4. ad 2. *Probabile est quod parentes fideles pro parvulis natis & maxime in periculo existentibus aliquas preces Deo funderent, vel aliquam benedictionem adhiberent, quod erat quoddam signaculum fidei.*

Quominus autem dicatur vi illorum signorum sensibilium datam fuisse gratiam sanctificantem quam produxerint per se & ex opere operato.

Obstat 1. quod citati Patres, Tertullianus, Augustinus, Gregorius Mag. aperte docent per solam fidem tunc justificatos fuisse aliquos fideles.

2. Quod, ut mox ostendetur ex Scripturis & SS. Patribus, constat Sacramenta antiquæ legis & ipsam circumcisionem non produxisse gratiam nisi ex opere operantis, non ex opere operato, quæ quidem sententiæ non modo intelliguntur de Sacramentis legis Mosaicæ, sed & de aliis quæ in usu comparando vetera Sacramenta cum Sacramentis a Christo institutis; tum quia eodem modo loquuntur de circumcisione quæ unum fuit e Sacramentis legis naturæ.

3. Quia illud expresse habetur in Decreto Eugenii, ubi loquens de Sacramentis Christi, sic habet, *Quæ multum a Sacramentis differunt antiquæ legis. Illa enim non causabant gratiam, sed tam solum per Passionem Christi dandam figurabant, hæc vero nostra & continent gratiam & ipsam digne suscipientibus conferunt.*

Neque vero cum nonnullis dici debet Patres & Concilia loqui tantum de Sacramentis Mosaicis, cum ajunt Sacramenta veteris legis non justificasse. Nam si Sacramenta a Moyse promulgata non debent per se gratiam, a fortiori Sacramenta legis naturæ, & ipsa etiam circumcisio, cum lex naturæ fuerit imperfectior lege scripta; Deus enim ab imperfectioribus gradum fecit ad perfectiora, cum hominibus leges imposuit.

At inquies: Si in sola fide positum tunc fuisset remedium peccati originalis, parvulis in utero adhuc materno degentibus applicari potuisset, sed illud fieri non posse saltem ordinarie docent communiter Theologi, quia prius est hominem nasci quam renasci: igitur.

Resp. neg. ant. Nam propter illud principium quo asseritur, prius esse nasci quam renasci, dici quoque debet fidem parentum applicari non potuisse parvulis, antequam nati essent. Præterquam quod diximus propter adductas auctoritates, fidem semper applicatam fuisse beneficio alicujus signi sensibilis, seu Sacramenti, quod factum est ante datam circumcisionem per aliquod sacrificium, vel per preces, expressius vero per circumcisionem, postquam fuerit instituta.

Porro cum loquimur de Sacramentis legis naturæ, & specialiter de circumcisione, non abs re erit paucis inquirere, an ea fuerit instituta in remedium peccati originalis, illudque peccatum deleverit sua virtute propria, & ex opere operato.

Sacramenta dicuntur producere gratiam ex opere operato, si gratiam conferant vi ipsius operis externi. Dicuntur autem illam dare aut producere ex opere operantis tantum, si illam conferant intuitu fidei vel subjecti vel ministri: quapropter sit

Prima Conclusio.

Circumcisio non fuit instituta in remedium peccati originalis, nec revera hoc peccatum delebat ex opere operato, hoc est per se & vi operis externi, sed virtute meritorum quæ fuerint aut in circumcidente aut in parentibus.

Probatur primo ex Scripturis quæ circumcumcisionis inutilitatem passim testantur ad Galat. 6. *Neque circumcisio aliquid valet.* 1. Corinth. 7. *Circumcisio nihil est.* Praeterea cum Apostolus causam institutionis & vim agendi circumcisionis praedicat, nuspiam ait eam vim habere delendi peccatum originale, ad Rom. c. 3. *Quae utilitas circumcisionis? Multum per omnem modum, primum quidem quia credita sunt illis eloquia Dei.* Et cap. 4. *Dicimus enim quia reputata est Abrahae fides ad justitiam, quomodo ergo reputata est? in circumcisione, an praeputio? non in circumcisione, sed in praeputio. Et signum accepit circumcisionis signaculum justitiae fidei quae est in praeputio, ut sit pater omnium credentium per praeputium, ut reputetur & illis ad justitiam... non enim per legem promissio Abrahae, sed per justitiam fidei.* Ubi docet Apostolus Abrahamum non fuisse justificatum per circumcisionem, sed per fidem.

Neque dici debet cum Calvino Apostolum loqui de circumcisione pro eo tempore, quo fuit a Christo cum aliis Mosaicae legis ritibus abrogata; namque idem Apostolus ait Hebr. cap. 7. Sacramenta illa antiquae legis fuisse abrogata propter eorum infirmitatem, *Reprobatio fit praecedentis mandati propter infirmitatem & inutilitatem.* Deinde ad Rom. 2. specialiter ait de circumcisione eam spectans prout adhuc vigebat, *Circumcisio quidem prodest si legem observes*, his verbis significans circumcisionem quando vigebat, fuisse quidem utilem in eo quod circumcisi legem Dei habebant, non autem quod ipsa per se & ex opere operato justificaret. Praeter quam quod legitur apud eumdem Apostolum Sacramenta veteris legis fuisse umbras futurorum, & omnia Judaeis contigisse in figuris; quod certe intelligitur pro eo tempore quo vigebat lex vetus & ante Christi adventum.

Idem argumentum colligimus ex silentio Philonis & Josephi, ambo enim clarissimi Judaeorum scriptores, cum causam instituendae circumcisionis exponunt, ille lib. 1. de Circumcisione, hic vero lib. 1. antiquit. cap. 12. nuspiam ajunt illam datam fuisse in remedium peccati originalis, sed solum ut posteritas Abrahae ab aliis gentibus discerneretur, quod utique consentaneum est verbis, quibus utitur Deus instituens circumcisionem, Genes. 17. *Circumcidetis carnem praeputii vestri, ut sit in signum foederis inter me & vos.* Non ait Deus, ut per illam deleatur peccatum, ut per illam detur remedium peccati, ut per illam sanctificentur homines circumcisi, sed *ut sit in signum foederis inter me & vos.*

Probatur secundo ex SS. Patribus, qui omnes usque ad S. Augustinum idem docent. Ita S. Justinus in dialogo cum Triphone ante med. S. Irenaeus lib. 4. cap. 3. Tertullian. lib. contra Judaeos cap. 1. S. Cyprianus lib. contra Judaeos cap. 8. S. Epiphan. haeresi 8. S. Chrysostomus hom. 27. in Genes. S. Hieronym. in cap. 3. ad Galatas, & alii passim, quorum testimonia consuli possunt apud Bellarminum. Unum aut alterum duntaxat proferam.

S. Justinus dialogo cum Triphone, *Abraham, inquit, circumcisionem accepit in signum, non ad justitiam... Et quod genus muliebre circumcisionis carnalis capax non est, satis id ostendit in signum datam circumcisionem istam, non ut justitiae opus.*

S. Irenaeus lib. 4. cap. 30. *Circumcisionem non quasi justitiae consummatricem, sed in signo eam dedit Deus, ut cognoscibile perseveret genus Abrahae.*

Tertullianus lib. contra Judaeos cap. 1. totus est ut ostendat Sacramenta Judaeorum salutem non contulisse, *Providens Deus, inquit, quod hanc circumcisionem in signum, non in salutem esset daturus.*

S. Chrysostomus homil. 27. in Genes. *Attende, inquit, quod Deus circumcisionem pro lege statui voluit, non quoad animae salutem efficere hoc possit aliquid, sed ut Judaei pueri hoc gratitudinis indicium circumferrent, quasi signum & sigillum.*

S. Ambrosius in cap. 4. ad Rom. *Non ergo circumcisio aliquid habet dignitatis, sed signum est tantum, quod signitum idcirco acti-*

accipiebant filii Abraha, ut scirentur ejus filii esse qui credens Deo hoc signum acceperat.

An vero probabile est existimasse SS. Patres circumcisionem hoc habuisse privilegium, ut peccatum originale per se & ex opere operato deleret, & de illo privilegio numquam locutos, vel etiam quando hujus ceremoniæ institutionem & virtutem prædicant? quibus adde, huic nostræ sententiæ astipulari S. Thomam 3. p. q. 71. art 4. & alios fere omnes Doctores scholasticos.

Probatur tertio nonnullis rationibus. Prima est, quia remedium peccati originalis debuit esse commune masculis & fœminis: sed talis non fuit circumcisio; 2. est, quia circumcisio fuit solum instituta ad discernendos Judæos a Gentibus; unde cum hæc ratio circumcisionem non exigeret quamdiu populus Judaicus fuit in deserto, nullus fuit circumcisus, & quando postea ceperunt cum Gentibus commisceri, circumcisi sunt; 3. est, quia licitum non fuit quemque circumcidere ante octavum diem, unde remedio peccati originalis caruissent infantes ante octavum diem, si nempe circumcisio hujus peccati fuisset remedium.

Et certe Sacramenta non censentur vim habere justificandi, nisi habeant annexam gratiæ promissionem; idcirco enim hæc virtus a Catholicis tribuitur Sacramentis novæ legis, quod passim dicuntur in Scripturis & Traditione SS. Patrum salvare, mundare, regenerare, justificare: sed nihil tale legitur de circumcisione neque in Scripturis neque apud SS. Patres; igitur.

At inquit Calvinus lib. 4. institutionum cap. 16. Deus ibidem ait Abrahæ, *Ego ero Deus tuus & seminis tui post te.* His autem verbis vitæ æternæ promissio continetur, quasi dixerit Deus, *Ero Deus tuus & dabo tibi vitam æternam.*

Resp. his verbis neutiquam significari remissionem peccatorum & vitæ æternæ promissionem, sed meram denotari protectionem quam huic populo pollicebatur Deus; unde Deus non solum bonorum sed & malorum Deus erat, modo ad populum Israeliticum pertinerent, juxta illud Jeremiæ 24. *Ego ero illis in Deum & ipsi mihi erunt in populum.*

Obj. Cap. 17. Genes. legitur neminem posse habere vitam æternam sine circumcisione. *Masculus cujus præputii caro circumcisa non fuerit, delebitur anima illa de populo suo, quia pactum meum irritum fecit.* Igitur circumcisio delebat peccatum originale, adeoque gratiam producebat ex opere operato.

Neg. ant. quia hæc verba *delebitur anima illa de populo suo*, intelligi non debent de pœna mortis æternæ, sed de separatione a populo Judaico, quod utique constat. 1. quia id aperte denotant hæc verba *de populo suo*; 2. quia hæc eadem pœna pronunciatur persæpe in eos qui agunt contra legem, ut habetur Levit. 7. 17. 18. 19. & 20. Num. 29. hæc leguntur: *Si quis in agro tetigerit cadaver hominis occisi, peribit anima illius de medio Ecclesiæ.* Id est populo Dei non erit aggregatus, jam non habebitur ut Judæus. Quod certe non intelligitur de æterna damnatione.

Obj. S. Augustinus docet multis in locis circumcisionem fuisse remedium peccati originalis lib. 2. de nupt. & concup. cap. 11. *Ex quo*, inquit, *instituta est circumcisio in populo Dei quod erat tunc signaculum justitiæ, fidei ad significationem purgationis valebat & parvulis originalis veterisque peccati, sicut & Baptismus ex illo valere cepit ad innovationem hominis ex quo est institutus.* Lib. 2. contra Julianum cap. 6. *Quod ergo est octavo die non circumcidi, hoc est in Christo non baptizari, & quod est perire de populo suo, hoc est non intrare in regnum cælorum.* Et lib. 16. de civitate Dei cap. 27. ait *eo sensu præcipi circumcisionem.* Genes. 17. *Masculus cujus caro*, &c. Ut si quis etiam infans moriebatur sine ea damnationem incurreret æternam. Hanc sententiam amplexi sunt S. Gregorius Mag. lib. 4. moral. cap. 3. Innocentius III. *capite prie majores*. S. Bernardus Ep. 77. & postea Lombardus lib. 4. dist. 1. & alii nonnulli Theologi: igitur.

Resp. vere quidem S. Augustinum & alios citatos scriptores existimasse circumcisionem institutam in remedium peccati originalis, sed cum in ista quæstione utraque pars propugnari possit salva fide, huic sententiæ quæ S. Augustini est præferimus oppositam, quæ conformior est Scripturis quam tenuere omnes antiqui Patres ante S. Augustini ætatem, & quam demum omnes fere Scholastici nunc sequuntur. Quibus adde idcirco præfatæ opinioni adhæsisse Augustinum quod secutus est versionem LXX. Interpretum in qua leguntur hæc verba, *octavo die*, Genes. 17. quæ tamen nec sunt in Hebræo, nec in Vulgata. Unde putavit istud Circumcisionis præceptum & comminationes illi annexas pertinere ad ipsos infantes quasi Deus minatus fuerit pœnam parvulis circumcisione carentibus, exponens insuper hæc verba, *Quia pactum meum irritum fecerunt*, de pacto cum Adamo in quo solum prævaricati sunt infantes; & illa verba, *Peribit anima illa*, de damnatione æterna quæ peccato originali debetur.

Deinde quidam respondent S. Augustinum affirmasse Circumcisionem delevisse peccatum originale; non quod existimaret eam ad hunc effectum producendum fuisse a Deo institutam, sciebat enim remedium peccati originalis ante legem novam fuisse fidem Mediatoris futuri; sed, quia Circumcisio erat signum istius fidei in Mediatorem venturum, aliquo sensu dici poterat remedium peccati originalis, seu esset remedium per se & vi propria, seu esset talis per fidem cujus erat quasi involucrum, quod perinde est in ordine ad propositum S. Augustini qui agens adversus Pelagianos peccati originalis existentiam demonstrarat ex eo quod semper extitit aliquod hujus peccati remedium, Circumcisio in antiqua lege, Baptismus in nova, quo argumento uti potuit, tametsi existimasset Circumcisionem per se non habere vim delendi peccatum originale & producendi gratiam.

CAPUT V.

An extiterint Sacramenta in lege scripta & quænam fuerit eorum virtus.

EXtiterunt Sacramenta in statu legis scriptæ, quia nomine Sacramenti intelligitur ritus externus & sensibilis per quem sanctitas producitur: atqui extiterunt in illa lege multi ritus externi & sensibiles, quorum beneficio conferebatur sanctitas legalis, qualia erant multa sacrificia quæ purgabant Judæos ab immunditiis legalibus, quale etiam fuit Sacerdotium illius legis, Circumcisio, &c.

Igitur quamquam a nemine, ut puto, certo definiri possit quot & quænam præcise fuerint Sacramenta in illa lege, quomodo hic sumitur Sacramentum, tamen nemo diffiteri potest, quin multa fuerint hujus legis tempore Sacramenta. An Sacramenta illa Mosaica seu antiquæ legis fuerint necessaria Judæis & quomodo. An quando eorum observatio desierit esse necessaria. An fuerit propagato Christi Evangelio non solum mortua, sed & mortifera. An denique non Judæis modo sed & Gentibus imposita fuerit eorumque saluti necessaria, totidem sunt quæstiones quæ examinari solent in nostro Tractatu d. Legibus.

Sed difficultas est, utrum Sacramenta illa produxerint gratiam vi propria & ex opere operato.

Volunt Lutherani & Calvinistæ in Sacramentis antiquæ legis parem fuisse virtutem & efficaciam, ac in Sacramentis novæ legis, non quod in votis habeant vim illorum Sacramentorum extollere, sed quod nostra volunt deprimere, eo nimirum quod putant, ut postea explicabitur, non aliam esse Sacramentorum novæ legis efficaciam, quam excitare fidem & pietatem, unde in hancce doctrinam editus est canon iste 2. sess. 7. a Concilio Trid. *Si quis dixerit ea ipsa novæ legis Sacramenta, a*

Sacramentis legis veteris non differre, nisi quia cæremoniæ sunt aliæ, & alii ritus externi, anathema sit. Vere quidem si Calvinistæ, dum aiunt æqualem fuisse vim & efficaciam producendi gratiam in Sacramentis antiquæ legis, ac in Sacramentis novæ a Christo institutis, præcise, ut illa extollerent, non viderentur hac in parte a fide aberrare, nuspiam enim Ecclesia definivit Sacramenta veteris legis vim non habuisse conferendæ justitiæ. Præter quam quod non desunt Scholastici qui salva fide docent Circumcisionem contulisse gratiam, ut Petrus Lombardus qui lib. 4. dist. 1. ait Circumcisionem *idem valuisse contra peccatum originale quod nunc Baptismus præstat*. Sed illi satis aperte declarant non aliam esse efficaciam Sacramentorum novæ legis quam excitandi fidem, utpote quæ ex institutione Christi non conferant gratiam per se & ex opere operato.

Notandum est autem duplicem esse modum quo Sacramenta dicuntur producere gratiam, ut supra diximus, nimirum ex opere operato, & ex opere operantis. Sacramenta producere gratiam ex opere operato, est ea producere gratiam vi sui operis externi, non virtute meritorum vel suscipientis, vel conferentis, quomodo dicimus agere Christi Baptismum, qui videlicet per propriam applicationem & vi ipsius ablutionis delet peccatum originale & producit gratiam. Sacramenta producere gratiam ex opere operantis, est ea producere quidem gratiam, sed solum ratione fidei, pietatis, & aliorum actuum bonorum, quorum sunt signa protestativa, quibus positis fit

PRIMA CONCLUSIO.

Sacramenta veteris legis non producebant gratiam ex opere operato.

Probatur 1. ex Scripturis quæ veterum Sacramentorum & sacrificiorum inutilitatem ubique declarant. Galat. 4. *Quomodò convertimini ad infirma & egena elementa;* 1. Corinth. 7. *Circumcisio nihil est;* ad Hebr. 7. *Nihil enim ad perfectum adduxit lex;* & c. 9. *Sanguis hircorum & taurorum & cinis vitulæ aspersus inquinatos sanctificat ad emundationem carnis;* cap. 10. *Impossibile est sanguine taurorum & hircorum auferri peccata; Lex per Moysem data est, gratia & veritas per Jesum Christum.* Joan. 1. 17.

Certe Sacramenta veteris legis ex Apostolo vi propria non conferebant gratiam, si infirma fuerunt elementa, si non potuerunt delere peccata, si denique lex illa vetus non potuit fideles ad perfectum adducere. Quod autem dicunt hæretici hæc omnia & similia esse intelligenda de Sacramentis antiquæ legis pro eo tempore, quo desierunt suam habere virtutem, promulgato scilicet Christi Evangelio & accedentibus novæ legis Sacramentis, refutatum est supra, cum agebamus de Circumcisione.

Probatur 2. ex SS. Patribus qui omnes uno ore testantur vetera Sacramenta vim non habuisse per sese producendi gratiam; sic v. g. S. Augustinus lib. 19. contra Faustum cap. 13. *Prima Sacramenta quæ observabantur & celebrabantur ex lege prænuntiativa erant Christi venturi: hæc alia instituta sunt virtute majora, utilitate meliora;* & in Psal. 73. *Sacramenta non sunt eadem, quia alia sunt Sacramenta dantia salutem, alia promittentia Salvatorem; Sacramenta novi Testamenti dant salutem, veteris Testamenti Sacramenta Salvatorem promiserunt,* quam doctrinam alii Patres Græci & Latini ultro amplexi sunt, ut facile colligitur ex nonnullis inter alios mox allegatis cap. 4.

Favet Concilium Trident. quod sess. 7. can. 7. definit per Sacramenta novæ legis conferri gratiam ex opere operato, quod idem non sanxit de veteribus Sacramentis; præter quam quod contra Calvinum statuit can. 2. Sacramenta novæ legis a Sacramentis antiquæ non differre tantum penes rituum externorum diversitatem; *Si quis dixerit ea ipsa novæ legis Sacramenta a Sacramentis antiquæ legis non differre, nisi quia cæremoniæ sunt aliæ, & alii ri-*

tus

tus externi, *anathema sit*. Quatenus videlicet vetera Sacramenta significabant tantum gratiam, nova autem illam producunt.

Et ratio est, quia Sacramenta antiquæ legis erant ut ipsa lex: sed testatur expresse S. Paulus *legem non habuisse vim producendi gratiam*. 2. ad Corinth. *Dicitur lex verus occidere*. ad Galat. *Dicitur in servitutem generasse*. habetur etiam Joan. 1. 17. *Lex per Moysem data est, gratia & veritas per Jesum Christum facta est*. Ubi manifeste indicatur legem veterem totam in eo discrepare a nova, quod illa non conferebat gratiam; hæc vero gratiam per Jesum Christum communicat.

Objicies. Ea Sacramenta producunt gratiam, quæ peccata delent: sed Sacramenta legis antiquæ peccata delebant; nam pluribus in locis, hoc aperte tribuitur sacrificiis, v. g. Levit. cap. 5. *Si Sacerdos oraverit pro eo & pro peccato ejus, dimittetur ei*. Quod item legitur cap. 16. & Num. 15. Igitur si minor non fuit Sacramentorum virtus, ea profecto gratiam producebant.

Dist. maj. Peccata delebant quantum ad pœnam temporalem, C. æternam, N. Non conferebant enim aliam sanctitatem quam legalem justa suam institutionem: ita S. Thomas 1. 2. quæst. 103. art. 2. & communiter alii Theologi. Et ratio est, quia Scriptura non instituit sacrificia pro omnibus peccatis, sed solum pro peccatis ignorantiæ, & in primis contra cæremonias legis, ut patet ex eodem Levitici loco; pro aliis autem peccatis gravioribus, qualia sunt blasphemia, homicidium, idololatria, &c. Nullum invenitur sacrificium. Vel aliter producebant gratiam ex opere operantis ratione fidei & pietatis ministri aut suscipientis, C. ex opere operato & vi propria, N. Solutio patet ex probationibus.

At inquies: Non aliter Scriptura commendat efficaciam Sacramentorum novæ legis, sic enim loquitur Jacobi 5. de Sacramento Extremæ Unctionis, *Ungentes eum oleo fidei, & oratio fidei salvabit infirmum*. Igitur gratis affertur istud discrimen inter Sacramenta veteris & novæ legis.

Nego conf. Hoc enim discrimen recte colligitur ex adductis autoritatibus, quæ vim Sacramentorum antiquæ legis valde deprimunt, & ex iis quæ mox proferemus ad altruendam vim & efficaciam Sacramentorum legis Evangelicæ.

Deinde ex iisdem Scripturæ locis ratio discriminis facile colligitur; nam apud S. Jacobum Extrema Unctio dicitur remittere omnia absolute Peccata, *Et si in peccatis fuerit, remittentur ei*. At in Levitico sermo habetur tantum de aliquo peccato, sed si sacrificia non expiabant nisi aliquod peccatum, certe non expiabant illud quoad culpam, sed solum quoad immunditiam legalem, siquidem Deus numquam remittit aliquod peccatum quoad pœnam æternam, quin alia omnia simul remittat.

Objic. Ex S. Paulo 1. Corinth. 10. *Judæi eandem escam spiritalem manducaverunt, & eundem potum spiritalem biberunt*; igitur Sacramenta illorum conferebant gratiam uti & nostra.

Neg. conf. quia id unum docet Apostolus Judæos non fuisse salvatos, nisi per Christum uti & nos, addit enim, *Bibebant autem de spiritali consequente eos petra, petra autem erat Christus*. Sed neutiquam ait eos fuisse salvatos per Sacramenta ejusdem efficaciæ ac nostra.

Aliter respondent nonnulli, cum loco citato legitur, *eandem escam manducaverunt*, sensum esse eamdem fuisse illorum omnium escam, scilicet Judæos omnes eamdem escam manducasse, & tamen non omnes Deo placuisse, quod probatur, tum quia manna & aqua de quibus agitur non erant Sacramenta, ex ipsis enim Protestantibus Sacramenta sunt cæremoniæ duraturæ, ut & ipsa Religio, quales non fuerunt manna & aqua de petra, tum quia nulla legitur promissio facta comedenti manna, *aut bibenti* aquam de petra scaturientem, quod autem eo loci vocantur esca spiritalis, id intelligitur non ratione virtutis gratiam efficiendi, ſed ratione ſignificationis : bibebant enim de petra quæ ſignificabat Chriſtum.

Obj. S. Auguſtinus Tract. 26. in Jo. docet parem fuiſſe virtutem Sacramentorum antiquæ legis & noſtræ, tametſi ſpecie viſibili differant. Num. 12. ſed explicans hæc verba, *Hic eſt Panis qui de Cœlo deſcendit*, ſic habet, *hunc Panem ſignificavit Altare Dei. Sacramenta illa fuerunt, in ſignis diverſa ſunt, in re qua ſignificatur paria ſunt.*

Reſp. neg. ant. quia S. Auguſtinus eo loci non comparat Sacramenta antiquæ legis cum noſtris, dum dicit *Sacramenta illa*, &c. ſed loquitur ſolum de Manna & de Altari Dei, quæ dicit fuiſſe diverſa in ſpecie viſibili, ſed paria in ſignificatione, quia eumdem Chriſtum ſignificarunt; ſolutio intelligitur ex ſola textus Lectione : legi poſſunt loca S. Auguſtini in probationibus adducta.

Inſt. Idem S. Doctor ſic loquitur qu. 84. in Leviticum : *Quomodo ergo & Moyſes ſanctificat & Dominus, non enim Moyſes pro Domino, ſed Moyſes viſibilibus Sacramentis per miniſterium ſuum.* Ergo Sacramenta Moſaica gratiam ſanctificantem conferebant.

Diſt. conſ. conferebant gratiam ex opere operantis, ut mox oſtendetur, C. ex opere operato, N. ut hoc teſtimonium, cui forte alia ſimilia reperias, & apud eumdem S. Auguſtinum & apud alios Patres, in hunc ſenſum exponamus, nimirum de ſanctitate quam vetera Sacramenta non conferebant niſi ex opere operantis, hoc eſt ex fide, pietate & meritis aut ſuſcipientium, aut miniſtrorum, ſatis eſt quod illi Patres & imprimis S. Auguſtinus aperte ſcribunt in aliis locis Sacramenta Moſaica promiſiſſe tantum, non autem dediſſe ſalutem, non fuiſſe niſi ſigna & figuras futurorum & alia id genus.

SECUNDA CONCLUSIO.

Sacramenta veteris legis producebant gratiam ex opere operantis.

Siquidem illa Sacramenta producunt gratiam ex opere operantis, quæ illam producunt vi fidei & pietatis tum miniſtri tum ſuſcipientis : ſed ejuſmodi erant Sacramenta antiquæ legis; Circumciſio enim quæ videtur cæteris præſtitiſſe, non niſi ex fide & per fidem juſtificabat, ut docet Apoſtolus ad Roman. cap. 4. *Dicimus enim quia reputata eſt Abrahæ fides ad juſtitiam. Et ſignum accepit circumciſionis, ſignaculum juſtitiæ fidei.* Igitur Sacramenta veteris legis producebant gratiam ex opere operantis, quatenus videlicet ſigna erant fidei proteſtativa; gratia vero conferebatur propter ipſam fidem tanquam veram cauſam. Ita ſanctus Auguſtinus lib. 2. de nuptiis & concupiſcentia cap. 11. *Eadem fides mediatoris*, inquit, *ſalvos juſtos faciebat antiquos, puſillos cum magnis ... quia ſicut credimus Chriſtum veniſſe in carne, ſic illi venturum, ſicut nos mortuum, ſic illi moriturum.*

Obj. ſi Sacramenta veteris legis non conferebant gratiam niſi ex opere operantis & virtute fidei vel Miniſtri vel ſuſcipientis, ſequitur fidem majoris fuiſſe virtutis & efficaciæ in illa lege quam modo ſit in iſta : abſurdum conſequens, quia tunc facilius ſalvari potuiſſent homines, cum ſola nimirum fide : igitur.

Diſt. maj. majoris fuiſſe virtutis per accidens, C. per ſe & ex natura ipſius fidei, N. ſcilicet quod in veteri lege homines ſalvari potuerint cum ſola fide ſine Sacramentis, nunc vero fides non ſit cauſa, ſed ſolum diſpoſitio prævia ad juſtificationem, non oritur ex natura ipſius fidei quæ fuerit olim præſtantior quam ſub Chriſti lege, ſed ex voluntate Dei qui ſtatuerat Sacramenta vetera non eſſe niſi ſigna externa fidei proteſtativa : adeoque per fidem tamquam per veram cauſam homines ſalutem conſequi

ſequi

ſequi poſſe, & voluit nunc recurrendum ad Sacramenta veras gratiæ cauſas; ita ut fides non ſit niſi conditio prærequiſita.

CAPUT VI.

De Sacramentis novæ legis, quæ, & quot instituta ſint a Chriſto.

DUbium non eſt apud omnes Chriſtianos, quin a Chriſto inſtituta ſint Sacramenta novæ legis, cujus inſtitutionis multas cauſas vulgo recenſent Theologi poſt S. Thomam, ut videre eſt in Catechiſmo Romano parte 2. num. 13. Sed de numero illorum Sacramentorum acerrime diſputatur Catholicos inter & Novatores. In hoc ſolum conſentiunt iſti quod contra Eccleſiæ Catholicæ dogma ſeptenarium Sacramentorum numerum rejiciant, inter ſe autem plane diſſentiunt. Lutherus nonniſi duo admittit, Lutherani vero tria, videlicet, Baptiſmum, Euchariſtiam, & Pœnitentiam: Calviniſtæ duo tantum retinent, Baptiſmum & Euchariſtiam, in quos omnes ſit

CONCLUSIO.

In nova lege ſeptem ſunt Sacramenta, nimirum Baptiſmus, Confirmatio, Euchariſtia, Pœnitentia, Extrema-Unctio, Ordo & Matrimonium. Hæc conconcluſio eſt de fide.

Probari quidem non poteſt hæc concluſio vel ex Scripturis, vel ex SS. Patribus, qui expreſſe teſtentur ſeptem eſſe Sacramenta; fatemur enim nullum eſſe ſimilem locum apud illos, ſed eadem doctrina ex iiſdem fontibus certo colligitur, quatenus nullum eſt ex Sacramentis recenſitis, quod & ex Scripturis & ex SS. Patribus non afferatur veram Sacramenti rationem habere, ut oſtendemus differendo de quolibet in particulari Sacramento.

Hic autem ſeptenarius Sacramentorum numerus demonſtratur inſuper ex eo quod cum primi Scholaſtici ſigillatim de Myſteriis Fidei nullæ diſſerentes docuerunt ſeptem eſſe Sacramenta a Chriſto inſtituta, eaque nominatim appellarunt, hanc Eccleſiæ doctrinam omnes unanimi conſenſu amplexi ſunt, nemo uſpiam refragatus eſt uſque ad præfatos Novatores; quo ſuppoſito certus eſt de fide hic noſter ſeptenarius Sacramentorum numerus. Id enim de fide certum eſt quod a Scriptoribus Eccleſiaſticis, ut tale traditur nemine refragante in Eccleſia, quibus adde Græcos etiam Schismaticos ſeptem hæc noſtra agnoſcere Sacramenta, ut conſtat ex eorum Euchologiis ſeu Ritualibus, quod argumento eſt certiſſimo, a Chriſto & Apoſtolis traditam fuiſſe hanc doctrinam.

Unde merito Conc. Trid. hæc pronunciat ſeſſ. 7. can 1. *Si quis dixerit Sacramenta novæ legis non fuiſſe omnia a Chriſto Domino noſtro inſtituta, aut eſſe plura vel pauciora quam ſeptem ..... aut etiam aliquod horum ſeptem non eſſe vere & proprie Sacramentum, anathema ſit.* Quibus acceſſit definitio Synodi Conſtantinopolitanæ lata adverſus Cyrillum hujus urbis Patriarcham ann. 1639. his verbis, *Cyrillo dogmatizanti & credenti non eſſe ſeptem Sacramenta Eccleſiæ, id eſt Baptiſma, Chriſma, Pœnitentiam, Euchariſtiam, Sacerdotium, Extremam-Unctionem & Matrimonium juxta conſtitutionem Chriſti, Apoſtolorum traditionem, atque conſuetudinem Eccleſiæ, ſed mentienti non eſſe tradita a Chriſto in Evangelio ni ſolum* BAPTISMUM ET EUCHARISTIAM, *ut videre eſt in decimo quarto ejus capite, anathema.*

Objic. Falſo ſupponitur in allata probatione numerum ſeptenarium Sacramentorum, quando determinatus fuit a Scholaſticis ſtatim in univerſa Eccleſia & nemine refragante fuiſſe receptum; nam Alexander Alenſis qui vivebat XIII. ſeculo negavit Confirmationem eſſe Sacramentum: is enim p. 4. q. 24 M. 1. affirmat illam a Chriſto non fuiſſe inſtitutam

tam, *Sine præjudicio*, inquit, *dicendum*, *quod Dominus neque hoc Sacramentum instituit, neque Apostoli*. Quam sententiam amplexus est S. Bonaventura in 4. dist. 7. art. 1. quæst. 1. & 2. Item de Extrema-Unctione non omnes consenserunt Theologi, nam Magister Sent. lib. 4. dist. 23. affirmat Unctionem infirmorum esse ab Apostolis institutam, non ab ipso Christo. Idem docet S. bonaventura ad eandem distinctionem qu. 2. & ante illos Hugo a S. Victore; denique Durandus negat Matrimonium esse Sacramentum gratiæ productivum: igitur hic numerus minus bene asseritur ubique in tota Ecclesia receptus; cum ab antiquis Scholasticis fuit publicatus.

Resp. Ex illis Theologorum opinionibus nihil colligi posse adversus Ecclesiæ doctrinam de septenario Sacramentorum numero, quia Scriptores illi nec Confirmationem nec Extremam Unctionem ex albo sacramentorum expunxerunt; voluerunt solum, quod minime verum esse puto, duo illa Sacramenta non fuisse a Christo immediate instituta, sed mediate, hoc est ab Apostolis ex instinctu Spiritus Sancti, fassi tamen illa esse vera novæ legis Sacramenta. Durandum minus bene de matrimonio sentientem nemo secutus est.

Objicies: Hic numerus septenarius nec in Scripturis, nec apud SS. Patres reperitur, tametsi occasionem sæpe habuerint numerandi illa Sacramenta, ut quando varios Ecclesiæ ritus data opera describebant in suis Catechesibus, non Justinus in sua Apologia, non Cyrillus Jerosolymitanus in suis Catechesibus: igitur &c.

Præoccupata objectione jam respondimus hunc Sacramentorum numerum non reperiri quidem explicite tum in Scripturis, tum apud SS. Patres, qui clare & verbis expressis scripserint (septem sunt Sacramenta) novæ legis, sed reperiri implicite & æquivalenter, quod nimirum nullum est ex septem Sacramentis nostris, quod recte non stabiliatur & ex Scripturis, & ex SS. Patribus tanquam signum externum conferens vi propria gratiam sanctificantem, ac proinde verum novæ legis Sacramentum a Christo institutum. Deinde retorquetur illud argumentum adversus Novatores; neque enim & in Scripturis & apud SS. Patres expresse legitur duo esse vel tria Sacramenta. Jam vero quodlibet ex septem recensitis Sacramentis veram habere rationem Sacramenti proprie dicti a Christo instituti, præter autoritates quas adducemus de illis sigillatim differendo, id ostendi nunc potest, si de unoquoque proferamus saltem unum aut alterum Scripturæ testimonium.

Pro Baptismo extat illud Joan. 3. *Nisi quis renatus fuerit ex aqua, & Spiritu Sancto, non potest introire in regnum Cœlorum*, quæ quidem verba sunt Christi Domini baptismum instituentis & præcipientis.

Confirmatio diserte commemoratur Actuum Apostolorum cap. 8. ubi S. Lucas hunc ritum describit prout Samariæ a Petro & Joanne fuerat dispensatus, *Tunc imponebant manus super illos, & accipiebant Spiritum sanctum*. Quod Sacramentum non administrassent cum ea fiducia, quod daret Spiritum sanctum, nisi a Christo fuisset institutum.

Eucharistia quam nemo Christianus negat esse unum ex Sacramentis novæ legis, habetur apud Evangelistas, Matthæum, Marcum & Lucam, qui ultimam Christi Cœnam denarrant, & ajunt illum, cum Apostolis discumbentem, accepisse panem & dixisse: *Hoc est corpus meum*; hoc Sacramentum promiserat, cum dixit Joan. 6. *Panis quem ego dabo, Caro mea est pro mundi vita*.

Pœnitentiam ad Sacramenti dignitatem fuisse a Christo evectam affertur ex potestate remittendi peccata, quam Apostolis suis contulit his verbis Matth. 16. *Tibi dabo claves regni cœlorum, & quodcumque ligaveris super terram, erit ligatum & in cœlis, & quodcumque solveris super terram, erit solutum & in cœlis*; & Joan. 20. *Accipite Spiritum sanctum, quorum remiseritis peccata remittentur eis, & quorum retinueritis, retenta sunt*.

Ex-

Extrema-Unctio hoc astruitur S. Jacobi testimonio, ubi cap. 5. suæ Epistolæ sic loquitur, *Infirmatur quis in vobis, inducat presbyteros Ecclesiæ & orent super eum, ungentes eum oleo in nomine Domini; & oratio fidei salvabit infirmum, & alleviabit eum Dominus; & si in peccatis sit, remittentur ei.*

Ordo his locis asseritur, Sacramentum, in quibus consecrari dicuntur Sacerdotes per impositionem manuum quæ dat gratiam, 1. ad Timot. 4. *Noli negligere gratiam quæ est in te, quæ data est tibi per prophetiam, per impositionem manuum presbyterii;* & 2. cap. 1. *Moneo te ut resuscites gratiam Dei quæ est in te per impositionem manuum mearum.*

Matrimonium denique tametsi non ita clare astrui possit Sacramentum ex Scripturis, tamen id sibi vindicare certo constat ex perpetua Ecclesiæ Traditione, quamquam non desint Theologi qui hoc dogma probent ex isto S. Pauli testimonio ad Ephesios cap. 5. *Sacramentum hoc magnum est, Ego autem dico in Christo & in Ecclesia.*

Objicies: Lotio pedum verum & proprie dictum est novæ legis Sacramentum. Siquidem est ritus externus a Christo institutus & præceptus, annexam habens gratiæ promissionem. Primo, est ritus externus, ut per se patet. Secundo, est institutus & præceptus a Christo, nam Joan. 13. Christus sic loquitur suis Apostolis: *Et vos debetis alter alterius lavare pedes.* Tertio, vim habet producendi gratiam, Christus enim ait ibidem: *Nisi lavero te non habebis partem mecum*, ut dixerat Joan. 3. in Baptismi institutione, *Nisi quis renatus fuerit ex aqua & Spiritu sancto, non intrabit in regnum cælorum.* Igitur.

Nego ant. & dico lotionem pedum esse quidem signum externum rei spiritalis: sed non ideo esse verum Sacramentum, quia Sacramentum debet esse signum permanens tamdiu duraturum quamdiu durabit ipsamet Religio: sed lotio pedum non fuit permanens, siquidem sub finem seculi quarti lotio pedum non amplius erat in usu in Ecclesia Romana, quod manifeste evincit constantem omnium Ecclesiarum doctrinam fuisse, hunc ritum minime a Christo institutum in ratione Sacramenti proprie dicti.

Deinde lotio pedum non habet annexam gratiæ Dei promissionem, illa enim verba, *nisi lavero te*, &c. non promittunt gratiam, sed minantur pœnam ob inobedientiam, ut exponunt plerique Patres.

Tertio, lotio pedum non fuit a Christo præcepta, ut ritus semper observandus, sed solum ut quoddam humilitatis exercitium, ad quod Apostolos exhortatur, ut docent praxis Ecclesiæ; neque enim, ut jam dixi, hæc lotio diu fuit in usu in Ecclesia Romana, ut colligitur ex testimonio S. Ambrosii, de quo mox nonnihil disseremus. Unde etiam eruitur discrimen quod est inter baptismum & Lotionem pedum.

Objicies: SS. Cyprianus, Ambrosius, & Bernardus docent ablutionem pedum fuisse Sacramentum. Cyprianus lib. de ablutione pedum sic loquitur: *Ut cæteris immutabiliter semel statutis ultima lavacri species quotidianis expiationibus commodata commendaretur fidelibus ... propter hoc benignissime Domine pedes lavas Discipulis, quia post Baptismum, quem sui reverentia non patitur iterari, aliud lavacrum procurasti quod nunquam debeat intermitti.*

Item S. Ambrosius lib. 3. de Sacramentis cap. 1. hæc habet: *Vide omnem justitiam, vide humilitatem, vide gratiam, vide sanctificationem; Nisi lavero,* inquit, *tibi pedes, non habebis partem mecum. Non ignoramus, quod Ecclesia Romana hanc consuetudinem non habeat, cujus typum in omnibus sequimur.*

Denique hæc scribit S. Bernardus sermone de Cœna Domini: *De tribus Sacramentis, quæ satis congrua sunt huic tempori, dicendum erit quod Dominus ipse demonstrarit . . . ad hæc instituta sunt omnia Sacramenta, ad hæc Eucharistiæ participatio,*

Objicies : Materia Matrimonii determinata fuit & mutata ab Ecclesia ; nam ante Concilium Tridentinum contractus clandestinus erat materia sufficiens hujus Sacramenti , secus vero post celebrationem hujus Concilii : igitur a Christo determinata non fuerat.

Nego ant. quod enim determinaverat Christus mutatum non fuit a Patribus Tridentinis ; Christus statuerat pro materia Sacramenti matrimonii legitimum contractum duorum conjugum , id mutatum non est a Concilio ; sed ab eo definitum est tantum quænam conditiones requirantur ut contractus sit legitimus , quod pro diversitate temporum & locorum immutari potest.

Objicies : Non consentiunt inter se Theologi de materia cujuslibet Sacramenti , uti nec de forma ; quidam ajunt , v. g. materiam Confirmationis esse Unctionem , alii manuum impositionem , variant etiam circa materiam matrimonii. Tum vero Græci & Latini non consentiunt in assignanda materia Ordinationum , nec aliter conciliari possunt , quam si dicatur materiam Sacramentorum in genere tantum a Christo determinatam , ab Ecclesia vero in specie : igitur non fuit a Christo determinata in specie.

Nego conseq. ex hac enim opinionum varietate colligi solum potest velut de fide non constare apud omnes hanc determinationem materiæ singulorum Sacramentorum in specie factam fuisse a Christo, aut saltem non constare , quænam materia fuerit præ alia a Christo instituta pro illis Sacramentis , de quibus disputatur . Sed non inde sequitur hanc nostram sententiam non esse oppositis veriorem. Porro licet dicamus non esse omnino de fide Christum Dominum instituisse immediate septem nostra Sacramenta , quia rem non definivit Concil. Tridentinum consulto omittens hanc vocem *immediate* ne quorumdam Theologorum doctrinam proscriberet, meo tamen judicio hæc sententia temeritate non caret propter momenta mox a nobis adducta.

Quæres utrum mutatio materiæ reddat Sacramentum nullum.

Respondeo affirmative, Si mutatio sit essentialis, ut si quis v. g. baptizaret cum vino , quia materia essentialis Baptismi est aqua : secus vero si mutatio non sit essentialis, ut si quis loco panis Azymi uteretur fermentato ad conficiendam Eucharistiam.

CAPUT IX.

An & quæ verba teneant locum formæ in Sacramentis.

DIximus Sacramenta novæ legis constare verbis ut forma , ut patet ex facta enumeratione cujuslibet Sacramenti. Addimus ejusmodi formas fuisse a Christo non in genere , sed in specie determinatas , alioquin Christus jure non diceretur Sacramenta instituisse tanquam verus eorum Autor , ut modo dicebamus , cum de materia agebatur ; quisquis enim instituit aliquem ritum perpetuo servandum , hujus materiam & formam quæ sunt ejus partes essentiales , ipse determinat per se immediate , nec eas alteri determinandas relinquit.

Jam vero fatemur non æque clare & explicite contineri in Scripturis qualis facta fuerit a Christo determinatio verborum , quæ locum teneat formæ in quolibet e septem nostris Sacramentis : clarius enim v. g. habentur formæ Baptismi & Eucharistiæ , quam cæterorum ; sed pro certo tenendum est formas aliorum Sacramentorum pariter a Christo præscriptas Traditione nunquam interrupta ad nos usque pervenisse , ad quam Traditionem recurrendum est etiam ad asserendam formam Baptismi in his verbis , *Ego te baptizo* , &c. esse positam , Christus enim expresse non jussit pronuntianda esse hæc verba inter baptizandum , sed sola Traditione colligitur id ita fuisse ab illo præscriptum.

Deinde non contendimus hac in assertione singula verba , quæ loco formæ sunt in Sacramentis, a Christo fuisse determinata, ipsa individualiter quoad ipsas voces & syllabas, quæ hodie usurpantur in administratione Sacramentorum: neque enim Ministri Sacramentorum iisdem utuntur verbis in Ecclesia Latina, & in Græca, aliæ sunt phrases, aliud idioma. Sed hoc demum intelligitur de verbis quoad significationem illorum essentialem, qua scilicet designatur proprius cujuslibet Sacramenti effectus. Dicimus v. g. institutam fuisse a Christo formam confirmationis, quatenus præcepit Christus ut Apostoli eorumque successores Episcopi, baptizatos confirmarent per Orationem quæ Spiritum sanctum, spiritum roboris invocarent, & conferrent, neque vero satis esset si diceretur solummodo, Christum instituisse Sacramentum Confirmationis, præcipiendo in genere Apostolis ut aliquod Sacramentum conferrent baptizatis, nec talis Sacramenti determinasset materiam & formam, idem sit judicium de aliis Sacramentis.

Quæres an mutatio verborum licita sit, an vero reddat Sacramentum nullum.

Respondeo 1. multis modis mutari posse formam alicujus Sacramenti in verbis positam, nimirum detractione, additione, transpositione, interruptione, & corruptione. Item Mutatio duplex; essentialis qua posita inverteretur significatio verborum; & accidentalis per quam non tolleretur sensus verborum; his positis,

Resp. 2. omnem Mutationem etiam accidentalem esse illicitam & graviter peccare Ministrum, qui formam alicujus Sacramenti immutat. Siquidem Minister qui nonnisi dispensator Mysteriorum est, ea tractare debet cum reverentia, non ad libitum, sed ut Minister Ecclesiæ accurate observando quod ab ea præscriptum est, ut definivit Conc. Trident. sess. 7. Can. 13. his verbis, *Si quis dixerit, receptos & approbatos Ecclesiæ Catholicæ ritus in solemni Sacramentorum approbatione adhiberi consuetos aut contemni, aut sine peccato a Ministris pro libito omitti, aut in novos alios per quemcumque Ecclesiarum Pastorem mutari posse, anathema sit.*

Resp. 3. ex mutatione accidentali non reddi Sacramentum nullum, ut si quis v. g. omittat in forma Eucharistiæ particulam, *enim*, & dicat simpliciter, *Hoc est Corpus meum*, quia cum tunc adsit legitimus propositionis sensus, salva manet Sacramenti substantia. Secus vero si fiat mutatio essentialis quocumque ex præfatis modis, ut si quis baptizaret in nomine Patris & Filii omittendo nomen Spiritus sancti. Et hæc universim servanda est regula in praxi, eaque diligenter applicanda in iis etiam omnibus casibus in quibus forma usurpatur ambigua.

Quæres utrum & quando utendum sit forma conditionali in Sacramentorum administratione. Scilicet forma in Sacramentis, vel est absoluta, quando absolute & nulla apposita conditione loquitur Minister, dicens v. g. Baptizo te, Confirmo te, Absolvo te; vel conditionalis, quando cum aliqua apposita conditione loquitur Minister, ut si dicat, Si non es baptizatus, ego te baptizo, vel Si non es absolutus, ego te absolvo.

Resp. ad primam quæstionis partem, legitimum esse formæ conditionalis usum, quia licet penitus incognita fuerit & inusitata hæc forma prioribus Ecclesiæ sæculis, tamen in usu maxime fuisse videtur a duodecimo sæculo, in quo Alexander III. hæc decrevit quæ habentur *extra de Baptis.* cap. 2. *De quibus, dubium est, an baptizati fuerint, baptizentur his verbis præmissis, Si baptizatus es, non te baptizo, sed si nondum baptizatus es, ego te baptizo.* Quamquam nonnulli Theologi existiment non statim sed solum temporibus Gregorii IX. receptam & publicatam hanc legem, quia Petrus Cantor, qui ante hunc summum Pontificem vivebat, aliter sentiebat, sic enim scribit, *In Confirmatione, vel in Ba-*

Respondeo nomine rei in ista Ecclesiæ doctrina intelligi id omne quod sensibile est & externum per modum materiæ subjectæ verbis quibus utuntur Ministri, quo sensu actiones quædam morales sunt res, cujusmodi sunt actus pœnitentis in Sacramento Pœnitentiæ. Unde etiam contractus duorum conjugum res est quæ tenet locum materiæ in Sacramento Matrimonii.

Quod si dicas aliquando dari absolutionem sacramentalem Catholico moribundo qui nullum doloris externum præbuit signum, in quo casu nulla occurrit materia Sacramenti Pœnitentiæ, nulla scilicet Contritio, nulla Confessio, nulla Satisfactio.

Respondeo, Sacerdotem, cum in illis casibus absolvit, saltem præsumere aliquem præcessisse actum doloris & contritionis ex parte illius moribundi. Præterquam quod contendunt Scotistæ in sola absolutione Sacerdotis reperiri materiam & formam hujus Sacramenti.

Objicies: Eucharistia sub Altari posita non constat verbis: ergo

Dist. Eucharistia in suo facto, ut ajunt, spectata, C. in suo fieri, N. quia nempe Eucharistia non fit nisi per verba Sacerdotis, vi quorum panis & vinum convertuntur in Corpus & Sanguinem Christi.

Porro cum Sacramenta dicuntur constare rebus ut materia & verbis ut forma, hæ voces materiæ & formæ accipi non debent in rigore, sed secundum quamdam Analogiam quam habent partes Sacramentorum cum materia & forma: in Physicis eo nimirum quod in Sacramentis, quædam sunt res sensibiles & quæ determinantur per verba Ministrorum ad tales & tales effectus, sicut materia in Physicis de se indifferens determinatur ad efficiendum tale compositum physicum per formam.

Quod si quæratur quandonam voces illæ *materia & forma* primum adhibitæ sint & usurpatæ a Theologis ad significandam Sacramentorum essentiam.

Respondeo, id primo factum esse circa annum 1215. quo tempore vivebat Guillelmus Antissiodorensis, ante quem nullus e Scriptoribus Ecclesiasticis voces illas usurpavit. Cum autem postea usus invaluisset iis utendi, eas lubenter adoptavit Theologia, quippe quæ nihil veneni continent, & aliunde ad explicandam Sacramentorum essentiam non parum utilitatis habent. Eas similiter adoptarunt Concilium Tridentinum & Eugenius IV. in suo Decreto.

Eo certe nemo clarius hunc loquendi modum usurpavit, *Omnia Sacramenta*, inquit, *tribus perficiuntur, videlicet rebus tanquam materia, verbis tanquam forma, & persona ministri conferentis Sacramentum cum intentione faciendi quod facit Ecclesia, quorum si aliquod desit, non perficitur Sacramentum.*

Neque vero inde sequitur veram antiquæ Ecclesiæ doctrinam circa essentiam Sacramentorum cognosci non posse, cum nempe sub illis materiæ & formæ nominibus non designetur ab antiquis Patribus & Conciliis. Respondemus enim mentem suam circa partes essentiales cujusvis Sacramenti abunde declarasse antiquos Scriptores aliis verbis, aliis indiciis, puta cum res illas externas testati sunt a Christo fuisse institutas in gratiæ collationem, ad peccata remittenda, cum declararunt signa illa fuisse semper & in omni ævo ubique usurpata in Ecclesia, hinc enim ritus qui solent dici sacramentales, & minime pertinere ad essentiam Sacramentorum, differunt a Sacramentis proprie dictis, quatenus illi pro diversitate locorum & temporum passim mutantur, Sacramenta vero utpote a Christo instituta, semper eadem essentialiter manent.

verbo aliud est sonus transiens, aliud virtus manens. Hoc est verbum fidei quod prædicamus, ait Apostolus: unde in Actibus Apostolorum legitur. Fide mundans corda eorum...... hoc est verbum fidei quod prædicamus, quo sine dubio ut mundare possit, consecratur & Baptismus. Tamen hoc per verbum de quo Dominus ait, Jam vos mundi estis propter verbum quod locutus sum vobis. Ubi 1. S. August. ait verbum mundare in Baptismo, non quia dicitur sed quia creditur; tale est autem concionale. 2. Ait verbum illud esse verbum fidei quod prædicamus, & quod non operatur nisi excitando fidem; tale autem verbum est concionatorium. 3. Mundationem quæ fit in Baptismo tribuit verbo de quo Dominus ait: *Jam vos mundi estis propter verbum*, &c. quod sane verbum erat concionale: igitur ex S. Aug. verba Sacramentorum sunt concionalia.

Resp. ab illa Novatorum Doctrina neminem magis distare quam S. Augustinum, vel etiam si ad hunc solum respiciamus locum, 1. enim sic loquitur, *Detrahe verbum, quid est aqua nisi aqua?* Sed detracto verbo concionali, aqua non est pura aqua, sed consecrata, ut quando baptizantur infantes nulla præmissa concione, 2. addit, *Accedit verbum ad elementum & fit Sacramentum*, sed concio non accedit, non dirigitur ad aquam. 3. loquitur de verbo quod mundat infantem, *Hoc verbum tantum valet ut mundet infantem*. Quod dici nequit de verbo concionatorio.

Ad primum itaque cum dicit S. Augustinus verbum mundare, quia creditur non quia dicitur, sensus est, verbum ideo mundare in Baptismo, quia res est spiritalis continens invocationem Trinitatis, unde fonte accipit virtutem, non autem præcise quia est sonus transiens, ut clarum est ex verbis sequentibus, *In ipso verbo*, inquit, *aliud est sonus transiens, aliud virtus manens*; quia revera verba in Sacramentis mundant, non quia dicuntur, id est, quia præcise sunt voces; sed quia creduntur, hoc est, quia certam habent virtutem ab institutione Christi, ut docet fides.

Ad secundum loquitur de verbo fidei quod prædicamus, quia nempe eo loci S. Augustinus disserit universim de omni verbo, vult enim probare omnem mundationem esse a verbo seu extra Sacramenta, seu in Sacramentis, exponens hæc Joannis verba: *Jam vos mundi estis propter verbum quod locutus sum vobis*; scilicet recte dicitur verbum mundare & in Sacramentis & extra Sacramenta. In Sacramentis, *quo sine dubio ut mundare possit, consecratur & Baptismus*. Et extra Sacramenta, quatenus fidem excitat, ut habetur Rom. 10. *Fides ex auditu, auditus autem per verbum Christi*. Unde solutio patet tertiæ objectionis, cum præsertim Christus locutus fuerit suis Apostolis, & verbum concionatorium, & verbum sacramentale.

CAPUT X.

Utrum Sacramenta producant gratiam ex opere operato.

SAcramenta producere gratiam ex opere operato, est ea producere gratiam vi operis externi subjecto applicati, non autem vi meritorum quæ sunt vel in suscipiente vel in ministro, quomodo mox dicturi sumus Baptismum producere gratiam vi ipsius ablutionis, non vi fidei, pietatis aut aliarum dispositionum tum suscipientis, tum conferentis. Dixi vi ablutionis, non quidem quatenus est actio naturalis, sed juxta virtutem supernaturalem quam accipit ab institutione Christi.

Opus operatum sic dicitur ad distinctionem operis operantis. Duplex enim est opus humanum internum, seu operans, v. gr. voluntas elargiendæ eleemosynæ, aliud externum seu operatum, ut actualis largitio eleemosynæ.

Negant Lutherani, Calvinistæ, & Sociniani vim inesse Sacramentis nostris producenducendi gratiam ex opere operato. Putant enim ea esse tantum quædam signa apta ad fidem excitandam, & pietatem fovendam, sed quæ male dicantur a Catholicis remedia peccati & veræ causæ quæ gratiam producant: in quos sit

CONCLUSIO.

Sacramenta novæ legis producunt gratiam ex opere operato, & est de fide.

Probatur ex eo quod & Scripturæ & SS. Patres, & Concilia docent expresse Sacramenta mundare, sanctificare, peccata delere & alia id genus, quæ aperte significant Sacramenta per se ipsa non per internas dispositiones aut Ministri aut suscipientis gratiam conferre.

Scripturæ quidem Joan. 3. *Nisi quis renatus fuerit ex Aqua & Spiritu sancto, non potest introire in Regnum Dei*. Ad Titum 3. *Salvos nos fecit per lavacrum regenerationis*. 2. ad Timoth. 2. *Admoneo te ut ressuscites gratiam quæ est in te per impositionem manuum*. igitur.

Eodem modo loquuntur sancti Patres, ut ostendemus, cum de quolibet in particulari Sacramento agetur, sic v. S. Justinus Apologia prima ad Anton. *Remissionem ante commissorum peccatorum consequitur in Aqua*. Tertullianus lib. de Bapt. cap. 2. *Nonne mirandum est lavacro dilui mortem?* Origenes Hom. XIV. in cap. 4. Lucæ. *Quia per Baptismi Sacramentum nativitatis sordes deponuntur*. Optatus lib. 5. *Baptisma Christianorum Trinitate confectum confert gratiam*. Et sanctus Augustinus Tract. 80. in Joan. *Unde tanta virtus aquæ ut corpus tangat & cor abluat*. Quibus similia scribunt alii Patres, S. Cyprianus, Epist. I. ad Donatum. Sanctus basilius lib. de Spiritu sancto c. 15. Sanctus Chrysostomus Homil. XXV. in Joan. Sanctus Hieronymus Ep. LXXXIII. ad Oceanum & alii passim quibus omnes consentiunt Theologi.

Tum & Concilia, antiquiora enim generalia ediderunt Symbolum in quo fideles confitentur Baptisma, *in remissionem peccatorum*, hoc est, quod remissionem peccatorum confert. Unde Concilium Trident. sess. 7. in proœmio sic habet. *Sacramentis per quæ omnis vera justitia, vel incipit, vel capta augetur, vel amissa reparatur*, & Can. 8. *Si quis dixerit per ipsa novæ legis Sacramenta ex opere operato non conferri gratiam, anathema sit*.

Et ratio est quia Sacramenta, cum dicuntur mundare, sanctificare, &c. vel intelliguntur illud efficere ex opere operantis, vel ex opere operato, sed primum dici non potest. Ea enim signa non producunt gratiam ex opere operantis; hoc est ratione meritorum quæ sint in suscipiente vel in Ministro & propter illorum fidem, pietatem, aut alios bonos actus meritorios, quæ gratiam producunt, cum nulla sunt merita neque in suscipiente neque in Ministro; sed Sacramenta gratiam conferunt & sanctificant, cum nullæ sunt bonæ dispositiones neque in Ministro, neque in suscipiente, ut quando v. g. baptizatur infans ab infideli Ministro; unde S. Augustinus lib. 4. contra Cresconium cap. 13. hæc habet: *Non eorum meritis a quibus ministratur, neque eorum quibus ministratur, constat Baptismus, sed propria sanctitate ac veritate*. Et consentanee ad illam mentem & principium idem sanctus Augustinus & alii Patres qui scripserunt adversus Donatistas, totis viribus ostenderunt Ministrorum malitiam & infidelitatem nihil nocere virtuti & efficaciæ Sacramentorum, quia Sacramenta sunt Christi, & per se ipsa sanctificant: igitur Sacramenta novæ legis sunt veræ causæ gratiæ, eamque producunt ex opere operato.

Objicies: Voces illæ *ex opere operato* non reperiuntur in Scripturis, neque apud SS. Patres, sed recens introductus videtur in Ecclesia hic loquendi modus a Scholasticis, præterquam quod vox illa, *operatum*, lædit grammaticæ leges, ponitur enim passive, licet *operor* sit verbum deponens: igitur

Dist.

Baptismo de quo dubitatur, an sit collatus, non approbamus conditionem appositam sic, Si non es baptizatus, &c. quia Sacramenta non sunt conditionaliter conferenda.

Porro non modo in administratione Sacramentorum quæ iterari non possunt, & characterem imprimunt; videlicet Baptismi, Confirmationis, & Ordinis, forma conditionalis adhiberi potest, sed & in collatione aliorum etiam Sacramentorum, sic v.g. invaluit usus formæ conditionalis in Absolutionis collatione, si dubitet Sacerdos, num ipse antea protulerit verba essentialia, vel an subjectum sit Absolutionis capax.

Ad secundam propositæ quæstionis partem, dico formam conditionalem non esse adhibendam, nisi in dubio legitimo & præhabito diligenti examine, an Sacramentum de quo agitur, valide fuerit collatum; siquidem summo studio semper in Ecclesia cautum fuit, ut Sacramenta quæ scilicet imprimunt characterem, non reiterarentur, sic v.g. de Baptismo legitur in tertio Concilio Carthag. *Placuit de infantibus, quoties non inveniuntur certissimi testes, qui eos baptizatos esse sine dubitatione testentur, neque ipsi sunt per ætatem idonei de traditis sibi Sacramentis respondere, absque ullo scrupulo esse baptizandos.* Quia, ut ait S. Leo Epist. 37. *non potest in iterationis crimen devenire, quod factum esse omnino nescitur.*

Quæres an liceat in Sacramentorum administratione uti materia vel forma dubia & incerta.

Resp. 1. id licitum esse in casu extremæ necessitatis, & si agatur de Sacramentis necessariis necessitate medii quales sunt Baptismus & Pœnitentia, ita enim censent permulti Doctores prudentissimi, quid enim periculi, ut aiunt? num quod in vanum ministretur aliquod Sacramentum? sed uti reponunt, Sacramenta sunt propter homines, non autem homines propter Sacramenta.

Resp. 2. extra casum necessitatis extremæ id non esse licitum, quia generatim loquendo ac præsertim in administratione Sacramentorum non licet sequi opinionem probabilem relicta tutiore, ut definivit Innocentius XI. in censura propositionum 65. a Clero Gallicano renovata an. 1700.

Verum alia hic proponitur difficultas, An verba quæ tenent locum formæ in Sacramentis, sint consecratoria, vel solummodo promissoria vel concionatoria: scilicet.

Triplex est verbum, promissorium quo res promissa continetur, Marc. 16. *Qui crediderit & baptizatus fuerit, salvus erit.* Concionatorium quod per modum instructionis ad alios edocendos profertur, quales sunt omnes Conciones. Denique consecratorium quo significatur rem aliquam sensibilem fieri sacram, ut hæc verba, *Hoc est Corpus meum*, prolata enim a Sacerdote, qui præ manibus tenet panem, indicant panem fieri Corpus Christi.

Contendunt Calvinistæ & Lutherani verba Sacramentorum esse promissoria & concionalia, non autem consecratoria, non quod putent in administratione Sacramentorum necessario utendum aliqua concione, vel promissione, fatentur enim validum esse Baptisma collatum infantibus nulla præhabita concione, sed quia volunt verba sacramentalia ad instar concionum eo tantum fine pronuntianda, ut fidem & pietatem excitent, nequaquam vero vim habere quicquam consecrandi ut scilicet, quod in eorum doctrina familiare est, vim & efficaciam verborum sacramentalium elevent, quippe quæ, ut aiunt illi, in eo solum posita est, ut fidem excitent, non quæ sint operativa justitiæ: in quos sit

CONCLUSIO.

Verba Sacramentorum vere sunt consecratoria, non promissoria, nec concionatoria.

Primo sunt consecratoria, quia tum in Baptismo, tum in Eucharistia, quæ duo

Dist. ant. non reperiuntur expresse, C. implicite, N. scilicet reperiuntur quoad sensum in iis locis, in quibus Sacramenta dicuntur gratiam conferre, sanctificare, peccata delere, &c. Sicque identidem in Ecclesia obtinuerunt istæ voces *Consubstantialis*, *Deipara*, *Transsubstantiatio*, quæ non reperiuntur in Scripturis, nisi quoad sensum. Nec moror quod accurata secundum leges grammaticæ non sit ista locutio; id enim semper non curat Ecclesia; quia, ut ait Augustinus, in Psalm. 138. *Melius est ut nos reprehendant grammatici, quam non intelligant populi.*

Objic. Deus dicitur in Scripturis solus remittere peccata, Isaiæ 43. *Ego sum qui deleo iniquitates*. Lucæ 5. *Quis potest dimittere peccata, nisi solus Deus?* ergo Sacramenta non producunt gratiam ut veræ causæ quæ agant ex opere operato.

Dist. ant. in genere causæ principalis, C. instrumentalis, N. porro cum dicimus Sacramenta esse causas gratiæ, id tantum intelligimus ea esse causas instrumentales, in quantum Christus instituit ejusmodi signa externa, quibus uterentur homines ad propriam sanctificationem comparandam: nolumus autem Sacramenta esse causas principales gratiæ. Certe licet Deus dicatur solus remittere peccata in locis objectis, tamen Christus potestatem, ministerialem scilicet, remittendi peccata tribuit hominibus, Joan. 20. *Quorum remiseritis peccata remittuntur eis*. Et sic respondetur nonnullis sanctis Patribus.

Hæc responsio manifeste ostenditur ex laudato S. Joannis testimonio, *Nisi quis renatus fuerit ex aqua & Spiritu sancto, non potest intraire in Regnum Dei*. Ubi regeneratio facta in baptismo peræque tribuitur aquæ & Spiritui sancto, aquæ scilicet ut causæ instrumentali, & Spiritui sancto ut causæ principali.

Objic. 1. Petri 3. hæc leguntur, *Salvos facit Baptisma, non carnis depositio sordium, sed conscientiæ bonæ interrogatio*: quasi dicat non per ipsam ablutionem, sed per fidem salvari baptizatum, quatenus credit per Christum sibi remissa esse sua peccata.

Resp. S. Petrum id unum docere, Adultis qui baptizantur non sufficere ablutionem externam, sed insuper requiri bonam conscientiam, quod non diffitemur, ut adulti justificentur.

Objicies: Patet è Scripturis hominem justificari per fidem, Rom. 4. *Credidit Abraham Deo, & reputatum est illi ad justitiam*. Hebræor. 10. *Justus ex fide vivit*; ergo Sacramenta non sunt causæ nostræ justificationis.

Resp. Ex ejusmodi locis colligendum duntaxat fidem suas habere partes in sanctificatione hominis, quod utique fatemur; est enim dispositio necessaria in Adultis, ut Sacramenta suos habere possint effectus, quo fit ut fides dici possit salvare hominem, suo nimirum modo, ut & charitas hominem sanctificat, eleemosyna extinguit peccata, &c. quod non impedit quominus Sacramenta dicantur instituta in remedium peccati, quorum applicatio vere & suo modo conferat gratiam.

Neque vero audiendi sunt Novatores, cum dicunt idcirco virtutem hanc agendi Sacramentis affingere Catholicos Romanos, ut omnem excludant fidem, omnem pietatem. Nam ex eo facile revincitur talis calumnia, quod licet hanc vim & efficientiam gratiæ tribuamus Sacramentis, tamen adultos omnes ad fidem, pietatem, & alios bonos actus eliciendos etiam in susceptione Sacramentorum compellimus, nullum vero bonum motum dicimus inutilem. Unde profitemur Sacramenta, plus vel minus gratiæ conferre juxta suscipientium dispositiones, ut expresse docet Concil. Tridentinum sess. 6. cap. 7.

Falsum quoque est quod addunt iidem hæretici, hanc nostram sententiam abstrahere homines a Deo, & efficere ut rebus corporeis nimis adhæreant. Nam contra, homines beneficio Sacramentosuum Deo trahuntur, quia signa sunt instituta a Christo, ut eorum beneficio gratiam Dei compareremus, quod utique docent & profitentur Catholici Romani.

Instabis. Si Sacramenta conferunt majorem gratiam pro majori dispositione suscipientis, sequitur ea agere ex opere operantis, scilicet ex meritis subjecti.

Nego ant. & seq. quia major gratia confertur propter actus bonos suscipientium tanquam prævias dispositiones non tanquam causas, licet enim v. g. eo magis & facilius ignem concipiat lignum quo siccius est, tamen siccitas non est causa combustionis,

Objic. Si Sacramenta producerent gratiam ex opere operato, Deus esset obligatus Sacramentis, non posset enim non justificare eum qui Sacramentum perciperet: absurdum cons. ergo & ant.

Neg. maj. & dico inde potius sequi Sacramenta Deo esse alligata. Deus enim potest justificare quemquam sine Sacramentis, ipsa vero neminem justificare possunt sine Deo. Vel dici potest Deum esse obligatum Sacramentis hypothetice, & consequenter ad suas promissiones, non absolute loquendo, quod neutiquam absurdum est.

CAPUT XI.

Utrum Sacramenta producant gratiam physice vel moraliter.

CAusa duplex, Physica & Moralis. Physica est ea quæ per se proxime & immediate producit effectum, quomodo ignis comburit. Moralis est ea quæ per aliud non per se producit effectum, quomodo qui consilium dedit alteri hominem interficiendi, est causa illius homicidii, tametsi propria manu eum non interficiat.

Quæstio est inter Theologos, an Sacramenta producant gratiam tanquam causæ physicæ, vel tanquam causæ morales tantum. Priorem partem tenent Thomistæ, oppositam vero communiter alii Theologi.

CONCLUSIO.

Sacramenta novæ legis non producunt gratiam nisi moraliter.

Probatur, quia nulla est necessitas admittendæ ejusmodi causalitatis physicæ, satis est si dicantur Sacramenta producere gratiam moraliter, quatenus sunt signa quædam instituta a Christo quæ Deum determinant ad conferendam suam gratiam. Quomodo merita Christi quæ non sunt nisi causæ morales, efficiunt nostram salutem. 2. Causa physica debet existere quando agit: sed aliquando Sacramenta non existunt quando agunt, Baptismus enim ficte susceptus, videlicet in statu peccati mortalis, deposita per pœnitentiam fictione confert gratiam ei qui multis ante annis fuerat baptisatus. 3. Modus agendi sequitur conditionem agentis, operari, ut aiunt, sequitur esse: sed Sacramenta sunt tantum entia moralia non physica: igitur.

Obj. Et Scripturæ & SS. Patres sic de Sacramentis loquuntur, ut in iis agnoscere videantur efficientiam physicam; docent enim Sacramenta mundare, lavare, renovare, Joan. 3. *Nisi quis renatus fuerit ex aqua & Spiritu Sancto, &c.* Ad Ephes. 5. *Mundans eam lavacro aquæ.* Actio autem aquæ est physica. Item SS. Patres Sacramenta comparant rebus physicis & physice agentibus, poto, igni, semini, aquæ, &c. quæ physicum in iis agendi modum denotant: ergo.

Resp. ex illis tum Scripturæ, tum SS. Patrum locutionibus colligi duntaxat, Sacramenta esse veras gratiæ causas quæ vere per se & ex opere operato agunt, ut jam diximus, nequaquam vero ea esse causas physicas: hanc enim sententiam in Scripturis minime assertam nusquam attigerunt SS. Patres. Unde comparationes quibus utuntur in eo stant solum, quod Sacramenta sint veræ causæ, non quod sint physicæ.

Obj. Si Sacramenta non producerent gratiam physice sed tantum moraliter,

qua-

quatenus moverent Deum ad conferendam hominibus gratiam, inde sequeretur ea non producere gratiam ex opere operato, sed tantum ex opere operantis ad instar Sacramentorum antiquæ legis, hæc enim similiter producebant gratiam moraliter in suscipientibus, quatenus Deum determinabant ad gratiam suam recte dispositis largiendam: sed falsum consequens, ut supra ostensum est: ergo & antecedens.

Neg. maj. & sequelam, & dico Sacramenta producere gratiam ex opere operato in hac nostra sententia, quia licet agant moraliter, movendo scilicet Deum ad conferendam suam gratiam, tamen quia Deum movent vi operis sui externi, non vi meritorum aut suscipientis, aut conferentis, agunt simul ex opere operato & tamen moraliter. Unde apparet discrimen veterum Sacramentorum a novis; illa enim non agebant nisi moraliter, & simul ex opere operantis, quatenus non propria vi & applicatione, sed ex meritis hominum Deum determinabant ad largiendam suam gratiam; erant enim, ut ait S. Paulus, infirma & egena elementa quæ id unum efficiebant, ut per illa Judæi fidem suam in venturum Messiam protestarentur, vim non habentes movendi ac determinandi Deum ad suam ipsis largiendam gratiam, quæ quidem vis & efficacia competit Sacramentis novæ legis.

Obj. In ista sententia Sacramenta dici non possunt veræ causæ & instrumenta gratiæ, virtutem aliquam tribuere, gratiam & remissionem peccatorum operari, ut Concilia loquuntur. Nam illud non est vera causa gratiæ, ad cujus præsentiam excitatur Deus qui solus est causa gratiæ ad illam largiendam, debitorem solvet ac determinant: absurdum conseq. ergo & antecedens.

Dist. ant. veræ causæ physicæ, C. morales, N. porro causæ morales sunt veræ ac propriè dictæ causæ quæ suo modo, vero tamen agunt, ut patet ex allato exemplo chyrographi.

Atque hinc intelligitur huic nostræ sententiæ neutiquam obesse quod objicitur ex Synodo Trid. quæ sess. 7. can. 6. docet Sacramenta novæ legis continere gratiam quam significant, & can. 7. per Sacramenta dari gratiam non ponentibus obicem. Siquidem ejusmodi locutiones & aliæ similes probant solum Sacramenta esse veras causas, quod utique adversus Novatores definire voluerunt PP. Tridentini, sed non denotant ea esse causas physicas, hæc enim non minus enunciari possunt de causis moralibus quam de physicis, ut patet ex allato exemplo.

Jam vero si causalitas physica intelligatur, ut volunt quidam Recentiores Philosophi, qui nullas admittunt causas creatas nisi occasionales, ita videlicet ut Sacramenta dicantur occasio, qua posita Deus infallibiliter gratiam largitur suscipientibus, per me licet, quod gratiam dicantur physice producere, hoc enim sensu non erunt nisi causæ morales.

CAPUT XII.

De effectibus Sacramentorum.

PRimarius Sacramentorum effectus est gratia sanctificans, isque communis est cuilibet Sacramento. Sacramentum enim novæ legis essentialiter est signum practicum gratiæ, ut mox ostensum est, cum probavimus Sacramenta veras esse gratiæ causas quam producunt ex opere operato.

Sacramenta dicuntur esse duplicis generis, alia Mortuorum quia hominibus in peccato mortali constitutis conferuntur, ut amissam gratiam recuperent, & à peccato resurgant, ut Baptismus & Pœnitentia. Alia Vivorum quæ hominibus vivis, hoc est in gratia constitutis administrantur, ut in iis gratia sanctificans augeatur, qualia sunt Sacramenta Confirmationis, Eucharistiæ, &c.

Præter gratiam sanctificantem, Sacramenta producunt aliam gratiam quæ dicitur Sacramentalis, quod videlicet cuilibet Sacramento peculiaris est, & in singulis diversa. Ratio est quia, si Sacramenta quælibet peculiarem suam gratiam non conferrent, jam non differrent inter se in ratione Sacramenti, adeoque quodlibet sufficeret ad quamlibet gratiam Dei obtinendam, quod videtur absurdum & divinæ Menti Christi diversa Sacramenta instituentis plane contrarium. Quapropter ut docet Eugenius IV. in suo Decreto pro instructione Armenorum, quod legitur in Actis Concilii Florentini, *Per Baptismum spiritualiter renascimur, per Confirmationem augemur in gratia, & roboramur in Fide, renati autem & roborati nutrimur divina Eucharistiæ alimonia. Quod si per peccatum ægritudinem incurrimus animæ, per Pœnitentiam spiritualiter sanamur, spiritualiter etiam & corporaliter, prout animæ expedit per Extremam-Unctionem: per Ordinem vero Ecclesia gubernatur & multiplicatur spiritualiter: per Matrimonium corporaliter augetur.*

Quærunt Theologi quid sit illa gratia sacramentalis.

Resp. gratiam illam nihil aliud esse quam jus acquisitum & permanens ad accipienda a Deo auxilia, quibus possint homines in loco & tempore proprios cujuslibet Sacramenti effectus & finem consequi: Gratia Sacramentalis v. g. Confirmationis est jus quod acquirit fidelis per Confirmationem obtinendi a Deo uberiores gratias, quibus possit data occasione Fidem Christianam profiteri. Sic Ordo confert jus habendi in tempore auxilia gratiæ actualia, quibus Ecclesiæ Ministri sacras functiones rite obeant: & ita de aliis Sacramentis. De illa Gratia Sacramentali [illegible]uitur S. Bernardus Serm. de Cœna [illegible]mini, hæc dicens, *Divisiones gratiarum diversis sunt tradita Sacramentis.*

Et ratio est, quia hac posita sententia, recte intelligitur quid sit gratia propria & peculialis cuilibet Sacramento, sed gratia sacramentalis id sibi vindicat per oppositionem ad gratiam sanctificantem, quod sit propria & peculiaris cuilibet Sacramento: igitur hac pacto recte explicatur natura gratiæ sacramentalis.

Tertius Sacramentorum, non tamen omnium effectus, est caracter de quo plura nunc & graviora dicenda sunt.

CAPUT XIII.

De Caractere.

Nomine caracteris intelligitur signum quoddam indelebile in anima impressum quo fideles ad aliquid recipiendum vel conferendum ordinantur, & quod insuper efficit, ut Sacramenta illa quæ caracterem imprimunt, reiterari non debeant.

Docet Ecclesia tria esse Sacramenta novæ legis, quæ talem caracterem imprimunt, puta Baptismum, Confirmationem, & Ordinem; idque contra Lutheranos & Calvinistas, qui ejusmodi caracterem velut merum Scholasticorum commentum rejiciunt, hac potissimum ratione, quod de ejusmodi caractere nullum habetur verbum, neque in Scripturis, neque apud SS. Patres.

CONCLUSIO.

Admitti debet caracter impressus per Baptismum, Confirmationem, & Ordinem. Quæ propositio est de Fide.

Solent nonnulli Theologi post Bellarminum caracteris existentiam probare ex quibusdam Scripturæ locis, qualis est iste, Ephes. 1. *In quo & credentes signati estis Spiritu promissionis Sancto.* Item ex his verbis II. Corinth. 1. *Qui signavit nos & dedit pignus Spiritus in cordibus nostris.* Verum ut dicam quod res est, non videtur colligi posse ex istis locis caracteris existentia, in quibus verisimilius est Apostolum disserere de gratia sanctificante.

Unde recurrendum est ad Traditionem quæ hoc in capite nullum dubitandi locum relinquit. Docent enim unanimi consensu omnes fere Patres & Græci, & Lati-

Latini præfata Sacramenta caracterem, signum & notam imprimere; sic v. g. S. Cyrillus Jerosol. Catech. 4. *Spiritus Sanctus*, inquit, *tempore baptismatis animam obsignat*. Et præfat. in Catecheses, enumerans effectus plurimos baptismi hunc ei tribuit, quod sit *signaculum sanctum & indelebile*. S. Basilius Homil. XIII. quæ est exhortatio ad Baptismum, *Nisi*, inquit, *caracterem in te agnoscat Angelus, quomodo pro te pugnabit, aut te ab inimicis vindicabit, quomodo dices, Dei sum signum ostendens?* Sic S. Gregorius Nazian. Orat. 40. *Baptismus est sigillum, quasi conservatio est ac demonstrationis signatio*. Disertissime vero omnium S. Augustinus admittit caracterem distinctum a Baptismo & ab eo impressum, hoc momento quod Baptismus communis est bonis & malis, nec reiterari potest. Lib. 6. de Bapt. cap. 1. vocat Baptismum caracterem Dominicum; lib. 2. contra Epist. Parmeniani cap. 13. probat in Baptismo esse caracterem, ex eo quod in qualibet militia nota quædam est militaris ad agnoscendos desertores; & Tract. 6. in Joan. *Foris baptizatus sum*, inquit, *timeo ne inde sim reus, quia foris accepi. Quod foris accepisti approbo...... caracter est Regis mei, non ero sacrilegus, corrigo desertorem, non immuto caracterem*. Ita S. Greg. Mag. lib. 2. Epist. 32. Innocentius III. capite *Majores*. S. Thomas & alii communiter Scholastici.

Quapropter adversus Novatores hanc doctrinam merito sancit Concilium Trid. sess. 7. Can. 9. his verbis: *Si quis dixerit in tribus Sacramentis Baptismo scilicet, Confirmatione, & Ordine non imprimi caracterem in Anima, hoc est signum quoddam spirituale & indelebile, unde ea iterari non possunt, anathema sit.*

Et ratio est quia docet praxis Ecclesiæ præfata Sacramenta non fuisse reiterata: sed non alia de causa non reiterata sunt, quam quia censebantur imprimere caracterem aliquem: Ideirco enim v. g. non reiterant Baptismum, quia in homine jam baptizato censetur remanere Baptismus: atqui non remanet quoad se, est enim actio transiens, non remanet etiam semper quoad gratiam quæ per peccatum mortale tollitur: superest igitur ut remaneat quoad caracterem.

Objicies: Existentia caracteris nec Scripturis astruitur, ut concessum est, nec Traditione, quia & pauci e SS. Patribus caracteris meminerunt, & qui de eo loquuntur sub nominibus signi, sigilli, notæ, recte intelligi possunt de ipso Sacramento, aut de gratia per Sacramentum data. Idque colligitur insuper ex antiquis Scholasticis qui nullum agnoverunt caracterem; nam Gratianus & Magister qui Patrum sententias de rebus Ecclesiasticis collegerunt, de caractere nullum habent verbum. Durandus ait modernum esse inventum. Gabriel docet nec Scripturis, nec Patribus probari posse. Unde non videtur quo fundamento Patres Tridentini caracteris existentiam astruant.

Respondeo 1. caracteris existentiam non esse propterea rejiciendam, quod aperte non legatur in Scripturis, cum aliunde recte stabiliri possit ex SS. Patrum Traditione, quia, ut ait S. Augustinus lib. 5. de Bap. cap. 23. *Multa sunt quæ universa tenet Ecclesia, & ob hoc ab Apostolis præcepta bene creduntur, quamquam in Scriptura non inveniantur.*

Respondeo 2. falsum esse caracteris existentiam probari non posse Traditione, ut enim dictum est, & Græci & Latini agnoscunt imprimi aliquem caracterem ab illis Sacramentis, quæ non solent reiterari. Signum illud & sigillum v. g. quod dicunt imprimi in Baptismo, non est in eorum mente gratia, quia ex iisdem Scriptoribus caracter ille remanet in Hæreticis desertoribus, in quibus non remanet gratia. Non est ipse ritus externus, quia illum denotant impressum per ritum & est ejus effectus.

Quod nonnullos ex antiquioribus Theologis spectat, respondeo ex iis nullum esse, qui neget existentiam caracteris; immo quidam supponunt, illum expresse agno-

agnoscant, ut Petrus Pictaviensis, & Guillelmus Altissiodorensis. Unde nihil efficit, quod quidam illorum testentur caracteris existentiam autoritate Scripturæ & Patrum probari non posse, nimirum hisce temporibus ea res non ita clare definita fuerat, uti postea definita fuit in Concilio Trid.

Objicies: Licet S. Augustinus, idemque sit judicium de aliis Patribus, caracteris meminerit, nullum tamen agnoscit distinctum ab ipso ritu externo, ut colligitur ex Sermone ad Cæsariensis Ecclesiæ plebem, ubi sic habet, *A Desertoribus signati sunt non tamen signo Desertoris, sed signo imperatoris, non enim Desertor caracterem suum fixit, Donatus non baptizavit in nomine Donati; Nam si Donatus cum Schisma fecit, in nomine Donati baptizaret, Desertoris caracterem infligeret.... quando venio ad fratrem meum, & corrigo errantem fratrem meum, attendo Fidem in nomine Patris, & Filii, & Spiritus Sancti, iste est caracter Imperatoris mei*. Unde sic arguitur, Ex S. Augustino caracter impressus in Baptismo Christi, similis est caracteri qui imprimeretur Donatistæ baptizato in nomine Donati: sed ille caracter non foret quid internum & vere impressum animæ ab ipso Baptismo distinctum: ergo nec caracter Baptismi collati apud nos in Baptismo Christi.

Dist. maj. similis in hypothesi impossibili, C. possibili, N. itaque S. Augustinus hic loquitur in hypothesi impossibili in qua dicit futurum ut imprimatur caracter Donati, si daretur Baptismus in nomine Donati, ut inde colligat imprimi caracterem Christi in anima illius qui baptizatur Baptismo Christi. Sed probe noverat S. Doctor neminem baptizari in nomine Donati, adeoque loquitur in hypothesi impossibili.

Instabis. Ait ibidem caracterem esse illam formam *in nomine Patris*, &c. ergo non putabat caracterem esse quid distinctum ab ipso Baptismo.

Disting. caracterem sumptum efficienter, C. formaliter, N. vult enim solum Augustinus hanc formam *in nomine Patris, & Filii*, &c. cum pronunciata fuit, signum esse quo indicatur & colligitur caracterem Christi fuisse impressum in eo qui baptizatus est in nomine Christi.

Obj. Cum probatur existentia caracteris manifeste admittitur vitiosus circulus; dicunt enim Theologi quædam Sacramenta caracterem imprimere, quia non iterantur, & probant illa Sacramenta non iterari, quia caracterem imprimunt: igitur falsæ probationi nititur existentia caracteris.

Nego ant. quia non est vitiosus circulus, cum duo mutuo se probant in diverso genere causæ, & sub diverso respectu, quod contingit in præsenti casu; quando enim dicitur Sacramenta caracterem imprimere quia non iterantur, tunc causa probatur ex effectu; & quando dicitur Sacramenta non iterari quia imprimunt caracterem, tunc effectus probatur ex causa; quomodo sine circulo vitioso recte probatur hominem esse rationalem quia risivus est, & vicissim risivum esse quia rationalis est.

Objicies: Sine caractere animæ impresso homo recte ordinatur ad peragendas functiones Judicis & Ducis, scilicet per deputationem mere externam factam a Rege: ergo nec requiritur caracter in Ministris Ecclesiæ, ut valeant suas functiones obire.

Nego cons. & par. Disparitas est, quia in hac materia talis fuit Dei voluntas necessarium esse pro Ministris caracterem quem propterea agnoscere debemus. Scilicet de existentia rerum quæ ex libera Dei voluntate pendent, ex revelatione & autoritate judicandum est, non ex ratiocinio.

Obj. Inutile omnino ac superfluum videtur admittere aliquem caracterem impressum animæ a præfatis Sacramentis, quis enim illum videt ut v. g. hominem baptizatum discernat a non baptizato?

Respondeo docere Theologos, idque definisse Ecclesiam in Concilio Tridenti-

no,

no, quia hæc doctrina fuerat aperte sancita a SS. Patribus, qui existimarunt tali signo, signaculo, caractere indelebili Deo consecrari homines v. g. cum baptizantur. Neque necesse est ut videatur caracter, nam gratia, fides, charitas non videntur, quorum tamen existentiam nullus ex adversariis revocat in dubium.

Quæres quid sit ille caracter seu signum indelebile animæ impressum, an sit mera denominatio extrinseca, ut docet Durandus in 4. dist. 4. q. 4. An sit relatio realis ad functiones Ecclesiæ obeundas, ut vult Scotus. An denique sit aliquid reale intrinsecus positum in anima, ut communiter contendunt alii Theologi.

Respondeo 1. essentiam caracteris positam non esse in mera denominatione extrinseca, siquidem de mera denominatione extrinseca dici non possunt, quæcumque de caractere docet Concilium Trid. videlicet ait sancta Synodus caracterem esse signum indelebile: denominatio autem pure extrinseca non est signum indelebile, cum sit merus titulus, mera denominatio. Deinde signum illud dicitur a Patribus Tridentinis imprimi in anima], sed nemo dixerit denominationem extrinsecam imprimi in anima, cum enim aliquis nominatur a Rege alicujus provinciæ præfectus, accepit denominationem, nec ullus in ejus anima imprimitur caracter; cum Episcopus aliquem mittit ad prædicandum Evangelium, denominatur concionator, sed nullo insignitur caractere, nec imprimitur in ejus anima caracter, ut si inauguretur Sacerdos, quod tamen agnoscere cogitur Durandus.

Resp. 2. Caracterem non esse relationem realem, nam fundamentum relationis non est ipsa relatio: sed caracter per Sacramenta impressus, est potius fundamentum relationis quæ resultat ex eo quod quis receperit unum ex tribus Sacramentis, quam relatio ipsa, relatio enim non imprimitur, sed resultat ex eo quod imprimitur; igitur minus bene dicitur caracterem esse relationem.

Resp. 3. caracterem esse aliquid reale in anima intrinsecus positum, & ab ipso Sacramento distinctum. 1. Quia ex Concilio Trid. caracter imprimitur in anima; igitur est distinctus ab anima. Deinde est signum indelebile; igitur distinguitur ab ipso Sacramento quod est actio transiens. 2. Ex Patribus, Conciliis & Theologis respicitur caracter velut effectus Sacramentorum, dicitur imprimi per Sacramenta; igitur est quædam qualitas distincta ab ipsis Sacramentis, & Animæ superaddita. Qui modum tantum esse contendunt, de solo nomine certant. Nec moror quod dicant nonnulli non intelligere se quid sit ejusmodi qualitas animæ impressa velut ens absolutum. Nam idem admittere coguntur de gratia sanctificante quam dicunt qualitatem vel modificationem animæ superadditam, inhærentem, sic enim loquuntur Concilia, & de caractere loquens Concilium Trid. iisdem utitur vocibus, ut patet ex loco supra citato.

CAPUT XIV.

De Ministro Sacramentorum.

Circa Sacramenta novæ legis duplex distinguitur potestas, una principalis, altera ministerialis. Prima dicitur potestas autoritatis quæ soli Christo, quatenus Deo competit & per quam instituit Sacramenta. Secunda convenit hominibus & ad solam Sacramentorum administrationem extenditur.

Deinde non omnes fideles indiscriminatim, sed certos homines hanc habere potestatem administrandi omnia Sacramenta, clarum est ex Scripturis quæ docent non omnes esse Apostolos, non omnes Pastores, Hebr. 5. *Nec quisquam sumit sibi honorem, sed qui vocatur a Deo tamquam Aaron.* Unde errorem oppositum damnavit Concil. Trid. sess. 7. Can. 10. adversus Novatores, *Si quis dixerit Christianos omnes in verbo & omnibus Sacramentis administrandis habere potestatem,*

statem, anathema sit. Quod fusius ostendemus in Tract. de Euchar. & Ordine.

Ministri Sacramentorum concurrunt ut veræ causæ, videlicet instrumentales seu ministeriales ad producendos Sacramentorum effectus. Scripturæ enim hominibus tribuunt virtutem producendi gratiam, quando Sacramenta administrant; Joan. 20. Christus dicit Apostolis: *Quorum remiseritis peccata, remittuntur eis, & quorum retinueritis, retenta sunt*, unde cum legitur de Christo Joan. 3. *Hic est qui baptisat*, id intelligitur de potestate excellentiæ quæ in solo Christo residet sine exclusione potestatis ministerialis quæ residet in hominibus, qui dicuntur in iisdem Scripturis dispensatores Mysteriorum Dei.

Solus homo est Minister Sacramentorum, quia solis hominibus potestatem baptisandi, conficiendi Eucharistiam, &c. dedit Christus Dominus, Matth. 28. *Ite, docete omnes Gentes baptisantes eos*. Luc. 22. *Hoc facite in meam commemorationem*: ubi solos alloquitur Apostolos. Et hæc est Ecclesiæ doctrina adversus Lutherum qui Lib. de Missa privata scribit Angelos & Dæmones posse quoque legitime administrare Sacramenta.

Porro cum dicimus solos homines esse Ministres Sacramentorum, id intelligitur de facto, & de ministerio ordinario, dicimus nempe solos homines constitutos fuisse a Christo Ministros & dispensatores Sacramentorum. Nam si quæratur utrum Angeli possint esse Ministri extraordinarii, respondet S. Thomas affirmative, *Deus*, inquit 3. p. q. 64. art. 7. ad 2. *Virtutem suam non ita alligavit Ecclesiæ Ministris, quin etiam Angelis possit virtutem attribuere ministrandi in Sacramentis*. Et revera si Deus possit per se solum suam dare gratiam, sine hominum ministerio, idipsum poterit sine hominibus & per Angelos.

Porro in Ministris Sacramentorum tria vulgo distinguuntur de quibus agitari solent quæstiones, nimirum intentio, fides & probitas, de iis proinde sigillatim agendum est.

CAPUT XV.

De Intentione Ministri.

Duæ hic nobis occurrunt difficultates examinandæ, prior contra Protestantes qui ausi sunt affirmare Sacramentorum Ministros ea valide administrare, etsi nihil intendant, vel etiam licet jocose & scurriliter illa administrent. Posterior difficultas erit, utrum requiratur ad validitatem Sacramentorum ex parte Ministri intentio interior, exterior vero non sufficiat, qua in re salva fide dissentiunt inter se Theologi.

Quantum ad primum caput, Lutherus hæc scribit in libro de Captivitate Babylonica, *Non dubitem*, inquit, *si quis in nomine Domini suscipiat, etiamsi impius Minister non det in nomine Domini, vere baptisatum in nomine Domini. Non enim in conferentis tantum, quantum in suscipientis fide vel usu sita est virtus baptismi, sicut legitur exemplum de quodam mimo per jocum baptisato*. Quapropter Leo X. art. 12. hanc Lutheri propositionem damnavit, *Si Sacerdos non serio sed joco absolveret, si tamen credat se esse absolutum, verissime est absolutus*.

Hunc secutus est Calvinus in Antidoto Concilii Tridentini sess. 7. Can. 11. *Quod*, inquit, *de intentione conferrandi garriunt, a Sophistis nulla probabili ratione fuit proditum .... Ego vero Sacro-Sanctæ Christi institutioni tantum defero, ut si Epicureus quispiam intus totam actionem subsannans, mihi Cœnam ex Christi mandato*, & secundum regulam ab eo datam, *ritu que legitimo administret, non dubitem Panem & calicem illius manu porrecta vera mihi esse corporis & Sanguinis Christi pignora*. In illos sit

CONCLUSIO.

Intentio requiritur in ministro Sacramentorum, & plane nullum est Sacramentum, nisi Minister serio illud peragat

agat cum intentione faciendi quod facit Ecclesia.

Probatur 1. ex Scripturis, in quibus Ministri Sacramentorum a Deo constituti [illegible] Mysteriorum Dispensatores, 1. ad Corinth. cap. 4. *Sic nos existimet homo* [illegible] *tores Christi, & Dispensatores Mysteriorum Dei.* Sed Dispensatores qui legatione pro aliis funguntur, debent prudenter agere, ac proinde ex judicio rationis, debent enim agere humano modo, non ut amentes & dormientes, non jocando sed serio: alioquin nullum & irritum haberetur quidquid in republica agerent. Et consequenter habere debent veram intentionem: quia nimirum actio humana esse non potest, nisi fiat ex voluntatis electione & quidem libera.

His freti principiis Patres Tridentini eos damnant qui dicerent, Sacramentum [illegible] fieri, tametsi joco non serio ageret, sess. 7. Can. 11. *Si quis dixerit in Ministris dum Sacramenta conficiunt, non requiri intentionem saltem faciendi quod facit Ecclesia, anathema sit.* & sess. 14. Can. 9. *Si quis dixerit Absolutionem sacramentalem Sacerdotis non esse actum judicialem, sed nudum ministerium pronuntiandi, & declarandi remissa esse peccata confitenti* [illegible] *tantum credat se esse absolutum, aut* [illegible] *serio sed joco absolvat, anathema sit.*

Idem [illegible] Concilium Con[illegible], ubi homines [illegible] [illegible] *quod nullus S*[illegible] *materia & forma & in*[illegible] *faciendi quod facit Ecclesia,* [illegible] *& una materia Sacra-* [illegible]

[illegible] IV. in Decreto suo [illegible] Ecclesiæ Sacramenta, [illegible] *Sacramenta tribus per-* [illegible] *rebus videlicet materia,* [illegible] *tanquam forma & persona Ministri conferentis Sacramentum, cum intentione faciendi quod facit Ecclesia.*

Objicies: Absque ulla Agricolæ intentione frumentum suam habet vim & efficaciam, id nequaquam pendet ex intentione seminantis: ergo similiter Sacramenta suum habent effectum independenter ab intentione Ministri, suam quippe vim omnem & efficaciam habent ab institutione Christi: ergo.

Nego paritatem, disparitas est quia ad efficaciam frumenti nihil omnino confert Agricola, cujus intentio est inutilis; secus vero Sacramentorum administratio quæ est actio humana juxta Christi institutionem; neque enim homines more pecudum altaribus ministrant, & qui proinde agere debent ex rationis judicio cum electione voluntatis. Vere quidem Sacramenta vim suam habent ab institutione Christi, sed istius virtutis applicationem mutuantur a Ministris ratione utentibus, & cum judicio & libertate illa administrantibus.

Ejusdem generis est quod objiciunt Lutherani, Dei verbum quocumque proferatur intentione suum effectum consequi, quatenus fidem in audientibus excitant, tametsi nullam intentionem habeat qui concionatur, vel etiam si quid nefarium meditaretur: Nam constat, ut docuimus supra, verba quæ in Sacramentis efficacia sunt, non esse concionatoria, quorum scilicet vis non est in eo posita, quod fidem in audientibus excitent, sed consecratoria quæ scilicet vim suam ex præscriptis institutoris accipiunt.

Objiciunt quædam facta historica quibus colligitur, Baptismum approbatum fuisse, [illegible] sine intentione collatum. Scribit Rufinus lib. 1. cap. 14. Alexandrum Alexandriæ Episcopum approbasse Baptismum a S. Athanasio adhuc puero aliis pueris inter ludos collatum, quod idem enarrat Socrates lib. 1. cap. 15. & Sozomenus lib. 2. cap. 17.

Item teste Adone in Martyrologio ad diem vigesimam-quintam Augusti: validus habitus est Baptismus S. Genesii qui ab aliquo Histrione in Theatro baptizatus est: igitur inutilis est intentio in Ministro.

Respondeo priorem historiam, quæ est Rufini valde incertam esse, vel etiam si spe-

spectatus modus quo narratur ab historicis, utuntur enim his verbis, dicunt, ferunt. Sunt qui dicunt valde incertum esse hoc factum S. Athanasii, quia non consentit cum vitæ illius chronologia, fieri enim non potuit, ut Alexandro regente Ecclesiam Alexandrinam, puer luserit S. Athanasius, qui tunc multos annos numerabat, & qui anno 326. statim post Concilium Nicænum sedem Alexandrinam occupavit. Quibus adde forte S. Athanasium tametsi puerum habuisse intentionem sufficientem, quatenus nempe imitabatur Sacerdotes quos videbat Baptismum conferentes.

Quoad posterius factum dico & valde dubium esse, quomodo baptisatus fuerit Genesius; Ado enim & Martyrologium Romanum non consentiunt inter se: scribit ille baptisatum fuisse S. Genesium vocato Presbytero, de modo quo baptisatus est, silet Martyrologium Romanum. Tandem miraculum est non regula, nec exemplum exemptio est regulæ.

Objicies: Sacramenta se habent ut medicamenta: sed medicamentum vim suam habet in effectum, licet Medicus vel nullam vel positive contrariam habeat intentionem: ergo ad validitatem Sacramenti non requiritur intentio in Ministro.

Dist. maj. sicut quoad aliqua, C. quoad omnia, N. Disparitas est autem inter quod Medicus qui porrigit medicamentum, nequaquam est causa effectus in medicamento producti; unde perinde est quod habeat vel non habeat intentionem; at vero Ministri Sacramentorum causæ sunt gratiæ quæ datur per Sacramentum, remittunt enim peccata, ut docent Scripturæ, *Quorum remiseritis peccata, remittuntur eis*, quod utique præstare debent humano modo & cum judicio rationis.

Obj. Si necessaria esset intentio ex parte Ministri, salus fidelium penderet a voluntate Ministrorum: unde sequeretur maxima in Christianis anxietas, timendo ne Ministri suam retinerent intentionem. Certe penes impium Ministrum esset, ut sine ulla intentione Sacramentum administraret, quis enim certo scire potest, an Minister habuerit intentionem, qualis requiritur in Sacramenti administratione?

Nego ant. hæc enim objectio nihil valet nisi adversus eos qui putant intentionem interiorem necessariam esse, in nostra enim sententia cum sufficiat exterior, [illegible] dignoscitur eam adesse vel abesse; [illegible] enim adest intentio exterior, cum Minister exterius & serio adhibet ritum [illegible] ab Ecclesia præscriptum, quod cuilibet obvium est. Addo insuper in ejusmodi occasionibus sufficere moralem certitudinem de vero Sacramento suscepto, qualem fideles habere possunt.

Obj. S. Augustinus docere videtur lib. 6. de Bap. cap. 53. valere Baptismum fallaciter & joculanter, adeoque sine intentione collatum: *Si enim, inquit, nihil interest ad integritatem Sacramenti in [illegible] catholica, utrum id aliqui fallaciter an veraciter agant*: igitur ad validitatem Sacramenti omnino inutilis est intentio Ministri.

Nego ant. quia verisimiliter non loquitur ibi S. Augustinus de fallacia externa sed de interna; unde non supponit abesse omnem intentionem, sed tantum intentionem interiorem, siquidem supponit eos qui fallaciter agunt, adhibere [illegible] verba Evangelica baptizando: [illegible] nisi intus joculo agunt, adeoque valide baptizant. Sic autem supponitur S. Doctor [illegible] quæstionem proponere de Baptismo dato cum joco externo, in qua hypothesi nulla esset in Ministro intentio etiam exterior. Respondeo forte de ejusmodi Baptismi validitate dubitasse S. Augustinum [illegible] tasse, ut super illo definiret [illegible] cilium generale, sed [illegible] nunc definitum est, [illegible] lus, nulla dubitandi ratio [illegible] sit intentio faciendi quod facit Ecclesia.

Sunt qui dicant S. Augustinum inter varia dubia quæ proponit, ingenue veritate hoc unum quærere, *utrum probandum sit Baptisma, quod cum fallacia & simulatione datur*. Quod idem est ac quæstioquam examinaturi sumus, An intentio Ministri debeat esse interior, vel sufficiat exterior. Quo posito aiunt S. Augustinum asserere validum esse Baptisma quod fallaciter fuit datum, quia scribit baptizatos cum ejusmodi fallacia esse tamen a nemine rebaptizatos, nec rebaptizandos, *Si postea, inquit, simulatio prodatur, nemo repetit, sed aut excommunicando* [illegible] Quod pro dicto [illegible] his verbis, *In illo* [illegible], *fit ut non denuo baptizetur, sed ipsa pia correptione & veraci confessione purgetur, quod non posset sine Baptismo, ut quod ante datum est, tunc valere incipiat ad salutem, cum illa fictio veraci confessione recesserit*. Quae quidem verba sunt clarissima.

Gravior porro est quaestio inter Theologos agitata: An intentio illa requisita in Ministro debeat esse interior, vel sufficiat exterior, unde sit

CAPUT XXVI.

Utrum intentio Ministri debeat esse interior, an sufficiat exterior.

Celebris est ista controversia in Scholis, ad cujus resolutionem intelligi potissimum debet status quaestionis, & praecise quid sit intentio interior, quid exterior.

Intentio exterior est in eo qui exterius exhibens se ut Ministrum Sacramenti, ritum a Christo praescriptum serio observat, in iis circumstantiis in quibus Sacramenta celebrari solent in Ecclesia ab ejus Ministris, quamvis in mente non intendat Minister ejusmodi ritum celebrare prout est res sacra, sed ut mere prophanum, immo licet retineat, ut aiunt, talem intentionem & interius actu nolit conferre Sacramentum. Quod contingit v. gr. si Episcopus vere atheus ordinet Presbyterum, [illegible] exterius integrum ritum a Christo & Ecclesia praescriptum, interius non intendens vel etiam nolens facere aliquid sacrum, quandoquidem, cum sit atheus in hac hypothesi credit totum hunc ritum esse mere prophanum & superstitiosum. Quod etiam potest contingere, si Episcopus credens ritum ordinationis esse quid sacrum, velit malitiose retinere suam intentionem dicens intra se ipsum. Nolo tibi dare Sacerdotium, volo duntaxat facere quod facio ut quid mere prophanum. Haec intentio dicitur exterior, vel externa, [illegible] est objectum [illegible], [illegible] interior ipsa sit internus voluntatis actus.

Intentio interior est ea per quam Minister non modo vult observare ritum a Christo praescriptum, sed & intendit dare Sacramentum quatenus est Sacramentum, hoc est quatenus est res sacra & religiosa, non autem mere prophana. Aut saltem, ut aiunt hujus systematis defensores, quatenus est res sacra saltem generatim; adeo ut si suam retineret intentionem & interius diceret baptizando infantem, Volo libenter projicere aquam super caput infantis & pronuntiare verba, sed nolo facere ritum sacrum, nolo celebrare Sacramentum, non censeretur habere intentionem interiorem.

Ex his definitionibus facile intelligitur intentionem Ministri appellari exteriorem vel interiorem solummodo penes objectum quod intenditur a Ministro, nam, ut sciunt omnes, omnis intentio est interior vel interna, est enim actus voluntatis qui de se interior est. Sed exterior dicitur hic, quatenus per eam Minister intendit duntaxat quod exterius est in Sacramento, puta ritum externum, in baptismo v. gr. projicere aquam & pronuntiare verba. Interior vero dicitur quatenus insuper intendit conficere hunc ritum prout est aliquid sacrum.

Quaestio autem utrum ad validitatem Sacramenti necessaria sit intentio interior, vel sufficiat exterior. Dixi ad validitatem Sacramenti de qua hic quaestio est, fatentur enim ad Sacramentum ut licite administretur, requiri in Ministro intentionem interiorem, tum & intentiotionem qua velit dare effectum Sacramenti.

Docet Bellarminus quem & nonnulli sequuntur Theologi, necessariam esse intentionem interiorem in Ministro, ita ut, si Minister v. g. baptisando, exterius & serio abluat infantem pronuntietque verba, & interius retineat suam intentionem nolens conferre aliquid sacrum, [illegible] prophanam, hoc ipso nul[illegible]. At communior jam viget apud Theologos opinio, intentionem exteriorem sufficere ad validitatem Sacramenti, cui sententiæ subscribimus.

CONCLUSIO.

Sufficit in Ministro ad Sacramentorum validitatem intentio exterior.

Primo, quia cum SS. Patres ac præsertim S. Augustinus, ut in sequenti quæstione videbitur, agunt adversus Donatistas, ut illis demonstrent ad validitatem Sacramentorum necessariam non esse Ministro fidem & probitatem, his utuntur argumentis quæ ex æquo probant necessariam non esse in Ministro Sacramentorum intentionem interiorem, ac necessariam non esse fidem & probitatem; arguunt enim illos Hæreticos, quod ex Scripturis constet nullam esse habendam rationem interiorum Ministri dispositionum, quia Christus est qui baptisat, Joan. 1. de Christo dicitur, *Hic est qui baptisat*. Rom. 8. *Deus est qui justificat*. I. Corinth. 3. *Neque qui plantat, est aliquid, neque qui rigat, sed qui incrementum dat Deus*. Quæ quidem loca proferunt SS. Patres, ut ostendant necessariam non esse fidem aut probitatem in Ministro; sed ea mente & hoc principio, quod nihil referat ad validitatem Sacramentorum, quod bonæ vel malæ sint dispositiones internæ Ministrorum, utpote cum sint tantum Ministri & Dispensatores, Christus vero det incrementum & justificet, modo Ministri ritum a Christo præscriptum serio exhibeant: atqui nulla foret ejusmodi argumentatio, si necessaria esset in Ministro intentio interior, his enim & aliis similibus momentis probatur malitiam Ministri impedire non posse validitatem Sacramenti, adeoque non requiri intentionem interiorem; in hypothesi enim intentionis internæ, ad validitatem Sacramenti requisitæ, malitia Ministri qui suam intentionem retineret, Sacramenti validitatem impediret.

Et certe facile intelligitur [illegible] argumentatum fuisse S. Augustinum adversus Donatistas, si existimasset requiri in Ministro intentionem interiorem; nam Donatistæ respondissent illico, dicis non requiri in Ministro Sacramentorum fidem nec probitatem, & satis esse quod Minister externum ritum a Christo præscriptum perficiat, quia ut ais, Christus est qui baptizat, Deus est qui justificat, quia in Sacramentis malitia Ministri non impedit eorum vim & efficaciam, sicut non habetur ratio probitatis, vel malitiæ in agricola, ut terra ferat fructum suum: atqui tamen, inquiet Donatista, putas requiri intentionem interiorem; ita ut, si Minister eam malitiose retineat, nullum & irritum sit Sacramentum, tametsi totus & integer ritus observetur; pessime itaque argumentaris adversus nostram sententiam, ut ostendas fidem & probitatem non requiri in Ministro. Quapropter cum nemo dixerit S. Augustinum uti & Optatum, & alios Patres male & sub falsis principiis disputasse adversus Donatistas, fatendum est communem tunc Ecclesiæ doctrinam fuisse, non requiri in Ministro intentionem interiorem, quemadmodum constabat non requiri fidem & probitatem, par enim est utrobique ratio, iisdemque principiis nititur utraque doctrina.

Secundo, quia fatentur omnes validum esse Baptismum ab infideli & Atheo collatum: sed Athei nec habent, nec habere possunt intentionem interiorem, qua nempe velint conferre Baptismum quatenus est ritus sacer & religiosus; non putant enim Baptismum esse aliquid sacrum, sed meram superstitionem. Nec dicas eos habe-

habere intentionem saltem implicitam, quatenus volunt ritum conferre, qui habetur sacer apud Christianos. Nam inde solum colligitur tunc adesse intentionem exteriorem, ut per se patet.

Tertio, quia in systemate intentionis interioris fideles perpetua laborarent anxietate; jure enim timerent, ne Ministri malitiose, aut per vindictam retinerent suam intentionem, eosque consequenter Sacramentis frustrarent. Quæ vero major perplexitas quam si valet Sacerdos declararet se nunquam habuisse intentionem Baptismum & Pœnitentiam administrandi; si declararet Episcopus se non habuisse intentionem consecrandi Presbyteros? In nostra autem sententia non audiuntur ejusmodi declarationes, nec vel minimus suboritur scrupulus, cum Ministerio Sacramenta administrantur.

Quarto, se habet Minister alicujus Sacramenti, sicut Judex qui est persona publica & nomine Christi & Ecclesiæ agit: sed Judex quando servavit juris formulas & serio, sine joco, voce gravi sententiam pronunciavit reum quempiam absolvens aut damnans, profecto non audiretur, si postea declararet se intus non habuisse intentionem absolvendi aut damnandi eum de quo agitur: ergo pariter ridendus esset is qui post rite & serio administratum aliquod Sacramentum, jactitaret se retinuisse suam intentionem, nec voluisse dare illud Sacramentum.

Scilicet administratio alicujus Sacramenti rata & valida judicatur ex ea intentione quam habet Minister, ut est persona publica, non ut est persona privata, agit enim juxta Christi institutionem: unde intentio serio peragendi ritus externi, quæ in ipsa seria administratione consistit, personæ publicæ intentio est; unde ratum ac validum, seu valide administratum censeri debet Sacramentum, quoties serio & libere confectum est; etiamsi intus hunc ritum vellet occulta quadam intentione non esse sacramentalem; quia ex Christi institutione revera sacramentalis est.

Objicies: Hæc opinio recens introducta est in Scholis autore Catharino: igitur non est alteri præferenda.

Nego ant. siquidem, ut dixi, intentionem exteriorem sufficere docuerunt S. Augustinus, & alii antiqui Patres, qui Donatistas impugnarunt; idem tradiderunt antiquiores Scholastici, Lombardus in 4. dist. 27. S. Thomas 3. par. qu. 64. art. 8. ad 2. Innocent. III. *Cap. Majores*. Paludanus in 4. dist. 6. qu. 2. Angelus de Clavasio p. 7. cap. 5. Sylvester in Summa tit. 3. Javellus p. 5. Alensis 1. par. q. 10. memb. 4. Pallavicinus Hist. par. 2. lib. 12. cap. 10. Salmeron Jesuita lib. 10. Comment. in Epist. S. Pauli 3. p. disp. 2. Viguerius, Estius, Scribonius, Sambovius, & quam multi alii, quos recensere longum esset. Plurimos citat P. Marca lib. de Sacrificio Missæ, ubi hanc nostram sententiam, & multis validissimis momentis, & sua autoritate confirmat. Quapropter hæc sententia a tot illustribus & probatis Doctoribus propugnata, nonnisi temere uti periculosa sugillatur a nonnullis. Maxime inquit Hyacinthus Serry Ordinis Prædicator. Sorbonicus Doctor in vindiciis Ambrosii Catharini, cum hanc eandem sententiam publice defenderit Romæ ann. 1649. unus Doctorum edito typis libro a Magistro Sacri Palatii Apostolici aliisque Curiæ censoribus approbato, ubi sic legitur: *Dicendum est sufficere intentionem, quæ moveat Ministrum ad proferenda verba supra determinatam materiam, quam adhibeat simul cum ritu Ecclesiæ, & in hoc salvari intentionem faciendi quod facit Ecclesia: ita ut stante tali intentione etiamsi adesset intentio Ministri non conficiendi Sacramentum, adhuc conficeret.*

Certe hanc fuisse sententiam S. Thomæ manifestatum est ex iis quæ leguntur 3. p. q. 64. art. 8. ubi quæstionem data opera expendit: *Quidam dicunt*, inquit, *quod requiritur mentalis intentio in Ministro, qua si desit non perficitur Sacramentum, sed hunc defectum supplet Christus qui non habens intentionem...* Et alibi

aliis

alii melius dicunt, quod Minister Sacramenti agit in persona totius Ecclesiæ, cujus est Minister. In verbis autem quæ profert exprimitur intentio Ecclesiæ, quæ sufficit ad perfectionem Sacramenti, nisi contrarium exterius exprimatur ex parte Ministri. Satis est igitur ad perfectionem Sacramenti, quod Minister proferens verba nihil contrarium exterius exprimat, quo quidem nihil disertius, ut probetur intentionem exteriorem sufficere.

Obj. c. Concilium Tridentinum definit loco supra citato requiri in Ministro *intentionem faciendi quod facit Ecclesia*; sed ejusmodi intentio est interior: ergo.

Nego min. Hæc enim verba significant solum requiri in Ministro ut velit administrare Sacramentum in legitima materia & in præscripta forma, quod utique facit Ecclesia [illegible], quod observari solet in Ecclesia. Neque enim dicimus sufficere intentionem exteriorem sumptam præcise pro exteriori ritu Sacramenti sine ullo actu voluntatis, hæc enim sententia conciliari non posset cum mente concilii definientis requiri intentionem faciendi quod facit Ecclesia; sed dicimus sufficere exteriorem intentionem eo sensu quo illam explicuimus, & qui recte conciliatur cum doctrina Concilii Tridentini veram intentionem in Ministro postulantis.

Instabis: Concilium præcepit Ministro, ut adhibitis materia & forma insuper habeat intentionem consentaneæ ad Decretum Eugenii, in quo sic habetur, *Sacramenta tribus perficiuntur, rebus ut materia, verbis ut forma & intentione Ministri*. Ergo id intelligit de intentione interna: quicumque enim materiam & formam adhibet, hoc ipso habet intentionem exteriorem. Sancit autem Eugenius ut, præterquam quod Minister exhibet materiam & formam, habeat insuper intentionem.

Nego consequ. Posset enim quis administrando Sacramentum, adhibere materiam & formam, & non habere intentionem exteriorem, si [illegible] non agerit serio & in iis circumstantiis, in quibus [illegible] ritus approbatur in Ecclesia: non enim [illegible] putandum est Sacramentum administrari hoc præcise quod ponuntur materia & forma qualicumque modo, & in quibuscumque circumstantiis; debet enim Minister agere in illis circumstantiis in quibus aspiciatur ut Ecclesiæ Minister: unde qui inter epulandum vel joco vel recitative verba consecratoria [illegible] tiaret super panem, neutiquam consecraret, quia non ageret ut Ecclesiæ Minister; posset habere intentionem interiorem, sed non haberet exteriorem. Legendus est D. de Marca loco non citato, ubi rem istam quam docte tam eleganter explicat.

Instabis. Certum est requiri in Ministro intentionem faciendi quod facit Ecclesia; sed dubio procul Minister ille non habet intentionem faciendi quod facit Ecclesia, qui dum ritum exterius administrat, retinet suam intentionem, simulat ille se habere intentionem, sed nullam revera habet, exterius quidem personam Ministri agit; sed [illegible] vel [illegible] non est verus Minister, sed fallacia & irrisione utitur, occulta quidem, sed tamen vera. Unde dici debet hunc Ministrum simulare se esse Ministrum Sacramenti, sed verum non esse Ministrum; quod autem irrisio sit aperta vel solum occulta, idem plane est in ordine ad veritatem & substantiam Sacramenti [illegible] ad validitatem Sacramenti requiritur in Ministro intentio interior.

Dist. min. non habet intentionem interiorem, C. exteriorem, N. nam intentio exterior præcise in eo posita est quod Minister ritum a Christo præceptum exhibeat. Falsum est quod [illegible] le dare Sacramentum in illa hypothesi, quia illud revera & actu confecit, & [illegible] est verus Minister, non qui licite, sed qui valide administrat. Falsum est enim idem esse in ordine ad substantiam Sacramenti, quod irrisio Ministri sit aperta vel occulta, hæc enim valilitati Sacramenti neutiquam nocet; quia generatim [illegible]

quan-

[illegible] agit ut Minister, ut procurator, [illegible] dispensator, ac proinde [illegible] non esset ut ratio ulla haberetur ejus pravæ dispositionis, ejus malitiæ per quam retineret [illegible] intentionem, dum totum ritum [illegible] ministrat.

[illegible] habere intentionem faciendi [illegible] Ecclesia est habere intentionem [illegible] intentioni Ecclesiæ: sed [illegible] Ecclesiæ [illegible] intentio faciendi Sacramentum: ergo, &c.

Retorqueo argumentum. Intentio Ecclesiæ est, quod Sacramentum producat effectus suos: igitur intentio Ministri terminari debet ad effectus Sacramenti, quod [illegible] adversarii. Namque [illegible] omnes ad validitatem Sacramenti [illegible] requiri intentionem in Ministro qua velit [illegible] Sacramenti producere, quam [illegible] defecierunt multa Concilia [illegible] in regno habita paulo post Concilii [illegible] celebrationem, scilicet [illegible] an. 1581. Remense & Turonense an. 1583. Tolosanum an. 1590. & iis [illegible] temporibus Burdigalense, [illegible], Ebroicense & Aquense; [illegible] quorumdam prorsum qui [illegible] sub conditione baptizandos [illegible], de novum baptismi valore [illegible], eo quod non haberent intentionem baptisandi: in remissionem [illegible], quamcirca

[illegible] quoad aliqua, [illegible], N. quatenus nempe [illegible] ritum serio celebrare; [illegible] enim faciendi quod facit Ecclesia, [illegible], ut per se patet, intentio [illegible] sibi proponit Ecclesia.

Instabis. In Concilio Tridentino damnata fuit sententia Lutheri circa intentionem Ministri Sacramentorum: sed Lutherus admittebat ultro intentionem exteriorem, negabat autem interiorem: igitur Patres Tridentini existimabant requiri intentionem interiorem.

[illegible] intentionem exteriorem male intellectam: C. bene intellectam, [illegible] enim Sacramentum validum [illegible] joco & mimice conferatur, in quo graviter errabat. Hæc enim fuit Lutheri propositio, *Si Sacerdos non serio sed joco absolveret, si tamen Pœnitens credat se esse absolutum, verissime est absolutus.* Quod manifeste erroneum est, quisquis enim actus jocose & scurriliter factus in omni republica rejicitur ut nullus; quam profecto intentionem exteriorem hoc sensu intellectam non adoptamus, supponimus enim Ministrum serio agere, non jocari.

Deinde evidens non fuisse Patrum Tridentinorum condemnare sententiam quæ docet intentionem exteriorem sufficere, ex eo maxime probatur, quod Catharinus opusculum suum ea de re scripsit & Romæ prælo mandavit, asserens Concilium una secum sentire, & aliunde eamdem sententiam tenuerit Salmeron qui Concilio adfuerat, quam & approbat Palavicinus loco citato his verbis lib. 12. Histor. Conc. Tridentini cap. 10. *Ex his verbis conjicere potest quisquis ea legerit, non esse rejectam sententiam Catharini aliorumque Theologorum opinantium sufficere, ut ratum sit Sacramentum, voluntatem in Ministro serio agendi, valorique Sacramenti dumtaxat obesse jocum quem ipse Sacramentum suscipiens cognoscere possit.* Quod idem docet Salmeronius, qui sessioni septimæ Concilii interfuerat, suis nempe in Commentariis in Epistolas S. Pauli lib. 1. part. 3. disput. 2.

Instabis. Eadem Synodus Trident. definit. sess. 14. *nullam esse absolutionem, cui animus serio agendi & vere absolvendi desit*; sed in eo qui interius irridet ceremoniam quam perficit, vel suam intentionem conferendi Sacramentum retinet, dubio procul non est animus absolvendi Pœnitentem: ergo Concilium requirit intentionem interiorem.

Nego min. his enim Concilii verbis indicatur solum Sacerdotem debere serio agere, ita ut exterius exhibeat se ut Ministrum, nec jocose ac scurriliter agat, *Is esset*, inquit Concilium cap. 6. ejusdem sessionis, *salutis suæ negligentissimus, qui Sacerdotem jocose absolventem cognosceret, & non*

& in eo aliam serio agentem requireret. Nec vim facias in his vocibus *animus serio agendi* quasi intentionem internam denotent, quia solum significant debere Ministrum serio agere: is etiam cui deest animus serio agendi, non serio, sed jocose agit.

Obj. Debet esse aliquid quod determinet actionem de se indifferentem ad rationem Sacramenti habendam; v. g. quod determinet ablutionem infantis, ut potius sit Baptismus delens Peccatum Originale, quam corporis refrigerium, vel aliud quidvis: sed ejusmodi determinatio non potest fieri nisi per intentionem Ministri qui velit conferre Sacramentum: ergo.

R. Neg. min. ritus enim determinatur ad esse Sacramenti per circumstantias, quod nempe Minister serio agit exhibens se ut Ministrum Sacramenti.

Obj. In administratione Sacramentorum tutiorem sententiam sequi debemus: sed talis est sententia intentionis interioris: igitur.

Neg. min. tutius quidem est Ministro habere intentionem interiorem quam non habere; sed tutior non est sententia quæ docet illam intentionem requiri ad validitatem Sacramenti; alioquin & Minister deberet habere intentionem producendi effectum, quia tutius est Ministro talem habere intentionem quam habere tenetur sub pœna peccati, quod tamen non requiritur ad validitatem Sacramenti.

Obj. Alexander VIII. in Decreto quod emisit an. 1690. inter 31. propositiones hanc quæ vigesima-octava est, damnavit, *Valet Baptismus collatus a Ministro qui omnem ritum externum formamque baptisandi observat, intus vero in corde suo apud se resolvit, non intendo quod facit Ecclesia*. Sed ista propositio clare exprimit systema intentionis interioris: igitur.

Nego min. hæc enim propositio a summo Pontifice damnata intelligi potest ad sensum Lutheri, quasi satis sit ritum externum observare, licet id fiat jocose & scurriliter, in quo damnari merito potest, & a nostra sententia valde differt, [illegible] illa quæ Lutheri & Calvini est, [illegible] nonnullis male feriatis imprudenter [illegible] debatur in Belgio, inquit P. Serry [illegible] laudatus, qui observat sententiam quæ est Catharini *in publicis circulis [illegible] sæpe defendi, probante, ut illis [illegible], sacri Palatii Apostolici Magistro, publico conclusionum censore & approbatore*. Neque enim verisimile est summum Pontificem eam proscripsisse sententiam, quæ Scripturis & veterum Patrum doctrinæ maxime consentanea est, & quam major Theologorum pars ut Catholicam & opposita probabiliorem tunc sequebatur.

2. Monendi sunt obiter studiosi Theologiæ, constitutiones summorum Pontificum loco legis apud nos non esse habendas, quando non fuerunt justa debitum & consuetum morem in Regno promulgatæ; neque enim id ferunt pretiosæ nostræ Libertates Ecclesiæ Gallicanæ, ut fuse ostendimus in tractatu nostro *de legibus*. [illegible] porro Alexandri Constitutio nusquam [illegible] in Regno publicata, nec ab ipso summo Pontifice, sed a Romanis potius [illegible] toribus, quorum Decisiones [illegible] apud nos autoritatis, emanavit.

Objicies: Probavit S. Thomas non sufficere intentionem exteriorem, nam [illegible] p. q. 64. art. 10. hæc habet, *Intentio Ministri potest perverti dupliciter, uno modo respectu ipsius Sacramenti, puta cum aliquis non intendit Sacramentum conferre, sed derisorie aliquid agere, & talis perversitas tollit veritatem Sacramenti, præcipue quando suam intentionem exterius manifestat*. Certe vox illa, *præcipue*, denotat eam esse mentem S. Doctoris, non valere Sacramentum, etiam quando Minister suam derisionem exterius non manifestat, adeoque non valere hoc ipso quod abest intentio interior, eo ipso quod Minister interius subsannat, aut deridet ritum quem conficit.

Nego ant. id tantum quippe docet eo loci S. Thomas certum esse derisionem Ministri conficientis Sacramentum, impedimento, ne perficiatur Sacramentum, præcipue vigeat quando hæc derisio exterius manifestatur; non quod putet omnem aliam derisionem mere internam & quæ exterius non patet, impedire quoque veritatem Sacramenti, sed quia certissime, & absque ullo dubio affirmari potest, derisionem exterius manifestatam tollere veritatem Sacramenti, quod ita certum esse non potest de qualibet derisione, quandoque enim dubitari potest, num egerit Minister cum derisione necne, an satis serio se gesserit. Idque confirmatur ex eo quod S. Thomas in 4. sent. dist. 6. q. 1. art. 2. quæstiunc. 1. aperte docet sufficere in Ministro intentionem exteriorem, *Non requiritur mentalis intentio, sed sufficit expressio intentionis per verba ab Ecclesia instituta, & ideo si forma servatur, nec aliquid exterius dicitur quod intentionem contrariam exprimat, baptisatus est.* Apertum est autem quod scribit S. Doctor 3. p. q. 64. ubi de intentione Ministri ex professo disputat, sic enim habetur ad 2. *Minister Sacramenti agit in persona totius Ecclesiæ, cujus est Minister, in verbis autem quæ proferuntur, exprimitur intentio Ecclesiæ, quæ sufficit ad perfectionem Sacramenti, nisi contrarium exprimatur ex parte Ministri vel recipientis Sacramentum.*

Quæres quid sit sentiendum de intentione habituali, quæ & interpretativa dicitur a multis, de actuali, & de virtuali erga Sacramentorum administrationem.

Intentio habitualis, est facilitas aliquid operandi. Actualis, est formalis attentio operi quod peragitur. Virtualis, est ipsa intentio actualis, quatenus moraliter perseverare censetur eo quod non fuit revocata; unde virtualis supponit actualem præcedentem, non item habitualis.

Respondeo 1. in administratione Sacramentorum intentionem habitualem non sufficere, quia Minister agere debet humano modo cum judicio & deliberatione: sed intentio habitualis non conjungitur semper cum judicio, reperitur enim in dormientibus.

2. Actualis non requiritur absolute, quia fere impossibile est homines actualem præbere attentionem suis operibus, quæ tamen maxime optanda est, quia Ministri tenentur, quantum in ipsis est, mentem suam operi applicare.

3. Sufficit virtualis intentio, quia hujus intentionis beneficio Minister agit cum deliberatione paulo ante concepta & non revocata.

Notandum est autem veteres olim Theologos nomine *habitualis* intentionis usos fuisse plane idem intelligendo, quod vulgo Theologi intelligunt per virtualem intentionem, ut manifestum est ex S. Thoma 3. p. q. 64. art. 8. hæc scribente, *Ad tertium dicendum quod licet ille qui aliud cogitat, non habeat actualem intentionem, habet tamen habitualem quæ sufficit ad perfectionem Sacramenti. Puta cum Sacerdos accedens ad baptisandum intendit facere circa baptisandum quod facit Ecclesia. Unde si postea in ipso exercitio actus cogitatio ejus ad alia rapiatur, ex virtute primæ intentionis perficitur Sacramentum.*

Alia commemoratur intentio quam appellant interpretativam quæ tribueretur Ministro nullam habenti intentionem nec actualem nec virtualem, sed habenti solum bonas dispositiones propter quas interpretaremur, eum habere intentionem conferendi Sacramentum, quod quidem utpote infrequens parum utile est in praxi. Sed puto ejusmodi intentionem non sufficere in Ministro, quia in rei veritate nullam haberet intentionem.

CAPUT XVII.

De Fide Ministri.

QUæstio est utrum ad validitatem Sacramenti fides requiratur in Ministro, ita ut Infideles & Hæretici valide Sacramenta conficere non possint.

Gravis super ea re fuit altercatio in Ecclesia tertio & quarto sæculo, non modo Catholicos inter & Hæreticos, sed

& multis etiam Catholicis clarissimisque Episcopis contendentibus validum non esse Baptisma collatum ab Hæreticis, eo quod fide careant, fidesque, ut putabant, sit absolute necessaria in Ministro; unde baptisatos ab Hæreticis rebaptizabant.

Primus hanc consuetudinem iterum baptizandi baptizatos ab Hæreticis introduxit Agrippinus Carthaginensis Episcopus celebrato super ea re Concilio ad initium tertii sæculi teste S. Cypriano Ep. 71. *Quod quidem*, inquit, *Agrippinus bonæ memoriæ vir cum cæteris Coepiscopis suis statuit & librato concilii communis examine firmavit*. Unde manifestum est deceptum fuisse Eusebium, cum lib. 7. hist. cap. 2. hujus consuetudinis rebaptizandi baptizatos ab Hæreticis primum Autorem fuisse S. Cyprianum, ante hunc enim vixit Agrippinus.

Eumdem errorem tradere videtur Tertullianus lib. de Bapt. cap. 15. his verbis: *Hæretici nullum habent consortium nostræ disciplinæ .... quia non idem est Deus nobis & illis, nec unus Christus, ideoque nec Baptismus unus, quia non idem, quem cum rite non habeant, sine dubio non habent*.

Dehinc S. Cyprianus eamdem sententiam fortiter propugnavit, contendens neminem rite baptizari posse extra Ecclesiam; cum una sit Fides, unus Christus, unum Baptisma.

Unde consultus ab aliis Africæ Episcopis respondit servandam esse consuetudinem prædecessoris sui Agrippini qui venientes ab Hæreticis rebaptisabat. Hanc doctrinam firmavit trium Conciliorum quæ Carthagine tunc habita sunt, autoritate.

De primo Concilio mentio habetur Ep. 71. ad Quintum ejusdem S. Cypriani, interfuisse creduntur Episcopi 32.

De secundo loquitur Ep. 73. ad Jubaianum, fuitque 71. Episcoporum.

De tertio meminit Ep. 75. adfuere Episcopi 87. in illis Conciliis unanimi voce definierunt Africani præsules plane nullum esse Baptisma ab Hæreticis collatum.

Eumdem errorem amplexi sunt multi ex oriente Episcopi, inter quos eminuit potissimum Firmilianus Cæsareæ in Capadocia Episcopus congregatis ibidem duobus Conciliis Iconiensi & Synadensi, ut testatur ipse Firmilianus in Epistola quam scripsit ad S. Cyprianum & quæ inter Cyprianicas est 75.

Hæc ubi rescivit Stephanus summus Pontifex, ægre tulit hos Africanos Episcopos in talem incidisse errorem adversus perpetuam & constantem Ecclesiæ doctrinam & consuetudinem, quapropter Epistolam comminationibus plenam Cypriano misit, hocque solemne Decretum pronuntiavit: *Si quis a quacumque hæresi venerit ad nos, nihil innovetur nisi quod traditum est, ut manus illi imponatur in Pœnitentiam*.

Hic multæ quæstiones agitari solent a Theologis: 1. Utrum SS. Cyprianus & Firmilianus fuerint a Stephano excommunicati; 2. utrum existimaverint hanc quæstionem pertinere ad Fidem vel solum ad Disciplinam; 3. utrum re melius discussa suum eumdem errorem deposuerint; 4. utrum Stephanus summus Pontifex eo usque progressus fuerit hac in controversia, ut docuerit Baptismum a quocumque Hæretico quocumque modo & in quacumque forma datum, validum esse. Sed non patitur instituti præsentis ratio, ut istas quæstiones ad positivam, ut aiunt, maxime pertinentes, discutiamus.

His autem non obstantibus Stephani comminationibus, & quamvis robur antiquæ traditionis constantissime opposuisset, non omnes tamen Catholicam de validitate Baptismi ab Hæreticis collati sententiam statim amplexi sunt.

Rebaptizantium errorem adhuc tenuisse Dionysium Alexandrinum probant nonnulli ex ejus Epist. 3. ad Philemonem apud Eusebium lib. 7. cap. 7. ubi loquens de Conciliis Iconiensi & Synadensi sic habet, *Quorum sententias condemnare irritasque facere non audeo, sicque illos in odium & iracundiam conjicere*.

Verum

Verum ex illis Dionysii Alexandrini verbis iterum colligi debet clarissimum hunc præsulem noluisse illorum doctrinam & praxim improbare, qui baptizatos ab Hæreticis iterum baptizabant, quod nimirum illa sententia tunc temporis a multis Episcopis, a gravissimis Scriptoribus, atque etiam a nonnullis Conciliis propugnabatur; certe non aliam sensum præ se ferunt citata Dionysii verba.

Quin potius mentem fuisse Dionysii Alexandrini, ratum esse Baptismum ab Hæreticis collatum, recte colligitur, 1. ex eo quod qui totis viribus contendebant pro nullo & irrito habendum esse Baptisma datum ab Hæreticis, Cyprianus nempe, Firmilianus & alii Episcopi nusquam sibi patrocinari Dionysium affirmarunt; 2. ex eo quod testatur S. Basilius in Epist. ad Amphilochium Can. 1. putasse Dionysium Baptisma datum ab Hæreticis esse validum; ibi enim recensens varios Hæreticos, quorum Baptisma putabat nullum & irritum, sic loquitur, *Pepuzenorum Baptismus nullam mihi habere rationem videtur, & miratus sum quomodo Dionysium qui fuit Canonum peritus præteriit*.

Quarto sæculo pro eodem errore acrius quam cæteri ac vehementius pugnarunt Donatistæ qui facto Schismate rebaptizabant, quotquot ad se veniebant ab Ecclesia Catholica, & in eo major erat eorum perfidia quam S. Cypriani & Agrippini, quorum auctoritatem & exemplum obtendebant, quia illi rebaptisabant tantum Hæreticos vel redeuntes ab hæresi, Donatistæ vero rebaptisabant Catholicos qui eorum sectam non ingrediebantur; ut ipsis exprobrat S. Augustinus lib. de unico Baptismo cap. 13: *Rebaptisare Hæreticos quod illi fecisse dicuntur tunc fuit humani erroris, rebaptizare autem Catholicos, quod adhuc isti* (Donatistæ) *faciunt, semper est diabolicæ præsumptionis*: Errorem S. Cypriani vocat humanum, quia tunc quæ agebat Cyprianus, sequebatur Ecclesiæ suæ Traditionem, quæstio de Baptismo Hæreticorum nondum fuerat discussa & eliquata, forte etiam putabat id solum pertinere ad Disciplinam, non ad Fidem; quæ quidem ad excusandam suam perfidiam afferre non poterant Donatistæ.

Disputatur de mente Optati Milevitani. Ea autem manifeste patet ex lib. 1. contra Parmenianum, ubi Schismaticorum quidem Sacramenta esse valida scribit, sed Hæreticos ait verum Baptisma non conferre. *Bene*, inquit, *hæc omnia poterant ad solos Hæreticos pertinere, quia falsaverunt Symbolum, dum alter dixerit duos Deos .... alter carnem subducens Filio Dei & cæteri hujusmodi qui a Sacramentis Catholicis alieni esse noscuntur .... vides Frater Parmeniane Hæreticos a Domo veritatis externos habere varia & falsa baptismata*.

Disputatur inter Theologos de mente S. Athanasii, is autem meo quidem judicio aperte docet Baptisma ab Arianis datum plane nullum & irritum esse, *Non enim*, inquit Orat. 3. contra Arianos, *in Patre & Filio tribuunt Baptisma Ariani, sed in creatione & in creatura, in factore & factura. Sicut igitur creatura quiddam diversum est a Filio, ita diversum quid a vero baptismate est quod ab illis existimatur dari .... qui cum Ario sentiunt etiamsi recitent scripta proloquanturque ipsa nomina, frustrantur, illuduntque iis qui ab ipsis Baptisma accipiunt*. Ex quibus verbis revincitur eorum sententia qui dicunt, S. Athanasium loqui hac in oratione de Arianis qui formam a Christo præscriptam inter baptizandum non adhibebant; clarum est enim S. Doctorem supponere, Arianos recitare totam Baptismi formam, & eorum tamen Baptisma improbare ut nullum, ex eo quod falsam habent Fidem.

Disputatur de mente S. Basilii; verum & iste S. Doctor sensit quoque Hæreticorum Baptisma rejiciendum; Ep. 1. ad Amphilochium, *Pepuzeni sunt aperte Hæretici.... quomodo ergo habet rationem verum eorum Baptisma judicari, qui in-*

Patrem & Filium, & Montanum Priscillamve baptizant? & in Can. 47. alterius Epistolæ ad eumdem, *Encratitæ & Saccophori & Apotactitæ subjiciuntur eidem rationi, cui & Novatiani, quia de illis editus est Canon, etsi diversus, quæ autem ad eos pertinent, silentio prætermissa sunt; nos autem una eademque ratione omnes rebaptisamus.*

Verum sub finem quarti sæculi nulla fuit amplius inter Catholicos dubitatio, quin approbandum esset Baptisma collatum ab Hæreticis, ex quo tempore nimirum quæstionem fusius ac diligentius discussit S. Augustinus in libris quos scripsit adversus Donatistas, præsertim cum ostendisset causam fuisse eliquatam & terminatam in aliquo Concilio plenario.

Quodnam sit illud Concilium plenarium in mente S. Doctoris, an Arelatense, vel Nicænum primum generale disputatur inter Theologos, sed nec istam quæstionem, quæ magni non est momenti, curiosius indagare non postulat præsens institutum; satis sit nunc Ecclesiæ Dogma super hoc negotio astruere.

CONCLUSIO.

Validus est Baptismus ab Hæreticis collatus, modo aliunde ritum a Christo præscriptum adhibuerint; & ita fides non requiritur in Ministro Sacramentorum.

Probatur 1. ex Scripturis quæ docent ex una parte homines qui conferunt Sacramenta vel ea conficiunt, esse Ministros Dei, ut ait S. Paulus I. Corinth. 4. his verbis, *Sic nos existimet homo ut Ministros Christi & dispensatores Mysteriorum Dei*. Ex altera vero, Christum esse qui baptizat, Deum esse qui justificat, I. Cor. 3. *Neque qui plantat est aliquid, neque qui rigat, sed qui incrementum dat Deus*; sed ex eo manifeste colligitur fidem non requiri in Ministro ad validitatem Sacramenti. Quia generatim loquendo qui personam gerit Ministri, dispensatoris, legati, procuratoris, validum semper conficit actum quando nihil omittit, & in Sacramentis quando totum serio exhibet ritum, utcumque mente bene vel male sit affectus, vera vel falsa fide imbutus, & ut superius dictum est, interius velit vel nolit, simulque etiam retineat intentionem, quia in ejusmodi actibus operatur non propria sed divina auctoritate: ac proinde ad validitatem Sacramenti non requiritur fides.

Probatur 2. ex perpetua Ecclesiæ consuetudine qua constat Baptismum ab Hæreticis collatum fere semper fuisse approbatum. Id aperte testatur Stephanus summus Pontifex in Decreto quod emisit scribens adversus novitatem quam introducebant SS. Cyprianus & Firmilianus: *Si quis a quacumque hæresi venerit ad nos, nihil innovetur nisi quod traditum est, ut manus illi imponatur in Pœnitentiam*. Perpetuam hanc Traditionem Ecclesiæ colligimus etiam ex ipso S. Cypriano, qui cum opinionem suam defendit, probationem altius non repetit quam ex Agrippino decessore suo, & qui insuper non Traditione, sed ratione certandum putat, fassus tacite sibi adversari antiquam Ecclesiæ Occidentalis consuetudinem & praxim.

Testes præterea suos ejusdem Traditionis multi e SS. Patribus & summis Pontificibus, S. Gregorius Nazian. *Orat.* 40. S. Chrysost. Homil. VIII. in Ep. I. ad Cor. S. Ambros. lib. de his qui mysteriis initiantur cap. 5. S. Hieronymus in Dialogo adversus Luciferianos; Siricius Ep. ad Himerium Tarraconensem; Innocentius I. Ep. ad Victricium; imprimis vero S. Augustinus lib. 2. de Bapt. cap. 9. ubi sic loquitur: *Nondum autem factum erat Concilium plenarium, quia consuetudinis robore tenebatur Orbis terrarum*; cap. 7. *Nondum erat illa Baptismi quæstio pertractata, sed tamen saluberrimam consuetudinem tenebat Ecclesia, in ipsis quoque Schismaticis & Hæreticis corrigere quod pravum est, non iterare quod datum est.*

Quibus accedunt multa Conciliorum Decreta, Concilium Arelatense I. Can.

8 sic

8. sic habet de *Afris*, *quod propria lege sua utuntur ut rebaptisent, placuit ut si ad Ecclesiam aliquis de haeresi venerit, interrogent eum Symbolum, et si perviderint eum in Patre & Filio & Spiritu sancto esse baptisatum, manus ei tantum imponatur, ut accipiat Spiritum Sanctum*.

Concilium Nicenum I. generale solos Paulianistas ex Haereticis rebaptisari jubet, quod nempe recte non baptisabant ac proinde Baptisma ab aliis Haereticis collatum approbans Can. 19. *De Paulianistis ad Ecclesiam Catholicam confugientibus definitio prolata est, ut baptisentur omnimodis*. Eamdem doctrinam astruunt Laodicenum Can. 7. Arelatense II. Can. 17. Constantinopolitanum I. Can. 7. & tandem Tridentinum sess. 7. Can. 4. his verbis, *Si quis dixerit Baptismum qui etiam datur ab Haereticis in nomine Patris, & Filii & Spiritus Sancti cum intentione faciendi quod facit Ecclesia, non esse verum Baptismum, anathema sit*.

Addi possent nonnullae rationes quibus utitur passim S. Augustinus contra Donatistas. 1. ut ajebant, non rebaptisant Donatistae eos qui baptisati sunt a Ministris improbis, ab homicidis, avaris, furibus, &c. ergo rebaptisare non debent eos qui baptisati sunt ab Haereticis, nam improbi homines non magis Spiritum habent quam Haeretici.

2. Mirum videri non debuit Donatistis, quod Haereticus diceretur peccata dimittere, nam & peccatores, avari, impudici, &c. juxta illos remittebant peccata, per vim scilicet Sacramenti, non per proprium meritum, ut ait S. Doctor lib. 3. cap. 10. *Baptismus Christi*, inquit, *verbis Evangelicis consecratus & per adulteros & in adulteris sanctus est, quamvis illi sint impudici & immundi, quia ipsa ejus sanctitas pollui non potest*.

3. Si ex fide & meritis eorum qui administrant Sacramenta peteretur validitas Sacramentorum, v. g. Baptismi, tot essent baptismata & quidem diversa, quot diversi Ministri, quasi sanctius foret Baptisma a sanctiori Ministro datum, quod falsum & absurdum est.

Objicies: In Canonibus Apostolorum 45. & 46. rejicitur Baptismus ab Haereticis collatus: igitur.

Respondeo collectionem hanc falso tribui Apostolis, quod ab eruditis merito colligitur ex eo quod istos Canones 45. & 46. in probationem suae opinionis nunquam laudarunt S. Cyprianus aliique Episcopi tum Africani, tum Orientales, qui argumenta undequaque arripuerunt, ut ostenderent Baptismum ab Haereticis collatum, non esse validum.

Objicies: Ea sententia haberi non debet erronea, quam propugnarunt S. Cyprianus & omnes fere Episcopi Ecclesiae Africanae, tribus super ea re habitis cum matura deliberatione Conciliis, quam tenuerunt eodem tempore S. Firmilianus plurimique alii Episcopi Orientales lato in duobus Conciliis Iconiensi & Synadensi Decreto; cum ex altera parte solus obstitisse videatur Stephanus summus Pontifex. Quibus adde secutis temporibus eamdem S. Cypriani opinionem amplexos fuisse plurimos Patres, Optatum, S Athanasium, S. Basilium post Dionysium Alexandrinum: sed talis est sententia quae rejecit Bapismа ab Haereticis collatum: igitur.

Respondeo merito dici posse S. Cyprianum & alios Episcopos qui ei consenserunt, hoc in negotio errasse, quibus opponimus non unum Stephanum, sed totam Ecclesiam Occidentalem, cujus doctrinam propugnabat. Probat istud argumentum gravem tunc agitatam fuisse controversiam inter Episcopos, sed re discussa in plenariis Conciliis constitit S. Cyprianum errasse, & tunc approbata est Stephani doctrina ut certa Ecclesiae Catholicae fides in antiquae Traditionis robore firmata. Sic respondet S. Augustinus lib. 2. contra Cresconium cap. 31. *Non accipio*, inquit, *quod de baptisandis Haereticis & Schismaticis beatus Cyprianus sensit, quia hoc Ecclesia non accepit*, &

lib. 2.

lib. 2. de Bapt. cap. 3. *Ipsa Concilia quæ per singulas Regiones vel Provincias fiunt, plenariorum Conciliorum auctoritati quæ fiunt ex universo orbe Christiano sine ullis ambagibus cedere.*

Objicies: Qui non habent gratiam nec Spiritum sanctum, dare non possunt gratiam nec Spiritum sanctum, nemo enim dat quod non habet: sed Hæretici, &c.

Nego maj. sequeretur enim, ut mox diximus, improbos non posse dare Spiritum sanctum cum baptisant, quia nempe non habent Spiritum sanctum, quod tamen nec ipsi volunt adversarii. *Cum dare nemo possit quod non habet*, inquit S. Augustinus, *quomodo dat homicida Spiritum Sanctum?*

Obj. Una est Fides, unus Christus, unum Baptisma ex Apostolo: igitur Baptisma Hæreticorum nullum est.

Nego cons. quinimo si unum est Batisma Hæretici recte baptisant ut & Catholici, modo ritum essentialem observent. Ideo autem recte baptisant, quia non proprio, sed Christi baptismate baptisant.

Porro qui hæc & alia similia cum S. Cypriano proponebant argumenta in eo decepti sunt, quod non satis accurate distinguebant Sacramentum ab effectu, sive usu Sacramenti, ut testatur S. Augustinus lib. 6. de Bapt. cap. 1. *Nec ob aliud illis temporibus, quando ista quæstio contra veterem consuetudinem disputationibus, salva Charitate atque unitate altercantibus discutiebatur, visum est quibusdam etiam egregiis viris Antistitibus Christi, inter quos præcipue beatus Cyprianus eminebat, non esse posse apud Hæreticos vel Schismaticos Baptismum Christi, nisi quia non distinguebatur Sacramentum ab effectu vel usu Sacramenti: & quia ejus effectus atque usus in liberatione a peccatis, & cordis rectitudine apud Hæreticos, non inveniebatur, ipsum quoque Sacramentum non illic esse putabatur.*

Falsum est tamen universim loquendo ab Hæreticis nunquam dari gratiam & Spiritum sanctum, quia nimirum & datur parvulis, & datur adultis, seu quando Sacramenta accipiunt ab Hæreticis in casu necessitatis, seu quando invincibiliter ignorant Ministros e quibus conferuntur Sacramenta, esse Hæreticos.

At inquies, Hæretici non sunt in Ecclesia, sunt extra Ecclesiam, non possunt agere nomine Ecclesiæ, & ideo Sacramenta valide administrare non possunt.

Respondeo inde solummodo posse colligi Hæreticos non posse licite & debite administrare Sacramenta, sicuti nec illud possunt excommunicati, sed eos id posse valide constat, quia per caracterem qui in ipsis remanet adhuc pertinent ad Ecclesiam, alienum hac in parte usurpantes Ministerium indebite agunt & peccant, sed valide Sacramenta conficiunt, quia potestatem non amiserunt.

CAPUT XVIII.

De Probitate Ministri.

QUæritur utrum probitas ita requiratur in Ministro Sacramentorum, ut Minister valide non conficiat Sacramentum, si sit aliquo peccato mortali obstrictus.

Volebant Donatistæ a peccatoribus publicis validum non conferri Baptisma, licet id posset ab occultis. Post Valdenses idem docuerunt Wicleffistæ & Hussitæ, ut patet ex Concilio Constantiensi, quos postea secuti sunt Anabaptistæ; contra quos sit

CONCLUSIO.

Mali Ministri valide conficiunt Sacramenta, adeoque in Ministris non requiritur probitas, ut scilicet valide Sacramentum administrent.

Probatur primo, quia generatim loquendo, crimen quo quis contaminatus est, non impedit quominus suam exercere valeat Jurisdictionem, ut colligitur etiam.

tiam ex nonnullis Scripturæ locis, Matth. 23. Christus ait, *Super Cathedram Moysis sederunt Scribæ & Pharisæi, omnia ergo quæcumque dixerint vobis facite, secundum autem opera eorum nolite facere*; & 1. Petri cap. 2. *Servi subditi estote in omni timore dominis, non tantum bonis & modestis, sed etiam dyscolis.* Unde sequitur Ministros Ecclesiæ sua jurisdictione ad Sacramenta dispensanda non privari per peccata quibus obstricti sunt:

Probatur secundo ex iisdem momentis, quibus mox ostensum est, in Ministro non requiri intentionem internam, neque fidem; eadem enim probant non requiri pariter sanctitatem, quod videlicet Minister non agit nisi ut dispensator & procurator non proprio nomine, sed Christi, *Christus est qui baptizat.* Ubi ratiocinatur S. Augustinus Tract. in Joan. his verbis, *Quod dabatur a Paulo, & quod dabatur a Petro, Christi erat. Dedit Judas, & non est baptizatum post Judam, dedit Joannes & baptizatum est post Joannem, quia si datus est a Juda Baptismus, Christi erat. Qui autem a Joanne datus est, Joannis erat.* Quapropter hæc doctrina expresse definita est in Concilio Constantiensi, in quo error Wiclefi proscriptus est, damnando hanc ejus propositionem, *Si Episcopus vel Sacerdos existat in peccato mortali non ordinat, non conficit, non consecrat, non baptizat*; & in Tridentino sess. 7. Can. 12. his verbis: *Si quis dixerit Ministrum in peccato mortali existentem, modo omnia essentialia quæ ad Sacramentum conficiendum aut conferendum pertinent, servaverit, non conficere Sacramentum, anathema sit.*

Objicies: Matth. 7. *Arbor mala fructus malos facit.* Joan. 9. *Scimus quia peccatores Deus non audit*: igitur mali Ministri non conficiunt Sacramenta.

Nego cons. Primo, quia his momentis probaretur neque peccatores occultos conficere posse Sacramenta, quod nec pertendunt Heretici quos impugnamus; secundo, quia ibi non agitur de Sacramentis; tertio, si hæc applicentur Ministris Sacramentorum, id verum esset, si Ministri agerent proprio nomine; agunt autem nomine Christi: quomodo etiam respondetur huic loco Ecclesiastici cap. 34. *Ab immundo quis mundabitur?* Quod autem eodem capite habetur, *Qui baptizatur a mortuo, & iterum tangit eum, quid proficit lavatio ejus?* Manifeste intelligitur de eo qui baptizatus ut purgaretur ab immundicia legali, quam ex contactu cadaveris contraxerat, & tamen iterum cadaver tangit, nihil ei proficit prior lotio. Legi potest super illo Scripturæ loco S. Augustin. lib. 6. de Bapt. cap. 34. & lib. 2. contra Parmen. cap. 10.

Porro quid sit sentiendum de ordinationibus quæ ab Hæreticis, Apostatis, Simoniacis, &c. factæ sunt, examinabimus, ubi de Sacramento Ordinis.

Quæres, utrum mali Ministri non modo Sacramentum, sed & gratiam conferant.

Respondeo, malos Ministros conferre gratiam in administratione Sacramentorum iis nempe qui bene dispositi sunt, quia utpote cum Minister non proprio nomine, sed Christi agat, prava illius dispositio impedire non debet, quominus Sacramenta suos producant effectus; unde S. Augustinus lib. 5. de Bapt. cap. 20. *Cum dare, inquit, nemo possit quod non habet, quomodo dat homicida Spiritum sanctum? & tamen ipse intus etiam baptizat. Deus ergo dat ipso baptizante Spiritum sanctum.*

Dices: Idem S. Augustinus aperte docet malos Ministros non posse dare gratiam. *Remissam tamen peccatorum,* inquit lib. 3. de Bapt. cap. 18. *non dabunt, quæ per orationes Sanctorum, idest per columbæ gemitus datur, quicumque baptizent, si ad ejus pacem illi pertinent quibus datur. Non enim raptoribus & fœneratoribus diceret Dominus, si cui dimiseritis peccata, dimittentur ei.* Idem scribit lib. 5. cap. 22. tum vero lib. 6. cap. 4. sic loquitur: *Ac per hoc nihil idoneum dici, cur non possit malus etiam tradere Baptismum, qui potest habere, & sicut perniciose habet, ita etiam* per-

perniciose tradere, non qui tale aliquid tradit, nec quia talis tradit, sed quia tali tradit.

Respondeo, nullam esse difficultatem in hoc postremo testimonio S. Augustini quod objicitur, negare enim solum videtur malos Ministros conferre gratiam iis qui male dispositi sunt, *sed quia tali tradit*. Quod spectat priora loca, dico mentem S. Doctoris esse, malos Ministros non conferre gratiam & remissam peccatorum quatenus mali sunt, bene vero quatenus Ministri sunt Ecclesiæ: nam totus est in his libris ut ostendat Donatistis Sacramenta suam non accipere vim & efficaciam a privatis Ministrorum meritis, dotibus, & dispositionibus, ab eorum probitate & fide, sed a Christo qui Ecclesiæ suam commisit potestatem remittendi peccata. Sic intelligenda esse hæc S. Doctoris verba patet ex eo quod manifestum est tum ex loco supra laudato in probationibus, tum ex ejus principiis ubique respersis in operibus quæ scripsit adversus Donatistas, illum existimasse malos Ministros conferre gratiam in administratione Sacramentorum & infantibus quos baptisant, & adultis qui eorum malitiæ vel errori non communicant, *Non est*, inquit, lib. 3. de Bapt. cap. 10. *aqua prophana & adultera, super quam nomen Dei invocatur, etiamsi a prophanis & adulteris invocetur, quia nec ipsa creatura, nec ipsum nomen adulterum est*, & lib. 2. contra Litteras Petiliani cap. 47. *Memento Sacramentis Dei nihil obesse mores malorum hominum, quo illa vel omnino non sint, vel minus sancta sint.*

Objicies: Ex Ambrosio lib. de initiandis cap. 4. *Non sanat Baptismus perfidorum, non mundat, sed polluit*: ergo.

Dist. ant. id est Baptismus datus perfidis, C. datus a Ministris perfidis, N. non loquitur ibi S. Ambrosius de Ministris, sed de iis qui male dispositi sine fide & pietate Baptismum suscipiunt; nam ait cap. 5. *Non merita personarum sed officia consideranda sunt Sacerdotum.*

Quæres utrum & quomodo peccent Ministri qui in statu peccati mortalis administrant Sacramenta.

Resp. illos peccare mortaliter.

Probatur 1. ex istis scripturæ locis, Exodi 19. *Sacerdotes qui accedunt ad Dominum Deum, sanctificentur, ne forte derelinquat eos Dominus*, & Levitici 22. *Omnis homo qui accesserit de stirpe vestra ad ea quæ consecrata sunt, & quæ obtulerunt filii Israel Domino in quo est immunditia, peribit coram Domino.* Profecto si rei censebantur & coram Domino peribant quicumque in immunditia & peccato constituti, Sacra tractabant in veteri Judæorum Religione, a fortiori Sacerdotes qui ad Altare accederent, & Sacramenta dispensarent in statu peccati mortalis in nostra Religione, cujus multo altiora majorem consequenter postulant in iis a quibus contrectantur reverentiam.

Probatur 2. ex S. Thoma, qui 3. p. q. 64. art. 6. sic loquitur: *Non est dubium quin Mali exhibentes se Ministros Dei & Ecclesiæ in dispensatione Sacramentorum, peccent. Et quia hoc peccatum pertinet ad irreverentiam Dei, & contaminationem Sacramentorum, quantum est ex parte ipsius Peccatoris (licet Sacramenta secundum se incontaminabilia sint) consequens est quod tale peccatum ex genere suo sit mortale.* Quam sententiam sequuntur omnes vulgo Theologi.

Favet Concilium Trid. quod sess. 13. cap. 7. sic loquitur de Sacerdotibus qui Eucharistiam celebrant: *Ecclesiastica consuetudo declarat eam probationem necessariam esse, ut nullus sit conscius mortalis peccati, quamtumvis sibi contritus videatur, absque præmissa sacramentali Confessione ad sacram Eucharistiam accedere debeat: quod a Christianis omnibus, etiam ab iis Sacerdotibus quibus ex officio incubuerit celebrare, hæc sancta Synodus perpetuo servandum esse decrevit.*

Tum vero S. Augustinus lib. 2. contra

epist.

epist. Parmeniani cap. 1. *Sacramenta*, inquit, *cum obsint indigne tractantibus*: idque consentaneum est Doctrinæ Apostoli, qui passim docet sanctitatem necessariam esse Ministris, ad Titum I. *Oportet Episcopum sine crimine esse, sicut Dei Dispensatorem*, & de Diaconis loquens I. ad Timot. 3. *Probentur primum & sic ministrent, nullum crimen habentes*.

Cum autem dicimus Ministrum peccare mortaliter, quando peccati mortalis conscius Sacramentum administrat, id intelligitur de Ministris qui ex officio ministrant, ut patet ex testimonio S. Thomæ mox allato, non autem de Laicis, v. gr. qui in casu necessitatis baptisant.

Quin & multi Theologi contendunt novum peccatum mortale committi ab iis qui in statu peccati mortalis sacras alias functiones obeunt solemniter & ex officio, qui, v. gr. ex munere Subdiaconi Epistolam & ex munere Diaconi Evangelium decantant, quod docuisse videtur S. Thomas in 4. dist. 23. q. 1. art. 3. his verbis: *Quicumque cum peccato mortali aliquod sacrum officium pertractat, non est dubium quin illud indigne faciat, unde patet quod mortaliter peccat*.

Neque dicas posse quemquam bona pietatis opera exercere sine novo peccato quamvis sit in statu peccati mortalis. Hæc, inquam, ratio nulla est, quia nempe ad ejusmodi bona opera facienda homo non deputatur Minister, respectu illorum non exhibet se Ministrum Christi & Ecclesiæ, uti respectu Sacramentorum & Sacramentalium quorumdam Rituum.

Quæres an peccent mortaliter Sacerdotes qui in peccato mortali concionantur?

Resp. affirmative, ita enim sentit S. Thomas in 4. d. 19. quæst. 2. art. 1. quæstiun. 2. *Ad quartum*, inquit, *dicendum quod docere sacram Scripturam dupliciter contingit, uno modo ex officio Prælationis, sicut qui prædicat & docet; alio modo ex officio magisterii, sicut Magistri Theologiæ docent. Dicunt ergo quidam quod ille qui primo modo docet, peccat mortaliter, si sit in peccato mortali notorio, non autem qui secundo modo docet. Sed hoc falsum, quia eorum qui docent Scripturam, est idem finis, ac eorum qui sacram Scripturam ediderunt... dicendum quod ille qui est in peccato notorio, peccat, sive sic, sive sic doceat. Sed ille qui est in peccato occulto, peccat, si primo modo doceat, non autem si secundo*.

Quæres utrum liceat petere & recipere Sacramenta ab aliquo Ministro aut hæretico aut improbo?

Resp. 1. licitum esse a malis Ministris recipere Sacramenta, quandiu nempe ab Ecclesia tolerantur, ut constat ex Nicolao I. in responsione ad consulta Bulgar. cap. 71. & ex Constit. Martini V. *ad evitanda*, & ratio est quia, ut habet S. Thomas 3. p. q. 64. art. 6. ad 2. *Quandiu ab Ecclesia toleratur in ministerio, ille qui ab eo suscipit Sacramentum non communicat peccato ejus, sed communicat Ecclesiæ, quæ eum tanquam Ministrum exhibet*.

Resp. secundo, licitum non esse a malis Ministris petere Sacramenta, nisi gravis urgeat necessitas tale Sacramentum recipiendi. Duæ sunt responsionis partes. Prior ostenditur ex Apostolo qui Rom. 14. præcipit, ut nemini offendiculo simus: *Ne ponatis offendiculum fratri, vel scandalum*. Sed qui petit Sacramentum a Ministro peccatore est illi offendiculo, est causa cur peccet, & sacrilegium committat, illum quodam modo inducit ad peccandum.

Constare tamen debet hunc Ministrum indigne ministraturum, aliter sine scrupulo recipi posset Sacramentum, cum enim res est incerta, postulat Charitas, ut Fideles de Ministris recte cogitent, *Charitas enim non cogitat malum*, inquit Apostolus 1. Cor. 13.

Posterior pars, nimirum a malo Miniſtro repeti & recipi poſſe Sacramentum, ſi gravis urgeat neceſſitas, puta, ſi ab alio recipi non poſſit Sacramentum, & Fidelis in periculo mortis conſtitutus indigeat Baptismo vel Pœnitentia quæ neceſſaria ſunt neceſſitate medii ad ſalutem. Probatur autoritate S. Auguſtini, qui lib. 1. de Baptis. cap. 2. ſic loquitur: *Si quem forte coegerit neceſſitas, ubi Catholicum per quem accipiat, non invenerit .... ſi ſtatim etiam de iſta vita emigraverit, non eum niſi Catholicum deputamus... non ſolum non improbamus quod ferit, ſed etiam ſecuriſſime veriſſimeque laudamus.*

Item docet S. Thomas in 4. diſt. 24. q. 1. art. ad 3. *Præter neceſſitatis articulum non eſſet tutum, quod eum* (*Paſtorem*) *induceret ad aliquod ſui Ordinis exequendum, durante tali conſcientia, quod ille in peccato mortali eſſet.*

Rem ita declarat Concilium Trid. de Sacramento Pœnitentiæ, ſeſſ. 14. cap. 7. his verbis: *Pie admodum ne hac ipſa occaſione aliquis pereat, in Ecleſia Dei ſemper cuſtoditum fuit, ut nulla ſit reſervatio in articulo mortis, atque adeo omnes Sacerdotes quoslibet Pœnitentes a quibusvis caſibus & cenſuris abſolvere poſſint.*

Objicies in priorem partem, in qua dicitur licitum non eſſe a malis Miniſtris petere Sacramenta ſecluſa neceſſitate. Cuique licitum eſt etiam extra caſum neceſſitatis a proprio Parocho, tametſi impio, hoc eſt qui prudenter judicatur alicujus peccati mortalis reus, Sacramenta petere: ergo falſum eſt licitum non eſſe a malis Miniſtris petere Sacramenta, niſi urgeat neceſſitas.

Nego conſ. etſi enim detur Parochianum ab impio ſuo Paſtore petere poſſe Sacramenta, quia tunc jure ſuo utitur; tamen non inde ſequitur eodem modo poſſe Fideles gerere ſe erga alios Miniſtros propter rationem oppoſitam, quia jure ſuo non utuntur, & quia aliunde offendiculo ſunt illis Miniſtris, quos in novum peccatum inducunt.

At inquies, ſi Parochianus offendiculo eſt erga alium Sacerdotem, eadem eſt ratio cum Sacramenta petit a proprio ſuo Parocho, cui ſimiliter ſcandalo eſt.

Reſp. Scandalum in illa occaſione datum eſſe a Parocho non a Parochiano, qui, ut diximus, jure ſuo utitur, nec propter alterius malitiam eo privari debet.

CAPUT XIX.

De Subjecto Sacramentorum.

SOlus Homo, non Angelus, eſt ſubjectum Sacramentorum, quia cum Sacramenta ſint res ſenſibiles, quarum beneficio voluit Deus gratiam ſuam communicare, manifeſtum eſt ſoli Creaturæ corporeæ, adeoque non Angelis competere his uti ſignis ſenſibilibus ad gratiam Dei comparandam. Unde S. Paulus ait Hebr. 5. cap. Pontificem fuiſſe ex hominibus aſſumptum, *Omnis Pontifex ex hominibus aſſumptus pro hominibus conſtituitur in iis quæ ſunt ad Deum.*

Item ſolus homo viator eſt ſubjectum Sacramentorum, quia iis ſolum deſtinata ſunt Sacramenta, qui gratiam recipere poſſunt; ſed ſoli viatores, non autem illi qui ſunt in termino, poſſunt recipere gratiam: igitur.

Quales autem requirantur diſpoſitiones in ſuſcipientibus Sacramenta quærunt hic Theologi, ac diſputant in primis de intentione ac de fide & probitate, quapropter ſit

CAPUT XX.

De Intentione in Suſcipiente Sacramentum requiſita.

DIximus multiplicem eſſe intentionem, nam alia eſt exterior, alia interior, & juxta aliam diviſionem, intentio vel eſt actualis, vel virtualis, vel habitualis & interpretativa. Item vel agitur de validitate Sacramenti, vel ſolum utrum requiratur intentio ad illud licite recipiendum. Denique vel ſermo eſt de Adultis vel

vel de Infantibus, quibus præsuppositis sit

PRIMA CONCLUSIO.

In Adultis ut valide recipiant Sacramenta requiritur intentio seu consensus, id constat,

1. Ex nonnullis Conciliis quæ ejusmodi consensum in suscipientibus Sacramenta postulant, vel in Ecclesia postulari solitum supponunt, ita Concilium Carthagin. III. an. 397. habitum, Can. 23. *Ut ægrotantes*, inquit, *si per se respondere non possunt, cum voluntatis eorum testimonium hi qui sui sunt, periculo proprio dixerint, baptisentur.* & Arausicanum I. Can. 12. *Subito obmutescens prout statutum est, baptisari aut pœnitentiam accipere potest, si voluntatis aut præterita testimonium aliorum verbis habet, aut præsentis in suo nutu.* Quapropter licitum non esset baptisare Gentilem qui subito morbo correptus & obmutescens, nec dedisset, nec daret ullum signum voluntatis recipiendi Baptismum.

2. Vetant expresse Canones, ne invitis dentur Sacramenta, nam in Concilio Aurelianensi III. Can. 7. sic habetur, *Si invitus vel reclamans fuerit quis ordinatus, ab officio quidem deponatur, sed non a communione pellatur: Episcopus autem qui invitum aut reclamantem præsumpserit ordinare, annuali Pœnitentia subditus Missas facere non præsumat.*

3. Ex Innocentio III. Decretalium lib. 3. tit. 42. cap. 42. ubi summus Pontifex eorum refellit sententiam, qui dicunt, *quod Sacramenta quæ per se sortiuntur effectum, ut Baptismus & Ordo cæteraque similia, non solum dormientibus & amentibus, sed invitis & contradicentibus, etsi non quantum ad rem, quantum tamen ad characterem conferuntur*; addit vero in fine, *Dormientes autem & amentes, si priusquam amentiam incurrerent aut dormirent, in contradictione persisterent, quia in eis intelligitur contradictionis propositum perdurare, etsi sic fuerint immersi, characterem non suscipiunt Sacramenti, secus autem si prius Catechumeni extitissent & habuissent propositum baptisandi; unde tales in necessitatis articulo consuevit Ecclesia baptisare.*

Neque dicas ibidem addere Innocentium, *tunc ergo characterem imprimit sacramentalis operatio, quando obicem contrariæ voluntatis non invenerit.* Unde sequitur eum solummodo ut validum approbare Baptismum, qui confertur non contradicenti & invito, sed tamen non postulare in suscipiente positivum consensum; non est, inquam, quod sic respondeatur, nam Innocentius de illis loquitur qui cum fuissent Catechumeni, Baptisma recipere voluerant.

4. Ex S. Thoma qui 3. p. q. 68. art. 7. ad 2. sic loquitur, *Si in Adulto deesset intentio suscipiendi Sacramentum, esset rebaptisandus.*

5. Et favet ratio, nimirum susceptio Sacramentorum est actio humana, aut saltem illam supponit: sed actio humana fit cum judicio & intentione: igitur.

Obj. Eugenius in suo Decreto determinans ex professo, quænam requirantur ad validitatem Sacramenti: tria commemorat, materiam, formam & intentionem Ministri, de intentione suscipientis non meminit: igitur.

Resp. Eugenium agere solum de iis quæ requirantur ex parte Ministri, non meminit autem intentionis in suscipiente requisitæ, vel quia satis capiunt omnes illam esse necessariam, vel quia loquitur de Sacramentis in genere: intentio autem universim loquendo non est semper necessaria, quia non requiritur in Parvulis, ut valide recipiant Baptismum & Confirmationem.

Si autem quæratur cur in Adultis ut valide baptisentur, requiratur potius intentio quam in Parvulis.

Resp. discrimen esse in eo quod, cum Infantes non sint capaces actuum propriæ voluntatis eliciendorum, judicavit Ecclesia eorum intentionem non esse necessariam, secus vero de Adultis, qui suam intentionem verbis aut alio signo manifeſtare poſſunt, ut probat S. Thomas in 4. diſt. 6. q. 1. art. 2. ubi ait ſufficere Infantibus ad recipiendum Baptiſma voluntatem parentum, pro Adultis vero neceſſariam eſſe propriam eorum intentionem.

Obj. Datur Extrema Unctio moribundis omni ratione carentibus, & qui nullam voluntatem recipiendi hoc Sacramentum ſignificarunt: igitur.

Reſp. in illis moribundis reperiri intentionem interpretativam, quatenus præſumitur illos, qui chriſtianam Religionem profitebantur, voluiſſe ſibi dari hoc Sacramentum, ſi loquendi facultatem habuiſſent.

Porro, quæ in hanc ſententiam objiciuntur ex eo quod quidam vel inviti Sacramentum Ordinis receperunt, ut ex quibuſdam Hiſtoriæ eccleſiaſticæ factis conſtare videtur, diluta videbis in tractatu noſtro de Sacramento Ordinis.

SECUNDA CONCLUSIO.

Sufficit in ſuſcipiente Sacramenta intentio exterior, ad validitatem Sacramenti, adeo ut nihil obſtet aut perverſitas aut retentio intentionis: id conſtat,

1. Ex S. Auguſtino qui lib. 7. de Bapt. cap. 53. docet in Eccleſia Catholica valere Baptiſmum *fallaciter datum & acceptum*, ſed veriſimile eſt S. Auguſtinum eo loci per Baptiſmum fallaciter acceptum intelligere Baptiſmum ſine intentione datum.

2. Ex Innocentio III. in loco ſupra citato, ubi definit ratum eſſe Baptiſma receptum ab iis qui illud receperant interius contradicentes, exterius vero patientes metu ſuppliciorum: *Is*, inquit, *qui terroribus, atque ſuppliciis violenter attrahitur, & ne detrimentum capiat Baptiſmi Sacramentum ſuſcipit, talis ſicut & is qui ficte ad Baptiſmum accedit, & caracterem ſuſcipit Chriſtianitatis impreſſum, ipſe tanquam conditionaliter volens, licet abſolute non velit, cogendus eſt ad obſervationem Fidei chriſtianæ.*

Idem docet S. Thomas 3. p q. 64. art. 8. ad 2.

3. Quia in hac ſententia ſupponitur hominem qui recipit Sacramentum, tametſi intus ſubſannet ritum quem recipit, vel retineat intentionem ſuam poſitive nolens, interius recipere Sacramentum, tamen ſerio illud recipit & patitur extrinſecus ut ritus ſibi applicetur: Sed ſi poſtea homo ille velit tale Sacramentum pro nullo & irrito eſſe habendum, eo quod declarat ſe non habuiſſe intentionem interiorem, imo expreſſe & poſitive illam retinuiſſe, nihil eſſet certi in Religione Chriſtiana: Sacerdotes dicerent ſe non habuiſſe intentionem recipiendi Sacramentum Ordinis? Conjugati dicerent ſe non intendiſſe matrimonium contrahere, aut ſaltem matrimonium indiſſolubile? Quot vero & quantos inde ſecuturos abuſus nemo non videt: igitur ut in Miniſtro intentio exterior ſufficit, ita & in ſubjecto Sacramenta ſuſcipiente,

TERTIA CONCLUSIO.

Intentio neceſſaria ad valide recipienda Sacramenta non debet eſſe actualis, neque virtualis, ſed ſufficit interpretativa, hoc eſt quod præſumi poſſit futurum ut ille cui confertur Sacramentum, conſentiret, ſi poſſet, ſibi applicari tale Sacramentum.

Et ratio ſumitur ex praxi Eccleſiæ quæ docet valere Sacramenta iis allata, qui præ infirmitate obmuteſcentes ea petere non poſſunt, eo quod præſumuntur ea prius deſideraſſe. Immo Extrema-Unctio, ut diximus, adminiſtratur moribundis qui eam non poſtularunt, ſi Religionem Catholicam profiteantur; qui hoc ipſo præſumuntur cupere Sacramenta Chriſti: ſed in iſtis moribundis non eſt intentio actualis nec virtualis, ſed ſolum interpretativa, ut per ſe patet: igitur intentio interpretativa ſufficit.

Hoc idem oſtendi poteſt ex Concilio Carthaginenſi quarto anni 398. cap. 16. ubi ſic habetur: *Is quis Pœnitentiam in infirmitate petit, ſi caſu, dum ad eum Sacerdos invitatus venit, oppreſſus infirmitate obmu-*

obmutuerit, vel in phrenesim versus fuerit, dent testimonium qui eum audierunt, & accipiat Pœnitentiam.

CAPUT XXI.

An Fides sit necessaria in suscipiente Sacramenta.

SUnt etiam duo hæc distinguenda in præsenti quæstione, an requirantur fides & pietas ad valide, an vero ad licite recipienda Sacramenta, quibus ut sigillatim faciamus satis, sit

PRIMA CONCLUSIO.

Necessaria non est fides, uti nec morum probitas ad valide recipienda Sacramenta.

1. Illud aperte docet Ecclesiæ praxis, quæ semper prohibuit, ne iterum baptisarentur qui ab Hæreticis ad sinum Ecclesiæ revertebantur, modo constaret eos in materia debita & forma legitima fuisse baptisatos: Constat autem in Hæreticis non esse fidem, nec morum probitatem.

2. Ex S. Augustino qui lib. 3. de Bapt. cap. 14. sic loquitur, *Non interest, cum de Sacramenti integritate & sanctitate tractatur, quid credat, & quali fide imbutus sit ille, qui accipit Sacramentum, interest quidem plurimum ad salutis viam, sed ad Sacramenti quæstionem nihil interest. Fieri enim potest, ut homo integrum habeat Sacramentum & perversam fidem.*

Porro cum dicimus ad valide recipienda Sacramenta non requiri fidem nec pietatem, hoc intelligi debet excipiendo Sacramentum Pœnitentiæ, hoc enim in isto Sacramento peculiare est, quod ejus materia consistat in actibus pœnitentis, contritione, confessione & satisfactione, quæ sine fide & pietate exerceri non possunt.

Obj. Concilium Arelatense I. fidem saltem Trinitatis in Baptisato desiderat, quia Can. 8. statuit eos denuo esse baptisandos *qui interrogati non responderint Trinitatem*, igitur.

Resp. id unum velle Synodum, Afros esse rebaptisandos, si non constiterit eos fuisse in nomine Trinitatis baptisatos, quapropter jubet eos interrogari, quod manifestum est ex eodem Canone ubi sic habetur, *Interrogent eum Symbolum, et si perviderint eum in Patre, & Filio, & Spiritu Sancto, baptisatum, manus tantum ei imponatur, ut accipiat Spiritum Sanctum.*

Obj. S. Augustinus lib. 7. de Bapt. cap. 53. docet valere Baptismum sine simulatione & cum aliqua fide receptum, igitur.

Resp. S. Augustinum per fidem eo loci intelligere intentionem, quia illam opponit simulationi; vel fidem late sumptam, per quam videlicet credit Sacramentum quod recipit, esse ritum a Christo institutum, sed non intelligere fidem supernaturalem quæ virtus est Theologica infidelitati & hæresi opposita, quia nemo dubitare potest, quin S. Augustinus existimaverit valere Baptismum Hæreticis datum.

SECUNDA CONCLUSIO.

Fides & pietas requiruntur ad Sacramenta debite & licite recipienda.

Id constat ex Concilio Trid. hæc statuente sess. 7. Can. 6. *Si quis dixerit Sacramenta novæ legis non continere gratiam quam significant, aut gratiam ipsam non ponentibus obicem non conferre, anathema sit*, ubi sancta Synodus supponit quod certum esse fatentur omnes; neminem licite & cum fructu accedere ad Sacramenta, nisi sit rite dispositus, quales autem sint illæ dispositiones requisitæ in Adultis ut gratiam sanctificantem consequantur per Sacramenta, declaratur cap. 6. ejusdem sessionis, his verbis, *Disponuntur ad ipsam justitiam, dum excitati divina gratia & adjuti per fidem ex auditu concipientes, libere moventur in Deum, credentes vera esse quæ divinitus revelata & promissa sunt, atque illud imprimis a Deo justificari impium per gratiam ejus, per redemptionem quæ est in Christo Jesu, & dum peccatores se esse intelligentes a divina justitia timore quo utiliter consentiuntur, ad considerandam Dei misericordiam, se convertendo in spem eriguntur, fidentes Deum sibi propter Christum sibi propitium fore; illumque tanquam omnis justitiæ fontem diligere incipiant, ac propterea moventur adversus peccata per odium aliquod & detestationem, hoc est per eam pœnitentiam quam ante Baptismum agi oportet, denique dum proponunt suscipere Baptismum, inchoare novam vitam, & servare divina mandata.* Quibus verbis nihil clarius desiderari potest.

CAPUT XXII.

De Cæremoniis Sacramentorum.

CÆremonia est actus externus religionis qui fit ad cultum Dei & honorem vel promovendum vel augendum, ut flectere genua, cereos accendere, aqua benedicta Fideles aspergere, quales sunt etiam exorcismi, insufflationes & aliæ id genus quæ usurpari solent vel in Officio divino, vel in solemni Sacramentorum administratione.

Quæritur autem utrum vitio verti merito possit Ministris Ecclesiæ Catholicæ, quod ejusmodi cæremonias usurpent, vel etiam novas frequenter instituant.

Partem affirmantem tenent Calvinistæ qui non modo cæremonias nostras contemnunt & rident veluti mera superstitiosi cultus argumenta, & totidem, ut ajunt, incantationes magicas, verum in hac cæremoniarum disciplina, falso & malitiose multa nobis tribuunt, quæ nec docemus, nec docere intendimus, qualia sunt ista, ut ipsis exprobrat Bellarminus, qui præsentem controversiam fuse discussit in suo tractatu de Sacramentis, cap. 29.

1. Nempe ajunt Romanæ Ecclesiæ Catholicos præcipuum Dei cultum reponere in his cæremoniis, ita Calvinus lib. 4. instit. cap. 10. sed istud manifeste falsum est: profitentur enim omnes Catholici cæremonias Ecclesiæ non esse præcipuum Dei cultum, nec illas habere virtutem justificandi, ut habent Sacramenta.

2. Dicunt nos anteponere humanas cæremonias divinis præceptis, ita ut putemus sine his ritibus humanis Sacramenta ipsa nullam habere virtutem & efficaciam. Sed istud mendacium est impudentissimum; contendimus enim Deo soli cultum præcipuum impendi debere.

3. Quod Concilium Tridentinum approbaverit quoscunque ritus ab hominibus excogitatos licet absurdissimos, ita Kemnitius in 2. p. Examinis pag. 157. quod etiam scribit Calvinus in antidoto. Sed aperte hoc falsum est, Concilium enim nusquam approbavit nisi ritus receptos in Ecclesia universali, quos similiter approbavit S. Augustinus, Ep. 118. dicens contra eos disputare esse insolentissimæ insaniæ.

Alia similiter effutiunt adversus Catholicos ut in eos odium & invidiam concitent, puta quod asseramus retinendos esse ritus qui cum Dei verbo pugnant. Quod dicamus peccatum esse mortale vel minimum mutare in cæremoniis. Quod ejusmodi cæremonias divinis præceptis anteponamus. Quod profiteamur sine his ritibus humanis Sacramenta a Christo instituta nullam habere vim & efficaciam. Sed isthæc omnia totidem sunt mendacia quæ falso & calumniose Catholicis tribuuntur, ut ex mox dicendis manifeste compertum erit.

Porro Calvinistis non consentiunt Lutherani & Protestantes Angliæ, qui contra nostras fere omnes cæremonias observant, quapropter sit

CONCLUSIO.

Vitio non debet verti Ecclesiæ Catholicæ quod multas usurpet cæremonias tum in Officio divino, tum in administratione Sacramentorum.

Probatur: Illud non est improbandum quod fuit ab omni ævo laudabiliter.

nec usurpatum in Ecclesia: sed tales sunt cæremoniæ ecclesiasticæ.

Ac 1. quidem id ostenditur ex eo quod in antiquo Testamento innumeræ apud populum Judaicum erant cæremoniæ quarum unaquæque suam habebat symbolicam significationem, *Omnia in figura contingebant illis*, inquit S. Paulus I. ad Cor. 10. ejusmodi fuere sacrificia, quæ Abraham & Jacob Deo obtulerunt; item Genes. cap. 28. *Jacob erexit lapidem in titulum, fundens oleum desuper*. Quæ quidem olei effusio sacrum quid ac divinum significabat, qua scilicet Sacerdotes consecrabantur, qua Reges inaugurabantur.

2. Id clarius exprimitur in nova lege, quæ suas semper habuit cæremonias præsertim in administratione Sacramentorum, sunt enim v. gr. in Baptismo exorcismi, insufflatio, unctio, tactus aurium, cereus accensus, & alia id genus. Suas etiam cæremonias, suos ritus habent Eucharistia & Confirmatio, idque ab initio Ecclesiæ. S. Paulus ait, I. ad Cor. cap. 11. se omnia dispositurum quæ ad Eucharistiæ sacramentum spectant, *Cætera*, inquit, *cum venero disponam*; quod intelligi non potest nisi de quibusdam cæremoniis.

Probatur 3. ex SS. Patribus & ex iis præsertim qui scripserunt quatuor primis Ecclesiæ sæculis, cum nondum, ut loquuntur Calvinistæ, in errorem incidisset Ecclesia, & varios passim recensent ritus qui apud illos observabantur.

Disertum est Tertulliani v. g. testimonium ex libro de Corona, cap. 3. ubi eos multos quæ tunc observabantur in Ecclesia accurate commemorat: *Ut a Baptismate ingrediar*, inquit, *aquam adituri ibidem, sed & aliquanto prius in Ecclesia sub antistitis manu contestamur nos renuntiare diabolo, & pompæ, & angelis ejus. Dehinc ter mergitamur amplius aliquid respondentes, quam Dominus in Evangelio determinavit. Inde suscepti lactis & mellis concordiam prægustamus, exque ea die lavacro quoti-diano per totam hebdomadam abstinemus. Eucharistiæ Sacramentum & in tempore victus, & omnibus mandatum a Domino, etiam antelucanis cœtibus, nec de aliorum manu quam præsidentium sumimus. Oblationes pro Defunctis, pro natalitiis annua die facimus. Die dominico jejunium nefas ducimus, vel de geniculis adorare. Eadem immunitate a Die Pascha in Pentecosten usque gaudemus Calicis aut Panis etiam nostri aliquid decuti in terram anxie patimur. Ad omnem progressum atque promotum ad omnem aditum & exitum, ad calciatum, ad lavacra, ad mensas, ad lumina, ad cubilia, ad sedilia, quacumque nos conversatio exercet, frontem crucis signaculo terimus. Harum & aliarum ejusmodi disciplinarum, si legem expostules Scripturarum, nullam invenies: traditio tibi prætendetur austrix, consuetudo confirmatrix & fides observatrix.* Huic testimonio quid respondere possent Calvinistæ nemo vel oculatissimus cogitare potest, quod enim Scriptura non præcepit, traditio docet, consuetudo confirmat, & multis quidem exemplis rerum ac rituum qui etiamnum hodie usurpantur in Ecclesia.

Infinitum esse me oporteat, si velim referre ritus ecclesiasticos de quibus loquuntur alii Patres, aquam vino miscendam in confectione Eucharistiæ scribit S. Cyprianus, Epist. 63. varios ritus in Baptismo fieri solitos commemorat S. Cyrillus in suis Catechesibus; S. Augustinus meminit in suis libris contra Pelagianos exorcismorum qui fieri solebant in Baptismi administratione, ex quibus existentiam peccati originalis adversus illos demonstrat.

Quid utilitatis sit in Canticis & Hymnis ad fovendam pietatem mirum in modum describit lib. 9. Confessionum cap. 6. & 7. *Quantum flevi*, inquit, Deum alloquens, *in Hymnis & Canticis tuis suave sonantis Ecclesiæ tuæ vocibus commotus acriter. Voces illæ influebant auribus meis, & eliquabatur veritas in*

cor

cor meum, & æstuabat inde affectus pietatis, & currebant lacrymæ; & bene mihi erat cum eis.

Habemus etiam ex eodem S. Doctore genuflexiones aliosque Orantium gestus, non parum prodesse ad orandum & humilius coram Deo gemendum, lib. scilicet de cura pro mortuis gerenda, c. 5. *Nam*, inquit, *& Orantes de membris sui corporis faciunt quod supplicantibus congruit, cum genua figunt, cum extendunt, vel etiam prosternuntur solo, & si quid aliud visibiliter faciunt, quamvis eorum invisibilis voluntas & cordis intentio Dei nota sit, nec ille indigeat his indiciis, ut humanus ei pandatur animus. Sed hinc magis seipsum excitat homo ad orandum gemendumque humilius atque ferventius.* Quod manifeste ostendit externam corporis conformationem non esse utilem in Christianæ pietatis exercitiis.

Cereorum usum in sacris officiis commemorant antiqui Patres, S. Gregorius Nazianzenus orat. 4. adversus Julianum, S. Gregorius Nyssenus de vita Macrini. Ajunt id moris fuisse, ut Christiani cereos accenderent in exequiis defunctorum. Præclarum vero est quod scribit S. Hieronymus adversus Vigilantium, *Cereos* inquit, *non clara luce accendimus sicut frustra calumniaris .... quod si aliquis per imperitiam & simplicitatem sæcularium hominum, vel certe religiosarum fœminarum... hoc pro honore Martyrum faciunt, quid inde perdis? Causabantur quondam & Apostoli, quod periret unguentum, sed Domini voce correpti sunt. Neque enim Christus indigebat unguento, nec Martyres lumine cereorum, & tamen illa mulier in honore Christi hoc fecit, devotioque mentis ejus recipitur .... nam & absque Martyrum reliquiis per totas Orientis Ecclesias, quando legendum est Evangelium, accenduntur luminaria, non utique ad fugandas tenebras, sed ad signum lætitiæ demonstrandum.*

De usu thuris nemini dubium suboriri potest, quia scilicet ad Dei cultum suo modo refertur, vel ex ipsius Dei præcepto & institutione, ut patet ex cap. 30. Exodi, ubi sic habetur, *Talem compositionem non facietis in usus vestros, quia sanctum est Domino.* Unde S. Thomas 3. p. q. 83. art. 5. ad 2. sic loquitur, *Thurificatione non utimur quasi cæremoniali præcepto legis, sed sicut Ecclesiæ statuto... primo quidem ad reverentiam hujus Sacramenti, ut scilicet per bonum odorem depellatur, si quid corporaliter pravi odoris in loco fuerit, quod posset provocare horrorem, secundo ad repræsentandum effectum gratiæ.*

Id rursus colligitur ex variis cæremoniis quæ semper usurpatæ sunt erga peccatores Pœnitentiæ publicæ addictos, tum vero ex iis quæ prædicari solent de signo crucis quod in usu fuit primis Ecclesiæ sæculis.

Quapropter hæc merito statuit Concilium Tridenti. sess. 7. can. 13. *Si quis dixerit receptos & approbatos Ecclesiæ Catholicæ ritus, in solemni Sacramentorum administratione adhiberi consuetos, aut contemni, aut sine peccato a Ministris pro libito omitti, aut in novos alios mutari posse, anathema sit.*

Objicies cum Calvino: Deus hoc posuit discrimen Judæos inter & Christianos, quod illos ut pueros docuerit per signa sensibilia, nos vero simplicius ut viros sine talibus signis, ut colligitur ex cap. 4. Joannis, ubi Dominus ait: *Venit hora qua veri adoratores, in spiritu & veritate adorabunt Patrem:* igitur externæ illæ cæremoniæ non sunt necessariæ ad cultum Dei promovendum, sed satis est Deum adorare in spiritu.

Respondeo, hoc argumentum nimis probare, inde enim colligeretur nulla admitti debere Sacramenta in nova lege pro Christianis, non Baptismum, neque Eucharistiam, quod certe non contendunt ipsi Calvinistæ, qui duo illa Sacramenta non rejiciunt. Quapropter hujus loci sensus est, quod cultus Judaicus fere totus erat corporalis & externus, cultus

vero

vero Christianorum est principaliter internus & spiritalis; ita ut tamen exhiberi possit per quædam signa sensibilia, quod ubique semper approbavit Ecclesia.

Objic. illud Deuteronomii, *Quod præcipio tibi illud observabis, ut facias, non addas quidquam nec detrahes*; & Proverb. 30. *Non addas ad verbum Domini, neque minuas ex eo, ne te forte arguat, inveniarisque mendax*; igitur Christus non præcepit, imo prohibuit hanc cæremoniarum multitudinem, quæ hodie usurpatur in Ecclesia.

Respondeo, Deum in his locis non prohibere quamlibet additionem, unde quoad hanc materiam spectat, Judæi post Deuteronomium scriptum novas instituerunt cæremonias pro novis festis occurrentibus, ut colligitur ex cap. 9. Esther, & 1. Machab. 4. & ita prohibet Dominus additionem corrumpentem, ut respondet Bellarminus, & idem est *non addas, nec minuas*, ac si diceret, integre & perfecte observa quod tibi præcipio. Id patet ex ratione quæ redditur Proverb. 30. *Ne forte arguat te, & inveniaris mendax*. Non enim potest dici mendax & falsarius, qui instituit novam ceremoniam modo illa nihil officiat cæremoniis Dei, sed ille dicitur mendax & falsarius, qui corrumpit Dei verba aut præcepta.

Quæres quem in finem institutæ fuerint cæremoniæ quæ in usu sunt in Ecclesia.

Respondeo, id melius innotescere non posse quam ex ipso Concilio Tridentino sess. 22. cap. 5. mentem Ecclesiæ sic declarat: *Cum natura hominum ea sit, ut non facile queat sine adminiculis exterioribus ad rerum divinarum meditationem sustolli, propterea pia mater Ecclesia ritus quosdam, ut scilicet quædam summissa voce, alia vero elatiore, in Missa pronunciarentur, instituit. Cæremonias item adhibuit, ut mysticas benedictiones, lumina, thymiamata, vestes, aliaque id genus multa, ex Apostolica disciplina & traditione, quo & majestas tanti Sacrificii commendaretur, & mentes fidelium per hæc visibilia religionis & pietatis signa ad rerum altissimarum, quæ in hoc Sacrificio latent, contemplationem excitarentur.*

Quæres, utrum Ecclesia possit prudenter novas identidem instituere cæremonias.

Respondeo affirmative; primo, quia fundatur in his S. Pauli verbis 1. ad Cor. cap. 11. *Cætera cum venero disponam*. Quibus nonnullas promittit observantias & additiones, ad Eucharistiæ administrationem pertinentes; secundo, quia hoc jure novas instituendi cæremonias semper usa est Ecclesia in variis temporibus, ut ostendimus supra; tertio, quia in eo nihil mali est, quod cum minima veri specie redarguere possint Calvinistæ. Quapropter Concilium Trident. declarat, sess. 21. cap. 2. *hanc potestatem perpetuo in Ecclesia fuisse, ut in Sacramentorum dispensatione salva illorum substantia, ea statueret, vel mutaret, quæ suscipientium utilitati seu ipsorum Sacramentorum venerationi, pro rerum, temporum & locorum varietate, magis expedire judicaret.*

Quæres utrum cæremoniæ producant gratiam & quomodo?

Respondeo eas non producere gratiam ex opere operato, quia id competit solis novæ legis Sacramentis quæ ad hunc finem fuerunt a Christo instituta; sed negari non potest nonnullas ex illis producere gratiam ex opere operantis, cum & antiqui etiam Patres signo crucis, exorcismis &c. vim tribuant, peccata remittendi, dæmones abigendi & aliorum ejusmodi effectuum producendorum.

TRACTATUS DE BAPTISMO.

CAPUT I.

De nomine & definitione Baptismi.

NOmen Baptismi in genere significat Ablutionem, seu Lotionem aut sacram aut prophanam baptisari, idem est ac lavari, apud S. Marcum cap. 7. legitur, *Pharisæi & omnes Judæi, nisi crebro lavarint manus: & a foro nisi baptisentur, non comedunt.* Hic vero sumitur pro ea Ablutione, quæ fit ex aqua, invocando sanctissimam Trinitatem, & apud Christianos Sacramentum est a Christo institutum.

2. In sensu quodam figurato, Baptismus significat dolorem & afflictionem, quo sensu Christus Dominus de sua Passione imminente loquens dicebat, *Baptismo habeo baptisari, & quomodo coarctor usque dum perficiatur?*

3. Baptismus sumitur pro Pœnitentia quæ apud SS. Patres frequentissime dicitur laboriosus Baptismus.

Hoc Sacramentum multas habet in Scripturis appellationes. Dicitur enim *lavacrum regenerationis & renovationis*, ad Tit. cap. 3. *Salvos nos fecit per lavacrum regenerationis & renovationis Spiritus Sancti*. Dicitur etiam illuminatio, ad Hæb. 6. *Impossibile est eos qui semel illuminati sunt*, id est baptisati. Dicitur etiam a Patribus fidei sacramentum, quia signum est sensibile quo fideles ab infidelibus secernuntur. Dicitur demum janua Sacramentorum, quia jus tribuit ad alia recipienda Sacramenta, seu quia primum est sacramentum quod Christiani recipiunt, cum initiantur & fiunt Christiani.

Definitur accurate, *Sacramentum a Christo institutum ad regenerationem hominum quæ fit per ablutionem ex aqua cum expressa invocatione sanctissimæ Trinitatis*. Ex quibus verbis, constat Baptismum non in aqua ipsa positum; non est enim aliquid permanens, sola Eucharistia ex Sacramentis nostris consistit in re permanenti; seu in ipsius aquæ ablutione, quæ tenet locum materiæ. Additur cum invocatione SS. Trinitatis, in qua invocatione consistit hujus Sacramenti forma, ut mox dicturi sumus. Ac demum dicitur ad regenerationem, qui præcipuus est Baptismi effectus. Atque adeo nemo dubitare potest, quin Baptismus sit Sacramentum novæ legis proprie dictum, est enim signum sensibile gratiæ sanctificantis a Christo institutum, signum quidem sensibile, consistit enim in exteriori ablutione, gratiæ sanctificantis, siquidem producit in baptisato gratiam regenerationis, & institutum ac præceptum a Christo qui dixit, Joan. 3. *Nisi quis renatus fuerit ex aqua & Spiritu sancto, non potest introire in regnum Dei*. Unde apparet Novatores nonnisi imperfecte, ne dicam fraudulenter definire Sacramentum Baptismi, Symbolum Christianæ professionis, cooptationis baptisati cum societate fidelium, & ejusdem cum infidelibus distinctionis. Sic enim non exprimunt quod præcipuum est in Baptismo, nempe quod sit a Christo Domino institutum & gratiæ sanctificantis productivum.

Hæc porro examinanda nobis incumbunt in hocce Tractatu: 1. de materia Baptismi, 2. de forma, 3. de ejus Ministro,

nistro, 4. de ejus institutione, 5. de necessitate ejusdem Sacramenti, 6. de effectibus, 7. de ejus subjecto; quibus annectemus brevem quæstionem de Baptismo S. Joannis Baptistæ.

Caput II.

De materia Baptismi.

MAteria cujusspiam Sacramenti duplex, remota & proxima. Remota, est res ipsa quæ assumitur in administratione Sacramenti; nimirum ut aqua in hoc Baptismi Sacramento, panis & vinum in confectione Eucharistiæ. Proxima, est applicatio & usus rei quæ assumitur. Circa materiam remotam Baptismi dubitatur, num sola aqua naturalis sit ejus materia remota. Circa materiam proximam quæritur an immersio una vel multiplex sit de necessitate Sacramenti, quæ quidem duo expendenda sunt.

Caput III.

An sola aqua sit materia Baptismi.

ERrarunt hac in re plurimi Hæretici, Gnostici, qui cum aliqua olei & aquæ mixtione baptisabant, teste S. Irenæo lib. 1. cap. 18. Manichæi, qui Baptismum aquæ rejiciebant, ut refert S. Augustinus lib. de hæresibus, hæresi 46. Item Flagellantes, Baptismum conficiebant ex proprio sanguine flagellis excusso ex suo corpore, ut referunt Castro & Prateolus. Quin & novissimis temporibus Theodorus Beza docuit quemlibet liquorem defectu aquæ & urgente necessitate adhiberi posse in materiam Baptismi, teste Palavicino, lib. 9. Historiæ Concilii Trid. c. 7. Lutherani & Calvinistæ non dubitarunt hæc verba Christi Domini: *Nisi quis renatus fuerit ex aqua & Spiritu sancto*, ad puram metaphoram detorquere, quod in re tam clara & evidenti plane stolidum est, quapropter damnati fuerunt a Patribus Tridentinis, sess. 7. can. 2. ut mox dicturi sumus, contra quos omnes sit

Conclusio.

Sola aqua naturalis est materia remota Baptismi, est de fide.

Probatur, quia hanc esse Baptismi materiam Christus expresse docuit his verbis apud Joan. cap. 3. *Nisi quis renatus fuerit ex aqua & Spiritu sancto, non potest introire in regnum Dei*; quod non potest intelligi de aqua & lotione metaphorica; tum quia secundum regulam generalem, verba Scripturæ, quantum fieri potest, sumi debent proprie & litteraliter; tum quia hic sensus confirmatur aliis Scripturæ locis, Ephes. 5. *Mundans eam lavacro aquæ in verbo vitæ*. Act. cap. 8. Eunuchus dicit Philippo: *Ecce aqua, quid prohibet me baptisari?* Matth. 28. suis Apostolis præceperat Christus, ut omnes gentes baptisarent, *Euntes ergo docete omnes gentes, baptisantes eas in nomine Patris, & Filii, & Spiritus sancti*.

Deinde ipse etiam baptisavit, ut habetur Joan. 3. v. 22. *Post hæc venit Jesus & discipuli ejus in terram Judæam, & illic demorabatur cum eis, & baptisabat. Erat autem & Joannes baptisans in Ænnon juxta Salim, quia aquæ multæ erant illic, & veniebant & baptisabantur*. Quod utique probat Christum baptizasse cum aqua, baptismo aquæ, sicut & ipse Joannes Baptista. Quin & in aqua etiam baptizatus est ipse Christus, legitur enim Matth. 3. *Baptisatus autem Jesus, confestim ascendit de aqua*. Quæ quidem loca certissime designant in vera aqua naturali confici Christi Baptismum.

Unde Concilium Trident. sess. 7. can. 2. de Baptismo, sic loquitur adversus Calvinum qui hunc locum Joannis: *Nisi qui renatus, &c.* metaphorice interpretabatur: *Si quis dixerit aquam veram & naturalem non esse de necessitate Baptismi, atque adeo verba illa Domini nostri Jesu-Christi, Nisi quis renatus fue-*

rit ex aqua & Spiritu sancto, ad metaphoram aliquam detorserit; anathema sit.

Nihil autem necesse est, ut istam doctrinam traditione probemus, singula SS. Patrum loca describendo; constat enim perpetuam fuisse omnium Ecclesiarum consuetudinem ab Apostolis ad nos usque, ut in administratione Baptismi alia materia non usurparetur quam aqua naturalis. Tertullianus, v. g. lib. de Baptismo scribit omnem aquam naturalem esse materiam Baptismi: *Nulla distinctio est*, inquit, *mari quis an stagno, flumine an fonte, lacu an alveo diluatur.* Paulo antea dixerat: *Felix Sacramentum aquæ nostræ, qua abluti delictis pristinæ cæcitatis in vitam æternam liberamur.* Ita cæteri Patres & Græci & Latini.

Objicies. Si quis extaret Scripturæ locus quo probaretur aquam esse materiam Baptismi, maxime locus supra laudatus, Joan. 3. *Nisi quis renatus fuerit ex aqua & Spiritu, &c.* Sed iste locus nihil probat, quia intelligi non potest de vera aqua, sed in sensu figurato propter verba sequentia, *& Spiritu sancto*, quæ verba explicari tantum possunt de Spiritu sancto qui conferens gratiam censetur mundare instar aquæ: ergo.

Nego min. sensus enim hujus loci est, quod detur Baptismus in aqua tanquam materia hujus Sacramenti, & in Spiritu sancto tanquam autore gratiæ, per quam renascuntur quicumque baptisantur in aqua, nemo enim unquam somniavit Spiritum sanctum esse materiam Baptismi, quod quidem concipitur facile aquæ competere, ut abunde probat perpetua & constans Ecclesiæ traditio.

Mirum autem videri debet quod horum Christi verborum, *Nisi quis renatus fuerit, &c.* sensum facile non intellexerit Nicodemus legis doctor, qui respondet: *Quomodo potest homo nasci, cum sit senex, nunquid potest in ventrem matris suæ iterato introire & renasci?* nosse enim debuit quod scriptum est apud Ezechielem, cap. 36. *Effundam super vos aquam mundam & mundabimini ab omnibus inquinamentis vestris, & dabo vobis cor novum.*

Objicies: Joannes Baptista loquens de Christo, Matth. 3. *Ipse vos*, inquit, *baptisabit in Spiritu sancto & igne*, quod non nisi metaphorice intelligi potest, vere enim baptisare non poterat Christus in igne: ergo a pari hæc verba Joan. 3. *Nisi quis renatus fuerit ex aqua, &c.* sumi tantum possunt metaphorice.

Respondeo Joannem Baptistam eo loci non loqui de materia nec de forma Baptismi quo suos abluere debebat Christus, sed de ejus efficacia quam volebat commendare, in eo videlicet quod Christi Baptismus daturus erat propria vi & ex opere operato gratiam & Spiritum sanctum; quod non competebat ipsius Joannis Baptismo, ut postea ostendemus.

Objicies: Author prati spiritualis qui vixit septimo sæculo refert cap. 176. quemdam Hebræum ægrotantem in arena baptisatum fuisse aqua deficiente, & statim sanitati restitutum: idem refert Nicephorus, lib. 3. hist. cap. 37. igitur non sola aqua conferri potest Baptismus.

Respondeo nihil colligi posse ex illo facto, quia non constat hunc juvenem propter talem Baptismum suam recuperasse sanitatem quæ forsan melius tribuitur ejus fidei. 2. Ibidem dicitur Judæum illum fuisse postea baptisatum. 3. Facile crediderim hanc historiam mere fabulosam esse.

Objicies: Stephanus II. cum in Galliis versaretur anno 754. interrogatus super quemdam Baptismum in vino collatum sic respondit: *Si in vino quis propterea quod aquam non inveniebat omnino periclitantem infantem baptizavit, nulla ei exinde adscribitur culpa, infantes sic permaneant in illo Baptismo. Nam si aqua adfuit præsens, ille Presbyter excommunicetur, & pœnitentiæ submittatur, quia contra Canonum sententiam agere præsumpsit*, ergo valet Baptismus in vino datus, saltem si supponeretur aquam deficere.

fiorte judicio Stephani II. summi Pontificis, adeoque aqua non est materia necessaria Baptismi.

Respondent multi valde dubium esse, num istam responsionem dederit summus Pontifex, quæ nimirum tam manifeste adversatur & Scripturis sacris, & perpetuæ traditioni, præsertim cum idem Canon in quibusdam codicibus antiquis tribuatur Stephano II. in aliis autem Siricio, in aliis Stephano Tornacensi, quod manifestum est falsitatis & suppositionis indicium. Quis enim crediderit hunc summum Pontificem, vel ignorasse quænam esset circa materiam Baptismi Ecclesiæ doctrina, vel ausum fuisse talem emittere responsionem adversus perpetuam & constantem universæ Ecclesiæ traditionem. Quod si res ita esset, nec dubitari posset datam fuisse hanc responsionem a summo Pontifice, diceremus illum hac in parte fuisse deceptum.

Respondent alii, posito quod revera summus Pontifex hanc responsionem emiserit, ex ea colligi non posse Stephanum approbasse Baptismum in vino collatum, quia cuivis legenti hunc textum manifeste patet, hæc verba, *infantes sic permaneant in ipso Baptismo*, in textum irrepsisse vel malitiose addita; neque enim cum reliquo sermone conjuncta ullum habent sensum. Scilicet hoc unum statuere voluit Stephanus Presbyterum non esse excommunicandum, qui in casu necessitatis baptisavit in vino, sed talem Baptismum non approbavit.

Quæres utrum aqua pura ita sit materia necessaria Baptismi, ut si supponatur alio liquore permixta jam non sit ad baptizandum idonea.

Respondeo hanc tenendam esse firmiter regulam in praxi, ut sola aqua elementaris quæ sit vera substantialiter aqua, reputetur legitima Baptismi materia, adeo ut, si aqua mutationem tantum accidentalem passa sit, nil intersit ad validitatem Baptismi; sit v. g. calida vel frigida, sit salsa & marina, necne, nihil refert, quia naturam aquæ semper retinet. Sed si supponatur liquor aquæ tantum apparentiam habeas, ut ea quæ ex floribus, herbis & vite distillatur, cum non sit vera aqua elementaris, idcirco legitima non est materia Baptismi. Hoc unum dumtaxat hic observabimus, Ministros hujus Sacramenti teneri, quantum fieri potest, uti aqua benedicta, quia id præscribunt Libri rituales.

Caput IV.

De Materia proxima Baptismi.

Diximus supra materiam remotam Baptismi esse aquam, materiam autem proximam, esse hujus aquæ usum seu applicationem; tribus autem modis intelligitur fieri posse hanc applicationem, scilicet per immersionem, per aspersionem, & per infusionem. Immersio fit cum corpus mergitur in aqua, velut in balneo, quomodo baptisatum est, ut plurimum in Ecclesia undecim prioribus sæculis. Aspersio fit quomodo nunc aqua benedicta aspergi solent Fideles. Infusio, melius diceretur effusio, est ea ablutio, qua nunc & a duodecimo sæculo baptisatur in Ecclesia Latina aquam effundendo super caput Infantis.

Difficultas est, utrum Ecclesia ritum suum, quo solebat per immersionem baptisare, mutare potuerit usurpando infusionem, quæ nunc in Ecclesia obtinet; adeo ut colligatur trinam immersionem non esse necessarium baptisandi modum, neque necessitate medii, neque necessitate præcepti divini.

Certum est, per immersionem vel unam, vel trinam datum fuisse olim Baptismum. Sex quidem prioribus sæculis per trinam immersionem, ut colligitur ex testimoniis Veterum mox adducendis; per unam vero in quibusdam locis, ex quo S. Gregorius M. Leandrum Hispalensem Episcopum monuit Epist. 41. ut unica deinceps uteretur immersione inter baptisandum, propter Arianos qui tunc temporis in Hispania trinam mersionem eo

fine

ſione adhibebant, ut divinitatem dividerent, & ex ea fide quod non eſſet baptiſandum in nomine Patris & Filii, qui eamdem autoritatem habere crederentur, quod & paulo poſt ſancivit Concilium Toletanum IV.

Quæſtio eſt, utrum ejuſmodi immerſio ſit eſſentialis Baptiſmo, aut indifferens ſit ad valitatem Sacramenti, quod conferatur vel per immerſionem, vel per aſperſionem, vel per infuſionem.

CONCLUSIO.

Immerſio una vel trina non eſt eſſentialis Baptiſmo, ſed validus eſt Baptiſmus vel per infuſionem, vel per aſperſionem collatus.

1. Quia immerſionis nullum eſt præceptum in Scripturis, nulla lex; juſſit tantum Chriſtus baptiſandum eſſe; modum vero non præſcripſit determinando an fieri deberet uno potius quam alio modo, quod ita ſenſiſſe videtur S. Auguſtinus, qui, tract. oct. in Joan. ait, *Hoc verbum fidei*, loquens de invocatione Sanctiſſimæ Trinitatis, *tantum valet in Ecclesia Dei, ut per ipſum credentem, offerentem, benedicentem, tingentem etiam tantillum mundet infantem*, quod probat ſufficere ablutionem.

2. Quia alio & alio modo promiſcue, prout ferebat occaſio aut neceſſitas, baptiſabant ipſi Diſcipuli, nam per immerſionem Philippus Diaconus baptiſaſſe videtur Eunuchum Candacis Reginæ, ut patet ex his Actorum 8. verbis, *Et deſcenderunt uterque in aquam Philippus & Eunuchus*; & poſtea, *Cum autem aſcendiſſent de aqua*. Quin & ipſe Chriſtus non aliter baptiſatus eſt a S. Joanne, quam per immerſionem, nam apud S. Matth. cap. 3. dicitur *aſcendiſſe de aqua*, quod manifeſte indicat Baptiſmum tunc fuiſſe datum per immerſionem. At vero effuſionem vel aſperſionem adhibuiſſe S. Petrum colligitur ex iiſdem Actis, ubi dicitur eum tria hominum millia baptiſaſſe in eadem die, quod quidem per immerſionem fuiſſe factum vix intelligitur.

3. Quia Eccleſia approbavit ſemper Baptiſmum alio modo collatum, quam per immerſionem, nimirum ſi daretur per infuſionem, quomodo baptiſabantur ægrotantes in lecto ſuo, ut patet ex S. Cypriano qui Ep. 76. Baptiſmum approbavit datum in lecto propter infirmitatem decumbentibus, & proinde aliter quam per trinam immerſionem. Sic loquitur S. Cyprianus, *Quæſiſti quid mihi de illis videatur, qui in infirmitate & languore gratiam Dei conſequuntur, an habendi ſint legitimi Chriſtiani, eo quod aqua ſalutari non loti ſint, ſed perfuſi*. Loquitur ibi de Clinicis in lecto ſuo baptiſatis, & reſpondet, *Nos quantum concipit mediocritas noſtra, æſtimamus in nullo mutilari & debilitari poſſe beneficia divina..... nec quequam movere debet, quod aſpergi vel perfundi videntur ægri, cum gratiam dominicam conſequuntur, quando Scriptura Sancta per Ezechielem Prophetam loquatur & dicat: Et aſpergam ſuper vos aquam mundam*, & adductis quibuſdam Scripturæ locis, in quibus fit mentio aſperſionis, *Unde apparet*, inquit, *aſperſionem aquæ inſtar ſalutaris lavacri obtinere; & quando hæc in Eccleſia fiunt, ubi ſit & dantis & accipientis fides integra ſtare omnia & conſummari, ac perfici poſſe majeſtate Domini & fidei veritate*. Quo teſtimonio nihil clarius eſſe poteſt. Idem conſtat ex Euſeb. lib. 6. hiſt. c. 43. ex Conc. Neocæſar. Can. 12. & Laodiceno Con. 47. Item S. Gregorius M. Baptiſmum a quibuſdam collatum ſub una tantum immerſione, ut ratum & validum habuit Epiſt. ad Leandrum 68. inſigne eſt ea in re hoc teſtimonium, quod proinde integrum exſcribemus. Quidam Ariani trinam immerſionem inter baptiſandum adhibebant, ut indicarent tres eſſe diſtinctas Naturas in tribus Perſonis Trinitatis, contra vero quidam in Hiſpania Epiſcopi decreverunt unicam duntaxat uſurpandam eſſe immerſionem; unde ſuborta eſt inter eos conten-

tertio, de qua S. Gregorium M. consuluit Leander Episcopus Hispanus, cui sic respondit summus Pontifex Epist. 43. lib. 1. *De trina mersione Baptismatis nihil respenderi melius potest, quam ipsi sensistis, quia in una fide nihil officit sanctæ Ecclesiæ consuetudo diversa. Nos autem quod tertio mergimus triduanæ sepulturæ Sacramenta signamus, ut dum tertio Infans ab aquis educitur, resurrectio tridunni temporis exprimatur. Quod si quis forte etiam pro Summæ Trinitatis veneratione æstimet fieri, neque aliquid ad hoc obsistit, baptisandum semel in aquis mergere, quia dum in tribus Subsistentiis, una Substantia est, reprehensibile esse nullatenus post, Infantem in Baptismate, vel ter vel semel mergere, quando & in tribus mersionibus Personarum Trinitas & in una potest divinitatis singularitas designari. Sed quia nunc hucusque ab Hæreticis Infans in Baptismate tertio mergebatur, fiendum apud vos esse non censeo.* Ubi declarat S. Gregorius trinam mersionem non esse de essentia Baptismi, quod quidem approbavit Concilium Toletanum IV. an. 633. & Wormatiense, an. 868. Idem constat ex Euseb. lib. 6. hist. cap. 43. ex Conc. Neocæsar. Canon. 12. & Laodiceno Canon. 47.

4. Quia cum mutatio facta est in Ecclesia circa modum baptisandi, & loco immersionis introducta est infusio circa duodecimum seculum, nemo reclamavit; adeo persuasum erat fidelibus talem mutationem non fieri in aliquo dogmate, sed in re quæ ad meram disciplinam pertinet.

Objicies: Constat ex multis veterum testimoniis trinam immersionem esse necessariam, a Christo præceptam, & inter traditiones non scriptas collocandam. Can. 50. Apostolorum sic habetur: *Si quis Episcopus aut Presbyter non trinam mersionem unius mysterii celebret, sed semel merget in baptismate quod dari videtur in Domini morte, deponatur.*

Tertullianus in Praxeam, c. 26. *Novissime mandans* (Christus) *ut tingerent in Patrem, Filium & Spiritum sanctum. Nam nec semel, sed ter ad singula nomina in personas singulas tingimur.*

S. Basilius lib. de Spiritu sancto cap. 29. *Jam ter mergi hominem unde nobis, nonne ex minime publicata & arcana traditione?*

S. Hieronymus Dialogo adversus Luciferi. *Multa*, inquit, *quæ per traditionem in Ecclesia observantur autoritatem ibi scripta legis usurpaverunt, velut in lavacro ter caput mergitare.*

S. Chrysostomus Homil. de Fide: *Omnibus mysterii velut signum imponens Dominus in tribus mersionibus aquæ, unum Baptisma Discipulis suis tradidit, dicens, Euntes, &c.*

Theodoretus lib. 4. hæreticarum fabularum c. 3. sic loquitur de Eunomio: *Ipse quoque subvertit sancti Baptismi ritum a Christo & Apostolis traditum, & contrariam legem aperte tulit, dicens non oportere ter mergere eum qui baptisatur, nec Trinitatem invocare, sed semel baptisare in mortem Christi*, cui consentit Concilium Constant. I. Can. 7. quod Eunomianos propterea rebaptisandos decernit: *Eunomianos qui in unam demersionem baptisantur .... baptisamus.*

Denique Pelagius Papa apud Gratianum de Consecratione distinct. 4. c. 82. *Multi sunt*, inquit, *qui in Nomine solius Christi una etiam mersione se asserunt baptisare, Evangelicum vero Preceptum ipso Deo & Domino Salvatore nostro I. C. tradente nos admonet, in Nomine Trinitatis, trina etiam mersione sanctum Baptisma unicuique tribuere.* igitur trina immersio est essentialis Baptismo, quod fluit tum ab ipsius Christi Præcepto, tum ab antiqua & perpetua traditione.

Resp. In illis omnibus testimoniis trinam immersionem dici a Christo præceptam & de numero traditionum Apostolicarum, non ratione sui, sed ratione invocationis trium SS. Trinitatis Personarum; licet enim Autores citati videantur ex æquo asserere trinam mersionem esse neces-

necessariam, ut & invocationem SS. Trinitatis; tamen ejusmodi necessitas non cadit nisi super invocationem trium Personarum, ut manifeste liquet ex ipsis testimoniis quæ objiciuntur; Auctores enim laudati agunt in Hæreticos, qui formam Baptismatis invertebant, vel baptizando in morte Domini, ut colligitur ex Canone citato Apostolorum, ex Theodoreto & ex Pelagio Papa; vel baptizando in una solum Trinitatis Persona, ut Praxeas apud Tertullianum & Eunomiani, de quibus loquitur Theodoretus.

Certe ex eodem Theodoreto facile solvitur objectio, quæ petitur ex Can. 1. Concilii Constantinopolitani I. in quo reprobatum fuit Baptisma Eunomianorum, non præcise quod trinam immersionem inter baptizandum non adhiberent, sed quia formam Baptismi adulterabant baptizando scilicet, non in Nomine Patris, & Filii, & Spiritus sancti, sed quia baptizabant *in mortem Domini*.

Deinde licet traditione constaret trinam immersionem semper fuisse adhibitam in Baptismo, non ideo censeri debet necessaria & essentialis; esset enim ad summum de numero traditionum Ecclesiasticarum; vel si dicatur Apostolica, quod ab ipsis Apostlis descendit, respondemus ejusmodi traditionem pertinere ad disciplinam, non ad fidem, adeoque contraria consuetudine abrogari potuisse. Quapropter, etsi multi Scriptores primis illis Ecclesiæ temporibus, existimarent standum esse consuetudini quæ erat in usu baptizandi cum immersione, tamen nuspiam declararunt Baptismum aliter datum, videlicet, vel infusione, vel aspersione, hodie nullum esse & irritum.

Ex quibus colligitur valere quoque Baptismum collatum per aspersionem, sed ita tamen, si fiat aspersio aliter quam aqua lustrali asperguntur Fideles; id enim non sufficeret ad Baptismum, si nempe una aut altera aquæ gutta decideret super hominem, qui propterea non censeretur lotus, ablutus.

Objicies. Cornelius summus Pontifex & cum eo Romana Synodus dubitavit de Baptismo qui datus fuerat Novatiano per infusionem, ut scribit ipse Cornelius ad Fabium Antiochenum apud Eusebium lib. 6. histor. cap. 43. ergo existimabant trinam immersionem esse necessariam ad validitatem Baptismi.

Nego cons. Improbarunt enim hunc Baptismum, quia datus fuerat Novatiano tunc in lecto suo decumbenti, ut ipse scribit Cornelius, *Dum jam jamque moriturus crederetur, in ipso in quo jacebat lectulo perfusus, Baptismum suscepit, si tamen hujuscemodi Baptismum suscepisse dicendus est*. Qua de causa irregularis erat Novatianus, agebat enim contra Ecclesiæ praxim, & disciplinam; sed validum tamen erat illud Baptisma, quod proinde judicatum non fuit nullum & irritum.

At inquies, Si trina immersio tradita fuit ab Apostolis, ea dici debet pertinere ad fidem Catholicam, adeoque mutari non potuit, hoc enim est unum ex fundatissimis Religionis nostræ principiis, illud esse de fide divina, quod constat ab ipsis Apostolis fuisse traditum, quapropter materia & forma quorumdam Sacramentorum censentur esse institutionis divinæ, quia ab Apostolis traditæ aut usurpatæ fuerunt, licet expresse non legantur in Scripturis a Christo præceptæ, & ita de Baptismo Parvulorum, & aliis multis fidei nostræ capitibus: igitur aut trina immersio non fuit ab Apostolis tradita, aut retineri debuit in Ecclesia.

Respondeo uti supra, non omnia quæ tradiderunt Apostoli juris esse divini, & ad fidem Catholicam pertinere. Quædam enim tradiderunt Apostoli, vel quæ ipsi instituebant, nullo ea de re accepto Christi mandato, vel quæ præcipiebant ut quasdam observantias non absolute necessarias, & hæc utraque non pertinuerunt ad fidem Catholicam, nec habita sunt tanquam jure divino instituta, sic docet S. Augustinus, Epist. 118. ad Januarium, jejunium ad recipiendam Eucharistiam fuisse ab Apostolo præceptum, & tamen

esse

esse juris Ecclesiastici. Quapropter illud est juris divini quod tradiderunt Apostoli tanquam institutum & præceptum a Christo; quod utique dici non potest de trina immersione propter rationes superius adductas.

Instabis. Inter baptizandum exprimi debet SS. Trinitas, sed illud non fieret per unicam mersionem: igitur trina requiritur.

Nego min. Unica enim facta mersione, vel per infusionem docet praxis Ecclesiæ recte exprimi tres SS. Trinitatis personas a Ministro: neque enim, ut ait S. Thomas, necesse est, ut significetur Trinitas per usum materiæ, satis est quod significetur per verba formæ.

Quæres, quonam præcise tempore desierit consuetudo baptizandi per immersionem.

Resp. temporibus S. Thomæ qui obiit an. 1274. adhuc præfatam viguisse praxim, ut colligitur ex his verbis 3. p. 66. art. 8. *Communiter observatur in Baptismo trina immersio, & ideo graviter peccaret aliter baptisans, quasi ritum Ecclesiæ non observans.* Idem testatur S. Bonaventura, sed constat non multo post mutatam fuisse illam disciplinam, & baptisatum fuisse per effusionem, ut patet ex ritualibus quæ ab illa ætate edita effusionem præscribunt.

Si autem quæratur cur Ecclesia hanc praxim baptisandi per immersionem mutaverit, ejusque loco adhibuerit effusionem.

Respondeo multis de causis id factum esse: 1. quia hæc immersio quæ totius erat corporis, plurimum nocere poterat valetudini parvulorum; 2. consultum est pudori ministrorum in Baptismo fœminarum quæ quidem omnino denudatæ baptisabantur. Quin & masculi adulti ægre patiebantur se nudos videri; 3. quia cum magnus aderat baptizandorum numerus, vix aquæ copia suppetebat ad illos singulos immergendos; 4. quia infantes nonnunquam sacros baptismatis fontes stercore fœdabant; nemo nescit id contigisse Imperatori Constantino inde dicto Copronymo; alias alii rationes afferunt.

Quæres utrum liceret nunc uti immersione inter baptisandum.

Resp. non esse licitum, universim loquendo, Ministris Sacramentorum praxim Ecclesiæ & ritus qui vim consuetudinis in præsenti tempore obtinent, privata auctoritate immutare; quapropter nunc per infusionem baptisare tenentur Ministri.

Quæres utrum infusio aquæ fieri debeat necessario super caput.

Resp. super caput effundendam esse aquam quantum fieri potest, quia præcipua est corporis pars, validum tamen esse Baptisma, si alia pars insigniter abluatur; neque enim satis esset vel vestes, vel capillos, vel exiguam quamdam corporis partem, unum v. g. digitum aqua perfundere, quandoquidem Christus præcipit ablutionem illius qui baptisatur, quæ in præfatis casibus non fieret, ut per se patet.

Quid autem sit agendum, cum Infans ex utero matris totus nondum prodiit imminente mortis periculo: docet sanctus Carolus Borromæus in instructionibus de Baptismi administratione, *Si fœtus*, inquit, *ex utero matris quæ in partu periclitata laborat, vel manu, vel pede, vel alia parte extans, ob necessitatem in ea ipsa parte ab obstetrice baptisatus est, cum superstes erit, sub conditione baptisetur adhibitis cæteris ceremoniis. Si vero in capite baptisatus est, forma rite servata, quando supervixerit, ad Ecclesiam deferatur, ubi tantum reliquæ ceremoniæ adhibeantur.* Idem antea docuerat S. Thomas, 3. p. q. 68. art. 11. ad 4.

Caput V.

De forma Baptismi.

Forma Baptismi ab omni ævo usitata hæc est apud Latinos: *Ego te baptiso in nomine Patris, & Filii, & Spiritus sancti*, apud Græcos autem: *Baptisatur servus Dei in nomine Patris, & Filii, & Spiritus sancti*. Quidam in forma apud Græcos usitata loco *baptisatur*, legunt *baptisetur*, modo imperativo; sed utraque forma legitima est, nec Baptismi substantiam attingit. Unde Eugenius IV. utramque approbat & refert in suo decreto. Apud Arcadium, Græci modo indicativo, non autem imperativo nunc baptisant & dicunt: *Baptisatur servus, vel servus Dei in nomine Patris, & Filii, & Spiritus sancti.*

Sed difficultas est, utrum ad validitatem Baptismi necessaria sit hæc invocatio expressa & explicita trium personarum, ita ut ea sublata nullus sit Baptismus, si v. g. daretur in mortem Christi, in nomine Christi, vel una demum pronunciata duntaxat ex tribus personis divinis.

Circa formam Baptismi erraverunt multi veteres hæretici qui juxta falsam suam fidem baptisare solebant. Gnostici baptisabant in nomine ignoti patris omnium, & in veritate, matris omnium, ex S. Irenæo, lib. 1. cap. 18. quidam primis sæculis baptisarunt in morte Domini; hic enim error damnatus in Canonibus Apostolorum. Paulianistæ corruperunt quoque formam Baptismi, ut constat ex Concil. Nicæn. M. quod Can. 19. jubet eos rebaptisari. Item Cataphrygæ seu Montanistæ, ut constat ex Can. 8. Concilii Laodiceni, ubi sic habetur: *Eos qui convertuntur ab hæresi quæ dicitur Cataphrygarum, seque in Clero constitutos existimant, quamvis magni dicantur hujusmodi cum omni diligentia catechizari oportet, & baptisari ab Ecclesia Catholica Episcopis & Presbyteris.* Extiterunt quoque nonnulli Alii hæretici, quos non constabat usos semper fuisse legitima Baptismi forma, ut patet ex Can. 8. Concilii Arelatensis I. mox referendo. Quin & errarunt nonnulli, qui contenderunt nullam a Christo præscriptam fuisse baptizandi formam, licet dixerit Matt. 28. *Docete omnes gentes, baptizantes eos in nomine Patris, &c.* Quam opinionem plane ineptam mox refellemus.

Dehinc & a communi doctrina, quæ tenet non solum Baptismi formam consistere in invocatione SS. Trinitatis, sed & in expressa trium distincte personarum appellatione, nonnulli recesserunt Catholici Doctores, nam Magister Sent. lib. 4. dist. 3. ait tutius quidem esse tres personas nominare, sed nihilominus verum Baptisma dari posse in nomine unius, si Minister fidem habeat Trinitatis.

S. Thomas existimat Apostolos baptizasse in nomine solius Christi, *Dicendum*, inquit, 3. p. q. 66. art. 6. *quod ex speciali Christi revelatione Apostoli in primitiva Ecclesia in nomine Christi baptizabant*. Cajetanus scribere non dubitavit etiam nunc ratum & validum esse Baptismum solo invocato Christi nomine.

Maldonatus existimavit validum fore Baptismum, etsi daretur in nomine SS. Trinitatis non appellatis sigillatim tribus personis, etsi fateatur sententiam quæ solet Baptismus conferri in nomine Patris, & Filii, & Spiritus sancti, esse usu in Ecclesia magis fundatam. In hos omnes sit

Conclusio.

In Baptismo requiritur necessario & essentialiter invocatio expressa trium SS. Trinitatis personarum.

Probatur 1. Ex Scripturis, Matth. 28. hoc expresse Christus præscribit his verbis: *Euntes docete gentes, baptizantes eos in nomine Patris, & Filii, & Spiritus sancti*. Ubi per istud *in nomine*, indicatur pronunciandа esse nomina personarum;

Chri-

Christus enim ritum formamque baptizandi præcepit, ut docuerunt SS. Patres, & confirmavit perpetua totius Ecclesiæ consuetudo.

Patres quidem, quorum plura testimonia referre non pigebit quantumvis in re omnibus nota. Sic v. g. S. Justinus, Apolog. 2. *Nam in nomine rerum cunctarum parentis & Domini Dei & Salvatoris nostri Jesu Christi, & Spiritus sancti in aqua tum lavantur*: Tertullianus, lib. contra Praxeam, cap. 26. *Mandavit*, inquit, *ut tingerent in Patrem, & Filium, & Spiritum sanctum, non in unum, nam nec semel, nec ter ad singula nomina in personas singulas tingimur*; & lib. de Bapt. cap. 13. *Lex enim tingendi imposita est & forma præscripta, ite, docete nationes, tingentes eos in nomine Patris, & Filii, & Spiritus sancti*:

Item S. Cyprianus, Epist. 73. ad Jubaianum dedita opera quorumdam rescellit opinionem qui dicebant Baptismum valere collatum in nomine Christi. *Denique ubi post resurrectionem Domini, Apostoli ad Gentes mittuntur, in nomine Patris, & Filii, & Spiritus sancti baptizari Gentiles jubentur*... *Quomodo ergo quidam dicunt foris extra Ecclesiam modo in nomine Jesu-Christi ubicumque & quomodocumque Gentilem baptizatum remissionem peccatorum consequi posse, cum ipse Christus Gentes baptizare jubeat in plena & adunata Trinitate*:

S. Basilius velut ex professo quæstionem tractat lib. de Spiritu sancto cap. 12. *Neminem*, inquit, *in fraudem inducat illud Apostoli, quod nomen Patris, & Spiritus sancti mentionem in baptismatis commemoratione frequenter omittit, neque ideo putet usum horum vocum esse indifferentem, quia Christi appellatio totius Deitatis est professio*:.. *Oportet enim inviolabilem manere traditionem*... *Sicut enim credimus in Patrem, & Filium, & Spiritum sanctum, sic & baptizamur in nomine Patris, & Filii, & Spiritus sancti.*

S. Augustinus idem docet lib. 6. de Baptismo cap. 25. *Certa sunt*, inquit, *Evangelica verba, sine quibus non potest consecrari Baptismus*; & lib. 3. cap. 15. *Si Evangelicis verbis in nomine Patris, & Filii, & Spiritus sancti, Marcion Baptismum consecrabat, integrum erat Sacramentum*. Quod quidem unanimi consensu docent cæteri Patres Græci & Latini. Qui non solum præfatam baptizandi formam approbant, sed ajunt plerumque illam, fuisse a Christo præscriptam.

Probatur 2. ex Concilio Nicæno, quod Can. 19. jubet rebaptizandos esse Paulianistas, quod nempe non baptizabantur in nomine Patris, &c. ut interpretatur Innocentius I. epist. ad Episcopos Macedoniæ his verbis: *Paulianistæ in nomine Patris, & Filii, & Spiritus sancti minime baptizabant*. Paulo antea doctrinam Ecclesiæ declaraverat Concilium Arelatense I. Can. 8. his verbis: *De Afris, qui propria sua lege utuntur, ut rebaptizent, placuit, ut si ad Ecclesiam aliquis de hac hæresi venerit, interrogent eum Symbolum, & si perviderint in Patre, & Filio, & Spiritu sancto eum esse baptizatum, manus ei tantum imponatur in pœnitentiam.*

Quod & definiere in quavis ætate summi Pontifices, Pelagius in cap. *Si revera*, de consecratione dist. 4. Zacharias cap. *In Synodo*, & Innocentius III. cap. *Firmiter*. Eadem etiam forma Baptismi præscribitur in Decreto Eugenii.

Objicies: Saltem dici non potest formam baptizandi nunc in Ecclesia usitatam, a Christo fuisse præscriptam propter ista apud Matthæum verba, *Docete omnes Gentes, baptisantes eos in nomine Patris*, &c. quia ex istis verbis, *docete omnes Gentes*, inferri non potest, eos, quibus incumbit cura docendi, debere inter docendum dicere, Ego doceo: ergo a pari qui baptisant, necessario non debent inter baptisandum dicere, Ego te baptiso, & consequenter usitatam baptisandi formam non præscripsit Christus.

Nego ant. & dico nihil efficere compaparationem allatam, quia actio qua quis docet ſatis intelligitur & ſatis determinata eſt, etſi qui docet non dicat, Ego doceo; quod dici non poteſt de actione illius qui baptiſat, quæ de ſe eſt indeterminata & ad unum aut ad aliud referri poteſt, puta ad mundandum, aut ad refrigerandum; unde determinatur per hæc verba, *In nomine Patris*, &c. ut ſit forma alicujus Sacramenti, nempe Baptiſmi.

Obj. Apoſtoli dicuntur baptiſaſſe in nomine Chriſti, Actorum 2. ait S. Petrus: *Baptiſetur unuſquiſque veſtrum in nomine Jeſu-Chriſti*, & cap. 8. *In nomine Jeſu baptiſabantur viri & mulieres*. Igitur non requiritur expreſſa invocatio Perſonarum.

Reſpondet S. Thomas revera Apoſtolos baptiſaſſe ſolius Chriſti invocato nomine, & ad hoc cum eis divinitus diſpenſatum fuiſſe, ut in illo religionis exordio Chriſti nomen magis commendaretur. Verum non arridet illa reſponſio, quia nullo nititur fundamento; neque enim talis diſpenſationis mentio ulla habetur, vel in Scripturis vel apud SS. Patres, vel in Conciliis.

Reſpondeo itaque his in locis non deſcribi formam Baptiſmatis tunc ab Apoſtolis collati; ſed ſignificari ſolum ejuſmodi homines baptiſatos fuiſſe Baptiſmo Chriſti, non Baptiſmo Joannis vel alterius; idque ex eo colligitur, quod ſæpius in Scriptura *nomen* ſignificat autoritatem, Actorum 3. *In nomine Jeſu-Chriſti ſurge & ambula*. Joannis 5. *Ego veni in nomine Patris mei*, ubi nomen ſumitur pro virtute & autoritate, quare vero dicimus in teſtimonio S. Matthæi, *Baptiſantes eos in nomine Patris, &c.* hæc verba, *in nomine*, ſignificare appellationem, in aliis vero locis objectis eadem verba, *in nomine*, ſignificare inſtitutionem & virtutem, id recte colligitur ex praxi Eccleſiæ, & doctrina SS. Patrum.

Præfata autem reſponſio aperte confirmatur ex his S. Pauli verbis ad quoſdam Diſcipulos Act. 19. *Si Spiritum ſanctum accepiſtis credentes? Et illi dixerunt ad eum: Sed neque ſi Spiritus ſanctus eſt, audivimus; ille vero ait: In quo ergo baptiſati eſtis? Qui dixerunt, in Joannis Baptiſmate: Dixit autem Paulus, Joannes baptiſavit Baptiſmo Pœnitentiæ... his auditis, baptiſati ſunt in nomine Domini Jeſu*, hoc eſt, ut per ſe patet, Baptiſmo Chriſti.

Inſtabis: S. Cyprianus epiſt. 73. docere videtur Apoſtolos adminiſtraſſe ſaltem Judæis Baptiſmum in nomine Chriſti; impugnat enim ſententiam quorumdam dicentium, Gentiles baptiſari poſſe in nomine Chriſti, atque hoc tantummodo verum eſſe pro Judæis, non pro Gentilibus, *Alia fuit*, inquit, *Judæorum ſub Apoſtolis ratio, alia eſt Gentilium conditio*.

Reſp. S. Cyprianum eo loci non agere de forma Baptiſmi, ſed de doctrina Miniſtri putans, Miniſtrum debere baptiſandos Trinitatem edocere, ita tamen ut erga Judæos qui noverant Patrem æternum, neceſſaria non videretur de tota Trinitate inſtructio, bene vero de Chriſto quem non ſatis noverant. Conſuli poteſt locus e S. Cypriano mox adductus, in quo docet Chriſtum præcepiſſe, ut Baptiſmus daretur *in plena & adunata Trinitate*, & Epiſt. 73. ad Jubaianum, *Jeſu-Chriſti*, inquit, *mentionem facit Petrus, non quaſi Pater omitteretur, ſed ut Patri Filius quoque adjungeretur*.

Inſtabis: S. Hilarius lib. de Synodis, ait Apoſtolos juſſus baptiſare in nomine Patris, &c. baptiſaſſe in nomine Jeſu-Chriſti, *tantum in Jeſu nomine baptiſaverunt*. igitur.

Reſp. id unum ibi docere S. Hilarium, hæc duo, baptiſare in nomine Patris, &c. & baptiſare in nomine Chriſti, duo non eſſe contraria, licet talia eſſe videantur. Nam vult ibi probare vocem hanc, *quæritur* non eſſe damnandum, licet aliis ejuſdem Scripturæ locis oppoſita videatur, unde & hæc affert loca quæ ſpectant formam Baptiſmi, difficultatem aliunde non reſolvens, quod neceſſe non erat; ſed neu-

tiquam

tiquam vult ostendere Apostolos baptisasse in nomine Christi.

Obj. S. Ambrosius docet lib. 10. de Spiritu sancto cap. 3. Baptismum in solius nomine Christi collatum, validum esse; sic enim loquitur: *Baptisati sunt itaque in nomine Jesu-Christi, nec iteratum est in his Baptisma, sed renovatum: unum enim Baptisma ... & quemadmodum si unum in sermone comprehendas, aut Patrem, aut Filium, aut Spiritum sanctum; fide autem nec Patrem, nec Filium, nec Spiritum sanctum abneges, plenum est fidei Sacramentum ... cum enim dicitur in nomine Domini nostri J. C. per unitatem nominis impletum Mysterium est ... nunc consideremus, utrum quemadmodum in Christi nomine plenum esse legimus Baptismatis Sacramentum, ita etiam sancto tantum Spiritu nuncupato, nihil desit ad Mysterii plenitudinem, rationem sequamur, quia qui unum dixerit, Trinitatem signavit;* ubi expresse docet S. Ambrosius validum esse Baptisma datum in nomine solius Christi, quia licet una Christi persona nominetur, aliæ duæ Patris & Filii fide creduntur, & ideo censentur agere; unde consequenter putat Baptismum fore validum, si conferatur in nomine solius Spiritus sancti.

Respondeo, hunc S. Ambrosii locum quantumvis obscurissimum, benigne posse explicari, quomodo Estius & alii quam multi Theologi illum exponunt. Scilicet, cum ait S. Doctor validum esse Baptismum in nomine Christi datum, id non intelligit quasi supponat solum Christi nomen invocatum fuisse, omissis Patre & Spiritu sancto, sed imo ex professo contendit quando legitur in Scripturis Baptismum in nomine Christi datum, intelligi tunc debere datum in nomine Patris, & Filii, & Spiritus sancti. Nimirum agens contra Hæreticos qui Spiritus sancti divinitatem negabant, ex eo quod multæ operationes in Scripturis tribuuntur Patri, & Filio, non autem Spiritui sancto. Scilicet hoc ponit principium ut certum, operationes quandoque tribui in Scripturis uni tantum ex tribus personis quæ tamen operationes singulis communes sunt. *Nunquid ergo*, inquit, *cum gratia Spiritus prædicatur, Dei patris aut unigeniti Filii denegatur?* Quod idem probat ex isto exemplo, quod nempe Baptismus dicitur in Scripturis collatus in nomine Christi, nulla facta mentione Patris & Spiritus sancti: quem tamen nemo existimabit collatum pronuntiato solo Christi nomine, omissis Patre & Spiritu sancto. Uti existimabat S. Ambrosius, qui aliis in locis diserte asserit invocandas esse tres distinctè personas in Baptismo; sic lib. de iis qui mysteriis initiantur, cap. 4. *Credit Catechumenus*, inquit, *in crucem Domini Jesu, qua & ipse signatur, sed nisi baptisatus fuerit in nomine Patris, & Filii, & Spiritus sancti, remissionem non potest accipere peccatorum.* Certe si ad sensum objectionis explicarentur textus & rationes S. Ambrosii, sequeretur in mente hujus S. Doctoris valere Baptismum collatum in nomine solius Patris, & in nomine solius Spiritus sancti, quod omnino incredibile est.

Eodem argumento adversus Eunomium utitur S. Basilius lib. 5. cap. 3. ubi videtur etiam sentire Apostolos baptisasse in nomine solius Christi, quod tamen non sensit, ut patet ex lib. de Spiritu sancto cap. 12. ubi velut ex professo probat baptisandum esse in tribus personis divinis, *Sicut enim*, inquit, *credimus in Patrem, & Filium, & Spiritum sanctum, sic & baptisamur, in nomine Patris, & Filii, & Spiritus sancti.*

Neque est quod objiciatur responsio Nicolai I. ad consulta Bulgarorum cap. 104. ubi approbat Baptismum in nomine Christi datum; fuit enim hac in parte deceptus & allatis Actuum Apostolorum locis & autoritate S. Ambrosii, ut patet ex ejus verbis, *A quodam Judæo*, inquit, *nescitis utrum Christiano an Pagano, multos in patria vestra baptisatos asseritis, & quid de iis sit agendum consulitis: hi profecto si in nomine sanctæ Trinitatis, vel tantum in Christi nomine, sicut in Actibus Apostolorum legimus, & ut exponit S. Am-*

bro-

brosius, constat eos non esse denuo baptisandos.

Nullius etiam ponderis est, quod objicitur ex Concilio Forojuliensi an. 791. quod similiter approbat Baptismum in nomine Christi collatum, hæc enim doctrina non est Concilii, sed Paulini Aquilejensis qui Concilio præerat.

Obj. S. Bernardus interrogatus de puero quem in periculo mortis quidam Laicus baptisaverat, dicens: *Baptiso te in nomine Dei & sanctæ Crucis*, epist. 403. alias 340. ad Henricum Archidiaconum, sic habet: *Laicus quidam, ut dicitis, baptisavit communem verborum formam non tenens, sed dicens: Baptiso te in nomine Dei & sanctæ Crucis... Ego vero hunc baptisatum puto.*

Respondeo vere quidem idem opinatum fuisse S. Bernardum, sed in eo excusandum, quod modeste hanc sententiam ut probabilem proponit. *Breviter*, inquit, *vobis de proposita quæstione respondemus sine præjudicio sanius sapientis.* Quod non præjudicat constanti Ecclesiæ doctrinæ; fatetur enim communem esse praxim in Ecclesia, ut conferatur Baptismus in nomine Patris, & Filii, & Spiritus sancti.

Objicitur autoritas Catechismi ad Parochos, qui parte II. de Baptismo num. 15. approbare videtur Baptismum in nomine Christi datum, *Quia*, inquit, *qui Jesum-Christum dicit, simul etiam Patris personam a quo unctus est, significat.* igitur.

Respondeo autores hujus Catechismi non affirmare Baptismum esse validum in nomine Christi solius datum, sic enim loquuntur, num. 13. *Quare Pastores docebunt hanc esse perfectam & absolutam Baptismi formam, ego te baptiso in nomine Patris, & Filii, & Spiritus sancti. Ita enim a Domino & Salvatore nostro traditum est, cum Apostolis apud Matthæum præcipit: Euntes, docete omnes Gentes, &c.* Quapropter inquit solum Catechismus in loco objecto, dici posse Apostolos baptisasse in nomine Christi, quod tamen assertive non pronuntiat. *Quamvis*, inquit, num. 16. *dubium fortasse videri potest, an hujusmodi forma Apostoli aliquem baptisaverint.*

Quæres utrum in forma Baptismi actio Ministri exprimi debeat, ut solet his verbis, *Ego te baptiso.*

Sæculo XII. magna excitata est controversia super hoc negotio, utrum nempe pronuntiari debeant hæc verba, *Ego te baptiso*, vel solum teneatur Minister dicere, *In nomine Patris*, &c. inter Stephanum Tornacensem Episcopum, & Mauritium Parisiensem: volebat ille necessaria non esse hæc verba, *Ego te baptiso*, contra vero Mauritius. Controversiam diremit Alexander III. in Decretali quæ habetur extra *de Baptismo & ejus effectu*, & definiit pronuntianda esse hæc verba, *Ego te baptiso*; adeoque exprimendam Ministri actionem, prout constabat ex perpetua & constanti omnium Ecclesiarum consuetudine.

Si quis puerum, inquit summus Pontifex, *ter in aqua merserit in nomine Patris, & Filii, & Spiritus sancti, amen, & non dixerit, Ego te baptiso, puer non est baptisatus.* Idem sanxit Alexander VIII. in censura quarumdam propositionum, quarum ista est, *Valuit aliquando Baptismus, sub hac forma collatus, in nomine Patris, & Filii, & Spiritus sancti, prætermissis illis, Ego te baptiso.* Vox tamen illa, *Ego*, non censetur necessaria ad validitatem Sacramenti: cum vis ejus contineatur in verbo, *baptiso*, quæ tamen licite a Ministro prætermitti non potest: quod autem dicebat Stephanus Tornacensis, superfluum esse baptisando dicere, *Ego te baptiso*, quia apertum est tunc Ministrum baptisare, quando baptisat; nullius erat momenti, quia ejusmodi actio baptisantis de se indifferens, ut sit lotio, vel Baptismus, debet determinari, & quantum fieri potest, intentionem Ministri indicare.

Quæres utrum fieri possit aliqua mutatio in præfata Baptismi forma, salva ejusdem substantia.

Respondimus in superiori Tractatu de Sacramentis in genere, duplicem esse mutationem verborum; aliam essentialem,

cum

cum invertitur significatio & sensus; aliam indifferentem & accidentalem, cum remanet idem verborum sensus, ubi & dicimus mutationem essentialem, seu fiat additione, vel detractione, vel transpositione verborum, efficere ut Baptismus sit nullus; mutationem vero accidentalem, quamquam a Ministro non fiat licite, tamen non reddere Baptismum irritum; sic v. g. Si Minister loco hujus verbi, *baptiso*, dicat, *lavo*, *abluo*, validus erit Baptismus, quia sensus essentialis verborum non immutatur. Si vero quis baptisaret dicendo, *In nominibus*, loco horum verborum, *In nomine*, Baptismus esset nullus, quia haec verba significant unitatem essentiae & potestatis in tribus Personis, illa vero *in nominibus* denotant distinctionem essentiae divinae in iisdem Personis, adeoque sensum propositionis invertunt.

CAPUT VI.

De Ministro Baptismi.

Baptismus duplex; solemnis qui confertur ab Ecclesiae Ministris cum solitis caeremoniis; & non solemnis, qui confertur sine ullis ritibus. Circa Baptismum solemnem quaestio movetur de Episcopis, Presbyteris, & Diaconis, quibusnam ex istis Ministris competat ex officio baptisare solemniter. Circa Baptismum non solemnem & in casu necessitatis conferendum, quaestio agitatur de muliere, de laico, & de pagano, seu infideli, de quibus articulis haec est nostra sententia.

PRIMA CONCLUSIO.

Minister Baptismi solemnis, ex officio sunt Episcopi, & Presbyteri, extraordinarius vero Diaconus.

Siquidem primis Ecclesiae seculis, Episcopus in vigiliis Paschae & Pentecostes baptisabat, Presbyteri vero & Diaconi cum ejus jussu & venia; sed cum postea multum excrevisset Christianorum numerus, Presbyteri qui Parochias administrabant, baptisarunt, & etiamnum baptisant sine ulla delegatione, & ut Ministri ordinarii; alii vero Presbyteri cum eorum jussione; nequaquam vero Diaconi, qui tamen baptisare possent, ut Ministri extraordinarii. Haec omnia colliguntur tum ex Veterum testimoniis, tum ex hodierna Ecclesiae praxi.

1. De Episcopis & Presbyteris ex Tertulliano lib. de Baptismo cap. 17. *Dandi quidem*, inquit, *habet jus Sacerdos qui Episcopus, dehinc Presbyteri & Diaconi, non tamen sine Episcopi autoritate propter Ecclesiae honorem*. S. Hieronymus Dialogo adversus Luciferianos cap. 4. *Ecclesiae salus in summi Sacerdotis dignitate pendet, cui si non exors quaedam & ab omnibus eminens datur potestas, tot in Ecclesiis efficientur schismata quot Sacerdotes, inde venit ut sine Chrismate & Episcopi jussione, neque Presbyter, neque Diaconus jus habeant baptisandi, quod frequenter si tamen necessitas cogit, scimus etiam licere Laicis, ut enim accepit quis, ita dare potest*. S. Augustinus lib 3. de Baptismo cap. 15. *Nonnisi*, inquit, *in Ecclesia praepositis & in Evangelica lege ac Dominica oratione fundatis licet baptisare*. Quibus adde autoritatem Eugenii IV. in Decreto suo, *Minister hujus Sacramenti*, Baptismi scilicet, *est Sacerdos, cui ex officio competit baptisare*.

Quod autem citati mox Patres dicunt Presbyteros non baptisasse sine jussu & venia Episcoporum, id sine praejudicio juris Presbyterorum, sed ad reverentiam Episcopis delatam fuit observatum, & forte solummodo in solemniori Baptismo, qui in Paschate & Pentecoste administrabatur.

Scilicet Christus [illegible], solos Apostolos & eorum proinde successores Episcopos constituit Baptismi Ministros, [illegible] eis dixit Matth. 28. *Docete omnes Gentes baptisantes eos in nomine, &c.* Unde [illegible] ministerium in se susceperunt [illegible] Episcopi: ita ut in eorum praesentia, nun-

quam

quam baptisarent simplices Presbyteri, in quem sensum intelligi debent hæc S. Ignatii verba in epist. ad Smirnenses, *Non licet nisi Episcopo aut baptisare aut sacra facere*. Sed ita ut tamen, cum crescente fidelium numero formatæ fuerunt Parochiæ, idem baptisandi munus Presbyteris, qui Parochiis præerant in officio, competeret, & sic intelliguntur allata Tertulliani, S. Augustini & S. Hieronymi loca, in quibus asseri videtur ad solos Episcopos pertinere, ut ex officio baptisent. Nimirum cum in institutione Sacramentorum Christus solos alloquatur Apostolos tunc astantes, spectari debet ad praxim Ecclesiæ, quæ traditionis est interpres, ut certo innotescat quis a Christo constitutus fuerit cujuspiam Sacramenti Minister; inde enim colligimus quorumdam Sacramentorum solos Episcopos esse Ministros, alia vero conferri & dispensari posse etiam a Presbyteris per exclusionem Diaconorum; sed ut mox dicebamus, Presbyteri fere ab initio Ecclesiæ baptisarunt ex officio, uti etiam baptisant; non licet enim cuipiam Sacerdoti in Parochia baptisare sine licentia vel Parochi vel Episcopi.

2. Quod spectat Diaconos, dicimus eos non fuisse institutos Ministros Baptismi ordinarios; quia Diaconi non ad regimen Ecclesiæ & ut præessent, sed ut ministrarent ab Apostolis instituti sunt, unde ab antiquis & interdum in Conciliis dicuntur simpliciter Ministri, quod videlicet hoc proprium est eorum munus: *Neque Diaconis*, inquit S. Epiphanius hæresi 79. *in Ecclesia comtraditum est, ut aliquod mysterium celebrent, sed solum ut administrent, dum celebratur*. Quod utique confirmat hodierna Ecclesiæ praxis. Soli enim Parochi aliique Presbyteri ab illis delegati funguntur munere baptisandi.

Objicies. Diaconos ex sua institutione & in suo gradu esse Baptismi Ministros patet, 1. quia Act. 8. legitur Philippum Diaconum baptisasse; 2. quia ex Can. 77. Concilii Eliberitani colligitur aliquando creditum fuisse Diaconis Ecclesiarum regimen, *Si Diaconus*, inquit, *regens plebem sine Episcopo vel Presbytero, aliquos baptisaverit, Episcopus per benedictionem eos perficere debebit*; 3. id aperte innuunt Tertullianus & S. Hieronymus in locis mox adductis, ubi jus baptisandi peræque tribuunt Diaconis ac Presbyteris; 4. ex Concilio Tridentino Diaconi pertinent ad Ecclesiasticam Hierarchiam sess. 23. Can. 6. *Si quis dixerit in Ecclesia Catholica non esse Hierarchiam divina ordinatione institutam, quæ constat ex Episcopis, & Presbyteris & Ministris, anathema sit*; 5. demum, id constat ex ipsa Diaconorum ordinatione, ubi dicit Episcopus, *Oportet Diaconum prædicare, baptisare, &c.*

Respondeo ex istis locis colligi solum posse Diaconos ex indulgentia & delegatione tanquam Ministros Episcoporum & Presbyterorum aliquando baptizasse, & nonnulla alia ecclesiastica munia obiisse; sed istam potestatem non habuerunt vi suæ institutionis, quia, ut diximus, existimabantur solummodo Ministri, qui non nisi ex jussu & delegatione agebant; unde sub finem sæculi quinti, hæc decernit Gelasius summus Pontifex Epist. 9. prout refertur 1. par. dist. 93. cap. Diaconos, *Diaconos propriam constituimus servare mensuram... absque Episcopo, vel Presbytero baptizare non audeant, nisi prædictis fortassis officiis longius constitutis necessitas extrema compellat*; ubi aperte denotatur Episcopos & Presbyteros esse Ministros ordinarios Baptismi, Diaconos vero nonnisi ex illorum concessione baptizare posse; quod utique non potest vi suæ ordinationis, sine Episcopi vel Presbyteri licentia. Ex quibus patet Diaconos assumi posse, ac deputari ad baptizandum tanquam Ministros extraordinarios, quamquam hæc baptizandi licentia juxta præsentem Ecclesiæ disciplinam iis concedi non debeat a Parochis, cum Presbyterorum copia non deest.

S a-

Secunda Conclusio.

Si sermo sit de Baptismo non solemni, quilibet in casu necessitatis baptizare potest, puta, mulier, paganus, laicus, est contra Calvinum, qui, teste Bellarmino lib. 1. de Bapt. cap. 7. docuit, nec in extrema necessitate licitum esse baptizare iis qui non sunt ordinarii Ministri ad hoc ipsum ordinati, ut videre est lib. 4. Instit. cap. 15.

Prima pars de muliere patet 1. ex iis omnibus autoritatibus, quas mox adducturi sumus ad probandum laicos posse in casu necessitatis baptizare; cum enim asseritur universim & ulla facta restrictione, laicis inesse potestatem baptizandi, significatur proinde mulieres baptizare posse. 2. Id expresse legitur in decreto Eugenii, qui in suo decreto antiquam Ecclesiæ praxim & doctrinam confirmavit. *Minister*, inquit, *hujus Sacramenti & Sacerdos, cui competit ex officio baptizare, in casu tamen necessitatis non solum Sacerdos, vel Diaconus, sed etiam laicus vel mulier, imo etiam paganus & hereticus baptizare potest*. Id antea definitum fuerat ab Urbano Papa cap. *Super quibus*, causa 30. qu. 3.

Neque objici debent nonnulla Patrum & Conciliorum loca, in quibus prohibetur, ne mulieres baptizent, Concilium Carthaginense IV. Can. 100. *Mulieres*, inquit, *baptizare non præsumant*. Sensus est enim non debere mulieres baptizare in Ecclesia, publice & solemniter, quod etiam eodem sensu præscribit Tertullian. lib. de Bapt. cap. 7. adversus Quintillam fœminam, quæ publice & extra casum necessitatis baptizabat.

Secunda pars de Pagano, hoc est, de laico non baptizato, constat 1. ex iis similiter locis, quæ mox citabimus; ut ostendatur laicos baptizare posse; 2. ex laudato supra Decreto Eugenii expresse dicentis, hominem non baptizatum baptizare posse. 3. Id longe antea declaraverat Nicolaus I. in responsione ad consulta Bulgarorum, ubi aperte docet validum esse Baptisma a quodam Judæo vel pagano.

Objiciuntur nonnulla momenta, ex quibus patet saltem a laicis non baptizatis dari non posse Baptismum. Ita Tertullian. lib. de Bapt. cap. 17. *Etiam*, inquit, *laicis jus est*, baptizandi, *quod enim ex æquo accipitur, ex æquo dari potest*. S. Hieronymus in Dialogo contra Luciferianos, *Scimus etiam licere laicis*, baptizare, *ut enim accipit quis, ita & dare potest*. Idem habet Concil. Eliberitanum can. 38. his verbis: *Posse fidelem, qui lavacrum suum integrum habet, nec sit bigamus, baptizare in necessitate infirmitatis positum Catechumenum*. Certe si qua vis est in argumento quod adhibetur in iis locis, quo videlicet asseritur ideo laicos baptizare posse, quod ipsi sunt baptizati, inde sequitur laicos non baptizatos consequenter baptizare non posse.

Respondeo, ex illis locis inferri non posse laicos minime baptizatos valide baptizare non posse, quia hoc nullatenus asseritur in objectis propositionibus, quod enim dicant citati autores hominem Baptismum dare posse, quia illum accepit, argumentum est a fortiori, ex quo minime sequitur hominem non baptizatum idcirco baptizare non posse. Similes possent afferri propositiones quæ responsionem illustrarent; si enim dicatur quis Sacerdos alicui moribundo in extremis posito absolutionem contulisse, quia erat ejus Parochianus, concludi non deberet, ergo Sacerdos non potest alteri quam suo Parochiano absolutionem sacramentalem conferre etiam in casu necessitatis.

Tertia pars quæ est de laicis, qui saltem in casu necessitatis baptizare possunt, probatur 1. quia Apostoli non dum erant Sacerdotes quando baptizarunt; ut enim infra ostensuri sumus, baptizarunt ante Christi passionem, nec tamen facti [illegible] Sacerdotes nisi in ultima Cœna, ut [illegible] loco ostendemus. 2. Idem habetur ex Tertulliano lib. de Bapt. cap. 17. *Alioquin*, inquit, *laicis jus est*, baptizandi, *quod enim ex aqua accipitur, ex aqua dari potest... Proinde & Baptismus, aque Dei census ab omnibus exerceri potest... sufficiat scilicet in necessitatibus maris*; ex S. Hieronymo loco supra citato; ex S. Isidoro lib. de Divinis Officiis cap. 24. ex Joanne VIII. Papa in capite ad Limina, apud Gratianum causa 30. qu. 1. ubi & alia extant Decreta summorum Pontific. quibus evincitur licitum esse laicis baptizare, quapropter rem confidenter pronunciat Eugenius IV. in Decreto suo, ut certam & indubitatam.

Objicies: Illi soli baptisare possunt quibus Christus dedit baptisandi potestatem: sed solis Apostolis aut ad summum eorum in Sacerdotio successoribus Christus baptisandi potestatem contulit dicens Matt. 28. *Euntes docete Gentes, baptisantes eos in nomine, &c.* igitur istud neutiquam competit laicis.

Respondeo ut supra colligendum esse ex traditione & praxi Ecclesiæ quisnam sit Sacramentorum Minister, ubi res non legitur clare in Scripturis asserta, quia quando Christus Sacramenta instituebat, solos alloquebatur Apostolos; ex ejusmodi autem argumento probaretur solos Episcopos Apostolorum successores posse Sacramenta conficere & administrare, quapropter recurrendum est ad traditionem, quæ hac in parte per Ecclesiæ praxim nobis innotescit.

Objicies: S. Augustinus aperte innuit solos Presbyteros posse baptisare, cum in Epist. 228. Honorato fugam in persecutione prohibet, aitque futurum, ut si absint Sacerdotes, laici Baptismo sint carituri, ac proinde certa sit eorum pernicies: quod sane non dixisset, si existimasset laicos jus habere baptisandi. *Ubi*, inquit, *si Ministri desint quantum exitium sequatur eos qui de isto sæculo vel non regenerati exeunt, vel ligati, quantus est etiam luctus fidelium suorum qui eos secum in vita æterna requiem non habebunt.... si autem Ministri adsint, omnibus subvenitur, alii baptisantur, alii reconciliantur*. igitur non putabat S. Augustinus laicos baptisare posse.

Respondeo S. Augustinum affirmare perituram esse plebem christianam sine Baptismo, posito quod fugiant Sacerdotes, non quod existimaret laicos non habere baptisandi potestatem, sed quod non solebant hoc Sacramentum ministrare. Poterant igitur laici Sacerdotum absentiam supplere, sed non supplebant, quod forte non arbitrabantur se talem habere potestatem. Unde S. Augustinus monebat Honoratum Episcopum, ne fugam in persecutione capesseret. 2°. S. Augustinus non de Baptismo solum, sed & de aliis Sacramentis loquitur, cum ait futuram esse populorum perniciem si fugiant & absint Ministri, ut patet ex istis ejusdem Epistolæ verbis: *Non deserat Ministerium Christi sine quo non possunt homines vel fieri vel vivere Christiani*. Et postea: *Alii baptisantur, alii reconciliantur*. Vere autem potuit asserere S. Doctor in absentia Sacerdotum populos non posse reconciliari; quod intelligitur de Sacramento Pœnitentiæ, nec vivere Christianos, quod forte intelligit de Eucharistia.

Objicies, Ratio quæ vulgo affertur a Theologis propter quam laici dicuntur baptisare posse, est quia hoc Sacramentum est absolute necessarium: sed ista ratio nulla est; quia Sacramentum Pœnitentiæ ejusdem est necessitatis pro iis qui post Baptismum peccata mortalia commiserunt: atqui tamen laici non possunt conferre Sacramentum Pœnitentiæ: ergo nec Baptismum.

Respondeo Sacramentum Pœnitentiæ ejusdem non esse necessitatis, cujus est Baptismus, illud enim suppleri potest per contritionem, quod dici non potest de Baptismo saltem respectu infantium.

Quæritur deinde utrum Baptismus non solum valide sed etiam licite dari possit a laicis in casu scilicet necessit[illegible]

Scribit Calvinus lib. 4. Inst[illegible] eos omnes peccare, qui etiam in [illegible] necessitatis quemquam baptisarent, [illegible] sint nominati & proprii Ecclesiæ Ministri.

Sed contra dicimus quemlibet laicum urgente necessitatis periculo, licite baptisare posse. Id quippe docent SS. Patres, Tertullianus lib. de Bap. cap. 17. jam citato ubi sic habet: *Sufficiat scilicet in necessitate utaris, sicubi aut loci, aut temporis, aut personæ conditio compellit. Tunc enim constantia succurrentis excipitur, cum urget circumstantia periclitantis.* S. Hieronymus Dialogo contra Luciferianos, *Baptisare*, inquit, *si necessitas cogat, scimus etiam licere laicis.* Concilium Eliberitanum Can. 38. *Peregre navigantes, aut si Ecclesia in proximo non fuerit, posse fidelem baptisare in necessitate.* Quam quidem salutarem disciplinam semper tenuit Ecclesia hoc principio, quod noluit homines remedio salutis tam necessario carere, nec eos in æternum perire, quantum potuit unquam passa est.

Objicitur autoritas S. Augustini qui lib. 2. contra Epistolam Parmeniani cap. 13. dubitare videtur num peccet laicus saltem venialiter, cum in casu etiam necessitatis baptisat, *Quamquam*, inquit, *& si laicus aliquis pereunti dederit necessitate compulsus, quod cum ipse acciperet, quomodo esse addidit, nescio an pie quisquam dixerit esse repetendum. Si autem necessitas urgeat, aut nullum aut veniale delictum est.* igitur.

Respondent nonnulli revera circa propositum caput fluctuasse S. Augustinum, qui difficultatem definire non præsumpsit sine consensu aliorum Episcoporum, quippe quæ ipsi visa est nova, nec satis huc usque discussa.

Respondent alii ex hoc S. Augustini testimonio nihil inferri posse, quia hæc verba: *Nescio an pie quisquam dixerit*, intelligenda sunt quasi dixisset, id non nisi temere affirmari posse; alia vero hæc *aut nullum aut veniale delictum* non esse dubitantis, sed certo definientis nullum esse delictum. Cui sententiæ libentius adhæreo esse puto.

Certe S. Augustinus non semel affirmat validum & legitimum esse Baptismum a quocunque datum, sic v. g. lib. 7. de Baptismo cap. 13. *Nequaquam dubitarem habere eos Baptismum, qui ubicunque & a quibuscumque ..... verbis Evangelicis consecratum accepissent*, & in eo loquitur consentanee ad celebre Stephani summi Pontificis decretum, *Si quis a quocunque venerit, nihil innovetur*, ubi approbatur Baptismus a quocunque generaliter ac proinde a laicis datus; propter illud solemne decretum reflabatur Augustinus, Stephanum adversus rebaptisantes constantissimæ traditionis robur opposuisse: quod si ex illis autoritatibus recte colligitur Baptismum a laicis datum, tunc habitum fuisse in Ecclesia ut ratum & validum, nihil impedit quominus censeatur illos Scriptores revera existimasse, posse licite hac sua potestate uti in casu necessitatis. Cæterum hæc nonnulla addere juvat quæ praxim spectant.

1. Extra casum necessitatis baptisare nunquam debent, nec sine peccato possunt Laici nec Clerici, & illud quidem peccatum foret mortale, quia violaretur Ecclesiæ præceptum. Unde peccarent similiter parentes, qui infantem alteri quam Parocho aut Sacerdoti ejus vices gerenti baptisandum offerrent.

2. Si adsit casus extremæ necessitatis, & infans imminente mortis periculo non possit ad Ecclesiam deferri, hic Ordo præscribitur a Catechismo Concilii Tridentini, ut mulieres non baptisent, si adsint viri, item non baptiset Laicus coram Clerico, nec Clericus coram Sacerdote, quanquam baptisare permittitur obstetricibus quæ formam Baptismi teneant, præ aliis laicis plerumque rudibus & ignaris.

3. Nunquam parentes baptisare debent suos liberos, cum adsunt alii qui hoc Sacramentum administrare valeant, ut monet S. Carolus Borromæus in Instructionibus Baptismi.

Quæres utrum possit quis seipsum baptisare saltem in casu necessitatis.

Resp. negative, uti olim respondit Innocentius III. cap. *debitum* de Baptismo, interrogatus nempe de quodam Judæo qui seipsum baptisaverat: & ratio est quia Baptismus est Sacramentum regenerationis, nemo autem seipsum regenerare potest.

At inquies, homo potest seipsum communicare: ergo & seipsum baptisare.

Nego cons. Sacerdos enim qui seipsum communicat non conficit, sed solummodo ministrat Eucharistiam, præterquam quod in ejusmodi rebus quæ pendent ab institutione Christi, vim nullam habent comparationes.

Quæres utrum plures possint simul eundem hominem baptisare.

Respondet S. Thomas 3. p. q. 67. art. 6. hoc in casu nullum esse Sacramentum, dicerent enim illi, Nos te baptisamus, *Quod esset contra rationem ministerii, homo enim non baptisat, nisi ut Minister Christi, & vices ejus gerens. Unde sicut unus est Christus, ita oportet unum esse Ministrum, qui Christum repræsentet.*

CAPUT VII.

De Institutione Baptismi.

EXtra omne dubium est, Christum Dominum instituisse Sacramentum Baptismi, sed circa tempus quo institutus fuit a Christo, duæ sunt diversæ Patrum & Theologorum sententiæ: alii docent Baptismum fuisse institutum ante Passionem Domini, alii vero nonnulli post ejus Resurrectionem, quando Apostolis suis dixit, Matth. 28. *Euntes, docete Gentes, baptisantes eos in nomine Patris, &c.* quid sentiamus hac in re, quæ maximi tamen non est momenti, & quæ ab Ecclesia non fuit definita, paucis aperiendum est.

CONCLUSIO.

Baptismus fuit institutus ante Christi Passionem.

Probatur ex iis Scripturæ locis in quibus dicitur Christum baptizasse: usus enim & executio rei cujuspiam supponit ejus institutionem, Joan. 3. *Post hæc venit Jesus, & Discipuli ejus in terram Judæam, & ibi demorabatur cum eis & baptisabat*, quod non potest intelligi nisi de Baptismo Christi, 1. quia magna inde nata est in animis Discipulorum Joannis æmulatio, ex eo nempe quod plures ad Christum quam ad Joannem Baptismum recepturi adveniebant, ut habetur cap. 4. his verbis: *Ut ergo cognovit Jesus, quia audierunt Pharisæi, quod Jesus plures discipulos facit, & baptizat quam Joannes (quanquam Jesus non baptizaret, sed discipuli ejus) reliquit Judæam.* 2. Quia idem Joannes Baptista tunc dixit, Christum baptizare in Spiritu sancto, Matth. 3. *Hic est qui baptizat in Spiritu sancto.* 3. Quia non leguntur iterum baptizati qui hocce Baptismo ab Apostolis dato ante Passionem Christi baptizati fuerint; secus vero qui a Joanne fuerant tincti, ut constat ex cap. 19. Actuum. *Quod datum est a Juda*, inquit S. Augustin. Tract. 5 in Joan. *Christi erat; dedit Judas, & non baptizatum est post Judam; dedit Joannes, & baptizatum est post Joannem; quia qui datus est a Juda, Baptismus Christi erat, qui autem a Joanne datus, Joannis erat.* Qua in re consentiunt quammulti veteres Theologi, Magister lib. 4. dist. 3. S. Thomas hic, qu. 1. art. 5. & quæst. 66. art. 2. ubi sic loquitur: *Tunc videtur Sacramentum aliquod institui, quando accepit virtutem producendi effectum suum. Hanc autem virtutem accepit, quando Christus est baptizatus.* Hugo a S. Victore 2. de Sacram. p. 6. cap. 4. Estius q. 4. & alii.

Objicies: Christus non baptizavit, ut habetur Joan. 4. *Quanquam Jesus non bap-*

baptizaret, sed Discipuli ejus; ergo suum Baptismum non instituerat.

Nego cons. Licet enim ipse non baptizasset, tamen ejus Apostoli baptizarunt, ut mox ostensum est. Vel dici potest, eo sensu hæc verba esse intelligenda, quod Christus tunc plebem non baptizabat, licet suos Apostolos baptizaverit; a Christo quippe Petrum fuisse baptizatum testatur S. Augustinus Epist. 108. quæ est ad Seleucianum, ubi his allatis Christi verbis ad Petrum: *Qui lotus est non indiget nisi ut pedes lavet*, ait, *ubi intelligitur, quod jam Petrus baptizatus fuerat*. Et verisimiliter voluit Christus eam ipse futuri Ecclesiæ regiminis formam præstituere, qua prius baptizarentur fideles quam alia Sacramenta perciperent, & ideo baptizavit Apostolos, antequam Sacerdotes consecrarentur, & Eucharistiam in ultima Cœna reciperent.

Objic. Joan. 7. *Nondum Spiritus erat datus, quia Jesus nondum erat glorificatus*, ergo Baptismus Christi qui est in Spiritu, nondum erat institutus.

Dist. ant. nondum erat datus sub specie visibili, quomodo datus est in die Pentecostes, C. in Baptismo & in aliis etiam modis, N. Apostoli enim acceperant Eucharistiam.

Objicies: Apostoli verisimiliter non baptizarunt in nomine SS. Trinitatis ante mortem Christi: hoc enim mysterium non fuit ipsis revelatum nisi post resurrectionem, cum nempe ipsis dixit Matth. 28. *Euntes, docete Gentes, baptizantes eos in nomine Patris, & Filii, & Spiritus sancti*; igitur Baptismus non erat institutus.

Nego ant. quando enim Christus post resurrectionem suam præcipit Apostolis, ut baptizent in nomine Patris, & Filii, & Spiritus sancti, repetit solum, & iterum inculcat, quod verisimiliter iis jam demandaverat, cum ad baptizandum missi fuerant.

Nec moror quod nonnulli e SS. Patribus, ut Tertullianus lib. de Bapt. cap. 11. S. Chrysost. Homil. 28. in Joan. S. Leo Epist. 16. & quidam alii, quos & nonnulli Theologi secuti sunt, contrariam sententiam teneant: fatemur enim in illa quæstione, quæ ad fidem non attinet, non unam esse omnium Patrum & Doctorum opinionem.

Quæres, quonam præcise tempore institutus fuerit Baptismus.

Quidam dicunt Baptismum a Christo institutum, quando a Joanne baptizatus est in Jordane. Ita S. Thomas, Autores Catechismi Concil. Trident. Suarès & alii.

Verum certo affirmari non potest hæc sententia, quæ nullo momento solido stabilitur: quando enim ajunt, Christum quando baptizatus est, vim regenerandi contactu suæ carnis contulisse aquis, probat solum aquam fuisse tunc aliquo modo designatam in materiam Baptismi.

Alii, ut Estius, putant institutum fuisse Baptismum a Christo in colloquio Nicodemi, cum dixit Christus, *Nisi quis renatus fuerit ex aqua & Spiritu sancto, non potest intrare in regnum Dei*: sed ibi legitur solum Baptismi necessitas, non ejus institutio; præsertim cum absentes essent Apostoli. Quapropter existimo tutius esse dicere, tunc institutum fuisse Baptismum, cum Christus misit primum suos Apostolos ad baptizandum, tunc enim ipsis præscripsit quid esset adhibendum pro materia & forma Baptismi. Cæterum si quæratur quo tempore Lex incepit obligare ad Baptismum recipiendum.

Respondeo hanc Legem non obligasse, nisi quando sufficienter fuit promulgata & cognita, quia generatim loquendo, Lex omnis positiva debet promulgari & cognosci, ut vere obliget, ac invincibiliter non ignoretur.

CAPUT VIII.

De necessitate Baptismi.

BAptismus consideratur vel respectu infantium vel respectu adultorum & alia ratione Baptismus dicitur necessarius pro infantibus ad salutem æternam, alia ratione pro adultis. Dicitur enim ita necessarius pro infantibus, ut nullo alio medio suppleri possit, quam per martyrium: sed non pro adultis in quibus suppleri potest per martyrium & per contritionem perfectam cum voto Sacramenti. Solet distingui a Theologis duplex necessitas, medii & præcepti. Illud necessarium est necessitate medii, sine quo res obtineri non potest. Quomodo cibus necessarius est ad vivendum, illud necessarium est necessitate præcepti quod sine peccato non potest omitti. In hac autem materia hæc distinctio non est fusius explicanda, quia Baptismus necessarius est ad salutem æternam consequendam, tum necessitate medii, tum necessitate præcepti.

Baptismum nemini esse necessarium expresse docuerunt Pelagiani, qui dicebant infantes sine Baptismo decedentes, non intraturos quidem in regnum Cœlorum, sed tamen habituros vitam æternam, hoc fulti Scripturæ testimonio, *Nisi quis renatus fuerit ex aqua, & Spiritu sancto, non potest intraire in regnum Dei*, quo loco excluduntur homines non baptisati a regno Dei, non autem a vita æterna. Cui doctrinæ affine est figmentum Cardinalis Sfondrati, qui in libro cui titulus est, *Nodus prædestinationis dissolutus*, Infantibus sine Baptismo decedentibus, summam assignat felicitatem. Manichæi etiam putabant nihil opis pro salute afferre Baptismum, ut patet ex S. August. hæres. 46.

Calvinistæ autem duce Calvino lib. 4. Instit. cap. 16. docent saltem filiis fidelium necessarium non esse Baptisma, quod liberi fidelium sancti sunt, *non quidem natura sua*, inquiunt, in Conc. Dordretano cap. 1. art. 17. *sed beneficio fœderis gratuiti, in quo illi cum parentibus comprehenduntur; pii parentes de electione & salute suorum liberorum, quos Deus in infantia ex hac vita evocat, dubitare non debent.*

His adjungere possumus Socinianos, quia omnem Baptismi necessitatem rejiciunt, hæc duo Scripturæ testimonia Matth. 28. *Docete omnes Gentes baptisantes eos, &c.* & Joan. 3. *Nisi quis renatus fuerit, &c.* sensu figurato & metaphorico: exponunt de Prædicatione vel Pœnitentia, non autem de Baptismo qui fiat per aquam.

Quin & nonnulli Theologi merito reprehenduntur, quod dixerint esse quidem latam a Christo legem, ut nemo sine Baptismo salvari possit, interdum tamen ex Dei misericordia contingere, ut infantes qui moriuntur sine Baptismo ex eo quod ipsis administrari non potuit, salventur precibus parentum aut aliorum fidelium, ita sentiunt Gabriel Biel & Gerson. Addit vero Cajetanus q. 68. art. 2. non solum fieri aliquando, ut ejusmodi infantes Dei gratia salventur, sed certa lege id sancitum, quia cum voluit Christus Baptismum esse necessarium, intellexit, posito quod applicari possit. Quam Cajetani opinionem ut temerariam & fidei oppositam ab ejus Commentariis in D. Thomam expungi curavit S. Pius V. In hos omnes sit

CONCLUSIO.

Baptismus est absolute necessarius vel in re vel in voto, adeoque nullo modo suppleri potest pro infantibus etiam fidelium. Est de fide.

Probatur 1. ex Scripturis, Joan. 3. *Nisi quis renatus fuerit ex aqua & Spiritu sancto, non potest intraire in regnum Dei.* Quæ quidem sententia generalis est sine ulla exceptione, adeoque ipsos infantes & filios quoque fidelium complectitur, præsertim cum illud Christi effatum ad ipsos quoque infantes pertinere confirmet

certa.

certa & indubitata universæ Ecclesiæ traditio.

2. Præter istum locum qui manifeste innuit absolutam medii necessitatem pro omnibus omnino hominibus, alia suppetunt loca, quæ manifeste probant Christum præcepisse Baptismum, Matth. 28. *Euntes docete omnes Gentes, baptisantes eos in nomine Patris, &c.* Marci 5. *Euntes in mundum universum, prædicate Evangelium omni creaturæ; qui crediderit & baptisatus fuerit, salvus erit.* Nemo non videt expressum dari a Christo mandatum de recipiendo Baptismo quod accurate executi sunt Apostoli, ut videre est in Actibus Apostolorum, videlicet in cap. 2. 4. 8. 9. 10. 16. 18. & 19. ubi leguntur varia Baptismata collata ab Apostolis, postquam Evangelium in variis civitatibus prædicaverant.

Probatur 3. ex SS. Patribus qui præfata Christi verba de omnibus generaliter hominibus, parvulis minime exceptis, interpretati sunt. S. Cyprianus, Epist. 59. ad Fidum: *Si a Baptismo nemo prohibetur, quanto magis prohiberi non debet infans, qui recens natus nihil peccavit; nisi quod secundum Adam carnaliter natus contagium mortis antiquæ prima nativitate contraxit.* Hæc scribit S. Cyprianus præhabita matura deliberatione cum suis fratribus co-Episcopis in Concilio Carthagine habito.

Ante S. Cyprianum idem docuerant S. Justinus & S. Irenæus. Justinus quidem Apolog. 2. *Deinde eo adducuntur a nobis ubi aqua est, atque eo regenerationis modo, quo ipsi regenerati sumus, regenerantur. Nam in nomine rerum cunctarum parentis & Domini Dei & Servatoris nostri Jesu-Christi & Spiritus sancti in aqua tum lavantur, Christus enim dixit: Nisi &c.* S. vero Irenæus lib. 2. cap. 22. docet infantes necessario baptisandos esse; & lib. 3. cap. 17. sic loquitur: *Corpora enim nostra per lavacrum, illam quæ est ad incorruptionem, unitatem acceperunt, animæ autem per Spiritum, unde & utraque necessaria.*

Item Tertullianus, lib. de Baptismo agens adversus Caianos qui Baptismi necessitatem negabant, sic loquitur: *Lex enim tingendi imposita est, & forma præscripta: Ite, inquit, docete Nationes, tingentes eas in nomine Patris, & Filii, & Spiritus sancti. Huic legi collata definitio illa: Nisi quis renatus fuerit ex aqua & Spiritu non intrabit in regnum cælorum, obstrinxit fidem ad Baptismi necessitatem. Itaque omnes exinde credentes tingebantur, tunc & Paulus ubi credidit, tinctus est.*

Idem etiam docuerunt Origenes, lib. 5. in cap. 6. Epist. ad Romanos, & S. Gregorius Nazian. Orat. in S. Lavacrum. Item S. Ambrosius, lib. 2. de Abraham cap. 11. his adductis Christi verbis: *Nisi quis renatur, &c.* ait, *utique nullum excipit, non infantem.*

S. Augustinus idem docet multis in locis, lib. 3. de origine animæ, cap. 9. *Noli credere, noli dicere, noli docere infantes antequam baptisentur morte præventos pervenire posse ad originalium indulgentiam peccatorum, si vis esse Catholicus.* & lib. 1. de peccatorum meritis, cap. 23. *Nulla*, inquit, *ex nostro arbitrio præter Baptisma Christi salus æterna promittitur infantibus.* Quod idem scribunt S. Hieronymus in Epist. ad Lætam. S. Chrysost. Homil. 3. in Epist. ad Philip. S. Epiph. Hæresi 67. S. Leo, Epist. 78. S. Fulgent. de fide ad Petrum, cap. 30. & alii similiter.

Probatur 4. ex Conciliis & 1. ex his omnibus quæ habita sunt adversus Pelagianos, ex Concil. Milevit. Carthaginensi IV. & V. in quibus expresse definitur baptisandos esse infantes, ne in æternum pereant. Hanc postea catholicam doctrinam semper & ubique retinuit Ecclesia.

Unde merito Concil. Trident. hæc statuit sess. 5. Can. 3. *Si quis negat ipsum Jesu-Christi meritum per Baptismi Sacramentum in forma Ecclesiæ rite collatum, tam adultis quam parvulis applicari, anathema sit*; & sess. 6. cap. 4. *Quæ quidem translatio a statu peccati in statum gratiæ post Evangelium promulgatum, sine lavacro re-*

gene-

generationis, aut ejus voto, fieri non potest, sicut scriptum est: Nisi quis renatus fuerit, &c. & sess. 7. Can. 5. *Si quis dixerit Baptismum liberum esse, hoc est, non necessarium ad salutem, anathema sit*, ex quibus manifeste patet, nullo plane fundamento ab illa regula & præcepto divino infantes excipi a Cajetano & appellatis supra Theologis qui sine magna temeritate adversus tam expressum Christi mandatum & universam Ecclesiæ traditionem sentire non potuerunt. Unde etiam ab errore excusari non possunt Calvinistæ, cum filios fidelium ab illa communi lege immunes facere audent.

Porro insulsum plane est quod ajunt Sociniani, in locis Scripturæ, ubi alteris aquam seu Baptismum aquæ sumendum esse in sensu figurato & metaphorico pro doctrina, quia utrumque conjungit Christus, Matth. 28. *Docete, baptisantes eos*, deinde idem sensus est Baptismi quem præcipit Christus, ac Baptismi quem dabat Joannes-Baptista, qui procul dubio baptisabat cum aqua vera & elementari.

Objicies cum Calvino lib. 4 instit. cap. 16. hunc Apostoli locum 1. ad Corint. 7. ubi supponit manifeste infantes qui filii sunt fidelium, esse natura sua sanctos, adeoque non indigere Baptismo ad consequendam sanctitatem, *Sanctificatus est*, inquit, *vir infidelis per mulierem fidelem, & sanctificata est mulier infidelis per virum fidelem; alioquin filii vestri immundi essent, nunc autem sancti sunt*. igitur Baptismus non est necessarius saltem pro filiis fidelium.

Resp. 1. Apostolum eo sensu dicere filios Corinthiorum esse sanctos, quod sanctitati destinabantur, & dispositive erant sancti; quatenus videlicet parentes habebant fideles, quorum cura ad sanctitatem per Baptismum comparandam, mox promovendi erant, & ut ait Tertullianus lib. de anima cap. 30. *Quasi designati sanctitati, ac per hoc etiam saluti*. Quomodo mulier infidelis sanctificata est per virum fidelem, dispositive scilicet, quia futurum præsumitur, ut fidelis maritus uxorem infidelem cum qua cohabitat, ad fidem Christi amplectendam compellat. Certe non aliter dici potest mulierem infidelem sanctificari per virum fidelem, neque enim hoc ipso censetur sanctificata, quod cum viro fideli cohabitat; ergo nec dici potest in mente Apostoli qui hac comparatione utitur, filios fidelium esse sanctos vera sanctitate per nativitatem suam acquisita, & ex hoc ipso quod filii sunt justorum, ac proinde independenter a Baptismo; cum ex eodem Apostolo nascamur omnes filii iræ, cum peccatum originale ita per unum hominem intraverit in mundum, ut in eo omnes peccaverint nullo excepto, non exceptis fidelium filiis.

Objicies: nullum proferri potest exemplum Baptismi qui datus fuerit infantibus.

Respondeo 1. latam fuisse legem pro omnibus sine exceptione, *Nisi quis renatus*, Joan. cap. 3. 2. Dici quoque posset nullum extare exemplum quo probetur ad Eucharistiæ participationem fuisse admissos, ad quam proinde admitti non debent. 3. Ejusmodi argumenta sunt negativa, ex quibus nihil concluditur.

Objicit Calvinus hæc verba Geneseos 17. ubi Deus sic Abrahamo loquitur; *Statuam pactum meum inter me & te, & inter semen tuum post te in generationibus suis, fœdere sempiterno: ut sim Deus tuus, & seminis tui post te*. Quod denotat filios fidelium vi illius sempiterni fœderis numquam perituros etiam sine Baptismo.

Respondeo omnino absurdum esse & ab omni ratione alienum ex hoc loco inferre, filios fidelium non egere Baptismo, quia in illo fœdere quod statuit Deus in Abrahamo, solum promittit Deus peculiarem protectionem Abrahæ ejusque posteris, quo sensu frequenter dicitur in Scripturis Deus Abraham & Jacob. Quin potius colligi debet omnes homines, ut sint de populo Dei & ad illud sempiternum fœdus pertineant, teneri fieri Baptismum suscipere; nam in veteri Testamento propter illud ipsum fœdus quod Deus pepigerat cum Abrahamo, circumcidi tenebantur omnes ejus posteri.

Vide infra alias quasdam objectiones, ubi de subjecto Baptismi agitur.

Instabis: Juxta communem Theologorum sententiam, infantes Judæorum per solam parentum suorum fidem salvabantur, & in iis delebatur peccatum originale: ergo pariter idem fieri posset in nova lege sine Baptismo, in qua fides minorem non habet virtutem & efficaciam.

Nego cons. quod enim dicimus Baptismum esse necessarium in nova lege ad consequendam salutem, id oritur unice a voluntate & præcepto Christi. Ratio facti est voluntas facientis; neque inferri debet fidem nostram minoris esse virtutis & efficaciæ quam erat fides Judæorum, quia rem ita statuit Christus Dominus, & ideo melior est conditio nostra quam Judæorum, facilius est enim baptisari, quam dependere a fide parentum.

Eodem modo respondendum est huic objectioni, ex istis verbis; Joan. 6. *Nisi manducaveritis carnem, &c.* Recte non infertur necessitas medii & absoluta Eucharistiæ: ergo ex istis Joan. 3. *Nisi quis renatus fuerit, &c.* Recte non infertur Baptismi necessitas. Scilicet ratio disparitatis petitur ex voluntate Dei quæ nobis clare innotescit per traditionem.

Objicies: Olim mos erat in Ecclesia, ut pro Catechumenis sine Baptismo mortuis funderentur preces: ut constat ex Concilio Carthag. IV. Can. 79. his verbis: *Qui attente leges Pœnitentiæ exequuntur, si casu in itinere, vel in mari mortui fuerint ubi eis subveniri non possit, memoria eorum & orationibus & oblationibus commendetur*: & ex Concilio Arelatensi II. Can. 12. *De his*, inquit, *qui in Pœnitentia positi vitam excesserunt, placuit nullum vacuum communione debere dimitti, sed pro eo quod honoravit Pœnitentiam, oblatio illius recipiatur.* Igitur tunc Baptismus non credebatur absolute necessarius necessitate medii ad salutem.

Nego cons. & ratio est quia idcirco pro Catechumenis fundebantur preces, quia præsumebantur mortui cum voto Baptismatis, quod quidem, ut mox dicturi sumus, Baptismum supplet, si cum perfecta charitate sit conjunctum, in casu scilicet necessitatis, unde illi existimabantur justificati.

Quæres quonam tempore in nova lege Baptismus Christi cœperit esse necessarius.

Respondeo Baptismum fuisse necessarium ex quo Evangelium fuit sufficienter promulgatum, ut declarant Patres Tridentini, sess. 6. cap. 4. his verbis: *Quæ quidem translatio post Evangelium promulgatum, sine lavacro regenerationis aut ejus voto, fieri non potest, sicut scriptum est, Nisi quis renatus, &c.* loquitur de translatione *ab eo statu in quo homo nascitur filius Adæ, in statu gratiæ & adoptionis filiorum Dei per secundum Adam Jesum-Christum.*

Instabis: Saltem adulti lege Baptismi non sunt astricti, si sint infideles & istam legem ignorent, lex enim non obligat quando non est promulgata: igitur Baptismus non censetur necessarius pro omnibus & singulis hominibus.

Nego ant. Dist. cons. necessarius quatenus cadit sub præceptum, C. quatenus est medium a Christo institutum ad delendum peccatum originale, N. Quapropter infideles, de quibus sermo est, damnationem æternam non incurrunt præcise propter defectum Baptismi, utpote qui supponuntur laborare ignorantia invincibili fidei christianæ, & necessitatis Baptismi a Christo impositæ, sed propter peccatum originale, quod nascendo contraxerunt, tum & propter peccata actualia quæ commiserunt, & quæ nullo medio deleta sunt.

CAPUT IX.

Utrum Baptismus suppleri aliquo modo possit.

Constat ex mox dictis, Baptismum esse absolute necessarium; ita ut sine eo nemo possit vitam æternam adipisci; Ecclesia tamen Catholica docet in adultis Baptismum suppleri per martyrium, & per veram contritionem charitate perfectam. Unde triplicem distinguunt Baptismum, scilicet fluminis qui fit in aqua; flaminis, qui consistit in actu charitatis cum voto suscipiendi Baptismum aquæ; & sanguinis, quod ipsum est martyrium.

Per martyrium suppleri posse Baptismum, nemo, quem sciam, negavit unquam Catholicus; sed ex Epist. 77. S. Bernardi, constat tunc temporis quemdam extitisse qui diceret, neminem absque Baptismo actualiter percepto, vel ejus vice, martyrio salvari posse, tametsi cum vera cordis contritione Baptismum desideraret. Sunt inter veteres, qui hujusce opinionis accusantur, ut nimium rigidi necessitatis Baptismi defensores, ut S. Gregor. Nazianz. Gennadius apud S. Augustinum, in appendice tom. 8. S. Fulgentius epist. 1? ad Ferrandum, sed illos, ut dicetur in objectionibus, facile vindicabimus. Quocirca sit

PRIMA CONCLUSIO.

Baptismus suppleri potest per martyrium.

Probatur ex multis Scripturæ locis, quæ commemorat S. Augustinus lib. 13. de civit. Dei, cap. 7. *Quicumque*, inquit, *non percepto regenerationis lavacro pro Christi confessione moriuntur, tantum eis valet ad dimittenda peccata, quantum si abluerentur sacro Fonte Baptismatis. Qui enim dixit, Nisi quis renatus fuerit ex aqua, &c. alia sententia istos fecit exceptos, ubi non minus generaliter dixit, Qui me confessus fuerit coram hominibus, confitebor & ego eum coram Patre meo qui in cælis est*; & alio loco, *Qui perdiderit animam suam propter me, inveniet eam; hinc est quod scriptum est, Pretiosa in conspectu Domini mors sanctorum ejus. Quid enim pretiosius quam mors, pro qua fit etiam, ut omnia delicta dimittantur?*

His ab Augustino laudatis addi potest disertum Scripturæ testimonium Joan. 15. *Majorem hac dilectionem nemo habet, ut animam suam ponat quis pro amicis suis*; quod ostendit a charitate perfecta oriri martyrium, ut manifestum est. Nemo autem dubitat, quin charitas perfecta peccatum deleat, nec remanere possit cum peccato in homine, ut sequenti conclusione demonstrabitur.

Idem docent alii Patres nemine excepto. S. Cyprianus epist. 73. *Numquid potest vis Baptismi esse major aut potior, quam confessio, quam passio?* S. Basilius lib. de Spiritu S. cap. 16. *Si quidem in certamine pro pietate suscepto per veritatem, & non per initiationem, mortem pro Christo sustinent, nihil indigent symbolis aquæ ad salutem, eo quod in proprio sanguine baptizati sint*, sic & Clemens Alexandrinus lib. 4. Stromatum. S. Ambrosius orat. de obitu Valentiniani; S. Cyrillus Alexandrinus lib. 2. in Leviticum; S. Prosper sententia 149. S. Fulgentius lib. de fide ad Petrum, cap. 3. S. Bernardus epist. 77. & postmodum omnes Theologi, namque, ut ait Estius in 4. sent. dist. 4. semper in Ecclesia creditum est, martyrium supplere vicem Baptismi. Quibus adde hanc semper fuisse constantem Ecclesiæ doctrinam, non esse orandum pro Martyribus, quorum potius protectionem apud Deum implorare debent Fideles, ut enim ait Innocentius III. cap. *cum Marthæ* de celebratione Missarum, *injuriam facit Martyri, qui orat pro Martyre*. Quod manifeste supponit martyrium loco esse Baptismi, ut de infantibus ab Herode occisis semper credidit Ecclesia, ut testatur S. Augustin. lib. 3. de lib. arbit. cap. 23. *Etiam*, inquit, *infantes illos, qui cum Dominus Jesus Christus necandus quæreretur,*

occisi

necisi sunt, *in honorem Martyrum receptos commendat Ecclesia*.

Objicies: S. Cyprianus Epist. 54. ad Cornelium existimat eos qui ad martyrium properant, prius esse per absolutionem sacramentalem reconciliandos: *Nec quisquam dicat*, inquit, *qui martyrium tulit*, *sanguine suo baptisatur*, *nec pax illi ab Episcopo necessaria est habituro gloriæ pacem & accepturo majorem de Domini dignatione mercedem*. ergo non putabat S. Cyprianus per martyrium suppleri Baptismum.

Resp. his verbis innuere solummodo S. Cyprianum, eos qui ad martyrium festinant, debere prius, quantum possunt, Sacramentis muniri, quia fortius ac securius in illo certamine dimicabunt, *Idoneus*, inquit, *esse non potest ad martyrium*, *qui ab Ecclesia non armatur ad prælium*, *& mens deficit quam non recepta Eucharistia erigit & accendit*. Sed ejusmodi sermo quo utitur S. Cyprianus, ut exhortetur Christianos martyrio destinatos ad recipienda prius Sacramenta, non probat hunc S. Doctorem existimasse, per martyrium suppleri non posse Baptismum; aliter colligi deberet in ejus mente nullam inesse vim in martyrio independenter ab Eucharistiæ susceptione, quod nemo dixerit.

Quæres utrum martyrium ita Baptismi vicem suppleat, ut martyri necesse non sit habere votum Baptismi.

Resp. affirmative, 1. Id constat ex martyrio infantium, in quibus certe nullum est Baptismi votum; communis tamen est ac vera Ecclesiæ doctrina, infantes non baptisatos, qui pro Christo interficerentur, æque salvari, ac illos innocentes quorum festivitas celebratur in Ecclesia, & qui forte nondum circumcisi ab Herode necati sunt; 2. quia sic de martyrio loquuntur eæx laudati Patres, ut appareat illos sentire, martyrium esse alterum Baptismum, esse loco Baptismi, esse per se efficax ad abluenda peccata; 3. quia Baptismus generaliter pro omnibus præceptus est, ideo omnes baptisari tenentur, si possint. Quod si urgente persecutore non possint, tunc nequidem voto Baptismum expetere tenentur, quia si quis necessitate absoluta prohibetur ab implenda lege positiva, velut jejunio, non tenetur ad habendum ejusdem legis implendæ votum; sed sufficit, quod eam non contemnat, nisi lex talis sit, ut remedium præscribat ad salutem necessarium, cujusmodi est lex Baptismi extra casum martyrii.

Quanquam constet Martyrem adultum habere votum implicitum Baptismi; sic enim dispositus est, ut velit omnia Dei mandata servare; dat enim animam suam, & data occasione si posset, baptisaretur.

Neque objici debet autoritas Concilii Trident. definientis sess. 6. cap. 4. justificationem hominis post Evangelium promulgatum, sine lavacro regenerationis, aut ejus voto, fieri non posse; namque hæc Concilii sententia intelligi debet cum exceptione martyrii, sicut & ipsa Scriptura, ut interpretatur S. Augustinus loco supra laudato.

Quæres utrum martyrium agat ex opere operato.

Resp. communem esse Theologorum sententiam, martyrium agere ex opere operato; ita nimirum ut peccata deleat, & quoad culpam, & quoad pœnam. Si quidem per martyrium justificati sunt Infantes ab Herode interfecti, quos nimirum Ecclesia colit, non solum ut Sancti sed etiam ut Martyres, ut ait S. Augustinus loco mox adducto. Sed martyrium non agebat ex opere operantis in infantibus illis, qui nullius boni operis erant capaces: igitur martyrium agit ex opere operato. Deinde in adultis martyrium agit non modo ratione charitatis qua inflammantur ad moriendum pro Christo, sed & ratione pœnæ quam patiuntur, propter quam pœnam sunt de numero Martyrum: fieri enim posset, ut in aliquo Confessore major esset charitas, quam in Martyre, quo fit ut meritum martyris totum non sumatur ab ejus charitate, sed etiam a pœna.

Perperam objiceretur Innocentes illos ab Herode interfectos, aut per circumcisionem aut per fidem parentum in mediatorem venturum, ab originali peccato fuisse mundatos, quia Judæis suppetebat aliquod peccati remedium etiam pro infantibus, quodcumque tandem illud esset. Unde sequitur eos non vi martyrii, sed illius remedii fuisse sanctificatos, adeoque minus bene probari ex illo exemplo martyrium loco esse Baptismi, & agere ex opere operato.

Respondetur enim Ecclesiam non modo colere illos infantes ut sanctos Cœlites, sed ut Martyres. Idem antea docuerat Origenes, Homil. in varia Evangelii loca, *Horum memoria*, inquit, *in Ecclesiis celebratur, ut ipsa Bethlem in qua natus est Dominus, primitias Martyrum obtulisse videatur*. Deinde, teste S. Matthæo, Herodes interfecit pueros a bimatu & infra, ac proinde multos qui nondum octavum diem attigerant, hi autem non erant circumcisi, nec certum est ipsis omnibus ac singulis applicatum fuisse remedium peccati; nam, ut ait S. Bernardus, Sermone 1. de Epiphania Domini, cap. 3. ubi loquitur de infantibus ab Herode interfectis, *Quemadmodum cæteris infantibus tunc quidem Circumcisio, nunc vero Baptismus sine ullo propriæ voluntatis usu sufficit ad salutem, sic nihilominus pro eo susceptum martyrium illis proficeret ad salutem*.

Porro martyrium in adultis præviam vel comitem exigit charitatem qua sublata suum non consequeretur effectum, ut docet S. Paulus I. Cor. 13. *Si tradidero corpus meum*, inquit, *ita ut ardeam, charitatem autem non habuero, nihil mihi prodest*, & S. Thomas p. 3. q. 66. art. 12. *Effusio sanguinis non habet rationem Baptismi sine charitate*. Nimirum fieri quandoque posset, ut quis ex malo motivo vanæ scilicet gloriæ Martyrium pateretur sine ullo fructu, unde commune hoc effatum, *Martyrem non facit pœna sed causa*.

Objicies: Si martyrium produceret gratiam ex opere operato, deberet annumerari inter Sacramenta novæ legis; foret enim signum sensibile vi sua producens gratiam; atqui tamen nemo id dixerit; sunt enim tantum septem Sacramenta, igitur martyrium non agit ex opere operato.

Nego majorem, quia Sacramentum essentialiter est ritus sacer a Christo institutus, & per Ecclesiæ ministros populis applicatus: sed tale non est martyrium, quod non a Sacerdotibus sed a infidelibus ministratur, non a Christo sed a diabolo fuit adinventum, ad evertendam non ad fovendam Religionem.

Neque dici debet martyrium quidem agere ex opere operato in infantibus, non autem in adultis qui veri Baptismatis sunt capaces. Si quidem eadem virtus est martyrii in quolibet subjecto; cum aliunde martyrium in adultis oriatur ex perfecta charitate, & votum Baptismi implicite saltem contineat.

SECUNDA CONCLUSIO.

Baptismus suppletur quoque per veram cordis conversionem & Sacramenti suscipiendi votum seu desiderium.

Probatur 1. ex his Scripturæ locis, in quibus vera justificatio & peccati remissio promittitur hominibus vere conversis & fide ac pietate instructis: Joelis 2. *Qui invocaverit nomen Domini salvus erit*. Ezechiel 1. *Si impius egerit pœnitentiam, ab omnibus peccatis suis ..... vita vivet & non morietur*. Luc 2. *Omnis qui credit in illum non confundetur*. Joan. c. 11. *Omnis qui vivit & credit in me, non morietur in æternum*. Rom. 10. *Non dereliquisti quærentes te, Domine*.

Probatur 2. ex SS. Patribus: ex S. Cypriano qui epist. 73. sic loquitur: *Quid ergo fiet de his qui in præteritum de hæresi rasi ad Ecclesiam venientes sine Baptismo admissi sunt? Potens est*, inquit, *Dominus misericordiæ suæ indulgentiam dare, & eos qui ad Ecclesiam simpliciter admissi in Ecclesia dormierunt, ab Ecclesiæ suæ muneribus non separare*. Ubi Cyprianus docet eos qui sine Baptismo defuncti erant, & se baptisatos credebant, misericordia Dei salvos esse; a fortiori autem id dixisset de hominibus vere ad Deum conversis, & ut votum Baptismi sincerum habentibus.

Idem ex S. Augustino lib. 3. contra Donatistas cap. 23. ubi sic habet: *Invenio non tantum passionem pro nomine Christi, id quod ex Baptismo deerat, posse supplere; sed etiam fidem, conversionemque cordis, si forte ad celebrandum mysterium Baptismi in angustiis temporum succurri non potest*, quod & alii Patres haud dubie docuerunt, ut S. Ambrosius in orat. de obitu Valentiniani, qui Baptismum ardenter concupiverat, & qui tamen sine Baptismo discesserat, *Dicite mihi*, inquit, *quid aliud in nobis est nisi voluntas, nisi petitio? Atqui etiam dudum hoc voti habuit, ut antequam in Italiam venisset, initiaretur .... non habet ergo gratiam quam poposcit, certe quia poposcit, accepit*.

Unde S. Bernardus tractatu ad Hugonem a S. Victore sic habet cap. 2. *Ab his duabus columnis, Augustinum loquor & Ambrosium, crede mihi difficile avellor, cum his inquam me, aut errare aut sapere fateor, credens & ipsa sola fide hominem posse salvari cum desiderio percipiendi Sacramentum, si tamen pio adimplendo desiderio mors anticipans, seu alia quæcunque vis invincibilis obviavit. Vide etiam ne forte ob hoc Salvator, cum diceret, Qui crediderit, & baptisatus fuerit, salvus erit, caute & vigilanter non repetierit, qui vero baptisatus non fuerit, sed tantum qui vero inquit, non crediderit, condemnabitur, nimirum innuens, solam interdum fidem sufficere ad salutem & sine ipsa sufficere nihil. Quapropter etsi martyrium vicem Baptismi posse implere conceditur, non plane hoc facit pœna, sed ipsa fides, nam absque ipsa, quid est martyrium nisi pœna?*

Unde Concilium Trid. sess. 6. cap. 4. sic habet, *Sine lavacro regenerationis, aut ejus voto, fieri non potest justificatio*, & sess. 7. Can. 4. *Si quis dixerit Sacramenta novæ legis non esse ad salutem necessaria, sed superflua; & sine eis, aut eorum voto per solam fidem homines a Deo gratiam justificationis adipisci, anathema sit*.

Quibus addi merito potest, quod a S. Pio V. sua in Bulla proscripta fuit hæc Baii propositio, quæ trigesima prima inter alias numeratur: *Charitas perfecta, quæ est ex corde puro, & conscientia bona & fide non ficta in Catechumenis & Pœnitentibus potest esse sine remissione peccatorum*.

Objicies: Tam expressa est Christi sententia dicentis Joan. 3. *Nisi quis renatus fuerit ex aqua & Spiritu sancto, non potest introire in regnum Dei*; quæ scilicet Baptismum præscribit, ut nullam patiatur exceptionem: ergo Baptismus suppleri non potest.

Respondeo ex aliis Scripturæ propositionibus, ubi hominibus fidem, cordis conversionem, & charitatem habentibus, salus æterna promittitur, explicari & merito restringi præfatam Christi sententiam de Baptismi necessitate, præsertim cum ex natura rei peccatum in eodem subjecto consociari non possit cum perfecta charitate quæ reperitur in Martyribus & vere ac perfecte pœnitentibus.

Objic. Patres fere omnes diserte pronuntiant sine Baptismo ipso neminem salvari posse; sicut v. g. S. Ambrosius lib. 2. de Abraham, *Nisi quis renatus fuerit, &c. ubique nullum excipit, non infantem, non aliqua præventum necessitate*. S. Augustin. lib. 1. de anima, & ejus origine, c. 9. *Nemo fit membrum Christi, nisi aut baptismate in Christo, aut morte pro Christo*; & lib. 1. de Symbolo cap. 8. *Ipsa peccata quæ primum dimittit, nonnisi baptizatis dimittit? Quando? quando baptisantur*.

& lib.

& lib. 2. de peccat. meritis cap. 26. *Sanctificatio Catechumeni, si non fuerit baptisatus, non ei valet ad intrandum in regnum cælorum*, Gennadius lib. de Ecclesiasticis Dogmatibus cap. 41. S. Fulgentius lib. de fide cap. 3. & alii benemulti eodem modo loquuntur: ergo sine Baptismo nemo salvari potest.

Respondeo solemne esse Patribus, ut dicant sine Baptismo neminem salvum esse, vel quod loquuntur pro infantibus, ut S. August. citato libro de anima; vel quod supponunt hominem non reperiri in extrema necessitate, quo sensu verum est nullum justificari sine Baptismo actu suscepto, aut ejus voto; vel quia agunt adversus Catechumenos qui Baptismum negligebant & differebant, rati se per multos pietatis & contritionis actus abunde sanctificatos, quod falsum erat, quia poterant baptisari. Hoc sensu loquitur S. Augustinus tract. 13. in c. 3. Joan. *Quantumcumque Catechumenus proficiat, adhuc sarcinam iniquitatis suæ portat, non illi dimittitur, nisi cum venerit ad Baptismum.*

Sunt qui putent hac distinctione solvi non posse quod objicitur ex S. Fulgentio qui a Ferrando interrogatus de quodam Catechumeno, qui amisso rationis usu baptisatus fuerat, respondit illum justificatum non fuisse, nisi accepisset Baptismum, *Non dicimus*, inquit, *illum sine Baptismi Sacramento potuisse salvari ... qui enim crediderit & baptisatus fuerit, salvus erit. Illum utique adolescentem, quia credidisse & confessum fuisse novimus, ideo per Sacramentum Baptismatis salvum fuisse firmamus, qui si non baptisaretur, non solum nesciens, sed etiam sciens nullatenus salvaretur, via enim salutis in confessione, salus in baptismate.*

Verum illi iidem Theologi testantur hanc S. Fulgentii doctrinam ab Ecclesia Catholica non probari. Ego quidem existimo prædictum Fulgentii textum explicari posse in hypothesi, quod ille Catechumenus perfectam non supponatur habuisse charitatem, non solet enim S. Fulgentius a doctrina S. Augustini recedere.

Objicies: S. Gregorius Nazianzenus oratione 40. loquens de iis qui non possunt baptisari: *Alii*, inquit, *ne accipere quidem possunt Baptismum, vel propter infantiam fortasse, vel propter improvisum prorsus & violentum aliquem casum, quo efficitur, ut ne cupientibus quidem gratiam potiri liceat*, sic respondet, *Nec cælesti gloria, nec suppliciis a justo Judice afficiantur, utpote qui licet signati non fuerint, improbitate tamen careant.* Ubi negat Gregorius quemquam salvari per Baptismi cupiditatem, adeoque votum Baptismi non sufficere.

Respondeo Nazianzenum loqui de illis qui nonnullam habent Baptismi cupiditatem, non autem veram contritionem, quia potissimum vim facit in eo quod improbitate careant; nec apparet illum supponere tales homines habere charitatem vel imperfectam vel etiam amorem Dei inchoatum.

Objicies: Ex Concilio Braccarensi I. Can. 35. *non est facienda oratio & oblatio pro Catechumenis sine Baptismo defunctis.*

Resp. mentem Concilii Braccarensis esse, terrorem incutere Catechumenis, qui plerumque ad mortis periculum remittebant suum Baptismum; unde Concilia persæpe in eos animadverterunt, qui nonnisi in lecto ægrotantes, dicti propterea Clinici, Baptismum recipiebant. Cum porro diximus per veram cordis conversionem cum voto Baptismi sine actuali ejusdem Sacramenti perceptione hominem justificari posse, & peccatum in eo deleri, in hunc sensum, qui a majori & saniori Theologorum parte admittitur, id intelligendum putamus.

1. Dicimus id a nemine Catholico negari posse, si sermo sit de adulto, qui reperiatur in casu necessitatis, puta imminente mortis periculo, quo tempore Baptismum recipere non potest, & alunde contritionem habeat charitate perfectam; id quippe manifeste fuit defini-

tum

lium a Patribus Tridentinis loco supra citato.

2. Dicimus etiam remitti peccatum in iis qui votum habent Sacramenti cum perfecta charitate, tametsi non sint in casu necessitatis, quia nimirum charitas perfecta consociari non potest in eodem homine cum peccato; unde hanc propositionem damnavit sacra Facultas nostra anno 1560. *Per contritionem, non exhibito realiter Sacramento Baptismi, vel Pœnitentiæ, non dimittitur crimen extra casum martyrii & necessitatis*; ac proinde Estius, si oppositam tenet sententiam, hac in parte deserendus est.

3. Et putamus in casu necessitatis etiam justificari adultum, tametsi habeat tantum charitatem imperfectam cum voto Sacramenti, ut dicemus de contritione imperfecta in tract. de Sacramento pœnitentiæ, quatenus nimirum Deus per misericordiam suam supplere creditur, quod deest in gratiam illorum qui nomen ejus invocant; cumque super omnia diligunt, licet nondum perfecte; id colligitur ex loco S. Cypriani mox laudato.

Quæres utrum in homine per Baptismi votum justificato peccata remittantur non modo quoad culpam, sed & quoad pœnam simul peccato debitam.

Resp. negative; ita enim S. Thomas 3. p. q. 63. art. 2. ad 2. his verbis; *Si quis Catechumenus sit habens desiderium Baptismi, talis decedens non statim pervenit ad vitam æternam, sed patietur pœnam pro peccatis præteritis, ipse tamen salvus erit, sic quasi per ignem*. Unde S. Ambrosius, qui orat. de obitu Valentiniani asserit imperatorem haud dubie propter votum Baptismi sine Baptismo salvum esse, monet tamen pro eo esse orandum. *Pio*, inquit, *requiem ejus poscamus affectu*. & iterum: *animam piam nostris oblationibus prosequamur*, & ratio est; quia Deus non præsuminur per misericordiam suam supplere in ejusmodi hominibus, nisi quod absolute necessarium est ad salutem.

Caput X.

De subjecto Baptismi.

Constat quemlibet adultum esse subjectum capax suscipiendi Baptismum, modo tamen in eo præcesserit consensus & intentio sufficiens. Nemo enim invitus fidem Christianam amplectitur, ut docet Innocentius III. cap. *Majores* extra, de Baptismo. Sed difficultas est de infantibus usu rationis carentibus, utrum liceat & expediat illos baptisare, quasi per Baptismum remissionem peccati originalis & salutem æternam consequantur.

Hieracitæ, quorum autor Hierax, negarunt parvulos posse regnum cœlorum adipisci, teste S. Epiphanio hæresi 67. in eodem errore versabantur Petrobrusiani, & etiamnum Anabaptistæ, qui baptisatos in infantia rebaptisant, qui propterea dicti sunt Anabaptistæ.

Item Michael Servetus ausus est scribere Baptismum qui confertur infantibus meram esse Christi abnegationem, quam impietatem refutat Calvinus lib. 4. instit. cap. 16. qui tamen in alium errorem pene similem impegit, ratus solos fidelium filios esse baptisandos, eo quod Baptismus sigillum est fœderis Deum inter & Christianos initi. An vero expediat infantes baptisare, antequam usum rationis attigerint, alia est difficultas.

Tertullianus, etsi existimaret infantibus utilem esse Baptismum, satius tamen esse putabat illos non baptisare ante usum rationis lib. de Baptis. c. 18. quia timendum erat ne facta per Baptismum promissiones violarent. Contra quos sit

Conclusio.

Licet, atque expedit baptisare infantes recens natos, iique per Baptismum salutem consequuntur: est de fide.

Probatur 1. ex Scripturis, nempe ex istis verbis Joan. 3. *Nisi quis renatus fuerit*

rit ex aqua, & Spiritu sancto, non potest introire in regnum Dei, ubi cum necessitas Baptismi pro omnibus & singulis præcipitur, sequitur proinde Baptismum omnibus, adeoque infantibus esse utilem ac necessarium, præsertim cum addat Christus: *Quod natum est ex carne, caro est: & quod natum est ex spiritu, spiritus est*. quæ verba significant, ut nativitas carnalis omnibus est communis, ita & Baptismum esse communem omnibus regenerationem. Item Christus ait Matth. 19. *Sinite parvulos, & nolite eos prohibere ad me venire, talium est enim regnum cœlorum*, ex quo patet in doctrina Christi, infantes esse regni cœlorum, adeoque Baptismi, cujus necessitatem commendabat, recipiendi capaces.

3. Testatur Apostolus Rom. 5. in omnes homines pertransire Christi justitiam, *Sicut*, inquit, *per unius delictum in omnes homines in condemnationem: sic & per unius justitiam in omnes homines in justificationem vitæ*. ibi enim nulla est exceptio, de omnibus sermo habetur, adeoque de infantibus, quibus addi potest morem fuisse apud Apostolos, ut integras baptisarent familias Act. 2. dixit Petrus, *Baptisetur unusquisque vestrum ... in remissionem peccatorum ... vobis enim repromissio, & filiis vestris*. quod probat infantes esse capaces gratiæ recipiendæ, adeoque Baptismi; quemadmodum etsi rationis usu careant, peccato Adami sunt obnoxii.

Probatur 2. ex eo quod perpetua fuit Ecclesiæ consuetudo ab ipsis Apostolorum temporibus, ut baptisarentur infantes recens nati, cujus rei testis est S. Irenæus lib. 2. cap. 39. *Omnes enim*, inquit, *venit per semetipsum salvare omnes*, inquam, *qui per eum renascuntur in Deum; infantes & parvulos, & pueros & juvenes*. testis est S. Cyprianus qui, epist. 59. ad Fidum hæc scribit: *Quantum vero ad causam infantium pertinet, quos dixisti intra secundum vel tertium diem quo nati fuerint constitutos, baptisari non oportere, & considerandam esse legem Circumcisionis antiquæ, ut intra octavum diem; cum qui natus est baptisandum non putares, longe aliud in Concilio nostro omnibus visum est ... & idcirco hæc fuit in Concilio nostra sententia, a Baptismo atque a gratia Dei neminem per nos debere prohiberi*. Huic Concilio Carthagine habito, adfuere sexaginta & sex Episcopi. Testis & Origenes in cap. epist. ad Rom. hæc scribens: *Ecclesia ab Apostolis traditionem accepit etiam parvulis dare Baptismum*.

Testis vero maxime S. Augustinus qui infinitis in locis adversus Pelagianos docet perpetuam fuisse Ecclesiæ praxim, ut baptisarentur infantes, quo argumento utebatur ad probandum peccatum originale lib. 1. de peccat. meritis cap. 26. *Qui parvulos*, inquit, *baptisandos esse concedunt* Pelagiani, *qui contra auctoritatem universæ Ecclesiæ, procul dubio per Dominum & Apostolos traditam, venire non possunt, concedant*, oportet eos egere illis beneficiis *mediatoris*. & sermone primo de verbis Apostoli, *Nemo*, inquit, *vobis susurret doctrinas alienas, hoc Ecclesia semper habuit, semper tenuit, hoc a majorum fide accepit, hoc usque in finem perseveranter custodit*.

Idem docent S. Hieronymus, qui epistola ad Lætam monet parentes, ut infantes suos statim baptisari curent: S. Ambrosius lib. 2. de Abraham cap. 11. his citatis verbis, *Nisi quis renatus*, &c. ait: *Utique nullum excipit, non infantem*. S. Chrysost. hom. ad Neophitos; Innocentius I. epist. ad Concilium Milevitanum; & quamplurima Concilia Africæ quæ habita sunt adversus Pelagianos.

Sic v. g. Concilium Milevitanum cui interfuit S. Augustinus Can. 2. *Quicumque*, inquit, *parvulos recentes ab uteris matrum baptizandos negat, aut dicit in remissionem quidem peccatorum eos baptizari, sed nihil ex Adam trahere originalis peccati, quod regenerationis lavacro expietur, anathema sit*.

Concilium Bracarense III. Can. 7. *Placeat*, inquit, *ut unusquisque Episcopus per Ecclesias suas hoc præcipiat, ut hi qui infantes suos ad Baptismum afferent,*

rent,

rant, *si quid voluntarie pro suo offerunt voto, suscipiatur ab eis.*

Unde patet constantem & perpetuam fuisse Ecclesiæ doctrinam, non modo Baptismum esse necessarium infantibus, sed & per Baptismum infantes consequi salutem æternam: quod quidem expresse declaravit Concilium Tridentinum sess. 7. Can. 13. his verbis: *Si quis dixerit parvulos, eo quod actum credendi non habent, suscepto Baptismo inter fideles computandos non esse, ac propterea, cum ad annos discretionis pervenerint, esse rebaptizandos, aut præstare omitti eorum Baptisma, quam eo non actu proprio credentes baptizari in sola fide Ecclesiæ, anathema sit.*

Et Can. 14. *Si quis dixerit hujusmodi parvulos baptizatos, cum adoleverint, interrogandos esse, an ratum habere velint, quod patrini eorum nomine, dum baptizarentur, polliciti sunt; & ubi se nolle responderint, suo esse arbitrio relinquendos; nec alia interim pœna ad Christianam vitam cogendos, nisi ut ab Eucharistia, aliorumque Sacramentorum perceptione arceantur, donec resipiscant, anathema sit.* Sententiam quam ibi damnat Synodus Tridentina proposuerat Erasmus in quadam epistola quam paraphrasi in Evangelium S. Matthæi præfixit.

Vere quidem Tertullianus, ut modo dicebamus, putavit expedire magis, quod infantium Baptisma differatur, donec per ætatem sint rationis compotes, quæ privata ejus fuit opinio, satis aperte tamen significat infantes esse Baptismi capaces, nam lib. de anima cap. 39. exponens quo sensu dixit Apostolus filios fidelium esse sanctos, ait: *Eos sanctos appellari tum ex seminis prærogativa, quam ex institutionis disciplina; quasi designatos sanctitatis, ac per hoc etiam salutis, juxta Domini definitionem, Nisi quis renatus fuerit, &c. ita omnis anima eousque in Adam censetur, donec in Christo recenseatur, tamdiu immunda, quamdiu recenseatur.*

Objicies: Patet ex quibusdam Scripturæ locis fidem & pœnitentiam requiri in baptizandis. Marci ultimo: *Qui crediderit & baptizatus fuerit salvus erit.* Act. 2. Petrus ait; *Pœnitentiam agite, & baptizetur unusquisque vestrum.* In quibus locis fides & pœnitentia præcedunt Baptismum; at infantes fidei & pœnitentiæ non sunt capaces: igitur nec Baptismi.

Resp. in ejusmodi locis sermonem dirigi ad solos adultos, ut quando Christus ait: *Docete Gentes, baptisantes eos, &c.* non requiritur enim fides nisi pro iis qui possunt credere. Deinde infantes cum baptizantur non credunt quidem fide propria, sed fide aliena, videlicet sponsorum & ipsius Ecclesiæ, ut respondet S. Augustinus epist. 118. lib. 1. de peccatorum meritis cap. 23. lib. 4 de Bapt. c. 24. Disertum est ea in re quod scribit S. Doctor serm. 10. de verbis Apostoli, nunc serm. 76. *Nam & ipsi parvuli, inquit, portantur ad Ecclesiam, etsi pedibus illuc currere non possunt, alienis pedibus currunt, ut sanentur. Accommodat illis mater Ecclesia aliorum pedes ut veniant, aliorum cor ut credant, aliorum linguam ut fateantur.* Et ratio est quia docet ut infantes, qui aliena voluntate peccaverant, aliena fide sanctificari possint.

Objicies: Nullo in loco Christus jussit baptizandos esse infantes, nec ipse Apostolos suos baptizavit statim atque eos ad se traxit: ergo non expedit infantes baptizare, ubi primum nati sunt.

Respondeo constare ex Scripturis Christum declarasse Baptismum omnibus & singulis necessarium, cum dixit Joan. 3. *Nisi quis renatus fuerit ex aqua, &c.* dehinc certum esse ex perpetua, & constanti Ecclesiæ traditione hunc Baptismum non modo posse, sed & debere ipsis quoque infantibus applicari, quia noluit alma mater filios suos venire in periculum amittendæ salutis, si diu procrastinaretur illorum Baptisma. Ex quo principio respondetur objectioni quæ petitur, ex eo quod Christus Apostolos illico non baptizavit,

zavit, siquidem per circumcisionem aut aliud remedium liberati erant a peccato originali.

Objicies: Saltem infantibus, cum adoleverint, liberum esse debet ratum habere vel non, quod eorum Patrini in Baptismo polliciti sunt, injustum enim videtur, ut quis inscius & ratione nondum utens dicatur debitum contrahere, nisi tandem cum adoleverit, ejusmodi debitum & obligationem acceptet: igitur infantes qui in infantia baptisati fuere suo debent relinqui arbitrio, ut Religionis Christianæ jugo se submittant vel non.

Respondeo, nego ant. & dico infantes, cum adoleverint, legitime obligatos ad servandam legem Christi per Baptismum quo initiati sunt ante rationis usum, adeoque non posse, cum adoleverint, ratum non habere, quod pro ipsis polliciti sunt eorum Patrini; & ratio est, quia non modo Patrini nullam illis fecerunt injuriam, sed & maximum bonum procurarunt; quapropter non minus obligati sunt, ac si ipsi propria voluntate Christianismum amplexi fuissent. Sicut enim lucrantur beneficia quæ Baptismi susceptionem sequuntur, gratiam sanctificantem, adoptionem filiorum Dei, jus ad habenda divinæ gratiæ auxilia, & alia id genus; ita onera ferre debent, si tamen onus appellari debeat obligatio legem Christianam observandi. Et consequenter infantes in infantia baptizati, cum adoleverint, compelli debent ad amplectendam fidem Catholicam, nec in hac parte suo debent relinqui arbitrio. Infantes enim cum sint sub dominio parentum, possunt ex illorum voluntate obligari, sicut in foro externo tenentur eorum debita solvere.

Quæres utrum infantes in utero materno adhuc existentes, sint capaces Baptismi.

Resp. negative, quia Baptismus est Sacramentum regenerationis juxta hæc Christi verba: *Nisi quis renatus fuerit ex aqua*, &c. nemo autem renascitur nisi fuerit antea natus; ita S. August. lib. 2. de peccat. mer. cap. 27. his verbis: *Sacramentum Baptismi profecto Sacramentum regenerationis est, quocirca sicut homo qui non vixerit, mori non potest, & qui mortuus non fuerit, resurgere non potest, ita qui natus non fuerit, renasci non potest*; Idem docet S. Thomas 3. p. q. 68. art. 11. ad 4. post Magistrum lib. 4. dist. 6. Putat S. Thomas *expectandam esse totalem egressionem pueri ex utero ad Baptismum, nisi mors immineat, si tamen primo caput egrediatur, in quo fundantur omnes sensus, debet baptizari periculo imminente, & non postea rebaptizandus, si eum perfecte nasci contigerit. Et videtur idem faciendum quacumque alia parte egrediatur periculo imminente, quia tamen in nulla partium exteriorum integritas vitæ ita consistit, sicut in capite, videtur quibusdam quod puer post nativitatem sit baptizandus sub hac forma, Si non es baptizatus.*

Neque difficultatem creare potest quod in uteris matrum sanctificari creduntur B. Virgo, Joannes-Baptista, & Jeremias Propheta. Namque id non est factum nisi ex speciali quodam privilegio; dicimus autem in lege ordinaria neminem renasci qui nondum fuerit natus.

Quæres quid sit agendum, cum timetur, ne pereat infans ante susceptum Baptisma in partu infelici.

Resp. in ejusmodi casu si primo caput infantis egrediatur, baptizandum esse, nec postea rebaptizandum, cum perfecte natus erit. Sed si aliud membrum, ut pes & manus prodierit, aqua perfundi debet, ita ut, cum totum corpus vivens fuerit egressum, iterum baptizetur sub conditione: quod si certo constet matrem in partu obiisse, tunc statim aperto ejus utero, infans eductus baptizari debet, modo vivens appareat, quæ quidem & alia similia habentur in ritualibus. Legi potest S. Thomas in loco mox citato.

Quæres an baptizandi sint infantes a suis parentibus derelicti, qui appellari solent expositi.

Resp. Si via certa non innotescat eos

fuisse

ſtiſſe baptizatos, tunc eos eſſe baptiſandos ſub conditione, dicendo, Si non es baptiſatus, ego te baptiſo, ut vulgo fieri ſolet; neque enim ob vitium parentum ſalutari gratia Baptiſmi privari debent.

CAPUT XI.

Utrum infantes licite baptiſentur invitis parentibus.

DE filiis Hæreticorum nulla eſt dubitatio, ut adverſus Donatiſtas late probavit S. Auguſtinus epiſt. 185. quia parentes eorum ſunt directe ſubditi Eccleſiæ a qua deſciverunt, unde & ipſi, & eorum filii cogi poſſunt a Principibus Chriſtianis ad fidem iterum amplectendam, & Chriſtianiſmi leges obſervandas, *Unde eſt*, inquit S. Doctor hujus epiſtolæ cap. 6. *quod iſti clamare conſueverunt, Liberum eſt credere vel non credere? cui vim Chriſtus intulit? quem coegit? ecce habent Paulum Apoſtolum, agnoſcant in eo prius cogentem Chriſtum & poſtea docentem, prius ferientem & poſtea conſolantem. Mirum eſt autem quomodo ille qui pœna corporis ad Evangelium coactus intravit, plus illis omnibus qui ſolo verbo vocati ſunt in Evangelio laboravit, & quem major timor compulit ad charitatem, ejus perfecta charitas foras miſit timorem, cur ergo non cogeret Eccleſia perditos filios ut redirent, ſi perditi filii coegerunt alios ut perirent.* Unde ſupereſt difficultas de filiis Infidelium & Judæorum.

Tale Baptiſma eſſe validum colligitur etiam ex S. Auguſtino qui epiſt. 98. ad Bonifacium, ſcribit generaliter & nulla facta exceptione per Baptiſmum infantibus datum eos vere regenerari, quia offeruntur ab Eccleſia ſeu univerſa fidelium ſocietate, *Ut autem*, inquit, *poſſit regenerari per officium voluntatis alienæ, cum offertur conſecrandus, facit hoc unus ſpiritus ex quo regeneratur oblatus. Non enim ſcriptum eſt, Niſi quis renatus fuerit ex aqua & Spiritu ſancto*, & poſtea, *Offeruntur quippe parvuli ad percipiendam ſpiritalem gratiam, non tamen ab eis quorum geſtantur manibus, quamvis & ab ipſis, ſi & ipſi boni fideles ſunt, quam ab univerſa ſocietate ſanctorum atque fidelium*, ſed quæſtio eſt an id licitum ſit.

Quoad Infideles, ſi ſub Principibus Chriſtianis juſtam patiantur ſervitutem, filii eorum poſſunt baptiſari jure talis dominii invitis parentibus, quia ſervitus jure gentium ſic introducta eſt, ut dominus poſſit de ſervo diſponere, illum vendere aut donare; quod tamen eſt intelligendum modo iſti Infidelium filii in Chriſtiana religione deinceps educentur; ſecus tamen ſi parentibus ſuis educandi relinquantur, quia ex illo Baptiſmo nullum perciperent fructum, dubio procul ad infidelitatem reverſuri.

Item conſtat filios Infidelium, qui Principibus Chriſtianis civiliter non ſunt ſubditi, non eſſe baptiſandos invitis parentibus; quia nulla eſt ratio qua infantes illi propriis parentibus eripiantur, quorum ſcilicet curæ ab ipſa natura relicti ſunt.

Sed difficultas eſt de filiis Infidelium, uti & Judæorum qui Principibus Chriſtianis civiliter ſunt ſubditi. Partem negantem tenet S. Thomas 2. 2. q. 10. art. 12. & 3. p. q. 68. art. 10. quem ſequuntur omnes fere Theologi.

CONCLUSIO.

Non licet baptiſare filios Infidelium, uti & Judæorum invitis parentibus, etiam quando ipſi parentes Principibus Chriſtianis ſunt ſubditi.

Probatur hæc ſententia ex Concilio Toletano IV. quod expreſſe vetat, ne quis Judæus ad Fidem cogatur, cap. 56. *De Judæis præcipit ſancta Synodus nemini deinceps ad credendum vim inferri, cui enim vult Deus, miſeretur, & quem vult indurat, non enim tales inviti ſalvandi ſunt, ſed volentes, ut integra ſit forma juſtitiæ.*

Et ratio eſt, quia contra jus naturale eſt, filios rationis nondum compotes a cura parentum subtrahere: sed si baptisarentur invitis parentibus, curæ eorum subducerentur, ut per se patet; igitur non sunt baptisandi invitis parentibus: hæc ratio est S. Thomæ art. 12. mox laudato; *Quandiu*, inquit, *usum rationis non habet puer, non differt ab anima irrationali; unde sicut bos vel equus est alicujus, ut utatur eo, cum voluerit secundum jus civile sicut proprio instrumento, ita de jure naturali est, quod filius antequam habeat usum rationis sit sub cura parentum; unde contra justitiam naturalem est, si a cura parentum subtrahatur, vel de eo ordinetur aliquid invitis parentibus.*

Altera ratio petitur ex eo quod si infantes invitis parentibus baptisarentur, adeoque cum adolevissent ad servandas Religionis nostræ leges inviti cogerentur, Fides in manifestum veniret periculum, tunc enim contingeret, ut infantes illi ad infidelitatem reverterentur, quod ipsi Religioni valde injuriosum foret.

His adde quod & forte illi infantes sic baptisati, forent inde deteriores, ut observat S. Gregorius M. lib. I. epist. 45. his verbis: *Intentionem quidem hujusmodi laude dignam censeo, sed timeo ne animarum quas eripi volumus, dispendia subsequantur; dum enim quispiam ad Baptismatis fontem non prædicationis suavitate, sed necessitate pervenerit ad pristinam superstitionem remeans, inde deterius moritur, unde renasci videbatur.*

Addi potest quod ex praxi baptisandi filios Infidelium invitis parentibus Religio Christiana redditur valde odiosa; Religionis quippe veritas maxime elucet, ex eo quod non vi & armis, sed suasione fuerit suscepta, *Nova*, inquit S. Gregorius M. lib. 2. epist. 52. *atque inaudita est illa prædicatio quæ verberibus exigit fidem*, & S. Thomas loco supra citato, *Tunc est inducentibus ad fidem non coactione sed persuasione, & potest etiam invitis parentibus consentire fidei & baptisari.*

Nec dicas potestatem inferiorem non obligare quemquam in his quæ sunt contra superiorem: unde is qui curam habet Reipublicæ magis debet cogere subditos, ut Deo qui superior est obediant, quam hominibus; adeoque subtrahere debet filios dominio parentum infidelium in præsenti casu. Nam Ecclesiæ Ministri nullam habent potestatem, nullam jurisdictionem in Infideles, quod si quam Principes habent sæculares, ea est tantum politica & temporalis, quæ non extenditur ad res spiritales & supernaturalis ordinis.

Objicies: Baptismus est jure divino præceptus: sed tenentur homines jure divino se submittere, omissis quibuscunque aliis præceptis positivis, quia Actorum 5. *Oportet obedire Deo magis quam hominibus*, ergo invitis parentibus conferri debet Baptismus filiis Infidelium.

Respondeo 1. argumentum illud nimis probare, probaret enim conferri debere Baptismum homini reluctanti & invito, quia videlicet juxta illud ratiocinium oportet obedire Deo qui Baptismum præcepit, potius quam homini qui baptisari non vult: absurdum consequens, ut supra ostensum est, intentio enim seu consensus requiritur in adulto suscipiente Baptismum; quapropter invitis parentibus conferri non debet Baptismus Infidelium filiis.

Resp. 2. Dist. ant. ita ut detur in debitis & legitimis circumstantiis, C. secus N. quemadmodum itaque Baptismus dari non debet infantibus nondum natis, uti nec adultis non consentientibus, tametsi jure divino sit præceptus; ita nec conferendus est infantibus Infidelium invitis parentibus, quia id repugnat juri naturali, nec versantur illi infantes in iis circumstantiis, in quibus baptisari debeant.

Obj. Potestas defendendi innocentes, est omnibus jure naturali concessa; sed Ecclesia quæ daret Baptismum filiis Infidelium invitis parentibus, defenderet innocentes, impediens, ne magna ipsis fieret injuria; sicut si parens vellet interficeficere suum filium, jure possemus illum impedire, in hoc autem casu Infideles mortem spiritualem suis filiis procurant.

Dist: maj. quando vis infertur illis innocentibus contra jus naturale, C. secus, N. Porro Infideles qui filios suos baptisari nolunt, agunt quidem contra fidem & religionem nostram cui non subjiciuntur, sed non agunt contra jus naturale, ut qui filios suos interficere volunt in præfata hypothesi.

Cæterum cum rationi S. Thomæ dicentis, contra justitiam naturalem esse baptisare infantes invitis parentibus, libenter subscribimus, existimamus tamen hoc tam scrupulose non esse intelligendum & pro omni casu: unde si quis Christianus v. g. inveniret puerum patris infidelis jam jam moriturum, posset illum baptisare invito patre, quia alioquin certa foret hujus infantis damnatio: Et similiter licite, ut puto, baptisarentur infantes a parentibus infidelibus valde distantes, ita ut sint ab eorum cura substracti; neque enim adversus illam praxim militant præfatæ rationes.

Quæres, an puer baptisari licite possit alterutro parentum consentiente, quamvis repugnet alter?

Resp. affirmative, id enim definivit Gregor. IX: Argentinensi Episcopo scribens, ut refertur cap. *Ex litteris*. extra de conversione Infidelium. *Cum filius*, inquit, *in patris potestate consistat, cujus sequitur familiam & non matris, &c.*

Quæres an baptisandi sint amentes & furiosi?

Respondet S. Thomas 3. p. q. 68. art. 12. amentes & furiosos a nativitate, qui nulla habent lucida intervalla, baptisandos esse, uti & infantes qui rationis usum non attigerunt. Secus vero, si quando lucida habeant intervalla, & non appareat in eis voluntas suscipiendi Baptismum: Rem ita definiit Innocentius III. cap. *Majores*, extra de Baptismo.

CAPUT XII.

De effectibus Baptismi.

Constat ex Scripturis, & SS. Patrum scriptis plures esse Baptismi effectus.

1. Baptismus delet omnia peccata; tam originale, quam actualia, Actor. 2. Petrus ait: *Baptisetur unusquisque vestrum in remissionem peccatorum.* ad Ephesios cap. 5. *Mundans eam lavacro aquæ in verbo vitæ*. Mundatio enim non fit, nisi quatenus peccati sordes abstergantur, & idem Apostolus ad Rom. 8. *Nihil ergo nunc damnationis est in iis qui sunt in Christo Jesu*. deinde canitur in Symbolo: *Confiteor unum Baptisma in remissionem peccatorum*.

Hanc Fidem Catholicam certissime tradiderunt omnes SS. Patres. S. August. lib 14. de Trint. cap. 17. *In Baptismo fit renovatio remissione omnium peccatorum; neque enim vel unum quantulumcunque remanet, quod non remittatur*. & lib. 3. de Symbolo ad Catechumenos cap. 10. *Omnia prorsus delicta delet sanctum Baptisma, originalia & propria, dicta, facta, cogitata, cognita, incognita, omnia dimittuntur.*

Item S. Hieronymus epist. 83. sic habet, *Omnia scorta & publicæ colluvionis sordes, impietas in Deum, parricidium & incestus in parentes, atque in extraordinarias voluptates utriusque sexus mutata natura, Christi fonte purgantur*, & sic demum alii omnes in quavis ætate Scriptores Ecclesiastici.

Propter id merito definivit Concilium Trident. sess. 5. Can. 5. his verbis: *Si quis per Jesu-Christi Domini nostri gratiam, quæ in Baptismate confertur, reatum originalis peccati remitti negat; aut etiam asserit non tolli totum id, quod veram & propriam peccati rationem habet; sed illud dicit tantum radi, aut non imputari, anathema sit*. Editus est iste Canon adversus Lutheranos & Calvinistas, qui docebant per

per Baptismum eo sensu peccata dimitti, quod non imputentur, non quod vere tollantur.

2. Non solum quoad reatum culpæ, sed etiam quoad reatum pœnæ remittuntur peccata in Baptismo, ut colligitur ex S. Augustino lib. de peccat. merit. cap. 28. *Si*, inquit, *continuo post Baptismum sequatur ex hac vita migratio, non erit omnino quod obnoxium hominem teneat, solutis omnibus quæ tenebant*. Innocentius III. idem docet, *Sacramentum Baptismi*, inquit, *si digne sumatur, liberat omnino a culpa pariter & a pœna*. Eugenius IV. in suo decreto: *Baptisatis*, inquit, *nulla pro peccatis præteritis injungenda est satisfactio, sed morientes antequam culpam aliquam committant, statim ad regna cœlorum & Dei visionem perveniunt*.

Cum autem perpetua fuerit Ecclesiæ consuetudo nullam satisfactionem imponendi baptisatis, profecto reputabatur Baptismus pœnæ quoque reatum delere. Unde etiam Concil. Tridentinum sess. 5. Can. citato, sancit per Baptismum totum illud tolli quod veram peccati rationem habet, ita ut nihil prorsus hominem *ab ingressu cœli remoretur*. Unde sequitur peccata remitti etiam quoad reatum pœnæ.

Neque objici debet per Baptismum non tolli pœnalitates, famem, sitim, morbos, & mortem ipsam corporis; Baptismus enim non liberat nisi a pœnis vitæ futuræ, ut docet S. Augustinus Enchir. C. 66. *Magis propter futurum judicium fit remissio peccatorum. In hac autem vita usque adeo valet, quod scriptum est, Grave jugum super filios Adam a die exitus de ventre matris eorum usque in diem sepulturæ in matrem omnium*.

At inquies: Remanet in baptisatis concupiscentia, quæ a S. Paulo ad Romanos, cap. 7. appellatur peccatum.

Resp. concupiscentiam non dici peccatum proprie, sed tantum improprie quatenus ad peccatum inclinat. Rem dilucide explicat Concilium Trident. sess. 5. his verbis, *Hanc concupiscentiam, quam aliquando Apostolus peccatum appellat, sancta Synodus declarat Ecclesiam Catholicam nunquam intellexisse peccatum appellari, quod vere & proprie in renatis peccatum sit, sed quia ex peccato est, & ad peccatum inclinat*.

Quin & Baptismus ficte susceptus, hoc est sine debitis dispositionibus, eumdem producit effectum deposita fictione, & remoto per pœnitentiam obice, ut docet idem S. Augustinus lib. 3. de Bapt. cap. 13. *Tunc incipit valere idem Baptismus*, inquit, *ad dimittenda peccata, cum ad Ecclesiæ pacem venerint Hæretici vel Schismatici; non ut ille Baptismus quasi alienus, aut alius improbetur, ut alter tradatur, sed ut idem ipse qui propter discordiam foris operabatur mortem, propter pacem intus operetur salutem*, quam quidem doctrinam fusius in sequenti articulo explicabimus.

Sunt & alii quamplurimi effectus Baptismi, quos eleganter enumeravit S. Chrysostomus Homil. ad Neophitos. *Non enim*, inquit, *tantum sunt liberi sed & sancti, sed & justi, non solum justi, sed & filii, sed & heredes, non solum heredes, sed & fratres Christi, nec tantum fratres Christi, sed & coheredes, non solum coheredes, sed & membra, non tantum membra, sed & templum; non tantum templum, sed & organa spiritus. Vides quot sint Baptismatis largitates*.

At præcipuus baptismi effectus est gratia, quam Baptismus producit in baptisatis, quod tamen intelligi non debet de gratia actuali respectu infantium, cujus nimirum gratiæ non sunt capaces. Qua de causa eos a Baptismo excludunt Anabaptistæ, hoc Scripturæ Testimonio ducti Marci ultimo, *Qui crediderit, & baptisatus fuerit, salvus erit*. quasi fides in Baptismum, actualis scilicet, necessario Baptismum præcedere debeat, etiam in infantibus. Hic vero non minus absurdum & ineptum est quod finxit Lutherus, videlicet semper aliquem fidei actualis motum excitari in iis etiam infantibus qui Baptismum recipiunt.

Cum

Cum igitur dicimus præcipuum Baptismi effectum in infantibus esse gratiam, id intelligimus de gratia habituali; quæ a Deo infunditur per modum habitus permanentis & informantis animam baptisati, quæ quidem gratia dicitur propterea justificans, sanctificans, gratia regenerationis, renovationis, ut aperte denotant innumera Scripturæ testimonia, Joan. 3. *Nisi quis renatus fuerit ex aqua & Spiritu sancto &c.* igitur renascentia fit per Baptismum.

Item Apostolus non semel testatur eos qui baptisantur, Christum induere, Ephes. 4. cap. *Induite novum hominem, qui secundum Deum creatus est in justitia & sanctitate veritatis.* & cap. 6. *Induite vos armaturam Dei veritatem, justitiam, fidem*, quod sane non potest intelligi de fide actuali cujus capaces non sunt infantes, ad Titum cap. 3. *Salvos nos fecit per lavacrum regenerationis & renovationis Spiritus sancti*, per gratiam scilicet sanctificantem, ad Romanos cap. 5. *Diffusa est gratia in cordibus nostris per Spiritum sanctum, qui datus est nobis.*

Gratia quæ diffunditur est gratia habitualis & permanens, non actus transitorius. Et similiter intelligi debet quod sæpissime Deus dicitur manere & habitare in sanctis ac justis hominibus, Joan. 14. *Si quis diligit me, sermonem meum servabit & Pater meus diliget eum, & ad eum veniemus, & mansionem apud eum faciemus.* 1. ad Corint. 3. *Nescitis quia templum Dei estis, & Spiritus Dei habitat in vobis.* Quæ profecto clare demonstrant infantes baptisatos esse justos, regeneratos, gratia justificante & sanctificante donatos, quæ dubio procul non est gratia actualis, sed sanctitas permanens, per quam sunt templum Dei & Deus manet in illis.

His Scripturæ autoritatibus accedit quod definitum est in Concilio Viennensi sub Clemente V. in Clementina de summa Trinitate & Fide Catholica tom. 11. Conc. pag. 1567. his verbis: *Nos attendentes ad generalem efficaciam mortis Christi, quæ per baptismum applicatur pariter omnibus Baptisatis, opinionem secundam, quæ dicit tam parvulis quam adultis conferri in Baptismo informantem gratiam & virtutes, tanquam probabiliorem, & dictis sanctorum, ac doctorum modernorum Theologiæ magistrorum, magis consonam & concordem sacro approbante Concilio duximus eligendam.*

Idem & longe apertius statuit Concilium Tridentinum sess. 6. cap. 7. ubi exponens quid sit justificatio impii, quomodo fiat, & quæ sint ejus causæ, sic habet, *Instrumentalis item, Sacramentum Baptismi, quod est Sacramentum fidei, sine quo nulli unquam contigit justificatio; demum unica formalis causa est justitia Dei; non qua ipse justus est, sed qua nos justos facit; qua videlicet ab eo donati, renovamur spiritu mentis nostræ; & non modo reputamur, sed vere justi nominamur, & sumus, justitiam in nobis recipientes unusquisque suam secundum mensuram... id tamen in hac impii justificatione fit, dum ejusdem sanctissimæ Passionis merito per Spiritum sanctum charitas Dei diffunditur in cordibus eorum qui justificantur, atque ipsis inhæret.* Quis autem dixerit charitatem, seu justitiam in cordibus hominum justificatorum diffusam, atque inhærentem, ut loquuntur Patres Tridentini, non esse aliquid habitualiter permanens, sed positam esse in actibus, & sermonem esse de gratia actuali.

His adde quod eadem Synodus statuit ea in re in suis Canonibus sess. 6. Can. 11. *Si quis dixerit homines justificari, vel sola imputatione justitiæ Christi, vel sola peccatorum remissione, exclusa gratia, & charitate, quæ in cordibus eorum per Spiritum S. diffunditur, atque illis inhæret, anathema sit.*

Et sess. 7. Can. 13. *Si quis dixerit parvulos, eo quod actum credendi non habent, suscepto Baptismo inter Fideles computandos non esse, ac propterea cum ad annos discretionis pervenerint, esse rebaptizandos, anathema sit.* Unde sequitur parvulos, cum baptizantur accipere fidem habitualem, non actualem, cujus non sunt capaces; sed

sed infusam & habitualem cum gratia pariter infusa & permanente, inhærente.

Dehinc quæritur utrum illa sententia, quæ asserit tam parvulis quam adultis conferri per Baptismum gratiam illam interiorem & justificantem esse aliquid permanens, fixum & inhærens, ad fidem pertineat. Ratio dubitandi est, quia in allato Concilii Viennensis loco sententia affirmans, dicitur tantum probabilior, non absolute verior & pertinens ad fidem.

Quapropter sunt qui respondent Concilium Viennense appellare hanc sententiam opposita *probabiliorem*, qua parte affirmat gratiam justificantem esse aliquid internum & permanens, idque verissimum esse & pertinere ad fidem. Sed qua parte asserit gratiam illam veram esse qualitatem, seu habitum ad sensum scholæ inhærentem non esse de fide. Hoc ita explicant, inquiunt, Vega Commentar. in sess. 6. Concil. Tridentini; Dominicus Soto lib. 2. de grat. cap. 18. & Melchior Canus lib. 7. de locis, cap. 2.

Verum pace eorum dixerim, non intelligitur quid sibi velint isti Theologi, cum ajunt ad fidem pertinere quod dicatur gratiam justificantem esse aliquid internum, fixum & permanens; sed fidei dogma non esse, quod dicatur gratiam illam esse veram qualitatem seu habitum ad sensum scholæ, sed meram opinionem. Certe qui sic ratiocinantur & scribunt, otio lectorum abutuntur; ludunt ipsi in verbis, spreta, quod valde absurdum est, vera terminorum notione. Quæro enim ab illis, quid intelligant per gratiam illam justificantem, quæ secundum illos est aliquid internum & permanens, & quæ non est qualitas seu habitus ad sensum scholæ. Si gratia justificans non est qualitas seu habitus, erit igitur actus, aut fingi debet medium aliquod inter gratiam actualem & habitualem, cum dicimus juxta Concil. Trident. homines justificari per gratiam & charitatem quæ in cordibus eorum diffunditur, atque illis inhæret, id intelligendum erit de gratia actuali, dicendum erit gratiam actualem diffundi & inhærere; quod certe nemo non videt esse absurdissimum, & quod manifeste pugnat cum Decreto Patrum Tridentinorum, qui anathema pronunciant adversus eos qui dixerint, *Homines justificari vel sola imputatione justitiæ Christi, vel sola peccatorum remissione, exclusa gratia & charitate, quæ in cordibus eorum diffunditur, atque illis inhæret.*

Objiciunt hic quidam Theologi autoritatem Melchioris Cani, qui docet loco supra citato, duo esse disputationum genera inter Autores Ecclesiasticos, alterum earum rerum, quæ vere ad fidem spectant doctrinamque catholicam, alterum earum quæ nec fidei dogmata sunt, neque ex illis derivantur. *Ut*, v. g. inquit, *An gratia qua justificamur, qualitas quædam sit animo impressa, quæ ipsi præstet & esse & vivere, unde qualitates aliæ consequantur, hoc est, virtutes quædam, tum Theologicæ, tum morales infusæ, per quas animus divinas & supernaturales habeat actiones, inter Scholasticos disputatur.* Ubi Canus aperte docet inter Scholasticos disputari posse salva fide, an gratia justificans sit qualitas animo impressa.

Resp. Verum esse Cani principium, quo videlicet statuit duo esse disputationum genera, rerum scilicet quæ ad fidem spectant, & aliarum quæ nec fidei dogmata sunt, neque ex illis derivantur. Sed meo quidem judicio minus bene applicat suum hoc principium in præsenti materia, cum asserit inter Theologos disputari posse, an gratia justificans sit qualitas quædam animo impressa, quod utique in dubium revocari non potest ab illis qui putant gratiam justificantem esse aliquid internum, fixum & permanens. 1°. Quia idem omnino est, quod dicatur gratiam justificantem esse aliquid internum, fixum & permanens, & dicatur illam esse qualitatem seu habitum, quia, ut jam dixi, manifestum est gratiam illam justificantem, quæ non est actualis gratia diffusa in cordibus baptizatorum, sed gratia habitualis, adeo-

que

quæ alio nomine donari non potest quam nomine qualitatis vel habitus.

12. Si negaretur gratiam illam justificantem recte dici qualitatem, valde timendum esset, ne qui sic loqueretur, suspectus foret erroris manifesti, quo doceret contra definitionem Concilii Tridentini homines non justificari per gratiam in cordibus eorum diffusam quæ in ipsis inhæreat, sed vel sola imputatione justitiæ Christi, vel sola remissione peccatorum, mens enim Patrum manifesta est quod gratia justificans sit aliquid internum & permanens, non actus transitorius adeoque vera qualitas.

Alius Baptismi effectus est caracter, de quo abunde disseruimus in tractatu de Sacramentis in genere: cum ostendimus tria esse novæ legis Sacramenta quæ caracterem imprimunt, Baptismum scilicet, Confirmationem & Ordinem.

Caracter definitur, signum quoddam indelebile animæ impressum, unde fit, ut Sacramenta quibus imprimitur iterari non possint, qua de causa præfata Sacramenta valide collata nunquam iterantur, quod utique probatur & Scripturis & SS. Patribus.

Ex Scripturis quidem quoad spectat Baptismum, legitur ad Ephesios cap. 4. *Unus Dominus, una Fides, unum Baptisma*; quod nimirum nullo perpetrato scelere, nulla defectione ad hæresim aut infidelitatem amittitur. Idem colligitur ex his verbis epistolæ ad Hebræos, cap. 6. *Impossibile est*, inquit Apostolus, *eos qui semel sunt illuminati rursus . . . & prolapsi sunt, rursus renovari ad pœnitentiam*, idest iterum baptizari, ut exponunt multi interpretes.

Eaque est quoad spectat Baptismum communis Patrum doctrina. Unum inter alios appellabo S. Augustinum, sic habet tract. 6. in Joan. *Tene quod accepisti, non mutatur, sed agnoscitur, caracter est Regis mei, non ero sacrilegus, corrigo desertorem, non muto caracterem*; lib. 2. contra epistolam Parmeniani, cap. 3. *An forte*, inquit, *minus hærent Sacramenta christiana, quam corporalis hæc nota, cum videamus nec Apostatas carere Baptismate; quibus utique per Pœnitentiam redeuntibus non restituitur, & ideo amitti non posse judicatur?* Idem firmat S. Doctor infinitis in locis, & præsertim ubi agit adversus Donatistas, & cum eo universa SS. Patrum traditio, & Concilium Tridentinum, rem statuens sub pœna anathematis, sess. 7. Can. 9. his verbis, *Si quis dixerit in tribus Sacramentis, scilicet Baptismo, Confirmatione & Ordine, non imprimi caracterem in anima, hoc est, signum quoddam spirituale & indelebile, unde ea iterari non possunt, anathema sit.*

Neque est quod dicatur admittendum non esse caracterem qui dicatur imprimi per Baptismum. Caracter enim est signum quo quis ab alio discernatur: sed nihil plane inservit ejusmodi caracter in baptizatis, cum enim exterius non pateat, baptizatum neutiquam discernit a non baptizato; igitur mera est fictio admittere ejusmodi caracterem. Si quidem admittimus caracterem a Baptismo impressum, non quod pateat omnium oculis, neque enim ipsa nostra anima oculis hominum patet, sed ejusmodi caracterem imprimi a quibusdam Sacramentis expresse definivit Ecclesia, ejus mentio habetur in Scripturis & traditione, ubi commemoratur ut quædam nota, quoddam signum, quod judicavit Ecclesia non esse iterandum, de natura hujus notæ nihil statuit, qua de causa in varias de hoc argumento sententias salva fide abierunt Theologi.

Quæritur hoc loco utrum ii baptizandi sint saltem sub conditione, de quorum Baptismo dubitatur.

Resp. Receptam vigere in Ecclesia consuetudinem eos baptizandi, qui certitudine morali creduntur non baptizati, ut definivit Alexander III. cap. *de quibus* extra de Bapt. *De quibus*, inquit, *dubium est an baptizati fuerint, baptizentur, his verbis præmissis: Si baptizatus es, non te baptizo, sed si nondum baptizatus es, ego te baptizo in nomine Patris, &c.* quam formulam Baptismi sub conditione dati

legi-

legimus in capitular. lib. 6. cap. 184.

Dixi, si moraliter certum sit, hunc non fuisse baptizatum; neque enim sufficit levis quædam suspicio, quasi partem, ut ajunt, tutiorem sequendo, semper ad minimam dubitationem sine accurata veritatis indagatione Baptismus conferatur; debet enim Minister, ne in crimen & sacrilegium iterationis incidat, diligenter examinare, num ille de quo dubitatur, fuerit baptizatus, nisi forte periculum mortis immineat; vide apud Gratianum de consecrat. dist. 4.

Unde rebaptizari etiam sub conditione non debent baptizati a Lutheranis & Calvinistis, ut merito sanxerunt plura Galliæ Concilia paulo post Concilii Trident. celebrationem, videlicet Rotomagense, Turonense, Aquense, Ebroicense, &c. quia constat illos in forma legitima baptizare. Item ita tenendum declarat Conc. Tridentinum sess. 7. Can. 11. *Si quis dixerit verum & rite collatum Baptismum iterandum esse illi qui apud infideles fidem Christi negaverit, cum ad Pœnitentiam convertitur, anathema sit.* Dudum antea docuerat S. Gregorius M. lib. 9. epist. 6. *Ab antiqua Patrum institutione manasse, ut qui in Hæresi baptizati fuerint, aut unctione chrismatis, aut impositione manuum, aut sola professione fidei ad sinum matris Ecclesiæ revocentur.*

Possunt & inter Baptismi effectus annumerari obligationes quas baptizati contrahunt. Scilicet cum Baptismus sit solemnis Religionis Christianæ professio, quicumque baptizantur, expresse renuntiant Satanæ, ejusque operibus & pompis, quod ab omni ævo fuit usitatum in Ecclesia; sic enim loquitur Tertullianus lib. de corona militis cap. 3. *Aquam adituri contestamur nos renuntiare Diabolo, & pompæ & angelis ejus.* Dehinc qui baptizantur eadem se se obligant sponsionibus quæ dici solent Baptismi vota, quæ tamen non sunt vota stricte loquendo; votum enim stricte est promissio Deo facta de aliquo bono debito, quæ autem promittimus in Baptismo, Deo debemus hoc ipso quod Baptismus sit Christianismi professio, nimirum debemus Evangelii præcepta sequi & Ecclesiæ Pastoribus obedire, &c.

CAPUT XIII.

De dispositionibus ad Baptismum.

Diximus quemlibet hominem, sive puerum, sive adultum, sive marem, sive fœminam, esse capacem recipiendi Baptismi, cum Christus universim pronuntiaverit Matth. ultimo, *Euntes, docete omnes gentes, baptisantes eos in nomine Patris, & Filii, & Spiritus sancti.* Quænam vero requiratur dispositio ex parte suscipientis nunc paucis expendendum est.

Nullam ex parte infantium necessariam esse constat apud omnes, ut videre est apud S. Augustinum lib. 1. de peccat. merit. & remissione. Unde superest difficultas de conditionibus prærequisitis ad Baptismum suscipiendum pro adultis. Tres autem inter alias animi dispositiones videntur imprimis requisitæ, nimirum fides, intentio seu consensus, & pœnitentia ad gratiam scilicet in Baptismo recipiendam.

Primo requiritur fides ad gratiam in hoc Sacramento consequendam, ut aperte legitur in actibus Apostolorum cap. 8. ubi cum Eunuchus Philippo dixisset: *Ecce aqua, quid prohibet me baptisari?* Philippus dixit, *Si credis ex toto corde, licet: & respondens ait, Credo Filium Dei esse Jesum-Christum.* Id consentaneum est his Christi verbis Marci ultimo: *Qui crediderit & baptisatus fuerit, salvus erit; qui vero non crediderit, condemnabitur.* Hinc enim sequitur fidem necessariam esse adultis, ut in Baptismo gratiam percipiant, unde Concil. Laodicenum Can. 46. *Baptizandos oportet fidei Symbolum discere.*

Dixi ad consequendam gratiam, quia sine fide Sacramentum sine gratia Sacramenti valide reciperetur, ut agnoscit S.

Au-

Augustinus lib. 3. de Bapt. cap. 16. his verbis: *Non interest, cum de Sacramenti integritate & sanctitate tractatur, quid credat & quali fide imbutus sit ille qui accipit Sacramentum; interest plurimum quidem ad salutis viam, sed ad Sacramenti quæstionem nihil interest.*

Secundo, in adultis requiritur ad Baptismum intentio seu consensus quo utique Baptismum accipere, idque constat, 1. ex autoritatibus supra adductis cap. 10. quibus ostensum est, filios Infidelium non esse baptizandos invitis parentibus; a fortiori enim adulti si nolint & contradicant, non erunt baptizandi; 2°. ex eo quod in administratione Baptismi Minister baptizandum interrogat, cum velit baptizari, *Vis baptizari?* qui respondet, *Volo*. 3. ex Innocentio III. cap. *Majores*, hæc scribente, *Id est Religioni christianæ contrarium, ut semper invitus & penitus contradicens ad recipiendum & servandam Christianitatem aliquis compellatur. Propter quod inter invitum & non invitum, coactum & non coactum alii non absurde distinguunt, quod is qui terroribus atque suppliciis violenter attrahitur, & ne detrimentum incurrat, Baptismi suscipit Sacramentum, talis (sicut is qui ficte ad Baptismum accedit) characterem suscipit Christianitatis impressum, & ipse tanquam conditionaliter volens, licet absolute non velit, cogendus est ad observantiam Fidei Christianæ ... ille vero qui nunquam consentit, sed penitus contradicit, nec rem, nec caracterem suscipit Sacramenti, quia plus est expresse contradicere, quam minime consentire.* Ex quibus colligitur, eum qui minis ac terroribus coactus Baptismum suscipit, non censeri absolute invitum & coactum, sed aliquo modo volentem, licet voluntate per terrorem excitata, & sic intelligitur quod scribit S. Augustin. tract. 26. in Joan. his verbis: *Intrare quisquam Ecclesiam potest nolens, accedere ad altare potest nolens, accipere potest Sacramentum nolens, credere non potest nisi volens.*

Tertio, pœnitentiam seu sincerum de peccatis commissis dolorem præmittere debent adulti, priusquam baptizentur, ut expresse docet S. Petrus Act. 2. *Pœnitentiam agite*, inquit, *& baptizetur unusquisque vestrum*. Tum vero & antiqui Patres qui solent in Catechumenos insurgere, quod ante actam sufficientem pœnitentiam, baptisari efflagitabant: legi possunt ea de re Tertullianus lib. de pœnitentia cap. 6. S. Cyrillus Jerosol. Catechesi 1. Mystag. S. Greg. Nazian. orat. 11. S. Chrysost. homil. 13. in Epist. ad Hebræos; sic vero loquitur S. Augustinus lib. de fide & operibus, cap. 2. *Quantum attinet ad salubrem doctrinam veritatis, ne cuiquam mortifero peccato perniciosissima securitas detur, vel etiam pestilentissima tribuatur autoritas, iste curationis ordo est, ut baptizandi credant in Deum Patrem & Filium ac Spiritum sanctum eo ritu quo Symbolum traditur, & a mortuis operibus agant pœnitentiam.*

Quod idem docet Concilium Tridentinum sess. 6. cap. 6. ubi exponens dispositiones ad Baptismum suscipiendum necessarias sic loquitur: *Deum tanquam omnis justitiæ fontem diligere incipiant, ac propterea moveantur adversus peccata per odium aliquod, & detestationem, hoc est, per eam pœnitentiam, quam ante Baptismum agere oportet.*

Id vero rursus confirmatur ex antiqua Ecclesiæ disciplina erga Catechumenos, quorum tres erant classes, videlicet audientium, competentium, & electorum, quibus Sacramentum Baptismi non administrabatur, antequam præfatas dispositiones exhibuissent.

Audientes sic dicti erant, quod Catechumeni primum, petita venia ab Episcopo, Ecclesiasticis conventibus intererant, & verbum Dei audiebant, fideique Christianæ edocebantur. Competentes qui Baptismum petebant, Symbolum recitare tenebantur, ut colligitur ex S. Augustino serm. 58. Sed duros pœnitentiæ labores subibant, ut habet Tertullianus lib. de Bapt. cap. 19. *Ingressuros Baptismum*, inquit, *orationibus crebris, jeju-*

niis & genuflectionibus & pervigiliis mundare oportet, & cum confessione omnium retro delictorum. Electi demum erant illi qui per ſcrutinium digni æſtimabantur Baptiſmo, præmiſſa diligenti perquiſitione de fide, pietate & moribus eorum qui Baptiſmum efflagitabant. Ex quibus patet Eccleſiæ mentem ſemper fuiſſe Adultos ſine præfatis diſpoſitionibus gratiam baptiſmalem conſequi non poſſe.

Quæres quid ſit ſentiendum de Baptiſmo ficte ſuſcepto, quem effectum producat ante & poſt depoſitam fictionem.

Reſpondeo 1. Baptiſmum juxta uſitatam apud Theologos loquendi normam dici *ficte ſuſceptum*, non quod ſimulate & mimice, vel ex parte Miniſtri, vel ex parte ſuſcipientis, adminiſtratus ſit; ſed quia recipitur ab homine male diſpoſito, cui deeſt vel fides, vel pietas, vel ſincerus de peccatis ſuis dolor.

Reſpondeo 2. Baptiſmum qui hoc ſenſu dicitur ficte ſuſceptus, ante depoſitam fictionem producere caracterem, & non producere gratiam. 1. Producit caracterem; non minus enim agit in peccatores, ac in hæreticos & ſchiſmaticos; ſed his omnibus datus cenſetur validus & minime repetendus. 2. Non producit gratiam, quia peccatores male diſpoſiti non ſunt capaces gratiæ recipiendæ.

Sed depoſita fictione, quod utique fit per ſinceram pœnitentiam, Baptiſmus reviviſcit & ſuum producit effectum, hoc eſt antecedentia peccata cum ipſo etiam pœnæ reatu delet, uti factum fuiſſet, ſi baptiſatus fuiſſet recte diſpoſitus quando Baptiſmum ſuſcepit, ut docet S. Auguſtinus lib. 3. de Bap. cap. 13. his verbis: *Tunc incipit valere Baptiſmus ad dimittenda peccata, cum ad Eccleſiæ pacem venerint hæretici; non ut ille Baptiſmus quaſi alienus aut alius improbetur, ut alter tradatur; ſed ut idem ipſe qui propter diſcordiam foris operabatur mortem, propter pacem intus operetur ſalutem.* Ex quibus colligitur Baptiſmum ſublata fictione valere ad dimittenda peccata & operari ſalutem, cum hæretici redeunt ad Eccleſiam; unde ſequitur eadem ratione Baptiſmum in Eccleſia datum male diſpoſitis & pietate carentibus, ſublata fictione reviviſcere & gratiam producere. Et lib. 1. cap. 12. *Quid*, inquit, *ſi ad ipſum Baptiſmum fictus acceſſit, dimiſſa ſunt ei peccata, an non ſunt dimiſſa. Si dimiſſa dixerint, quomodo ergo Spiritus ſanctus diſciplinæ effugiet fictum ſi in iſto ficto remiſſionem operatus eſt peccatorum. Si dixerit non eſſe dimiſſa, quæro ſi poſtea fictionem ſuam corde concuſſo, & vero dolore fateretur, denuo baptiſandus judicaretur? Quod ſi dementiſſimum eſt dicere, fateantur vero baptiſmo Chriſti baptizari poſſe hominem, & tamen cor ejus in malitia vel ſacrilegio perſeverans, peccatorum abolitionem non ſinere fieri. Atque ita intelligant in communionibus ab Eccleſia ſeparatis poſſe homines baptizari, ubi Chriſtiani Baptiſmus eadem Sacramenti celebratione datur & ſumitur, qui tamen tunc proſit ad remiſſionem peccatorum, cum quis reconciliatur unitati, ſacrilegio diſſenſionis exuitur, quo ejus peccata tenebantur, & dimitti non ſinebantur.* Quibus nihil eſſe poteſt diſertius, ut oſtendatur fieri reviviſcentiam Baptiſmi in Catholico, qui ſine pietate fuerat baptizatus; ita ut depoſita fictione Baptiſmus producat gratiam & peccata deleat.

Id porro intelligitur, ut dixi, de peccatis antecedentibus, hoc eſt, de peccatis quæ ante Baptiſmum fuerant commiſſa; quia peccata ſubſequentia, ut & ipſa fictio quæ peccatum mortale eſt, ſunt materia pœnitentiæ, non Baptiſmi; contra vero peccata antecedentia, & peccatum originale non niſi per Baptiſmum remittuntur.

Obj. Fide certum eſt peccata non remitti niſi per Baptiſmum, aut per pœnitentiam: ſed illa non remittuntur per baptiſmum ficte ſuſceptum, cum ſit novum peccatum: ſupereſt igitur ut remitti dicantur per pœnitentiam peccata etiam illa antecedentia. Quod autem oppoſita ſen-

sententia vulgo propugnatur a Theologis, non habet fundamentum nisi in citatis S. Augustini testimoniis, in quibus docet solummodo S. Doctor Baptismum hoc operari, quia non nisi per Baptismum jus habetur ad pœnitentiam.

Nego min. & dico peccata antecedentia Baptismi susceptionem, remitti per Baptismum ficte susceptum propter adducta superius momenta. Dici autem non debet Baptismum ficte susceptum, esse novum peccatum, sed fictionem ipsam, quæ in Baptismi susceptione grave scelus est, non nisi per pœnitentiam remitti. Id autem maxime efficitur ex adductis S. Augustini locis, non enim scribit duntaxat Baptismum ficte susceptum, dare jus ad pœnitentiam, sed ipsimet directe Baptismo, tametsi ficte suscepto tribuit remissionem peccatorum, agnoscit enim vim delendi peccata esse in Baptismo qui suum non habet effectum propter obicem erroris aut dissensionis, quo sublato obice Sacramentum operatur salutem.

At inquies: Sequeretur inde peccati originalis remissionem tribui posse pœnitentiæ: sed fatentur omnes solo Baptismo remitti peccatum originale: ergo per pœnitentiam non reviviscit Baptismus quoad remissionem peccati originalis.

Dist. maj. Pœnitentiæ ut causæ remotæ & mediatæ, C. proximæ & immediatæ, N. Porro nil impedit quominus dicatur per pœnitentiam remitti peccatum originale remote scilicet, quatenus per pœnitentiam reviviscit Baptismus, qui per se & proxime delet peccatum originale, is enim ipse est sensus S. Augustini in loco mox laudato.

Instabis: Sacramentum Pœnitentiæ non reviviscit deposita fictione: ergo nec Baptismus.

Nego cons. disparitas est quia Patres loquuntur tantum de reviviscentia aliorum Sacramentorum; forte quia Baptismus remanet in homine quoad characterem, quod dici non potest de pœnitentia. Unde multi Theologi contendunt Ordinem & Confirmationem quæ imprimunt characterem, reviviscere ad instar Baptismi.

Caput XIV.

De Cæremoniis Baptismi.

CUM loquimur de cæremoniis Baptismi, id intelligitur, ut per se patet, de Baptismo solemniter administrato, quandoque enim ut docet Ecclesiæ praxis, datur Baptismus sine cæremoniis, cum adest periculum vitæ, in casu necessitatis, ita ut tamen, ut mox dicturi sumus, omissæ suppleantur postea cæremoniæ.

Inter cæremonias autem quæ in administratione Baptismi adhiberi solent, aliæ sunt quæ dicuntur efficientes, aliæ vero quæ mere significativæ sunt. De præcipuis solum Baptismi cæremoniis nonnulla observavimus. Inter eas recenseri merito possunt exorcismus & exsufflatio quæ dicuntur cæremoniæ efficientes, quia per eas diaboli potestas comprimitur; non sunt tamen Sacramenta proprie dicta, nec gratiam producunt ex opere operato, quia non sunt a Christo institutæ. Earum antiquissimus est usus in Ecclesia; hujus enim meminerunt Tertullianus lib. de Idololatria, & S. Augustinus, tum in libris adversus Pelagianos, ubi ab exorcismis argumentum petit ad probandum peccatum originale, tum lib. 1. de Symbolo cap. 1. *Ideo*, inquit, *parvuli exsufflantur & exorcisantur, ut pellatur ab eis potestas diaboli inimica*. Meminit etiam alterius cæremoniæ idem Tertullianus lib. de corona militis cap. 3. per quam baptisandus abrenuntiat satanæ: *Aquam adituri*, inquit, *sed aliquanto prius in Ecclesia sub antistitis manu contestamur nos renuntiare diabolo & pompæ & angelis ejus. Dehinc ter mergitamur amplius aliquid respondentes, quam Dominus in Evangelio determinavit. Inde suscepti lactis & mellis concordiam prægustamus*. Eundem ritum observari solitum inter baptizandum commemo-

memo-

memorant S. Cyrillus Hierosolymitanus in suis Catechesibus, & S. Ambrosius in libris de Sacramentis.

Altera cæremonia quæ similiter inter efficientes non pure significativas reponitur a S. Thoma 3. p. q. 71. art. 3. est unctio verticalis quæ religiose usurpatur in Ecclesia, ex quo Presbyteri baptizantes, jussi sunt chrismare in vertice. Hæc longe differt ab unctione confirmatoria, quæ fieri debebat, & semper facta est in fronte ab Episcopo, non a simplicibus Presbyteris. Item unctio verticalis non efficiebat gratiam, sed ad summum quasdam pias motiones ad conservationem gratiæ baptismalis, ut ait ibidem S. Doctor.

Alia Baptismi cæremonia est, quod sponsores seu patrini adhibeantur, ut ita melius provideatur pueris qui baptizantur, cum ipsis dantur parentes spirituales, qui defectu parentum carnalium curam eorum salutis habeant. In usu id fuit ab initio Ecclesiæ, ut colligitur ex Tertulliano lib. de Bapt. cap. 18. hæc scribente: *Quid enim necesse est sponsores etiam periculo ingeri*, unde postea S. Augustinus epist. 98. *Interrogamus eos a quibus offeruntur* infantes *qui baptizantur*. Quapropter merito vetitum fuit in Conciliis, ne in Patrinos assumerentur hæretici, excommunicati, publici peccatores, & qui hoc eodem anno ad communionem Paschalem non accesserunt, qui quidem ad procurandam aliorum salutem minus apti videntur. Arcentur etiam ab hoc munere Monachi, qui sub aliorum potestate ipsi sunt constituti. Item Concilium Trident. sess. 24. cap. 2. refor. sanxit ut unus tantum & una baptizatum de fonte suscipiat, ne matrimonii impedimenta, e quorum numero est affinitas spiritualis, quæ per hanc susceptionem contrahitur, nimium multiplicentur. Deinde pater & mater ejus qui baptizatur Patrinorum officio fungi non debent; quia, ut dicitur in tractatu de Matrimonio, qui filium suum ex sacro fonte suscipit nulla cogente necessitate, spiritualem contrahit cognationem cum propria uxore, & ideo conjugale debitum ab ea petere non potest. Denique nec infantes admitti debent, nec ignari qui prima fidei elementa non callent, quod aliorum salutis curam gerere nequeant. Ex Rituali Romano Patrini admitti non debent, qui Confirmationis Sacramentum nondum susceperunt.

Item alia Baptismi cæremonia est quod administratur Baptismus cum aqua benedicta, cujus antiquissimum in Ecclesia fuisse usum colligitur ex eo quod illius meminerunt Patres priorum sæculorum. Mitto alias esse Baptismi cæremonias minus præcipuas & mere significativas, quales sunt cereus accensus, vestis alba, sal in ore ejus qui baptizatur, &c.

Quæres an suppleri debeant cæremoniæ propter aliquam causam omissæ.

Respondeo affirmative, ita S. Thomas p. 3. q. 71. art. 3. hæc enim est Ecclesiæ consuetudo, ut non nisi propter gravem necessitatem differantur cæremoniæ, dilatæ vero quam primum suppleantur, ut nempe discant fideles Sacramenta solemniter, quantum fieri potest, tractanda.

At inquies: Et exorcismus & verba quibus utitur Sacerdos erunt falsa, baptizatus enim non habet spiritum immundum, & ita falsum erit quod dicet Minister, *Exi ab eo immunde spiritus &c. Quid iniquius quam exorcisare Spiritum sanctum*, ut aiebat Optatus adversus Donatistas lib. 2. n. 21. igitur:

Respondet S. Thomas loco citato suppleri cæremonias Baptismi, *ut servetur uniformitas in Baptismo*. addit in 4. Sent. dist. 6. q. 2. art. 3. *Nec hoc est inconveniens cum etiam per aquam benedictam qua post Baptismum aspergimur, aliqua potestas dæmonis reprimitur*. Porro de cæremoniis Baptismi quæ supplentur in baptizatis neutiquam loquitur Optatus, qui acriter redarguit Donatistas quod impium suum furorem exercebant in Catholicos Sacerdotes, *Quid iniquius*, inquit, *quam exorcisare Spiritum sanctum, Al-*

taria

taria frangere, *Eucharistiam animalibus projicere*, &c. An singulæ cæremoniæ & quomodo adhibendæ sint, docent Rituales libri in unaquaque Diœcesi.

APPENDIX

DE BAPTISMO S. JOANNIS-BAPTISTÆ.

SOlent in hoc Tractatu Theologi de Baptismo S. Joannis nonnihil dissere. Quærunt autem utrum remissionem peccatorum & gratiam sanctificantem contulerit ex opere operato. Hunc Baptismum eamdem non habuisse vim cum Baptismo Christi definiit Concilium Trident. sess. 7. can. 1. his verbis: *Si quis dixerit Baptismum Joannis habuisse eamdem vim cum Baptismo Christi, anathema sit*. Idque contra Novatores qui, cum putent hominem sola fide justificari, non aliam tribuunt efficacia n Baptismo novæ Legis, quam aliis antiqui Testamenti signis.

Calvinus lib. 4. instit. cap. 24. docet non aliam fuisse differentiam inter Baptismum Joannis & Christi, quam quod diversis manibus daretur; cui cum ostenditur ille Scripturæ locus Act. 19. in quo legitur eos qui Joannis Baptismum receperant, iterum a S. Paulo fuisse baptizatos, respondet, illos fuisse iterum baptizatos; id est fuisse eruditos & doctos quid esset Spiritus sanctus, quod ignorabant, quod certe ipsis Scripturæ verbis manifeste adversatur. At licet Catholici omnes fateantur utrumque Baptismum Christi & Joannis paris non fuisse virtutis, disputant tamen utrum Baptismus Joannis produxerit gratiam ex opere operato, uti & Christi Baptismus.

CONCLUSIO.

Baptismus S. Joannis-Baptistæ non producebat gratiam ex opere operato.

Probatur ex Scripturis quæ aperte docent Baptismum Joannis non per se sed solum ratione pœnitentiæ peccata remisisse, Matthæi 3. loquitur ipse Baptista: *Ego quidem baptizo vos in aqua in pœnitentiam, qui autem post me venturus est, fortior me est.... ipse vos baptizabit in Spiritu sancto & igni*. Quod idem repetunt Marcus cap. 1. & Lucas cap. 3. Favet quod Actuum cap. laudato legitur nonnullos Joannis Baptismate baptisatos nequidem audivisse si esset Spiritus sanctus, *Sed neque si Spiritus sanctus est, audivimus*. Quibus respondet Apostolus: *In quo ergo baptizati estis?* & dixerunt: *In Joannis Baptismate*; quod manifeste ostendit per illum Joannis Baptismum tunc datum non fuisse Spiritum sanctum seu gratiam, quod similiter probat S. Joannem suo Baptismo, non autem Baptismo Christi baptisasse appellata Sanctissima Trinitate.

Et certe quemadmodum argumentatur S. Augustinus contra Donatistas, nulla potuit esse ratio, cur Baptismus qui dabatur a Joanne, diceretur Joannis, nisi quia Baptismus non dicitur ejus esse, cujus manibus, sed cujus autoritate datur, & sic Baptismus qui dabatur a Paulo, etsi manibus illius daretur, dabatur tamen nomine & autoritate Christi, Baptismus autem Joannis dabatur autoritate ipsius Joannis, & propterea ab ipso Christo vocatur Baptismus Joannis, Lucæ cap. 7.

Eandem sententiam tradunt SS. Patres, Tertullianus lib. de Bapt. cap. 10. loquens de Baptismo S. Joannis hæc scribit: *Nihil enim cæleste præstabat, sed cælesti-*

testibus ministrabat pœnitentiæ scilicet præpositus . . . . agebatur itaque Baptismus pœnitentiæ quasi candidatus remissionis & sanctificationis in Christo subsequturæ. S. Hieronymus in dialogo contra Lucifer. *Joannis Baptisma non tam peccata dimisit, quam Baptisma pœnitentiæ fuit in remissionem peccatorum futuræ.* S. Augustinus Enchir. cap. 49. *Non renascebantur qui Baptismo Joannis baptizabantur, sed Christo, in quo solo renasci poterant, parabantur.* Idem docent Origenes in cap. 4. epist. ad Rom. S. Hilarius Can. 2. in Matth. S. Ambrosius lib. 2. in Lucam, & alii passim quibus consentiens est major Theologorum pars.

Deinde ut ostendatur Baptismum Joannis non fuisse paris efficaciæ & virtutis cum Baptismo Christi, argumentum petitur ex disputatione quæ diu agitata est inter Catholicos & Donatistas. Scilicet hoc argumento utebantur Donatistæ adversus Catholicos, qui a Joanne fuerant baptizati, iterum a Divo Paulo sunt baptizati: ergo, inquiebant, multo magis qui ab Hæreticis & Schismaticis fuerunt baptizati, a vobis baptizandi sunt. En argumentum Donatistarum.

Responderunt Catholici eos qui a Joanne baptizati fuerant debuisse a Paulo baptizari, quia Baptismus Joannis multum differebat a Baptismo Christi. Baptismum autem Hæreticorum & Schismaticorum esse verum Baptismum Christi, & propterea minime iterandum, modo collatus fuerit in nomine Patris, & Filii, & Spiritus sancti. Ita S. Augustinus lib. 2. contra litteras Petiliani cap. 37. Optatus lib. 5. contra Parmenianum, & S. Hieronymus dialogo contra Luciferianos: unde sequitur hanc fuisse Patrum sententiam, Baptismum Joannis non fuisse paris virtutis & efficaciæ cum Baptismo Christi.

Obj. In Scripturis Baptismo S. Joannis expresse tribuitur remissio peccatorum, Marci 1. *Fuit in deserto baptizans & prædicans Baptismum pœnitentiæ in remissionem peccatorum*, Lucæ 3. *prædicans Baptismum in remissionem peccatorum.*

Idemque passim testantur SS. Patres, S. Basilius lib. 1. de Bapt. cap. 2. *Per gratiam Dei & Christi ipsius simul atque accesserat quis peccata sua quantacumque & qualiacumque fuissent, confessus fuerat in Jordani flumine, baptizabatur, & confestim peccatorum remissionem accipiebat.* S. Cyrillus Jerosol. Catechesi 2. *Joannis Baptismus*, inquit, *remissionem peccatorum præstabat*, S. Augustinus lib. 5. de Bapt. cap. 10. *Si mecum quisquam contendat etiam in Baptismo Joannis dimissa esse peccata, secundum aliquam ampliorem sanctificationem eis quos jussit Paulus denuo baptizari per Baptismum Christi esse collatum, non ago pugnaciter.* Sic & Optatus lib. 5. & quidam alii: unde merito colligitur Baptismum S. Joannis-Baptistæ, produxisse gratiam ex opere operato; quod enim Sacramentum remittit peccata idem & gratiam ac Spiritum sanctum confert. Eodem quippe modo loquitur Scriptura de Baptismo Christi, Actuum 2. S. Petrus ait: *Baptizetur unusquisque vestrum in remissionem peccatorum*; & canitur in Symbolo, *Unum Baptisma in remissionem peccatorum*. igitur Baptismus Joannis conferebat gratiam ex opere operato.

Respondeo hæc Scripturæ & Patrum loca aliaque similia, recte explicari eo sensu quod per Baptismum S. Joannis remissa fuerint olim peccata ex opere operantis, ratione scilicet pœnitentiæ ad quam hortabatur prædicans Joannes-Baptista, non autem ex opere operato, quasi hic Baptismus per se & vi propria gratiam contulerit. Ad hanc porro stabiliendam responsionem præter quam quod observari potest, non legi in Scriptura Joannem baptizasse, sed prædicasse in remissionem peccatorum; unus sufficit Scripturæ locus, in quo aperte negatur per Baptisma S. Joannis datum fuisse Spiritum sanctum: multa autem Scripturæ & Patrum mox protulimus. Nollem tamen negare quin nonnulli tum ex Veteribus, tum ex Modernis, viam remittendi

tendi peccata tribuerint Baptiſmo S. Joannis, ſed alteram partem, utpote longe probabiliorem, ſequimur.

Ex quibus evincitur hæc noſtra ſententia: 1. quia Baptiſmus Joannis fuit in aqua non in Spiritu ſancto; 2. non dicebatur in regenerationem datus, ut Baptiſmus Chriſti; 3. dictus eſt ſolummodo in pœnitentiam, quam videlicet Joannes prædicabat, & ad quam hortabatur; 4. non fuit ejuſdem neceſſitatis cum Baptiſmo Chriſti, tum quia ſolos ſpectabat adultos non infantes, tum quia rurſus baptiſabantur Baptiſmo Chriſti, qui ſolo Joannis Baptiſmo tincti fuerant; 5. quia eandem non habuit formam ac Baptiſmus Chriſti, nusquam enim auditum eſt Joannem baptiſaſſe invocando Sanctiſſimam Trinitatem, qua forma uſus fuerit ignoratur. Denique Baptiſmus ille Joannis non fuit Sacramentum, quia Sacramentum debet eſſe ſignum permanens a Deo inſtitutum conferens gratiam, ſaltem ſi ſit Sacramentum novæ legis: ſed Baptiſmus Joannis nuſpiam fuit enumeratus inter Sacramenta novæ legis, nec niſi per aliquod breve tempus duravit: igitur.

Neque eſt quod objiciatur autoritas S. Ambroſii qui, lib. 1. de Spiritu S. cap. 3. docet baptiſatos a Joanne fuiſſe, in duplici differentia, quoſdam in nomine Chriſti cum fide Spiritus ſancti baptiſatos, quoſdam vero neque in nomine Chriſti, neque in fide Spiritus S. baptiſatos; unde colligendum videtur Baptiſmum S. Joannis aliquando per ſe ex opere operato contuliſſe gratiam. Nam S. Ambroſius ſine ullo fundamento duplex illud Baptiſma diſtinguit, hujus diſcriminis nullum extat veſtigium, ſive in Scriptura, ſive in Traditione, quapropter non auditur Magiſter ſentent. qui hanc Ambroſii ſententiam amplexus eſt.

Quæres utrum Baptiſmus S. Joannis fuerit Sacramentum.

Reſp. Sacramentum fuiſſe ſumpto nomine Sacramenti in genere, præfigurabat enim Baptiſmum Chriſti, & ad eundem præparabat; ſed non fuiſſe proprie Sacramentum novæ legis, quia non fuit a Chriſto inſtitutus ad conferendam gratiam, ut ſupra diximus, nec Sacramentum veteris legis, quia non fuit ſignum permanens, ita S. Thomas 3. p. q. 38. art. 1. ubi ait, *Baptiſmum Joannis fuiſſe quaſi quoddam Sacramentale, diſponens ac præparans ad Baptiſmum Chriſti*.

TRACTATUS
DE
SACRAMENTO CONFIRMATIONIS,

SAcramentum Confirmationis varias habet appellationes tum in Scripturis, tum apud SS. Patres: ut enim colligitur ex locis in hoc Tractatu referendis, dicitur signaculum, signaculum Dominicum, dicitur chrisma, manus impositio, unctio, sacrum unguentum, sacramentum chismatis, perfectio, chrisma salutis, & alia id genus habet nomina.

Definitur, Sacramentum a Christo institutum, quo baptisatis datur Spiritus sanctus ad fidem Christianam fortiter propugnandam.

Dicitur, *Sacramentum a Christo institutum*, quæ verba tenent locum generis in definitione; ostendemus autem postea, Confirmationem merito institutam a Christo censeri, quamvis id non legatur apud Evangelistas.

Dicitur, *Ad Fidem Christianam fortiter propugnandam*, quæ verba tenent locum differentiæ, hæc enim est peculiaris ratio Sacramenti Confirmationis, quod per illud detur baptisatis robur ad confitendam Christi Fidem; unde & hoc suum nomen Confirmationis retinet.

In hoc porro Tractatu breviter dicemus, 1. an sit verum novæ legis Sacramentum; 2. quænam sit ejus materia; 3. quænam forma; 4. de ejus ministro; 5. de ejus effectibus; 6. demum de ejus subjecto & necessitate.

CAPUT PRIMUM.

Utrum Confirmatio sit verum novæ legis Sacramentum.

COnfirmationem seu manus impositionem, quæ in usu & juxta doctrinam Ecclesiæ Catholicæ datur baptisatis, ad Fidem Christi constanter profitendam, esse verum Sacramentum a Christo ipso institutum, negavit Lutherus. *Mirum est*, inquit lib. de cap. Bapt. *quod in mentem illis venerit, ut Sacramentum confirmationis facerent ex impositione manuum, qua legimus Christum parvulos tetigisse, Apostolos dedisse Spiritum S.* Negant & Calvinistæ, ut patet ex Calvino, qui in antidoto Concilii Trident. sic loquitur, *Ex eorum numero me nequaquam esse profiteor, qui otiosam Confirmationis cæremoniam esse putant.... Meminerimus nusquam in Scriptura nobis commendari, quod fingunt Sacramentum, neque hoc nomine, neque hoc ritu, neque hac significatione*, quod etiam fuse docuit Dallæus insignis Calvinista, toto libro suo de Sacramento Confirmationis.

His astipulatur Antonius de Dominis lib. 5. de Repub. Eccles. c. 5. his verbis: *Nullus est locus in Evangelio, qui vel a longe innuat hanc institutionem & mandatum de danda Confirmatione, neque Apostoli unquam asseruerunt se talem institutionem, vel tale mandatum a Christo accepisse. Confugere vero ad traditionem in asserendis*

dis Divinis Sacramentis videri valde temerarium; quia certum & evidens esse deberet, id perpetuo in Ecclesia ab ipsis Apostolorum temporibus fuisse invariabiliter non modo servatum; sed servatum tanquam rem a Christo institutam & mandatam cum sua promissione. At nihil constans de Confirmatione, nihil firmum, nihil certum in ipsis habetur traditionibus, sed maxima & essentialis intercessit variatio; & nusquam constat id tanquam Christi institutum fuisse traditione propagatum. Caeremonia confirmandi seu consignandi fuit quidem in antiqua Ecclesia per plura secula, sed tanquam caeremonia pure ecclesiastica ad ritus Baptismi pertinens:

Perperam vero hi Novatores, ut suo errori patrocinium adsciscant; aiunt dudum Confirmationem esse Sacramentum novae legis, negasse Novatianos, Waldenses & Wiclefum, siquidem eorum causa frequenter roboratur, quod eam defenderint Schismatici & Haeretici declarati, atque e sinu Ecclesiae repulsi, & aliunde praefatos Haereticos Confirmationi rationem Sacramenti non sustulisse facile constare potest:

De Novatianis quidem certo constat; ex eo quod nec S. Epiphanius, nec Philastrius, nec S. Augustinus, nec Theodoretus, cum Haereticorum errores studiose describunt, hunc uspiam errorem Novatianis tribuunt, quod ex albo Sacramentorum Confirmationem expunxerint: Neque vero id colligeretur ex eo quod fidos hoc Sacramento donare non solebant illi Haeretici, ut testatur Theodoretus lib. 3. haereticarum fabularum cap. 5. his verbis: *Iis quos baptisant, sanctissimum Chrisma non praebent*: inde enim solum sequitur illos existimasse ullum extare praeceptum recipiendi Confirmationem, tametsi eam crederent a Christo institutam.

Quoad Waldenses spectat, Reynerus quidem in libro contra illos edito, haec scribit c. 5. *Item Sacramentum Confirmationis reprobant*; sed hoc ipsis exprobrat solum consequentia ducta ex eo quod aegre ferebant solos Episcopos aliis exclusis hoc Sacramentum administrasse, addit enim immediate post, *Mirantur etiam quare solis Episcopis liceat confirmare*: Nimirum Sacramentum Confirmationis in mente hujus Scriptoris negare censentur ii, qui putant non solis Episcopis datum esse, illud administrare: idque confirmatur ex illa fidei confessione quam Uladislao Hungariae Regi obtulerunt; ubi sic loquuntur, *Sacramenta septenario inclusa numero Ecclesiae Christi utilia esse pandimus*: unde manifestum est Waldenses nonnisi post exortam Calvinistarum Haeresim eo devenisse, ut cum illis duo tantum agnoscerent Sacramenta:

Denique nec apparet Wiclefum negasse Confirmationem esse Sacramentum novae legis, ex eo quod enim in Concilio Constantiensi sess. 8. hic inter alios ipsius articulos fuit damnatus, *Confirmatio juvenum, Clericorum Ordinatio, locorum Consecratio reservantur Papae & Episcopis propter cupiditatem lucri temporalis*. Non sequitur illum Haereticum negasse veritatem Sacramenti; quapropter in Lutheranos & Calvinistas nunc agimus.

Quin & nonnulli Doctores Scholastici hac in re non parum sunt reprehensione digni. Alensis p. 4. q. 24. M. 1. ausus est dicere hoc Sacramentum non fuisse institutum a Christo neque ab Apostolis; *Dicendum*, inquit, *quod Dominus, neque hoc Sacramentum instituit, neque dispensavit, neque Apostoli … sed postquam Apostoli defecerunt, institutum fuit hoc Sacramentum Spiritus sancti instinctu in Concilio Meldensi*. Teste Domino de Sainte-Beuve, eandem sententiam amplexus est S. Bonaventura.

Quidam ut Gabriel Biel & Scotus putant hoc Sacramentum probari non posse ex Scripturis; Ipse S. Thomas p. 3. q. 72. art. 1. ad 1. ait Christum Dominum instituisse hoc Sacramentum non exhibendo, sed promittendo.

Conclusio.

Confirmatio est Sacramentum novæ legis propriæ dictum: est de Fide.

Probatur 1. ex Scripturis, idque ostenditur ex cap. 8. Actuum Apostolorum, ubi S. Lucas accurate describit hunc ipsum ritum qui hodie dicitur apud nos Confirmatio, nempe ritum quo per impositionem manuum & orationem datur baptisatis Spiritus sanctus, & a solis fit Episcopis. Rem sic narrat Autor sacer: *Cum audissent Apostoli qui erant Jerosolymis, quia recepisset Samaria verbum Dei, miserunt ad eos Petrum & Joannem, qui cum venissent, oraverunt pro ipsis ut acciperent Spiritum sanctum: nondum enim in quemquam illorum venerat, sed baptisati tantum erant in nomine Domini Jesu; tunc imponebant manus super illos, & accipiebant Spiritum sanctum.*

Qui quidem locus eo magis disertus est & efficax ad stabiliendum Confirmationis Sacramentum, quod constat ex SS. Patribus, quorum mox adducturi sumus testimonia, eumdem impositionis manuum & orationis super baptisatos adhibitum fuisse ritum sequentibus Ecclesiæ sæculis, de quo sermo habetur in præfato Scripturæ loco; eo enim utuntur ad asserendum hoc Sacramentum, sive sub nomine unctionis, sive sub nomine impositionis manuum.

At vero ex illo Scripturæ testimonio recte colligitur Confirmationem esse ac proprie dictum novæ legis Sacramentum, cum in illo ritu qui describitur a S. Luca, nihil desideretur ex iis quæ ad veritatem Sacramenti requiruntur, 1. enim est signum sensibile, puta impositio manuum, & oratio quæ nimirum facta est ex verbis exterius prolatis, *Oraverunt pro ipsis ... tunc imponebant manus super illos*, &c. 2. & habetur etiam ibi gratiæ collatio, *Oraverunt pro ipsis ut acciperent Spiritum sanctum ... & accipiebant Spiritum sanctum;* hunc ritum ab Apostolis datum in Samaria fuisse a Christo institutum certo constare debet, quia non ausi fuissent Apostoli ritum administrare, cui adjunctam gratiæ divinæ collationem promisissent, nisi id sibi injunctum a Christo novissent, juxta illud Tertulliani lib. de præscriptione c. 21. *Ecclesia ab Apostolis, Apostoli a Christo, Christus a Deo accepit;* 4. denique hoc signum fuisse permanens & perpetuo duraturum, abunde constat ex traditione SS. Patrum mox referenda.

Huic Scripturæ momento addi meritò potest quod scribit S. Paulus epist. ad Heb. cap. 6. *Quapropter*, inquit, *intermittentes inchoationis Christi sermonem, ad perfectiora feramur, non rursum jacientes fundamentum pœnitentiæ ab operibus mortuis, & fidei ad Deum, baptismatum doctrinæ, impositionis quoque manuum:* quæ quidem impositio manuum, utpote a Baptismo distincta, intelligitur de Sacramento Confirmationis juxta sanctos Patres Græcos & Latinos.

Probatur 2. ex SS. Patribus qui nullo pene excepto hoc Sacramentum commemorarunt, sive sub nomine impositionis manuum, quæ legitima est hujus Sacramenti materia, sive sub nomine unctionis, cujus antiquissimus est in Ecclesia usus. Sic S. Irenæus lib. 4. cap. 75. exponens illud Apostoli 1. ad Corint. 3. *Lac vobis potum dedi, non escam, nondum enim poteratis*, habet hæc: *Apostolus quidem*, inquit, *poterat dare escam, quibuscumque enim imponebant Apostoli manum, accipiebant Spiritum sanctum qui est esca vitæ:* ubi manifestum est, hanc impositionem manuum eam esse, de qua mentio habetur in actibus Apostolorum; quæ juxta S. Irenæum dabat Spiritum sanctum, hoc est, gratiam sanctificantem.

Tertullianus cap. 7. lib. de Bapt. sic habet, *Exinde egressi de lavacro perungimur benedicta unctione de pristina disciplina ... Sic & in nobis carnaliter currit unctio, sed spiritualiter proficit; quomodo & ipsius Baptismi carnalis actus, quod in aqua mergimur; spiritalis effectus quod delictis liberamur; dehinc manus imponitur per be-*

benedictionem advocans & invitans Spiritum sanctum. Ubi Tertullianus loquitur de ritu jam pridem in Ecclesia usitato; ritus ille est unctio & impositio manuum per quam baptisatis dabatur Spiritus sanctus. Ex quibus manifeste falsum est quod ait Dallaeus, apud vetustissimos Autores, nullum extare verbum de Confirmationis Sacramento. Cui possumus addere quod scribit idem Tertullianus lib. de resurrectione carnis cap. 8. *Caro*, inquit, *abluitur, ut anima emaculetur... caro manus impositione adumbratur, ut & anima Spiritu illuminetur*, quod certe de Sacramento Confirmationis intelligit.

Item Cornelius Papa in epistola quam refert Eusebius lib. 6. hist. cap. 143. loquens de Novatiano sic differit: *Sed neque cum liberatus est morbo reliqua percepit, quae juxta ecclesiasticam regulam percipi debent, neque ab Episcopo consignatus est. Hoc autem signaculo minime percepto, quomodo Spiritum sanctum potuit accipere?* vivebat iste circa medium tertii saeculi.

S. Cyprianus ea in re disertissimus est epist. nempe 73. ad Jubaianum, ubi loquens de impositione manuum facta ab Apostolis in Samaria, ut habetur Act. 8. haec addit: *Quod nunc quoque apud nos geritur, ut qui in Ecclesia baptisantur praepositis Ecclesiae offerantur, ut per nostram orationem ac manuum impositionem Spiritum sanctum consequantur, & signaculo Dominico consummentur*. Per praepositos intelligit S. Cyprianus Episcopos, ad quos scilicet pertinebat dare Sacramentum Confirmationis.

Innocentius I. epist. ad Decentium c. 3. *De consignandis vero infantibus manifestum est non ab alio quam ab Episcopo fieri licere, nam Presbyteri licet sint Sacerdotes, Pontificatus tamen apicem non habent. Hoc autem Pontificibus solis deberi, ut vel consignent, vel Paracletum Spiritum tradant, non solum consuetudo Ecclesiastica demonstrat, verum & illa lectio actuum Apostolorum, quae asserit Petrum & Joannem esse directos, qui jam baptisatis traderent Spiritum sanctum*.

Item profertur S. Cyrillus Jerosolymitanus, qui in tertia Catechesi Mystagogica sermonem habet de Confirmatione ut de aliquo ritu qui dat Spiritum sanctum. *Quemadmodum*, inquit, *panis Eucharistiae post sancti Spiritus invocationem non amplius est panis communis, sed est corpus Christi, sic & sanctum unguentum, non amplius est unguentum nudum... sed est Chrisma quod Christi & Spiritus sancti divinitatis ejus praesentiam efficit*.

S. Pacianus Barcinonensis serm. ad fideles sic loquitur: *Haec autem compleri alias nequeunt, nisi Lavacri & Chrismatis & Antistitis Sacramento, Lavacro enim peccata purgantur, Chrismate Spiritus sanctus superfunditur*.

S. Hieronymus dialogo adversus Lucifer. idem docet: *Quod si hoc loco quaeris, cur in Ecclesia baptisatus nisi per manus Episcopi non accipiat Spiritum sanctum, disce hanc observationem ex ea autoritate descendere, quod post ascensum Domini Spiritus sanctus ad Apostolos descendit*. Paulo antea dixerat: *An nescis Ecclesiarum esse morem, ut baptisatis postea manus imponantur, & ita invocetur Spiritus sanctus; Exigis ubi scriptum sit? in Actibus Apostolorum. Etiamsi Scripturae autoritas non subesset, totius Orbis in hanc partem consensus instar praecepti obtineret*. Unus hic S. Hieronymi locus sufficere deberet ad convincendum Dallaeum.

S. Augustinus lib. 15. de Trinitate cap. 26. sic loquitur: *Neque enim aliquis Discipulorum ejus dedit Spiritum sanctum, orabant quippe ut veniret in eos quibus manum imponebant, non ipsi eum dabant, quem morem in suis praepositis etiam nunc servat Ecclesia*. Similia ac pene innumera proferri possent ex S. Augustino in quibus Confirmationem sub nomine Olei vel Unctionis appellat Sacramentum, quomodo Baptismus & Eucharistia Sacramenta sunt. Cujus doctrinae testes sunt alii omnes & Graeci & Latini Patres, quorum testimonia nimis longum esset

singula

singula exscribere. Consuli possunt Firmilianus in epist. quæ inter Cyprianicas est 75. Sic loquitur de Confirmatione [illegible]. *Quando*, inquit, *omnis potestas & gratia in Ecclesia constituta sit, ubi præsident majores natu, qui & baptisandi & manum imponendi & ordinandi possident potestatem. Hæretico enim sicut ordinare non licet, nec manum imponere, ita nec baptisare.* Ubi aperte significat se loqui de Sacramento Confirmationis, de ea scilicet manus impositione, quam Paulus imposuit iis quos ipse baptisaverat, *Baptisavit*, inquit, denuo *spiritali Baptismo, & sic eis manum imposuit, ut acciperent Spiritum sanctum*.

S. Ambrosius lib. de Salomone cap. 3. *Et Moyses inquit in Cantico Deuteronomii, Lactavit eos mel de petra, & oleum de solida petra, id est, quod dulcem daturus iis esset Evangelii suavitatem, aut Spiritum S. per Chrismatis unctionem.* Quibus verbis nihil expressius haberi potest ad significandum nostræ Confirmationis Sacramentum.

Lib. 2. de Sacramentis cap. 7. ergo *mersisti, venisti ad Sacerdotem qui tibi dixit, Deus, inquit, Pater omnipotens, qui te regeneravit ex aqua & Spiritu sancto, concessitque tibi peccata tua, ipse te ungat in vitam æternam.* lib. 3. cap. 1. *Accipit autem mysterium, hoc est unguentum supra caput.* & cap. 2. *Sequitur spiritale signaculum quod audistis hodie legi, quia post fontem, superest ut perfectio fiat, quando ad invocationem Sacerdotis Spiritus sanctus infunditur.*

Perperam his testimoniis respondent Calvinistæ, S. Ambrosium loqui de Confirmatione tanquam de ultima cæremonia & perfectione Baptismi, postquam enim locutus est de Baptismo ait, *Sequitur spiritale signum*, & postea immediate addit, *Post hæc quid sequitur, venire jubet ad altare.* Unde sicut dici non potest Eucharistiam censeri unam ex cæremoniis Baptismi, ita nec illud dici potest de Confirmatione, quasi sit ultima Baptismi cæremonia. Hos quidem libros de Sacramentis male tribui S. Ambrosio contendit Dallæus, sed eosdem citari sub illius nomine a Gratiano, Magistro, Algero, Guitmundo, Hugone Lingonensi, Ivone Carnotensi, Deoduino Leodiensi, Durando, Hincmaro Remensi, Paschasio, Radberto, & Ratramno Corbeiensi observavit Dominus de Sainte-Beuve in suo tractatu de Eucharistia.

S. Chrysostomus Homil. 18. in acta Apostolorum, *Vides*, inquit, ad hæc verba, *Oraverunt pro ipsis, quod non simpliciter hoc fit, sed multa opus est virtute, ut detur Spiritus sanctus. Non enim idem est assequi remissionem peccatorum, & accipere virtutem illam.* Gratia per quam datur Spiritus sanctus, quæ distincta est a gratia remissionis peccatorum, gratia est Sacramenti Confirmationis. Quomodo & ad ista verba epist. ad Hebræos, *Impositionis quoque manuum* loquitur, *Sic enim*, inquit, *accipiebant Spiritum, cum Paulus eis imposuisset manus.*

S. Isidorus Hispalensis lib. de officiis cap. 26. idem expresse docet, *Post Baptismum*, inquit, per Episcopos datur Spiritus sanctus, *cum manuum impositione*, & lib. 6. originum cap. ultimo. *Sunt autem Sacramenta Baptismum & Chrisma, Corpus & Sanguis Christi, quæ ob id Sacramenta dicuntur, quia sub tegumento corporalium rerum virtus divina secretius operatur salutem eorumdem Sacramentorum; unde & a secretis virtutibus vel sacris Sacramenta dicuntur, quæ ideo fructuose penes Ecclesiam fiunt, quia sanctus in ea manens Spiritus eorumdem latenter Sacramentorum operatur effectum*, & postea, *Chrisma græce, latine unctio nominatur, ex cujus nomine & Christus dicitur, & homo post lavacrum sanctificatur. Nam sicut in Baptismo peccatorum remissio datur, ita per unctionem sanctificatio Spiritus adhibetur.* Nemo certe in hoc testimonio non agnoscit Sacramentum Confirmationis, habetur enim Spiritum S. dari ab Episcopis post Baptismum cum manus impositione.

Theodoretus lib. 4. in Cantica Canticorum,

gorum, *Reminiscere*, inquit, *sacra Mystagogia, in qua qui initiantur post Tyranni abnegationem & Regis confessionem, velut sigillum quoddam regium suscipiunt, spiritalis unguenti Chrisma, recipientes gratiam invisibilem sanctissimi Spiritus unguento tanquam in typo*. Ibi autem Theodoretus non habet Chrismationem illam, de qua loquitur, ut meram Baptismi cæremoniam, ut contendit Dallæus, non ait enim eos qui initiantur per ipsam Chrismationem initiari, sed ait eos qui initiantur chrismari, quia revera post Baptisma chrismantur.

S. Leo M. serm. 4. de Nativitate Domini hæc habet: *Permanete stabiles in ea Fide quam confessi estis coram multis testibus, & in qua renati per aquam & Spiritum sanctum accepistis Chrisma salutis, & signaculum vitæ æternæ*. Porro Chrisma salutis quod datur renatis per aquam, hoc est baptisatis, ipsum est Sacramentum Confirmationis quod conferri solebat continenter post Baptismum, nec reputabatur mera Baptismi cæremonia.

Hilarius Arelatensis Homil. de Pentecoste rem istam clarius adhuc declarat, *Quid nunc*, inquit, *in confirmandis Neophitis manus impositio tribuit singulis, hoc tunc Spiritus sancti descensio in credentium populo donavit universis. Sed quia diximus quod manus impositio & Confirmatio ei qui jam renatus, qui jam regeneratus in Christo est, conferre aliquid possit, forte cogitat sibi aliquis, quid mihi prodest post ministerium Baptismatis, ministerium Confirmationis? aut quantum video, non totum de fonte suscipimus, si post fontem adjectione novi generis indigemus? Non ita est, dilectissimi, attendat charitas vestra. Sic enim exigit militaris ordo, ut cum Imperator quemcunque in militum recepit numerum, non solum signet receptum, sed etiam armis competentibus instruat pugnaturum. Ita in baptisato benedictio illa munitio est ... ergo Spiritus sanctus, qui super aquas Baptismi salutifero descendit illapsu, in fonte plenitudinem tribuit ad innocentiam, in Confirmatione augmentum præstat ad gratiam*. Certè non puto posse quemquam luculentius & expressius proferre testimonium ad designandam Confirmationem, ad designandum ministerium Confirmationis, quod administrari solet iis qui renati sunt per Baptisma: scilicet, ut ait iste Scriptor, In Baptismo regeneramur ad vitam, post Baptismum confirmamur ad pugnam, in Baptismo abluimur, post Baptismum roboramur.

His unum addiderim testimonium S. Gregorii M. in epist. 31. ubi sic loquitur, *Nos ab Antecessoribus nostris traditum accepimus, ut toties tam de Baptismo aliquorum, vel Confirmatione quam de Ecclesiarum consecratione dubitatio habetur, utrum baptisati vel confirmati, sive Ecclesia consecrata sint, ut baptisentur tales ac confirmentur, atque Ecclesiæ canonice dedicentur, ne talis dubitatio ruina Fidelibus fiat. Quoniam non monstratur iteratum, quod non certis indiciis ostenditur rite peractum*, ubi habetur Confirmationem esse Sacramentum a Baptismo distinctum, quod utique opinionem Dallæi jugulat.

Denique in sacramentario S. Gregorii sic describitur administratio Confirmationis, in ordine Sabbati sancti: *Pontifex in sacrarium expectans, ut cum vestiti fuerint infantes, confirmet eos ... Pontifex veniens ad infantes, tenente Archidiacono Chrisma, involutis scapulis & brachiis ex panno lineo, levata manu sua super capita omnium dicit, Omnipotens sempiterne Deus, qui regenerare dignatus es hos famulos tuos ex aqua & Spiritu sancto, quique dedisti eis remissionem omnium peccatorum, emitte in eos septiformem Spiritum tuum S. Paracletum de cælis, Spiritum sapientiæ & intellectus ... & interrogantibus Diaconis nomina singulorum, Pontifex tincto pollice in Chrismate facit crucem in fronte unius, similiter per omnes sigillatim*. Ritus ille impositionis manuum per quem dicitur conferri Spiritus sanctus ab Episcopo, distinctus est à Baptismo; cum autem vim habeat gratiæ conferendæ, conferendi Spiritum sanctum;

inde

Inde sequitur eum esse a Deo, eum esse verum Sacramentum a Deo institutum, Sacramentum scilicet Confirmationis: & sic plures alii quorum loca studiose collecta sunt in tractatu de Sacramento Confirmationis Magistri Parisiensis de Sainte-Beuve.

Probatur eadem doctrina ex quibusdam Conciliis. Ex Concilio Hispalensi II. an. 657. *Nec per impositionem manus Fidelibus baptisatis, vel conversis ex haresi Paracletum Spiritum tradere, nec Chrisma conficere, nec Chrismate frontes baptisatorum signare.*

Concil. Toletan. IV. an. 671. Can. 56. loquens de Judæis ad fidem conversis, *Quia*, inquit, *jam constat eos esse Sacramentis Divinis associatos, & Baptismi gratiam percepisse, & Chrismate unctos esse, & Corporis & Sanguinis extitisse participes.*

Concilium Liptinense an. 743. Can. 3. *Quandocumque jure canonico Episcopus circumierit Parochiam ad confirmandos populos, Presbyter semper paratus sit ad suscipiendum Episcopum cum collectione & adjutorio populi qui ibi confirmari debet; & in cœna Domini semper novum Chrisma accipiat ab Episcopo.*

Concilium Cabillonense II. ann. 813. Can. 27. *Dictum nobis est, quod quidam de plebe bis aut ter ab Episcopis ignorantibus, iisdem Episcopis confirmentur, unde nobis visum est eandem Confirmationem, sicut nec Baptismum iterari minime debere*, quod satis clare innuit Confirmationem non esse ritum Baptismi.

Quapropter Catholicam hanc fidem merito sancit Concilium Trid. sess. 7. Can. 1. de Confirmatione. *Si quis dixerit Confirmationem baptizatorum otiosam caremoniam esse, & non potius verum & proprium Sacramentum; aut olim nihil aliud fuisse, quam catechesim quandam, qua adolescentiæ proximi fidei suæ rationem coram Ecclesia exponebant, anathema sit.*

Objicies: Male colligitur ex præfato cap. 8. Actuum, hodiernum Confirmationis Sacramentum, cum constet ritum hunc in Samaria collatum ab Apostolis, eumdem non esse cum Sacramento nostro Confirmationis; Apostoli enim tunc dabant Spiritum sanctum charismatum seu gratias gratis datas, dona miraculorum, linguarum, &c. Unde ibidem observatur, quod ii, in quos descendebat Spiritus sanctus, variis loquebantur linguis. Nunc autem hæc non conferuntur dona in Confirmatione, sed sola gratia sanctificans; igitur in illo Actuum loco non agnoscitur nostrum Confirmationis Sacramentum; ita Dallæus.

Respondeo, non eumdem esse ritum quoad omnia & simpliciter, bene vero quoad effectus essentiales Sacramenti. Scilicet Apostoli manus imponendo dabant gratiam roboris, quæ & nunc datur per Episcopos in administratione Confirmationis, & hoc essentiale est Sacramento, quod sufficit ut ritus tunc datus ab Apostolis dicatur idem cum nostro Confirmationis Sacramento. Quanquam aliunde Apostoli tunc gratias gratis datas & dona linguarum contulerint, ad primordia scilicet Ecclesiæ dilatanda, ut eleganter explicat S. Augustin. Tract. 6. in 1. Epist. S. Joan. *Primis temporibus cadebat super credentes Spiritus sanctus, & loquebantur linguis quas non didicerant, quomodo Spiritus dabat eis pronunciare. Signa erant tempori opportuna*; & lib. 3. de Bapt. cap. 16. *Neque enim temporalibus & sensibilibus miraculis attestantibus, per manus impositionem modo datur Spiritus sanctus, sicut antea dabatur ad commendationem rudis fidei & Ecclesiæ primordia dilatanda . . . sed invisibiliter & latenter intelligitur per vinculum pacis eorum cordibus divina charitas inspirari . . .*

Instabis: Ritus ille datus ab Apostolis unice fuit institutus ad conferendas gratias gratis datas, non gratiam sanctificantem. Siquidem Apostoli non eam dabant gratiam, imponendo manus, quam habebant fideles, quibus manus imponebant: sed fideles illi jam habebant gratiam sanctificantem; fuerant enim a Philippo baptizati, & sola gratia gratis data carebant:

bant: igitur ritus ille novum non est Sacramentum a Christo institutum.

Respondeo, ex hoc argumento solum colligi posse aliam esse gratiam sanctificantem Baptismi, aliam vero Confirmationis, quod certissimum est ex Scripturis & SS. Patribus: in Baptismo enim datur gratia regenerans, per quam homines fiunt Christiani; in Confirmatione autem datur gratia corroborans, per quam fiunt perfecti Christiani; sed male colligeretur per Sacramentum Confirmationis non dari gratiam sanctificantem, ex eo quod fideles qui hoc Sacramentum recipiunt, supponuntur jam sanctificati in Baptismo: nam inferri similiter posset gratiam sanctificantem non dari in Eucharistia, quia fideles baptizati gratiam sanctificantem acceperunt in Baptismo, quod certe nec ipsi contendunt Calvinistæ.

Instabis: Apostoli ipsi cum in Samaria manus imponebant, nondum erant confirmati, in nullo enim loco legitur eos hoc Sacramento fuisse donatos, seu ante Christi passionem, seu post ejus resurrectionem: ergo manus imponendo non dabant Confirmationem, juxta illud Philosophicum axioma, Nemo dat quod non habet.

Respondeo negando consequentiam, licet enim dicatur Apostolos sine Sacramento in die Pentecostes accepisse ipsum Confirmationis effectum, hoc est gratiam confortantem, tamen non inde sequitur eos non potuisse fidelibus baptizatis hoc idem Sacramentum conferre; neque enim necesse est, ut aliquis acceperit & habeat Sacramentum, cujus est Minister, ut patet ex facta enumeratione quorumdam aliorum Sacramentorum. Nam, v. gr. infidelis valide baptizat & Sacerdos potest esse Minister tum Matrimonii, tum Extremæ Unctionis, quamvis neutrum receperit Sacramentum. Ad axioma respondeo, uti fit in Scholis, Nemo dat quod non habet vel formaliter vel virtualiter, C. formaliter, N. Confirmationem vero virtualiter habere censentur ii omnes, quibus data est potestas illud administrandi, quales erant Apostoli.

Objicies cum Dallæo, Si hic Spiritus sanctus quem legimus datum ab Apostolis per manuum impositionem, nihil aliud fuit quam gratia & ordinarium Spiritus sancti donum, nulla ratio idonea fingi potest, cur ab ipso Philippo tanquam Ministro ordinario dari potuerit, *Quæcumque enim ordinaria est & necessaria fidelibus gratia, eam absurdissimum est negare ab ordinario Ministro dari posse.* Atqui tamen constat ex laudato Actuum textu id Apostolis fuisse reservatum; igitur non tendebat illa manuum impositio ad conferendam gratiam sanctificantem, sed ad conferenda dona extraordinaria, non perpetuo duratura, ac proinde ibi non describitur aliquod novæ legis Sacramentum.

Nego maj. Idonea scilicet ratio propter quam Philippus qui baptizaverat, noluit tamen manus imponere, est, quia noverat se esse Ministrum Baptismi, non autem manuum impositionis Confirmatoriæ. Quin potius ex hoc ipso intelligitur Confirmationem fuisse verum Sacramentum a Baptismo distinctum, non meram Baptismi cæremoniam, ut vult Dallæus, quod baptizandi ministerium datum fuit Philippo, & Confirmatio solis reservata Apostolis; alioquin Minister ordinarius Baptismi, non posset dare aliquam ejus appendicem, quod videtur absurdissimum. Quod ait Dallæus quamcumque gratiam ordinariam & fidelibus necessariam ab ordinario Ministro dari posse, omnino falsum est. Quilibet enim Minister extraordinarius Baptismi, non est Minister extraordinarius Eucharistiæ, quandoquidem, ut diximus, laici & mulieres baptizare possunt, neque tamen Eucharistiam conficere possunt.

Scilicet in ista quæstione, cur Philippus fuerit Minister Baptismi, & non fuerit Minister Sacramenti Confirmationis, & universim loquendo cur unus sit Minister alicujus Sacramenti & non alter, res est quæ unice pendet a voluntate Christi a quo instituta sunt Sacramenta, neutiquam vero illud desumitur ex majori vel minori necessitate illius Sacramenti, & consequenter falso asserit Dallæus absurdissimum esse negare ab ordinario Ministro dari posse ordinarium Spiritus donum. Porro Ministrum ordinarium Confirmationis non alium esse ab Episcopo satis aperte demonstrat hoc ipsum Philippi factum, quod probat rem ita fuisse ab ipso Christo demandatam, ut constat ex SS. Patribus, sic enim, v. g. S. Cyprianus epist. 73. *Quod nunc*, inquit, *apud nos geritur ut qui in Ecclesia baptisantur, præpositis offerantur*; sic S. Augustinus lib. 15. de Trinitate cap. 26. *Quem morem in suis præpositis etiam nunc servat Ecclesia*. S. Chrysostomus in cap. 8. Actuum, *Hoc erat in Apostolis singulare, unde & præcipuos, & non alios videmus hoc facere*. S. Hieronymus dial. adversus Luciferianos, *Ut ad eos qui per Presbyteros & Diaconos baptisati sunt, Episcopus ad invocationem sancti Spiritus manum impositurus excurrat*. Sic demum Innocentius I. Epist. ad Decentium, *Solis debetur Episcopis, cum tradunt Spiritum Paracletum*. Quod quidem fusius postea demonstrabimus.

Objicies: Nihil potest colligi ex præfatis SS. Patrum locis ad asserendam Sacramenti rationem Confirmationi; siquidem illi omnes Scriptores de manus impositione, vel de unctione per quam datur Spiritus sanctus loquuntur tantum, ut de aliquo ritu ad Baptismum pertinente; unde haberi non debet ut Sacramentum a Baptismo distinctum.

Respondeo vere quidem SS. Patres unctionem aut impositionem manuum quæ dat Spiritum sanctum, sæpius commemorare in iisdem locis in quibus disserunt de Baptismo, quod nimirum, ut nemo nescit, in pristina Ecclesia, Sacramentum Confirmationis administrari solebat continenter cum Baptismo; sed non inde sequitur Confirmationem esse meram Baptismi cæremoniam: alioquin & colligeretur Eucharistiam esse quoque merum Baptismi ritum, Eucharistia enim primis Ecclesiæ temporibus una cum Baptismo ipsis etiam infantibus ut plurimum administrabatur.

At vero Confirmationem non esse simplicem Baptismi cæremoniam constat, 1. quia hæc impositio manuum dicitur, & cap. 8. Actuum & apud SS. Patres data baptisatis, non autem iis qui baptisabantur; 2. quia hæc impositio manuum dicitur a Patribus Sacramentum, collata cum Baptismo dicitur alterum Sacramentum; 3. quia Confirmatio nostra, ut & illa quæ describitur tum cap. 8. Actuum, tum in scriptis SS. Patrum, & Baptismus, differunt quoad materiam, quoad formam, quoad ministrum, & quoad effectus. Quoad materiam quidem, materia enim Baptismi est aqua naturalis, materia autem Confirmationis est impositio manuum. Quoad formam, quia forma Baptismi est indicativa, & posita est in his verbis, *Ego te baptiso in nomine Patris, & Filii, &c.* Forma autem Confirmationis est deprecatoria, seu in oratione Episcopi posita. Quoad Ministrum; quia Baptismi Minister est simplex Presbyter, & in necessitate quilibet homo, Confirmationis autem Minister solus Episcopus, ut postea dicemus. Denique quoad effectum, Baptismus enim datur ad remissionem peccatorum & regenerationem; Confirmatio autem confert Spiritum sanctum, Spiritum roboris, per Baptismum homo sit Christianus, per Confirmationem sit perfectus Christianus.

Id eleganter describunt Autores Catechismi Concilii Tridentini p. 2. de Sacramento Confirmationis: *In Baptismate*, inquiunt, *homo ad militiam recipitur, & in Confirmatione confirmatur ad pugnam. In fonte Baptismatis Spiritus sanctus plenitudinem tribuit ad innocentiam, in Confirmatione perfectionem ad gratiam ministrat. In Baptismo regeneramur ad vitam, post Baptismum ad pugnam confirmamur. In Baptismo abluimur, post Baptismum roboramur. Regeneratio per se salvat in pace Baptismum recipientes, Confirmatio armat atque instruit ad agones.*

Obj. Si Confirmatio esset Sacramentum novæ legis a Christo institutum, illudque tanquam fidei Catholicæ dogma fuisset semper, ab omnibus, & ubique receptum, dubio procul tot non essent dissentientes Theologorum sententiæ circa illum ritum; constaret enim omnibus quænam esset materia, quænam forma, quisnam Minister, utpote cum hæc omnia deberent a Christo esse determinata. Atqui variæ sunt, & dissentientes Theologorum pugnæ de his omnibus quæ pertinent ad Confirmationem. 1. De materia acriter disputant; alii enim dicunt materiam Confirmationis esse solam impositionem manuum, alii solam unctionem, alii utramque simul; quidam unctionem fieri debere in oleo solo, alii volunt oleum balsamo miscendum. Circa formam dissentiunt quoque: putant enim multi eam in sola Episcopi oratione positam; alii in his verbis, *Signo te signo crucis*, quæ unctioni respondent; quin & putant nonnulli necessariam esse expressionem trium SS. Trinitatis Personarum. Disputant quoque circa Ministrum; quidam putant ex delegatione Papæ simplicem Presbyterum posse confirmare, alii negant, nec desunt qui dicant Diaconos esse ordinarios hujus Sacramenti Ministros: igitur, &c.

Resp. ejusmodi Theologorum dissentiones non præjudicare dogmati, quo statuitur Confirmationem esse verum novæ legis Sacramentum.

1. Quia illi iidem omnes Theologi, qui de Materia, forma, & Ministro Confirmationis litigant, in hoc aperte conveniunt, quod illa sit verum Sacramentum a Christo Domino institutum, & forte his in capitibus inter se dissentiunt, quod mandatum & verba Christi ipsius hoc Sacramentum instituentis non habeamus expressa apud Evangelistas, quod tamen non impedit, quin ratio veri Sacramenti ipsi competat.

2. Quia & circa Baptismum & Eucharistiam, quæ duo Sacramenta ut vera novæ legis Sacramenta a Christo Domino instituta fatentur Dallæus & alii Calvinistæ, multæ similiter exortæ sunt identidem dissentiones tum inter Theologos ad invicem, tum inter Protestantes secum litigantes. Inter Theologos quidem, quoad Baptismum spectat, v. g. disputant aut potius salva fide disputatum est, utrum infusio aquæ sit materia Baptismi, vel requiratur immersio; an una sufficiat vel triplex requiratur. Utrum valeat Baptismus in nomine Christi collatus, vel dari debeat in nomine SS. Trinitatis. Utrum hæc verba, *Ego te baptizo*, sint de necessitate Sacramenti, &c. Tum vero & inter Protestantes, quidam ex illis contendunt Baptismum ita necessarium, ut ab Hæreticis licite peti possit, alii vero negant: item putat Beza nonnisi in loco publico administrandum esse Baptisma: volunt alii domi baptizari posse constitutos in necessitate. Quot vero pugnæ exortæ sunt atque etiamnum scindunt Theologos in materia Eucharistiæ, sive cum agunt de consecratione, sive cum explicandus est modus quo fit transubstantiatio, sive demum quando expenditur, in quo posita sit ratio Sacrificii? Unde sequitur nihil inferri posse ex dissentionibus quæ occurrunt circa materiam, formam & Ministrum Confirmationis.

Objicies: ut ritus merito asseratur Sacramentum novæ legis, debet constare illum esse a Christo institutum. Sed non constat Confirmationem esse a Christo institutam; de illa enim nullum verbum in Evangelio, & licet certum esset de Confirmatione nostra sermonem haberi in adducto cap. 8. Actuum, inde solum sequeretur Confirmationem ab Apostolis Petro & Joanne non a Christo primitus fuisse institutam. Unde veteres quidam Theologi non dubitarunt asserere Confirmationem non fuisse a Christo institutam, sed solum in Concilio Meldensi, uti senserunt Alexander Alensis & S. Bonaventura. Unde etiam S. Thomas p. 3. q. 72. art. 1. ad 1. similes sententias quantumvis diversas non arguit erroris contra fidem; sic enim loquitur: *Circa* in-

institutionem hujus Sacramenti triplex est opinio, Quidam enim dixerunt quod hoc Sacramentum non fuit institutum nec a Christo nec ab Apostolis, sed postea processu temporis in quodam Concilio. Alii vero dixerunt quod fuit institutum ab Apostolis. Sed hoc non potest esse, quia instituere Sacramentum pertinet ad potestatem excellentiæ, quæ competit soli Christo. igitur.

Nego minorem, quia cum Apostoli hunc ritum imponendi manus & orandi super baptizatos administrarunt, constare debet eos non ausos fuisse ita se gerere privata auctoritate, instituentes signum quod posset dare Spiritum sanctum, nisi hoc ipsis expresse demandatum fuisset a Christo Domino; unde male concluditur Confirmationem non esse Sacramentum, quia non fuit administrata & exhibita ante celebre illud factum, quod contigit in Samaria; tunc enim Apostoli Petrus & Joannes in hoc secuti sunt Magistri sui mandatum, ut ait S. Thomas loco mox citato. *Et ideo*, inquit, *dicendum est quod Christus instituit hoc Sacramentum non exhibendo, sed promittendo.*

Quapropter miror eo usque hallucinatos fuisse citatos Doctores, ut senserint Confirmationem nonnisi in Concilio Meldensi octavo sæculo fuisse institutam; in hoc enim & Scripturæ & universæ traditioni manifeste adversantur, ut facile perspicitur ex allegatis supra testimoniis. Horum porro sententiam non arguit erroris S. Thomas, forte quia nondum definitum erat in Ecclesia Sacramenta fuisse ab ipso Christo expresse & immediate instituta quoad singulas eorum partes.

Cum autem hic objiciatur idcirco Confirmationem non esse Sacramentum novæ legis, tametsi per illam detur Spiritus sanctus, quia per eum ritum, quo recipiebantur Hæretici, dari quoque dicebatur Spiritus sanctus. Hæc quæstio nunc venit examinanda, utrum per Confirmationem reconciliari quondam solerent Hæretici, cum ad Ecclesiam revertebantur ab hæresi.

CAPUT II.

Utrum conversi ab hæresi, recepti olim fuerint in Ecclesia per Sacramentum Confirmationis.

CErtum est id moris fuisse in Ecclesia sexto sæculo, ut redeuntes ab hæresi diversis modis reconciliarentur, ut testatur Gregorius M. lib. 9. Epist. 61. ad Quirinum his verbis, *Et quidem ab antiqua Patrum institutione didicimus, ut quilibet qui apud hæresim in Trinitatis nomine baptizantur, cum ad sanctam Ecclesiam redeunt, aut unctione Chrismatis, aut impositione manus, aut sola professione fidei ad sinum matris Ecclesiæ revocentur.*

Sed difficultas est, utrum primis Ecclesiæ sæculis recipi solerent per Confirmationis Sacramentum, quod illis conferebatur, vel duntaxat per ritum Ecclesiasticæ institutionis, sive esset unctio, sive manus impositio: qua in re dissentiunt Eruditi. Quidam asserunt quoslibet Hæreticos recipi solitos per Confirmationem, quando revertebantur ad Ecclesiam, tunc enim, inquiunt, ipsis conferebatur Confirmatio. Ita Sirmondus Antirr. 11. cap. 5. Alii idem docent de Hæreticis baptizatis extra Ecclesiam, negant vero de Hæreticis in sinu Ecclesiæ baptizatis. Ita Maldonatus q. 1. de Confirmatione, & Morinus q. 11. lib. 9. de Pœnitentia. Denique communior pars est aliorum, qui censent nullos unquam Hæreticos reconciliatos fuisse per Sacramentum Confirmationis, ita Petrus Aurelius qui putat Hæreticos sive baptisatos in Ecclesia sive extra Ecclesiam fuisse receptos per meram cæremoniam, quæ tamen fiebat per Episcopos. Hujus sententiam sequimur.

CONCLUSIO.

Hæretici ab hæresi redeuntes non recipiebantur per Sacramentum Confirmationis.

Probatur 1. quia recipiebantur per impositionem manuum quæ erat in Pœnitentiam. Testis est Stephanus summus Pontifex in hoc celebri suo Decreto loquens nomine totius Occidentis; *Si quis a quacunque hæresi venerit ad nos, nihil innovetur, nisi quod traditum est, ut manus illi imponatur in Pœnitentiam*. Putabat quoque S. Cyprianus satis esse pro Hæreticis ad Ecclesiam revertentibus, manus ipsis imponere in Pœnitentiam, si modo baptizati fuerant in Ecclesia, alios enim ab Hæreticis baptizatos, rebaptizandos esse docebat, in quo erravit, epist. 71. ad Quintum. *Quod nos*, inquit, *hodie observamus, ut quos constet hic baptizatos, & a nobis ad Hæreticos transiisse, si postmodum peccato suo cognito & errore digesto, ad veritatem & matricem redeant, satis sit in Pœnitentiam manum imponere*. & epist. 74. *Hos enim oportet, cum redeunt acta pœnitentia per manus impositionem solam, recipi*. Unde S. Augustinus lib. 3. de Bap. cap. 11. *Cyprianus*, inquit, *cum cæteris statuit, ut si ab hæresibus redirent in Ecclesiam quicunque in ea fuerant baptizati, non jam per Baptismum, sed per Pœnitentiam reciperentur*. Sed manus impositio in Pœnitentiam longe differt a Sacramento Confirmationis, quod consistit in manus impositione quæ est in Spiritum sanctum. Hoc est, quæ ex opere operato confert gratiam,

Probatur 2. quia Confirmatio imprimit caracterem & ideo non potest iterari, ut constat ex S. Augustino qui disputans contra Donatistas, probat Confirmationem, uti & Baptismum, valere susceptam in hæresi, & nunquam esse repetendam; ut videre est lib. 2. contra litteras Petiliani cap. 4. ubi sic habet: *Et in hoc unguento Sacramentum Chrismatis vultis interpretari, quod quidem in genere visibilium signaculorum sacrosanctum est, sicut ipse Baptismus, sed potest esse & in hominibus pessimis in operibus carnis vitam consumentibus, & regnum cœlorum non possessuris*. & postea, *Discerne ergo visibile sanctum Sacramentum quod esse & in bonis & in malis potest*. Idem docet lib. 5. de Bapt. cap. 20. ubi refellit sententiam S. Cypriani dicentis Confirmationem non valere apud Hæreticos, quia scriptum est, *Oleum peccatoris non ungat caput meum*.

Id quoque ostenditur ex Optato qui lib. 7. contra Parmenianum Donatistam hæc scribit: *Nunquid nos exterminamus Oleum vestrum ut merito nos mulieres morituras appelletis? Quod vestrum est, apud vos est. Et si ex vobis ad nos aliquis transitum fecerit, sic a nobis servatur, quomodo a vobis dimittitur*. Oleum illud est Confirmatio, quam testatur Optatus iterum datam non fuisse Donatistis ad signum Ecclesiæ redeuntibus. Unde Theodoretus lib. 3. Hæreticarum fabularum observat id moris fuisse in Ecclesia peculiariter pro Novatianis, ut cum reconciliarentur, sacro Chrismate inungerentur; quia, ut observavimus supra, suos baptizatos non confirmabant.

Quibus addi potest quod scribit Alcimus Avitus epist. 24. quæ est ad Stephanum Lugdunensem his verbis: *Manus impositionem personæ de qua scribitis, adhibete, quam constat, si revera in supra dicti schismatis professione versata est, cum ministerio Baptismatis etiam Chrismate consignatam*. Censet hic scriptor redeuntes ab hæresi non esse iterum confirmandos, sed solum per manus impositionem recipiendos.

Sed ritus quo reconciliabantur Hæretici, quisquis tandem ille esset, vel unctio, vel manus impositio, vel fidei hæreticæ ejuratio, repetebatur quotiescunque illi Hæretici resipiscebant & ad sinum Ecclesiæ revertebantur: igitur Hæretici non recipiebantur per Sacramentum Confirmationis.

Pro-

Probatur 3. quia manus impositio confirmatoria in eo differt a manus impositione reconciliatoria, quod per illam detur Spiritus sanctus tanquam causam per se Spiritus sancti, quia Sacramentum est novæ legis; hæc vero manus impositio, qua reconciliantur Hæretici revertentes ab hæresi, non est nisi causa per accidens gratiæ sanctificantis, qui enim, v. g. baptizati fuerunt in hæresi, & postea reconciliantur, ii consequuntur gratiam per Baptismum tanquam causam per se, & per impositionem reconciliatoriam tanquam per causam per accidens. Qua ratione explicant Theologi, quomodo revertentes ab hæresi recipiunt Spiritum sanctum quem non receperant in ipsa hæresi, in qua non datur remissio peccatorum nec gratia sanctificans, quam postea recipiunt, quando sunt reconciliati; quomodo id fit respectu illius, qui cum peccati mortalis conscientia vel cum fictione ad Baptismum accessit; ut recte explicat S. Thomas p. 3. q. 69. art. 10. ad 2. his verbis, *Fictio non removetur per Baptismum, sed per Pœnitentiam subsequentem, qua remota Baptismus aufert culpam & reatum omnium peccatorum præcedentium Baptismum, & etiam simul existentium cum Baptismo. Unde S. Augustinus dicit in lib. de Baptismo, solvitur hesternus dies & quicquid superest, solvitur & ipsa hora momentumque, ante Baptismum & in Baptismo, deinceps autem continuo reus esse incipit. Et sic ad Baptismi effectum consequendum, concurrit Baptismus & Pœnitentia, sed Baptismus sicut causa per se agens, Pœnitentia sicut causa per accidens, id est removens prohibens.*

Hanc doctrinam fuse & eleganter tradit S. Augustinus multis in locis, ut v. g. lib. 1. de Bapt. cap. 12. his verbis: *Sicut enim in illo qui fictus accesserat, fit, ut non denuo baptizetur, sed ipsa pia correctione & veraci Confessione purgetur, ut quod ante datum est, tunc valere incipiat ad salutem, cum illa fictio veraci Confessione recesserit, sic etiam iste qui Baptisma Christi quod non amiserunt, qui se separaverunt, inimicus charitatis & pacis Christi in aliqua hæresi aut schismate accepit, quo sacrilego scelere peccata ejus non dimittebantur, cum se correxerit, & ad Ecclesiæ societatem, unitatemque venerit, non iterum baptizandus est. Quia ipsa reconciliatione ac pace præstatur, ut ad remissionem peccatorum ejus in unitate jam prodesse incipiat Sacramentum, quod acceptum in schismate prodesse non poterat.* quod idem scribit lib. 3. cap. 13. his verbis: *Si autem quamvis apud Hæreticos vel Schismaticos, idem sit Baptismus Christi, non tamen ibi operatur remissionem peccatorum propter eandem discordiæ fœditatem & dissensionis iniquitatem; tunc incipit valere idem Baptismus ad dimittenda peccata, cum ad Ecclesiæ pacem venerint; non ut jam dimissa non retineantur, neque ut ille Baptismus quasi alienus aut alius improbetur, ut alter tradatur, sed ut idem ipse, qui propter discordiam foris operabatur mortem, propter pacem intus operetur salutem.* Ex quibus manifeste sequitur aliam esse impositionem manuum reconciliatoriam, qua reconciliantur Hæretici ad sinum Ecclesiæ revertentes, vel ii qui ficto animo ad Baptismum accesserant, & aliam esse impositionem manuum quæ datur Neophytis, & quam dicimus ipsum esse Sacramentum Confirmationis, quamvis utraque manuum impositio dicatur in Spiritum sanctum, conferre Spiritum sanctum, quæ enim est reconciliatoria, non dat Spiritum sanctum, nisi ut causam per accidens, & ut diximus, tanquam removens prohibens, adeoque non est ipsum Confirmationis Sacramentum.

Quibus accedit quod solus Episcopus est Minister Sacramenti Confirmationis ut postea demonstrabitur, ita ut nec ex dispensatione sedis Apostolicæ administrari possit ab aliquo simplici Presbytero: sed revertentes ab hæresi poterant reconciliari per aliquem Presbyterum ex Concilio Arausicano I. Can. 1. ubi sic habetur, *Hæreticos in mortis discrimine posi-*

nos, si Catholici esse desiderant, si desit Episcopus, à Presbyteris cum Chrismate & benedictione consignari placuit: igitur juxta Ecclesiæ disciplinam Hæretici revertentes nobis reconciliabantur per Sacramentum Confirmationis.

Objicies: Sic de illo ritu quo recipiebantur Hæretici, loquuntur Patres & Concilia, ut manifeste pateat nihil aliud fuisse, quam Sacramentum Confirmationis: iisdem enim nominibus eum appellant, iisdem characteribus illum insigniunt, quibus donari solet Confirmatio. Scilicet ritus ille dicitur consignatio, sacrum unguentum, impositio manuum; per eum dari dicitur Spiritus sanctus septiformis gratiæ Spiritus sancti. Sic S. Cyprianus epist. 72. *Et quod*, inquit, *parum sit eis manum imponere ad accipiendum Spiritum sanctum, nisi accipiant & Ecclesiæ Baptismum: Tunc enim demum plene sanctificari & esse filii Dei possunt, si Sacramento utroque nascantur*, ubi Cyprianus impositionem manuum qua recipiebantur Hæretici, appellat Sacramentum, perinde ac Baptismum. *Sacramento utroque, &c.*

Item Siricius epist. ad Himerium cap. 4. loquens de Arianis ab hæresi redeuntibus, *Quos*, inquit, *nos cum Novatianis aliisque Hæreticis, sicut in Synodo constitutum est, per invocationem solam septiformis Spiritus, ex Episcopalis manus impositione Catholicorum conventui sociamus, quod etiam totus Oriens Occidensque custodit.*

Insigne est quod legitur can. 7. Concilii Constant. I. quod est II. generale, his verbis: *Eos qui rectæ fidei adjiciuntur & parti eorum qui ex Hæreticis servantur recipimus secundum subjectam hic consequentiam & consuetudinem: Arianos quidem & Macedonianos, &c.... omnem hæresim anathematisantes... & signatos sive unctos primum sancto Chrismate & frontem, & oculos, & nares, & os, & aures; & eos signantes dicimus, Signaculum doni Spiritus sancti*; quæ ultima verba sunt ipsamet Confirmationis forma, quælis usurpabatur apud Græcos. Quinto sæculo idem testatur S. Leo M. epist. 37. his verbis: *Quod ibi defuit, conferatur, ut per Episcopalem manus impositionem virtutem sancti Spiritus consequantur.* ergo per Sacramentum Confirmationis recipiebantur Hæretici.

Resp. ex illo argumento colligendum esse duntaxat, multa fuisse communia Confirmationis Sacramento, & ritui quo recipiebantur Hæretici: unde non sequitur utrumque ritum externum plane eumdem esse & merito confundendum. Nam, v. g. Confirmatio & Ordo duo sunt distincta Sacramenta, quamvis utriusque materia consistat in manuum impositione, & utriusque forma in oratione Episcopi. Nimirum licet communia hæc sint utrique Sacramento, tamen differunt per diversos specie effectus qui producuntur, per diversas orationes usurpatas in Confirmatione & Ordine. Non absimili modo communes erant multæ cæremoniæ Sacramento Confirmationis & ritui quo recipiebantur Hæretici; sed diversus semper fuit utriusque effectus specificus: in Confirmatione enim fit impositio manuum & unctio, ut baptisatus qui confirmatur, roboretur in fide & perfectus fiat Christianus ad fidem confitendam; cum autem recipiuntur Hæretici, imponuntur illis manus præcise, ut de novo sint de gremio Ecclesiæ in unitatem fidei cum aliis Christianis, recipientes Spiritum sanctum unitatis in fide. Hæc distinctio specifica sumitur ex diversis orationibus quæ proferuntur in utroque ritu; alio enim & alio fine invocatur Spiritus sanctus in Confirmatione, & in ritu quo recipiuntur Hæretici.

Neque vim facias in præfatis Cypriani verbis, qui manuum impositionem datam Hæreticis vocat Sacramentum dicens, *Tunc enim demum plene sanctificari & esse filii Dei possunt, si Sacramento utroque nascantur*, Baptismo scilicet & Confirmatione. His enim vocibus, *utroque Sacramento*, intelligit aquam & Spiritum sanctum, quasi dicat ab Hæreticis bapti-

baptisatos sanctificari non posse, nisi aqua & Spiritu sancto simul renascantur, eo quod, ut ipse putabat, Hæretici habent aquam, non autem Spiritum sanctum, addit enim verbis immediate sequentibus, *Cum scriptum sit, Nisi quis renatus fuerit ex aqua & Spiritu, non potest introire in regnum Dei*.

Denique ex præfato Concilii Constantinopolitani Canone non sequitur Patres illius Synodi statuisse, recipiendos esse Hæreticos per Confirmationem, licet jubeant eos recipi per chrismationem, & his verbis pronuntiatis, *Signaculum donationis Spiritus sancti*. siquidem ut mox ostendemus, nec materia essentialis Confirmationis posita est in chrismatione, nec forma ejus consistit in præfatis verbis.

Cæterum cum doctissimo Domino de Sainte Beuve, ad majorem hujusce quæstionis disquisitionem nonnulla observabimus.

Primum est quod aliter reconciliabantur, qui ab Ecclesia defecerant, & aliter qui in Ecclesia loti fuerant, quod quidem discrimen in eo positum erat, quod qui Ecclesiam reliquerant per pœnitentiam duriorem reciperentur, ut testatur S. Augustinus lib. de unico Baptismo cap. 12. ubi sic loquitur: *Nec illud sine distinctione prætereimus, ut humiliorem agant pœnitentiam qui jam fideles Ecclesiam Catholicam deseruerunt, quam qui in illa nondum fuerunt*. Sed illud discrimen non consistebat in eo quod quidam susciperentur per impositionem manuum quæ Sacramentum esset Confirmationis, quæ nunquam reiterabatur.

Secundo docet idem scriptor a sexto sæculo conversos ab hæresi reconciliatos fuisse in Ecclesia variis modis apud Occidentales, quosdam videlicet per simplicem manuum impositionem, alios per unctionem simplicem, nonnullos per manus impositionem simul & unctionem, cæteros denique per fidei professionem, quod utique probat ex S. Gregorio M. lib. 9. epist. 61. quæ est ad Quirinum, ubi sic habetur: *Studuistis inquirere, Sacerdotes ac plebes quæ Nestoriana Hæreseos errore confusæ sunt, cum ad matrem Electorum omnium Catholicam Ecclesiam revertuntur, utrum baptisari debeant, an certe solius veræ fidei confessione ejusdem Matris Ecclesiæ visceribus adjungi? Et quidem ab antiqua Patrum institutione didicimus, ut quilibet qui apud hæresim in Trinitatis nomine baptisantur, cum ad sanctam Ecclesiam redeunt, aut unctione Chrismatis, aut impositione manuum, aut sola professione fidei ad sinum Matris Ecclesiæ revocentur. Unde Arianos per impositionem manuum Occidens, per unctionem vero sancti Chrismatis ad ingressum sanctæ Ecclesiæ Catholicæ Oriens reformat. Monophysitas vero & alios ex sola vera confessione recipit, quia sanctum Baptisma, quod sunt apud Hæreticos consecuti, tunc in eis vires emundationis accipit, cum vel illi per impositionem manus Spiritum sanctum acceperint, vel ipsi per professionem veræ fidei sanctæ, & universalis Ecclesiæ visceribus fuerint uniti*.

Addit vero in Oriente redeuntes ab hæresi reconciliatos fuisse aut per unctionem, aut per fidei professionem, quod probat ex S. Basilio epist. ad Amphilochium c. 11. ex Concilio Constantinop. 1. Can. 7. ex Quinisexto Can. 95.

CAPUT III.

De Materia Confirmationis.

Mirum est quanta sit sententiarum varietas de hujus Sacramenti materia apud Theologos. Sunt qui dicunt Christum non instituisse immediate Confirmationem quantum ad materiam & formam, licet Christus & Apostoli dederint Spiritum sanctum sub visibilibus signis, ita S. Thomas p. 3. q. 72. art. 2. ad 1. Alensis & S. Bonaventura.

Alii dicunt certum semper fuisse impositionem manuum esse veram Sacramenti materiam, nec aliam fuisse datam ab Apostolis, ita Maldonatus qui tamen addit q. 2. de

2. de Confir. Chriſmationem ab Apoſtolis fuiſſe adhibitum. Sunt etiam qui dixerunt poſt Eugenium IV. in ſuo decreto loco impoſitionis manuum quæ primis Eccleſiæ temporibus dabatur, Spiritu S. inſpirante chriſmationem Eccleſiæ ſuffectam. Exiſtimantes ſcilicet illud Sacramentum fuiſſe duntaxat inſtitutum a Chriſto in genere, qui ſuæ Eccleſiæ poteſtatem reliquit determinandi, ſub quo ſigno daretur Spiritus ſanctus.

His porro miſſis Theologorum altercationibus, ut clare elucidetur quæſtio, duo ſupponenda ſunt.

Primum nomine materiæ eſſentialis Sacramenti Confirmationis intelligi, id quod ſemper adhibitum in adminiſtratione hujus Sacramenti, quemadmodum dicimus materiam Baptiſmi eſſe aquam, quia Baptiſmus ſemper adminiſtratus fuit in aqua, vel cum aqua.

Secundum, duas eſſe res, de quibus in hac quæſtione diſputatur, videlicet impoſitio manuum & unctio de quibus tres formantur ſententiæ.

Prima eſt eorum qui dicunt ſolam impoſitionem manuum eſſe materiam hujus Sacramenti; ita ut unctio ſeu chriſmatio ſit quidem antiquiſſima, ſed tamen nonniſi inſtitutionis Eccleſiaſticæ, adeoque materia tantum integralis, non eſſentialis.

Secunda ſententia eſt eorum qui docent ſolam unctionem, eſſe materiam eſſentialem Confirmationis, ducti nempe autoritate Eugenii IV. in decreto ſuo hæc ſcribentis, *Loco manus impoſitionis, quæ primis Eccleſiæ temporibus adhibebatur, dari in Eccleſia Confirmationem*; ſeu quod putant penes Eccleſiam eſſe, determinare materiam Sacramentorum, & revera electam fuiſſe unctionem poſterioribus ſæculis, quanquam Apoſtoli ſola manus impoſitione fuerit uſi.

Tertia opinio eſt eorum qui docent materiam hujus Sacramenti in utroque conſiſtere, videlicet in impoſitione manuum ſimul & in unctione, rati unctionem fuiſſe adhibitam ab Apoſtolis, uti & impoſitionem manuum, quamvis de unctione nulla habeatur mentio in actibus Apoſtolorum: quid ſentiamus hac in re ſequentibus concluſionibus aperiemus.

Cæterum non abs re erit Theologiæ Studioſos monere quæſtionem propoſitam de materia Sacramenti Confirmationis, non fuiſſe definitam ab Eccleſia, etſi Concilium Tridentinum ſeſſione octava Can. 2. pronuntiat anathema adverſus eos, *qui dixerint injurioſos eſſe Spiritui ſancto, qui ſacro Confirmationis chriſmati virtutem aliquam tribuunt*, non idcirco determinat, an chriſmatio ſit neceſſaria, vel neceſſitate Sacramenti, vel neceſſitate tantum præcepti.

PRIMA CONCLUSIO.

Impoſitio manuum eſt materia eſſentialis Sacramenti Confirmationis.

Probatur 1. ex Scripturis; nimirum ex jam laudato actuum Apoſtolorum loco, ubi accurate deſcribitur a S. Luca Sacramentum Confirmationis, & expreſſe deſignatur adminiſtratum fuiſſe ab ipſis Apoſtolis per impoſitionem manuum; *Tunc imponebant manus ſuper illos, & accipiebant Spiritum ſanctum*. Actorum c. 19. *Et cum impoſuiſſet illis manus Paulus, venit Spiritus ſanctus ſuper eos*. Idem oſtenditur ex cap. 6. epiſt. ad Heb. *Baptiſmatum doctrinæ, impoſitionis quoque manuum*. quæ quidem loca & a SS. Patribus & ab omnibus Theologis explicantur de Sacramento Confirmationis.

Probatur 2. ex SS. Patribus qui Sacramentum Confirmationis reponunt in manus impoſitione, cui effectum hujus Sacramenti tribuunt; percurri poſſunt teſtimonia eorum ſuperius citata, ſic v. g. Tertullianus, *Dehinc manus imponitur per benedictionem advocans & invitans Spiritum ſanctum*. S. Cyprianus, *Ut per noſtram orationem ac manuum impoſitionem Spiritum ſanctum conſequantur*. Firmilianus, ep. ad Cyprianum loquens de Paulo reſpectu quorumdam Joannis Baptiſmate baptiſatorum Act. 19. *Baptiſavit de-*

suo spirituali Baptismo, & sic eis manus imposuit, ut acciperent Spiritum sanctum. S. Hieronymus, *Episcopus ad invocationem Spiritus sancti manuum impositurus excurrat*. S. Augustinus lib. de Trinit. cap. 26. *Apostoli orabant ut veniret Spiritus sanctus in eos quibus manus imponebant, quem morem in suis præpositis etiam nunc servat Ecclesia*, & lib. 3. de Baptismo c. 16. *Spiritus autem sanctus, quod in sola Catholica per manus impositionem dari dicitur*. Primasius in cap. 6. epist. ad Hebræos, *Impositionem manuum appellat per quam plenissime creditur accipi donum Spiritus sancti, quod post Baptismum ad Confirmationem unitatis in Ecclesia a Pontificibus fieri solet*. Theodoretus ad cap. 6. epist. ad Hebræos, *Per manum sacerdotalem Spiritus gratiam accipiunt*. S. Gregorius M. in Evangelia, *Per impositionem manuum nostrarum a Deo Spiritum sanctum percipiunt*. Isidorus Hispalensis lib. 11. de officiis cap. 26. *Post Baptismum per Episcopos datur Spiritus sanctus cum manuum impositione*. Atque ita Jesse Ambianensis, Theodulphus Aurelianensis, Magnus Senonensis, Amalarius, Rabanus, Maurus, Jonas Aurelianensis, Ratramnus, Alcuinus, Æcumenius, Lanfrancus, Anselmus, Ivo Carnotensis, Rupertus, Robertus, Pullus, quorum testimonia eandem doctrinam exhibentia legere est apud Sambovium in tractatu de Sacramento Confirmationis. Ex iis autem hoc argumentum facile conficitur, illud est materia Sacramenti Confirmationis quo usi sunt Apostoli & postea Episcopi quotiescumque confirmarunt, tum vero illud est materia Confirmationis cui tribuitur effectus proprius Confirmationis: sed ex istis locis manifeste patet Apostolos & postea Episcopos in quavis ætate manuum impositionem adhibuisse confirmando, eique manuum impositioni tribuitur effectus proprius Confirmationis, videlicet collatio Spiritus sancti: ergo pro materia essentiali Confirmationis recte assignatur impositio manuum.

Quapropter non intelligo, quomodo ausi fuerint affirmare nonnulli Theologi impositionem manuum, quæ olim erat in usu, fuisse abolitam, & in ejus locum suffectam chrismationem, ita ut jam impositio manuum sit tantum materia accidentalis, quæ olim fuerat essentialis Sacramento; cum ex autoritatibus mox laudatis manifeste pateat impositionem manuum ab ipsis Apostolis, & postea ab omnibus eorum Successoribus adhibitam fuisse tanquam veram ac legitimam Confirmationis materiam; unde facile intelligitur, quod jam observavimus, talem specie materiam ab ipso Christo determinatam fuisse; ita ut Apostoli juxta divinum hoc præceptum in Samaria baptizatos confirmaverint, quod quidem tam expressum Christi mandatum nemo sequutis temporibus mutare potuit, ne Concilium quidem Oecumenicum; quia, ut aiunt Patres Tridentini, multa quidem dispensare potest Ecclesia in Sacramentis, sed *salva eorum substantia*, ita ut proinde mutari non liceat materia tam clare determinata, ut vera Sacramenti materia; nihil enim clarius exprimit aliquid pro materia Sacramenti fuisse determinatum a Christo Domino, quam cum videmus hoc idem fuisse in usu positum ab ipsis Apostolis, qui dubio procul quod sibi præscriptum fuerat a Christo, accurate exequebantur.

Objicies: Eugenius IV. docet expresse in suo decreto loquens de Confirmatione, jam manuum impositionem non esse in usu, *Loco manus impositionis datur Confirmatio*. ergo impositio manuum jam abolita censeri debet.

Respondeo 1. non omnia quæ scribit ibi Eugenius IV. esse certa & indubitata, nam reponit pro materia Ordinationis porrectionem instrumentorum, & pro forma verba quæ huic porrectioni respondent, *Accipe*, &c. quæ judicio omnium fere Theologorum, ac præsertim Græcorum ad essentiam hujus Sacramenti non pertinent, ut dicemus ubi de Sacramento Ordinis.

Re-

Respondeo 2. hoc unum velle Eugenium IV. illud quod olim & in Scripturis, & apud antiquiores Patres vocabatur impositio manuum, nunc appellari Confirmationem, ita ut non rem rei, sed nomen nomini opponat; quasi dixisset hoc Sacramentum quod olim vocabatur impositio manuum, hodie dici Confirmationem, alioquin existimasset Eugenius, quo tempore scribebat, in hujus Sacramenti administratione non adhiberi debere manuum impositionem, quod quidem cogitari nequit; cum expresse usurpata semper fuerit non modo ab Apostolis & eorum Successoribus, sed & in omnibus Ecclesiis etiam Eugenii temporibus, ut fidem faciebant omnia Pontificalia, quod ignorare non potuit summus Pontifex.

Idque abunde confirmatur, ex eo quod post Eugenii tempora perseveravit constans illa Ecclesiæ praxis, confirmandi per manuum impositionem, ut manifeste colligitur ex Concilio Moguntino quod habitum est anno 1549. *Ea vero*, inquit cap. 17. *ut erant a Christo promissa, ipsis Apostolis in die Pentecostes exhibita, & ab eisdem per manus impositionem in alios transfundi cœpta, actus ipsorum satis testantur. Unde Ecclesia Catholica Spiritum sanctum per manus Episcoporum Fidelibus conferendi morem accepit*. quod idem patet ex duobus Conciliis Provincialibus, quæ paulo post Concilium Tridentin. in Galliis celebrata sunt, puta ex Remensi anno 1583. tit. de Confirmatione, & Narbonensi anno 1609. utrumque testatur Confirmationem adhiberi solitam per manus impositionem; consentiunt ad Pontificalia quibus hodie utimur. Quapropter dici non potest mentem Eugenii fuisse loco impositionis manuum, per quam olim conferebatur Confirmatio, dudum obtinere chrismationem [illegible] retenta manuum impositione.

[illegible] eodem modo solvitur difficultas quæ [illegible] ex Innocentio III. qui cap. *Cum venisset*, de sacra unctione scribit, *Per frontis chrismationem designari manus impositionem Apostolorum*. Manifestum quippe est summum Pontificem nomen nomini, non ritum ritui opponere, *Per frontis chrismationem*, inquit, *manus impositio designatur, quæ alio nomine dicitur Confirmatio*.

Objicies: Manus impositione nec usi sunt veteres Græci, ut patet ex nonnullis eorum monumentis, ex Concilio Laodiceno, & ex Cyrillo Jerosolymitano, quæ solius unctionis meminerunt, nec etiamnum utuntur, ut fidem faciunt hodierna Euchologia, ubi sic describitur Confirmationis administratio, *Has recitata oratione ungit baptizatum sancto unguento signum crucis faciens in fronte, oculis, naribus, ore, auribus, pectore, manibus & pedibus dicens, Signaculum doni Spiritus S.* sed nemo dixerit Græcos etiam ab exorto schismate verum non habuisse Sacramentum Confirmationis; quando enim Græci cum Latinis unionem renovare voluerunt, nusquam conquesti sunt Latini, quod illi circa materiam essentialem Confirmationis errarent; neque Græcos a schismate redeuntes unquam denuo confirmarunt Latini: ergo impositio manuum non est materia essentialis in hoc Confirmationis Sacramento.

Nego maj. Græci enim veteres non minus impositionis manuum meminerunt quam Latini; ut patet ex Firmiliano qui epist. inter Cyprianicas 75. hæc habet: *Ubi præsident majores natu, qui & baptizandi, & manum imponendi, & ordinandi possident potestatem*. S. Chrysost. in cap. 6. epist. ad Heb. ad hæc verba, *impositionis quoque manuum*, hæc scribit; *Sic enim accipiebant Spiritum, cum Paulus eis imposuisset manus*. Theodoretus in idem cap. 6. epist. ejusdem, *Qui crediderunt, accedunt ad Divinum Baptismum, & per manum sacerdotalem Spiritus gratiam accipiunt*. Eulogius Alexand. apud Photium in bibliotheca sic loquitur, *Dignos reddi adventu Spiritus sancti, qui per impositionem manuum Apostolorum fiebat*. Simeon Thessalonicensis lib. de Sacramentis, ubi de Confirmatione, *A Philippo*, inquit, *baptizati* [illegible] *tanquam qui solum Baptisma accepissent, Petro ac Joanne imponentibus manus Spiritum sanctum accipiebant. Quod sane hoc Sacramentum est, si quidem impositio manuum unguentum præbebat*, falsum est igitur Græcos manus impositionis non meminisse.

Falsum quoque est eamdem non commemorari in hodiernis Græcorum Euchologiis; quia in illis legitur orationem fundendam super confirmandos; quod certe denotat impositionem manuum, quia ut ait S. Augustinus lib. 3. de Bapt. cap. 16. *Quid est aliud manus impositio, quam oratio super hominem?*

Quæres, quid sit, & quandonam fiat illa impositio manuum, quæ essentialis est Sacramento Confirmationis.

Respondeo illam tunc fieri, cum Episcopus extensis manibus orationem pronuntiat, per quam advocatur Spiritus sanctus: tunc enim junguntur duæ partes essentiales, materia & forma Sacramenti; chrismatio enim & cætera quæ fiunt, puræ sunt ceremoniæ, quæ Sacramenti integritatem, non essentiam spectant, ut mox ostensuri sumus de chrismatione.

Purum vero figmentum est quod nonnulli dicunt, tunc manus imponi ab Episcopo, cum fit unctio; 1. quia ab Apostolis facta est impositio manuum sine ulla unctione. 2. Quia veteres, cum de Sacramento Confirmationis disserunt, impositionem manuum ab unctione sejungunt, *Egressi de lavacro*, inquit Tertullianus, *perungimur benedicta unctione & postea, dehinc manus imponitur*, &c. 3. Quia præsens Ecclesiæ praxis docet impositionem manuum fieri ante chrismationem. 4. Quia per se patet unctionem quæ fit in fronte unico manus contactu, non esse impositionem manuum.

Quæres 2. utrum imponenda sit utraque manus, vel unica sufficiat.

Respondeo unicam sufficere; quia & in Scripturis & apud multos e SS. Patribus mentio fit impositionis manus in singulari. Act. 8. *Cum vidisset autem Simon quia per impositionem manus Apostolorum daretur Spiritus sanctus*: S. Cyprianus epist. 73. *Ut oratione pro eis habita, & manu imposita*. Quos sequuntur S. Hieronymus dialogo adversus Lucifer. S. Augustinus lib. 15. de Trinit. cap. 26. & alii passim.

Quod si quæras, an dextera manu uti necessario debeat Episcopus, vel sinistram adhibere possit; respondeo verisimiliter alterutram sufficere, quia nuspiam definitum est per solam dexteram administrari debere hoc Sacramentum.

SECUNDA CONCLUSIO.

Unctio censeri non debet materia essentialis in Sacramento Confirmationis.

Probatur, quia S. Lucas accurate describens Act. cap. 8. ritum Confirmationis ab Apostolis datæ in Samaria, de unctione nullam facit mentionem, quod sane non omisisset, uti non omisit referre impositionem manuum, & orationem; patet enim divinum hunc scriptorem edita opera voluisse totum ritum cum suis circumstantiis describere. Unde sequitur unctionem non fuisse a Christo præceptam, ac proinde non recte censeri partem essentialem hujus Sacramenti; materia enim cujuslibet Sacramenti fuit a Christo determinata, alioquin Sacramentum ab illo non esset institutum.

Id aliunde confirmatur ex auctoritate Concilii Moguntini jam citati, quod cap. 17. sic loquitur: *Hoc Sacramentum Confirmationis, ab initio sola manus impositione exhibitum, mox sub ipsis temporibus Apostolorum, & ex eorumdem traditione, adhibita chrismatis unctione cœpit conferri*. Igitur Apostoli sola manus impositione Sacramentum Confirmationis contulerunt; adeoque unctio postea superaddita ad summum haberi debet materia integrans.

Certe in quæstione ad fidem non pertinente, qualis est illa, utrum unctio sit materia essentialis, vel solum integrans Confirmationis; eam partem sequi non debent Theologi, quæ posita vix probari

possunt

possent Hæreticis, Confirmationem esse Sacramentum: sed posita adversariorum sententia, jam Confirmationem esse Sacramentum a Christo institutum probari non potest Hæreticis; dicent enim unctionem non fuisse a Christo præscriptam, quia Apostoli ipsi eam non adhibuerunt, ut invicte colligitur ex præfato capite 8. Act. adeoque non esse nisi institutionis Ecclesiasticæ, in quo facile non revincentur. Contra vero si hujus Sacramenti materia essentialis dicatur sola impositio manuum, & sola oratio ejus forma, cum totus ac integer ille ritus non minus expresse habeatur in Scripturis, quam ipse Baptismus, profecto nihil reponere possunt Hæretici adversus catholicum dogma, quo asseritur Confirmationem esse Sacramentum novæ legis proprie dictum, adeoque hæc nostra sententia est alteri præferenda.

Probatur insuper ex eo quod per multa Ecclesiæ sæcula nullam videmus formam hoc in Sacramento, in verbis scilicet positam, quæ unctioni correspondeat. Nam in Sacramentario S. Gregorii legitur quidem Pontificem ungere in fronte quando confirmat, sed non habetur eum pronunciare verba ulla, quæ huic unctioni velut materiæ consentiant. Contra vero ibidem clare asseritur Confirmationem dari solitam per impositionem manuum, & simul per orationem quæ integra describitur, & levata manu sua super capita omnium, dicit: *Omnipotens sempiterne Deus, &c.* Quod argumento est unctionem tunc habitam non fuisse materiam essentialem, sed tantum integrantem; siquidem materiæ essentiali sua esse debet forma quæ ipsi correspondeat. In ordine quidem Romano usi & apud Amalarium Episcopus hæc pronunciat verba confirmando: *Confirmo te in nomine Patris & Filii, & Spiritus sancti;* sed ejusmodi verba, quæ præcise continent invocationem S. Trinitatis, non habent rationem formæ quæ correspondeat unctioni tanquam materiæ.

Objicies: Constans est Patrum & Conciliorum traditio, unctionem in quovis sæculo adhibitam fuisse in conferenda Confirmatione, non ut otiosam quandam cæremoniam, sed quæ vim haberet producendi effectum specificum hujus Sacramenti, videlicet gratiam corroborantem, per quam baptizati fiunt perfecti Christiani. Tertullianus lib. de Bap. c. 7. *Exinde egressi de lavacro perungimur benedicta unctione . . . sic & in nobis carnaliter currit unctio, sed spiritaliter [illegible], quomodo & ipsius Baptismi carnalis actus.*

S. Cyprianus Epist. 70. *Ungi necesse est eum qui baptizatus sit, ut accepto Chrismate, id est unctione, esse unctus Dei, & habere in se gratiam possit.*

Concilium Laodicenum Can. 48. *Quod oportet & eos qui illuminantur post Baptismum inungi super cælesti Chrismate, & esse regni Christi participes.* S. Cyrillus Jerosolymitanus Catechesi 3. Mystagogica loquens de Sacramento Confirmationis, *Sed est Christiana*, inquit, *quod Christi, & Spiritus sancti divinitatis ejus præsentiam efficit, quo frons & alii sensus corporis tui symbolice inunguntur, & corpus quidem isto visibili unguento perungitur, anima vero sancto, vivificoque Spiritu sanctificatur.*

Optatus lib. 7. contra Parmenianum, *Oleum simplex est & novum suum unum & proprium habet, confectum jam Chrisma vocatur, in quo est suavitas, quæ aurem conscientiæ mollit exclusa duritie peccatorum, quæ animum innovat lenem, quæ sedem Spiritui sancto parat;* agit ibi adversus Donatistas, qui Catholicos iterum confirmabant. S. Augustin. lib. 2. contra literas Petiliani cap. 104. hæc verba Psal. 132. *Sicut unguentum in capite &c.* interpretans de Confirmationis Sacramento sic loquitur, *Sacramentum Chrismatis vult us interpretare, quod quidem in genere visibilium signaculorum Sacro-sanctum est sicut Baptismus.* Baptismus autem est ex ipsius Christi institutione.

Theodoretus lib. 4. in Cantica Canticorum, *Velut sigillum quoddam regium suscipiunt, spiritalis unguenti Chrisma recipien-*

accipientes gratiam invisibilem sanctissimi Spiritus unguento tanquam in typo; & ita cæteri post ista Scriptores Ecclesiastici. Igitur unctio censeri debet a Christo aut ab Apostolis instituta, juxta illam S. Augustini regulam lib. 4. de Baptismo cap. 24. *Quod universa tenet Ecclesia, nec Conciliis institutum, sed semper retentum est, nonnisi auctoritate Apostolica traditum rectissime creditur*; adeoque unctio est materia essentialis, non integrans Confirmationis.

Nego conseq. & dico ex illis monumentis, quatenus fidem faciunt ab ipsius Tertulliani ætate usitatam fuisse unctionem, solum colligi posse, eam esse antiquissimam Confirmationis cæremoniam, quæ proinde, ut mox dicturi sumus, omitti non debet, sed eam nec a Christo, nec ab Apostolis fuisse institutam & præceptam patet maxime, ex eo quod ipsi Apostoli, cum Baptisatos confirmarunt in Samaria, unctionem neutiquam adhibuerunt; si enim adhibuissent, istud referre non omisisset S. Lucas, cum datum ab Apostolis Confirmationis ritum tam accurate descripsit Actorum octavo capite, expresse indicans ejus materiam, formam, effectum & ministrum, nulla enim hujus silentii aut omissionis idonea ratio proferri potest.

Quod dicunt Adversarii, argumentum illud esse negativum, & S. Lucam non commemorare quidem unctionem, sed minime negare eam fuisse ab Apostolis adhibitam.

Respondeo vere quidem negativum esse hoc argumentum, sed ejusce generis est, quemadmodum alia quædam sunt argumenta negativa, ut sit peremptorium, cur enim unctionis non meminisset peræque ac manuum impositionis, cum personam agens Historici totum id describit, quod tunc Samariæ ab Apostolis factum est.

Certe ex illo Adversariorum argumento sequeretur quasdam Baptismi cæremonias, ut Exorcismos v. g. ad essentiam Baptismi pertinere, & Apostolica auctoritate traditas, quia eas a primis temporibus tenet Ecclesia, nec a Conciliis institutæ sunt: atqui tamen nemo id dixerit, quia nempe describitur Baptismus in Scripturis, nulla facta mentione ejusmodi cæremoniarum, quæ proinde merito habentur institutionis Ecclesiasticæ. Unde intelligitur nullo negotio responderi posse huic objectioni quam urgent Adversarii. Non alia ratione probamus plerasque Sacramentorum materias & formas, quam ostendendo eas semper & ubique fuisse in Ecclesia usitatas: sed ex illis locis patet chrismationem fuisse semper in Ecclesia adhibitam in Sacramento Confirmationis: igitur.

Resp. id verum esse, cum illius Sacramenti materia aut forma expresse descripta in Scripturis non legitur; ea propter enim sequimur hanc regulam in assignanda v. g. forma Sacramenti matrimonii, de qua nullum est verbum in sacris Litteris: sed quando in iisdem legitur ritus quomodo fuit a Christo institutus, vel ab Apostolis executioni demandatus, & in eodem loco clare describuntur ejus materia, forma, Minister & effectus, his standum esse videtur, & pro materia integrante, aut cæremonia institutionis Ecclesiasticæ habendum quicquid insuper additum est. Sed in isto casu res est ejusmodi, Confirmatio enim sic recensetur Actor. cap. 8. ut ejus materiam, formam, effectum & Ministrum tradat S. Lucas.

Instabis: Scriptura equidem aperte non refert usurpatam fuisse unctionem ab Apostolis, cum Spiritum sanctum tradiderunt, sed silendo eam non excludit, quin potius supponit, ut cum eadem Scriptura refert baptisatum a Philippo Eunuchum, postquam professus fuit se credere Filium Dei esse Jesum Christum Act. 8. alia necessaria, quæ tacet, non excludit, *Scriptura*, inquit S. Augustinus, lib. de fide & operibus c. 9. *tacuit atque intelligenda dimisit cætera, quæ cum illo Spadone baptisando Philippus egit, atque in eo quod ait (Baptisavit eum Philippus)* mus) *intelligi voluit impleta omnia, quæ licet tacentur in Scripturis gratia brevitatis, tamen serie traditionis scimus implenda*. Deinde licet unctio non commemoretur in Scripturis, aliquo modo per traditionem demonstratur juxta regulam a S. Augustino latam lib. 4. de Baptismo cap. 24. *Quod universa*, inquit, *tenet Ecclesia, nec Conciliis institutum, sed semper retentum est, nonnisi Apostolica auctoritate traditum rectissime creditur*; sed a primis Ecclesiæ sæculis usurpatam fuisse unctionem confirmatoriam, abunde jam probatum est ex SS. Patribus, ex Tertulliano v.g. ex S. Cypriano, Origene, &c. igitur.

Respondeo peremptorium esse hoc argumentum quod petitur ex silentio S. Lucæ qui describens Act. cap. 8. ritum Sacramenti Confirmationis, his verbis: *Qui cum venissent, oraverunt pro ipsis, ut acciperent Spiritum sanctum.... tunc imponebant manus super illos & accipiebant Spiritum sanctum*; clare docet illum consistere in manuum impositione & oratione, nec ullum habet verbum de unctione. Certe Christus Dominus instituerat Sacramentum Confirmationis, quodlibet enim Sacramentum novæ legis fuit a Christo institutum: sed eatenus fuit a Christo institutum, quod præscripsit quid agendum esset ab Apostolis, cum vellent administrare hoc Sacramentum. Quid autem præscripserit, habemus a S. Luca qui totum hunc ritum accurate descripsit, positum scilicet in manuum impositione & simul in oratione, quæ conferret Spiritum sanctum. Quis autem sibi in animum induxerit Christum Dominum suis præcepisse Apostolis, ut non solum manus imponerent super recens baptisatos, sed insuper eos Chrismate ungerent; cum videmus hunc sanctum Scriptorem de illa unctione, de illa chrismatione ne unum quidem verbum habere! Et tamen audebunt Theologi contendere unctionem esse materiam essentialem hujus Sacramenti a Christo ipso demandatam! profecto gratis illud affirmaretur.

Huic silentio Scripturæ, quæ de unctione in Sacramento Confirmationis adhibenda nullam facit mentionem, nonnulla adjungi possunt, quæ manifeste probant adhibitam non fuisse chrismationem in administratione Sacramenti Confirmationis ut materiam essentialem: 1. enim primus id affirmavit Tertullianus in loco supra citato, *Exinde perungimur benedicta unctione*, &c. Nemo ante illum de chrismate, de unctione, de oleo locutus est, quo fit ut res ista male diceretur asserta per traditionem, ad summum dici tantum debet chrismationem esse institutionis antiquissimæ; 2. id elucescit maxime ex Concilio Moguntino quod c. 17. sic loquitur, *Hoc Sacramentum ab initio sola manus impositione exhibitum, mox sub ipsis temporibus Apostolorum & ex eorumdem traditione adhibita chrismatis unctione cœpit conferri*. Si autem *sola* manuum impositione ab initio collata fuit Confirmatio, profecto quicquid ei adjunctum fuit, revocari debet ad materiam integrantem, nec essentiale est huic Sacramento; 3. quia si materia Confirmationis posita est in chrismatione, huic materiæ congruere debuit aliqua forma ipsi correspondens; sed nulla videtur assignari posse; nam v. g. in Sacrament. S. Gregorii, *Pontifex signat frontem chrismate & signando* nihil pronuntiat. In Ordine Romano Episcopus invocat solummodo Sanctissimam Trinitatem dicendo, *In nomine Patris, & Filii, & Spiritus sancti*, nec ulla assignatur forma quæ chrismationi correspondeat; 4. demum quia materia essentialis cujuslibet Sacramenti debet eadem esse in utraque Ecclesia: sed chrismatio non est eadem apud Orientales, qui unguentum suum componunt ex triginta quinque speciebus aromatum seu fragrantium herbarum cum oleo & vini modica quantitate concoctis. Occidentales vero nonnisi ex oleo & balsamo suum componunt unguentum: igitur.

At, inquies, laudati Patres tribuunt chrismationi effectum Confirmationis dedocentque Spiritum sanctum seu gratiam sanctificantem ad robur per unctionem conferri: ergo putabant illam esse materiam essentialem hujus Sacramenti.

Nego consequentiam. Quando enim testantur Patres per chrismationem dari Spiritum sanctum, hic partem & quidem integrantem sumunt pro toto, quasi dicerent Spiritum sanctum dari per Sacramentum Confirmationis; quod indicatur ab autoribus aliquando per solam impositionem manuum quæ materia est essentialis, aliquando per solam orationem quæ loco est formæ essentialis, & aliquando per unctionem quæ est tantum materia integrans, sed quæ ad summum a fine secundi sæculi, ut patet ex Tertulliano, adjuncta fuit manuum impositioni.

Objicies, Eugenius IV. pro materia Confirmationis assignat unctionem in suo decreto pro instructione Armenorum his verbis: *Confirmatio cujus materia est Chrisma confectum ex oleo, quod nitorem significat conscientiæ, & Balsamo quod odorem significat bonæ famæ per Episcopum benedicto*. igitur.

Dist. ant. Pro materia integrante, C. Pro materia essentiali, N. Scilicet Eugenius ibi non præscribit accurate quænam sit tantum materia essentialis Confirmationis, cui propositum erat instruere Armenos de ritibus Ecclesiæ Romanæ, & de modo quo solebat administrare septem Sacramenta. Idque invicte ex eo demonstratur, quod, ut supra diximus, ubi postea tractat de Sacramento Ordinis, pro materia hujus Sacramenti assignat porrectionem instrumentorum, quæ dubio procul non est illius materia essentialis sed integrans tantum, cum a Græcis in ordinationibus non adhibeatur, quorum tamen ordinationes alioquin in forma legitima datas semper ut validas approbavit Ecclesia latina. Cæterum male a nonnullis laudatur hoc decretum velut a Concilio Florentino emissum, quia certum est illud ab Eugenio summo Pontifice editum Concilio jam dissoluto.

Objicies: Circa chrismationem hoc definit Concilium Trident. sess. 7. Can. 2. de Confirmatione, *Si quis dixerit injuriosos esse Spiritui sancto eos qui sacro Confirmationis Chrismati virtutem aliquam tribuunt, anathema sit*; igitur chrismatio operatur aliquem effectum in Confirmatione; adeoque est ejus materia essentialis.

Nego cons. Concilium enim definit solum hoc in Canone eos non esse Spiritui sancto injuriosos qui Chrismati virtutem aliquam tribuunt, qua in re non percellitur nostra sententia; neque enim damnamus oppositam velut fidei contrariam. Fatentibus Adversariis hæc quæstio non spectat fidem Catholicam, & in utramque partem propugnari potest, si excipiatur Suarez qui existimavit de fide esse, chrismationem pertinere ad essentiam Confirmationis.

Objicies: Sententia quæ asserit unctionem esse materiam essentialem Confirmationis, est omnium fere Theologorum, pauci vero hanc nostram amplexi sunt: igitur illam sequi longe tutius est.

Respondeo: Non tenemur in scholastica disputatione eam amplecti sententiam quæ a majori Theologorum parte defenditur, ponderari quoque debet vis momentorum quibus opposita fulcitur opinio. Meo quidem judicio invictum est argumentum quod petitur ex capite octavo Actuum Apostolorum, uti mox illud protulimus. Deinde & suos etiam fautores non infimi nominis habuit hæc nostra sententia quam tenuerunt Petrus Aureolus in 4. dist. 7. q. 2. Sirmondus Antirrhetici 2. c. 4. Habertus Vabrensis Episcopus in notis ad Euchologium Græcorum & Sambovius in tractatu de Sacramento Confirmationis, ubi ait fundamenta contrariæ opinionis vel incerta esse & dubiæ fidei, quales sunt Epistolæ Fabiani & Melchiadis, vel falsum supponentia, quale est illud quod eruitur ex Eugenii IV. decreto. Addit vero quod si licuit Cajetano & Soto contra communem sententiam Theologorum sui temporis

poris contendere Balsamum non esse de necessitate Sacramenti, *Quia*, inquiebat Soto in 4. dist. 7. art. 11. *contrarium non est hactenus ab Ecclesia tanquam catholicum definitum*. Licebit pariter docere Chrisma non esse de necessitate Sacramenti Confirmationis.

Cæterum hanc nostram sententiam non puto stabiliri posse autoritate Concilii Arausicani I. quod can. 1. sic habet juxta lectionem Sirmondi: *Nullum Ministrorum qui baptisandi recipit officium sine Chrismate usquam debere progredi, quia inter nos placuit semel chrismari. De eo autem qui in baptismate, quacumque necessitate faciente, non chrismatus fuerit, in Confirmatione Sacerdos commonebitur. Nam inter quoslibet Chrismatis ipsius nonnisi una benedictio est. Non ut præjudicans quidquam, sed ut non necessaria habeatur repetita chrismatio.* Ex his ultimis verbis, *ut non necessaria habeatur repetita chrismatio*, suam fulcit sententiam Sirmondus, quasi asserat Concilium Arausicanum unctionem in Confirmatione non esse necessariam, si unctio verticalis facta fuerit in Baptismo.

Verum funditus ruit hoc Sirmondi argumentum si Canonis hæc non sit genuina lectio, & propositio sic legatur sine illa negatione, *Sed ut necessaria habeatur chrismatio repetita*. Quomodo legendum esse in variis opusculis adversus Sirmondum editis contendit Petrus Aurelius, quem hac in parte sequuntur alii Theologi.

Jam vero quænam ex duabus illis versionibus sit alteri præferenda, quid vero sit sentiendum de illa unctione quæ commemoratur in hoc canone, fusius prosequi & ventilare nostri non est instituti, satis erit sequi mentem ac sententiam Domini de Sainte-Beuve, qui hanc controversiam quæ inter Sirmondum & Petrum Aurelium exarserat, clarissime expendit in suo tractatu de Sacramento Confirmationis. Duo sunt de quibus disputandum est. Primum quomodo legendus sit iste canon. Secundum quis sit ejusdem legitimus sensus.

Quod attinet ad lectionem hujus canonis contendit Sirmondus legendum esse in fine, *Sed ut non necessaria habeatur repetita chrismatio*. Cum ista scilicet particula *non*, quod negat Petrus Aurelius, qui censet legendum esse: *Sed ut necessaria habeatur chrismatio repetita*. Et in eo posita est illa controversia quam laudatus Theologus sic dirimit. De proposito canone, inquit, sentio optimam esse lectionem Petri Aurelii, quæ vocem hanc *in Baptismate* repetit, nec attexit negationem postremæ illius parti. Scilicet in omnibus editionibus Merlini, Surii, Crabi & Binii reperitur vox ista (*in Baptismo*) & non extat particula *negativa*. Hæc enim particula negativa vel sensum facit, quo rejicitur unctio verticalis supplenda, vel quo unctio in fronte excluditur in Confirmatione, quando Episcopus supplevit omissam verticalem in Baptismate. Utrumque autem pugnat cum mente Ecclesiæ, quæ semper studuit, ut cæremoniæ Baptismi supplerentur, uti & unctio frontis semper adjuncta est unctioni confirmatoriæ.

Quamobrem sensus Canonis legitimus iste est, nullus Diaconorum, quibus potestas baptisandi concredita est, sine chrismate progrediatur, quia inter nos placuit semel in Baptismate chrismari. De eo autem, qui in Baptismate, quacumque necessitate faciente, chrismatus non fuerit, Episcopus admonebitur, ut suppleat, quod prætermissum est in Baptismo, ungendo in vertice ex eodem chrismate, quo & postea unctus in fronte, quia chrisma quod in Baptismo, & chrisma quod adhibetur in Confirmatione una est eademque benedictione consecratum. Neque vero cum decernitur verticalis unctio facienda, tum ab Episcopo præjudicium id est, ut confirmandus non ungatur in fronte, quia utraque chrismatio verticis scilicet ac frontis est necessaria.

His addiderim in nonnullis Sirmondum devias-

deviasse, cum istud suum systema proponit ac propugnat; Primo, quidem scribit, quod, si contigerit aliquem sine chrismate fuisse baptizatum, monendus est Episcopus a quo ille chrismetur *in fronte*, in quo certe fallitur, debet enim Episcopus in illo casu hunc hominem baptizatum chrismare in vertice, & non in fronte, tum quia supplere debet illam unctionem, quæ est una e cæremoniis Baptismi, videlicet unctionem verticalem, quæ suppleri debet, antequam conferatur Confirmationis Sacramentum, ut constat ex Concilio Tridentino & Innoc. III. cap. *Pastoralis*, tum quia chrismatio inter baptizandum fieri non debet in fronte, sed in vertice, ut definiverat Innocentius I. post Sylvestrum his verbis ad Decentium, *Nam Presbyteris seu extra Episcopum, seu præsente Episcopo baptizant, chrismate baptizatos ungere licet, seu quod ab Episcopo fuerit consecratum, non tamen frontem ex eodem oleo signare, quod solis debetur Episcopis, cum tradunt Spiritum Paracletum*, denique falsum est, quod istorum verborum, *chrismatis nonnisi una benedictio est*, sensus sit, quod unica sit adhibenda chrismatio, scilicet vel in Baptismo, vel in Confirmatione, si ea non fuerit adhibita inter baptisandum, quia proprie loquendo chrismatis benedictio, non est usus seu applicatio Chrismatis, sed est ipsius chismatis *Consecratio*, quæ ad solos pertinet Episcopos. Quin & arguendus venit Petrus Aurelius, qui in hac concertatione quam habuit cum Sirmondo, scribit eo Canone præcipi in Baptismo adhibendam esse unctionem verticalem, quæ antehac *ignota* fuerat in Galliis, quod falsum est, quia unctionem illam verticalem in Ecclesia Romana dudum fuisse usurpatam patet ex laudato Innocentio I. post Sylvestrum. Scilicet Synodi Arausicanæ propositum non est decernere, ut deinceps unctio verticalis fiat in Baptismo, sed ut Diaconi, quibus officium baptisandi datum erit, ungant eos quos baptisabunt: quod utique Sylvester solis concesserat Presbyteris.

Tertia Conclusio.

Unctio quæ adhibetur in Sacramento Confirmationis est antiquissima, & ideo nunquam omittenda in administratione hujus Sacramenti. Antiquissima quidem; quia, ut patet ex loco supra citato, eam commemorat Tertullianus, qui sæculo secundo degebat. Non est autem omittenda; quia, ut diximus in tractatu de Sacramentis in genere, non licet ullam omittere cæremoniam, in administratione Sacramentorum, quod potissimum servandum est erga unctionem istam confirmatoriam, quam vidimus fere semper & ubique observatam in omnibus Ecclesiis.

Quæres utrum Chrisma debeat necessario confici ex oleo & balsamo simul.

Resp. nullam esse difficultatem, ut per se patet, si sermo sit de necessitate Sacramenti in sententia eorum qui putant chrismationem non esse materiam essentialem Confirmationis. At in sententia eorum quibus chrismatio est materia essentialis, quidam dicunt balsamum jungendum esse cum oleo, ita ut Sacramentum non foret essentialiter perfectum, si ex oleo solo administraretur; volunt alii balsamum esse duntaxat de necessitate præcepti non de necessitate Sacramenti. Missa hac controversia, certum est ex antiquis Autoribus, ex Sacramentario S. Greg. M. & Pontificalibus Chrisma ex duobus illis, oleo scilicet & balsamo, confici solitum. Græci, ut videre est ex eorum Euchologiis, præter oleum & balsamum, 35. aromatum seu herbarum fragrantis odoris genera permiscent, cum modica vini quantitate in Chrismatis sui confectione. Unde obiter dicam colligi posse, chrismationem non esse materiam essentialem Confirmationis, quandoquidem eadem non est specie unctio apud Græcos & Latinos, materia autem Sacra-

Sacramenti debet eadem esse in utraque Ecclesia.

Quæres utrum Chrisma illud debeat esse benedictum ab Episcopo.

Resp. affirmative, idque locum habuit semper & apud Græcos & apud Latinos. Apud Græcos quidem, ut patet ex S. Basilio lib. de Spiritu sancto cap. 27. his verbis: *Consecramus aquam Baptismatis, & oleum unctionis*. tum ex S. Cyrillo Jerosol. Catechesi 3. Myst. ac demum ex eorum Euchologiis. Apud Latinos autem, ut patet ex Cypriano epist. 70. *Eucharistia*, inquit, *& unde baptisati unguntur oleum, in Altari sanctificatur*. ex decreto Eugenii, *ab Episcopo benedictum*. unde in Concilio Meldensi Can. 44. Corepiscopis prohibetur, ne Chrisma conficiant.

Circa hodiernam Ecclesiæ praxim in confectionem Chrismatis hæc observanda sunt.

1. Chrisma fit a solo Episcopo, ut præscribitur in Sacramentario S. Greg. M. in Ordine Romano, in Pontificalibus Ecclesiæ Latinæ, uti & in Græcorum Euchologiis. Neque illud conficere licet Sacerdotibus secundi Ordinis, quamvis una cum Episcopo concurrant ad ejus benedictionem.

2. In benedictione Chrismatis preces fundit Episcopus cum signo crucis, halat super ampullam Chrismatis, quod consecratum salutat una cum Presbyteris; neque has ceremonias ut superstitiosas sugillare debent Hæretici; extant enim apud Amalarium, Ordinem Romanum, & Sacramentarium S. Gregorii M.

3. Licebat quidem olim Episcopis omni tempore Chrisma conficere, ut patet ex Concilio I. Tolet. Can. 20. sed nonnisi feria quinta in Cœna Domini consecrandum statuit Concilium Meldense Can. 46.

4. Debet sacrum Chrisma singulis annis renovari, & ideo vetus comburi.

5. Ut declarant Concil. Valense c. 3. & Altissiod. c. 6. tenentur Presbyteri Parochiarum ab Episcopo proprio non a viciniore Chrisma petere.

6. Episcopis prohibetur a Concil. II. Cabil. Can. 16. a Meldensi Can. 45. & a Toletano XI. Can. 8. *Ne a Presbyteris pro balsamo emendo ad Chrisma faciendum aliquid accipiant*.

7. Demum hoc sacrum Chrisma nulli donare debent Presbyteri sub quolibet prætextu ex Concil. Moguntino cap. 27. & Turonensi III. Can. 20. Cæterum quod spectat usum Chrismatis in administrationem Confirmationis, Latini differunt a Græcis in eo quod Latini solam frontem inungunt, Græci vero oculos, aures, pectus, pedes & manus, ut patet ex eorum Euchologio.

CAPUT IV.

De Forma Confirmationis.

PRæter impositionem manuum & orationem in administratione Confirmationis, unctio fit ex oleo & balsamo, ut diximus, tum & apud Latinos hæc pronuntiantur verba, *Signo te signo crucis, & confirmo te Chrismate salutis, in nomine Patris, & Filii, & Spiritus sancti*. hæc vero apud Græcos, *Signaculum doni Spiritus sancti*.

Quæritur utrum forma essentialis Sacramenti posita sit in oratione quæ respondet impositioni manuum, quo posito forma Confirmationis erit deprecatoria; vel in his verbis, *Signo te*, &c. quo posito forma Confirmationis erit absoluta seu indicativa.

Variæ sunt ac dissentientes hac in re Theologorum sententiæ. Inter eos qui putant unctionem esse materiam essentialem sunt qui non aliam assignent formam Confirmationi essentialem, quam verba ista quæ tum proferuntur, cum frontem inungit Episcopus, *Signo te signo crucis*, &c. ita S. Thomas q. 72. art. 4. Bellarminus, Estius & alii multi. Alii volunt adæquatam hujus Sacramenti formam consistere in oratione quæ correspondet impositioni manuum, & simul in his verbis: *Signo te signo crucis*, &c. quæ correspondent unctioni. Alii demum contendunt in sola oratione quæ ab Episcopo profertur extensis versus confirmandos manibus, qua Spiritus S. invocatur ad robur, quæque in Pontificali Romano chrismationem præcedit, consistere formam essentialem Confirmationis; hæc autem verba: *Signo te signo crucis, & confirmo te*, &c. non esse formam essentialem sed integrantem solum; quam sententiam eo lubentius amplectimur quod maxime consentiens est cum præcedenti assertione, qua diximus, materiam essentialem Confirmationis in sola impositione manuum positam, quocirca sit

PRIMA CONCLUSIO.

Forma essentialis Sacramenti Confirmationis consistit in oratione sola Episcopi, verba autem hæc, *Signo te signo crucis, & confirmo te Chrismate salutis, in nomine Patris, & Filii, & Spiritus sancti*; sunt tantum forma integrans.

Probatur iisdem principiis, quibus ostensum est supra, solam impositionem manuum esse materiam essentialem; par enim utrobique ratio est: scilicet in eo posita est forma essentialis in Confirmatione, quam usurparunt Apostoli, indicio enim certo est, eam a Christo fuisse determinatam, quam insuper omnes Ecclesiæ semper retinuerunt; illa vero forma non est essentialis, sed ad summum integrans, de qua nulla mentio in Scripturis, atqui orationem adhibuerunt Apostoli inter confirmandum, ut patet ex Actorum 8. *Oraverunt pro ipsis, ut acciperent Spiritum sanctum*. eademque oratione semper usi sunt Episcopi confirmando, ut clare demonstrant testimonia superius allata: sic enim loquitur Tertullianus lib. de Bapt. *Dehinc manus imponitur per benedictionem advocans & invitans Spiritum S.* videlicet per orationem. S. Cyprianus epist. 73. *Ut qui in Ecclesia baptisantur, præpositis Ecclesiæ offerantur, & per nostram orationem ac manus impositionem Spiritum S. consequantur*. S. Hieronymus dialogo adversus Luciferianos. *An nescis Ecclesiarum esse consuetudinem, ut baptisatis postea manus imponantur, & ita invocetur Spiritus sanctus*. S. Augustinus lib. 15. de Trinitate c. 26. *Neque enim aliquis Discipulorum ejus dedit Spiritum S. orabant quippe ut veniret, ad eos quibus manum imponebant, non ipsi eum dabant, quem morem in suis præpositis etiam nunc servat Ecclesia*. idem alii Patres. Certo S. Thomas concludit formam Sacramenti Extremæ-unctionis consistere in oratione ex eo quod leguntur ista verba in epistola S. Jacobi, *Et orent super eum*, & postea, *Et oratio fidei salvabit infirmum*. ergo ex istis verbis Actuum Apostolorum, *Oraverunt pro ipsis ut acciperent Spiritum sanctum*, recte concluditur formam Confirmationis esse deprecatoriam.

Idem certo colligitur ex nostris antiquis Pontificalibus, in quibus mentio solum habetur de oratione, nullum autem verbum de hac formula, *Signo* [illegible] Sacramentarium S. Gregorii refert quoque orationem integram quæ [illegible] batur in Confirmationem, nec [illegible] hæc verba, *Signo te*, &c. Amalarius lib. 1. de officiis cap. 27. solius meminit orationis: *Ut per* [illegible] *orationem detur Spiritus sanctus*, [illegible] *ab Apostolica auctoritate sumptum est, quia in Actibus Apostolorum scriptum est*. [illegible] certo colligitur prædictas formulas, *Signo te*, &c. apud Latinos, & *signaculum doni*, apud Græcos, nonnisi posterioribus Ecclesiæ sæculis in usu positas, [illegible] que nonnisi integrantis materiæ [illegible] habere posse.

Huc redit idem argumentum, quo usi sumus ad probandum unctionem [illegible] materiam essentialem Confirmationis; scilicet cum forma his verbis constans: *Signo te signo crucis*, &c. prioribus Ecclesiæ sæculis fuerit incognita, vix poterit in sententia Adversariorum probari con-

contra Novatores, Confirmationem esse Sacramentum a Christo institutum; postulant enim ad verum novæ legis Sacramentum, quod constare possit & jure affirmari, ejus materiam & formam a Christo descendere. Et id potissimum exprobrant Catholicis, quod unctionem & formam verborum ei correspondentem, quæ non sunt nisi institutionis humanæ, & de quibus nulla habetur mentio in Scripturis, ad dignitatem Sacramenti evehant, ita Calvinus lib. 4. inst. cap. 19. *Peragitur*, inquit, *hæc Confirmatio hac verborum formula consigno te, &c pulchra hæc omnia & venuste, sed ubi Dei verbum?* Kemnitius in examine Concilii Tridentini scribit, *Hæc verba Signo te, &c. non modo neque ab Apostolis fuisse usurpata, sed nec in vetustis Scriptoribus, nec in Canonibus expressa*. Dallæus lib. 1. cap. 11. *Nihil*, inquit, *in Scripturis Divinis extat simile verbis istis conceptis, Consigno te signo crucis*, &c.

At in nostra sententia qua dicimus in oratione Episcopi positam esse formam hujus Sacramenti, ruit funditus argumentum hæreticorum; hæc enim oratio clare legitur in Scripturis ab Apostolis adhibita, cum in Samaria confirmarunt; ex quo sequitur non minus expresse haberi in Scripturis, Confirmationem quam Baptismum; contra vero fatentibus Adversariis in illa forma, *Signo te signo crucis*, &c. nulla mentio habetur in Scripturis, nec apud Autores octo priorum sæculorum: igitur, cum ea opinio inter certissimas propugnari debeat a Theologis, qua facilius & fortius defenditur Catholica fides, eam merito selegimus quæ asserit formam essentialem Confirmationis in oratione positam.

Cæterum nemo non videt quam male cohæreant quod aiunt nonnulli asserentes unctionem esse materiam essentialem Confirmationis, & tamen solam orationem quæ nimirum præcedit unctionem, esse formam essentialem. Si quidem forma debet applicari materiæ, forma determinat materiam: sed oratio præcedens unctionem illi non applicaretur, ut per se patet; neque unctionem determinaret, quia nullum habet ordinem ad inunctionem: ergo vix intelligitur, quomodo oratio quæ præcedit unctionem possit dici forma essentialis & unctio quæ sequitur orationem materia essentialis.

Jam vero quod oratio chrismationem præcedens sit forma essentialis in hoc Sacramento ex eo patet, quod huic orationi junctæ cum manuum impositione ascribitur effectus Confirmationis, nempe collatio Spiritus S. per eam enim invitatur Spiritus S. ad robur, id clare testatur S. Gregorius M. in citato Sacramentario, ubi sic modum administrandæ Confirmationis describit, *Pontifex veniens ad infantes tenente Archidiacono chrisma, involutis scapulis & brachiis ex panno lineo, & levata manu sua super capita omnium dicit, Omnipotens sempiterne Deus .... emitte in eos septiformem Spiritum tuum*, &c. *& interrogantibus Diaconibus nomina singulorum, Pontifex tincto pollice in chrismate, facit crucem in fronte unius. similiter per omnes sigillatim*. igitur aut unctio non est materia essentialis, aut ipsi consentiens forma debet assignari præter orationem, & ideo hoc systema sibi non constat.

SECUNDA CONCLUSIO.

Formam integram Confirmationis nunc usitata apud Latinos hæc est, *Signo te signo crucis, & confirmo te chrismate salutis in nomine Patris, & Filii, & Spiritu sancti*: quæ quidem formula extat in decreto Eugenii IV. & in Pontificali Romano, teste Hugone Menardo in noti. ad Sacramentarium S. Gregorii M. pag. 102. Nono sæculo invocabatur solum SS. Trinitas, non pronuntiabantur hæc verba *Signo te*, &c. ut probat ex Amalario lib. 1. de offic. Eccles. cap. 2. ubi sic habet, *Oratione expleta facit crucem pollice ex chrismate in singulorum frontibus ita dicendo, In nomine Patris, & Filii & Spiritus sancti*.

Apud

Apud Græcos hæc usitata est forma, *Signaculum doni Spiritus sancti*. quæ quidem valida existimari debet apud eos, qui putant in his & similibus verbis contineri formam essentialem, tametsi non exprimat distincte tres Sanctissimæ Trinitatis Personas, ejusmodi enim forma dudum utuntur Græci, ut patet ex eorum Euchologiis, nec Græcorum Confirmationem invalidam esse declaravit unquam Ecclesia Latina.

Obj. In decreto Eugenii habetur expresse de Sacramento Confirmationis; forma autem est, *Signo te signo crucis, & confirmo te chrismate salutis, in nomine Patris, & Filii, Spiritus sancti*. sed aliam non assignat summus Pontifex: igitur gratis asseritur hunc modum administrandæ Confirmationis, non aliam indicare formam quam integrantem & cæremonialem: igitur.

Resp. Eugenium IV. eo loci commemorare formam integralem, non essentialem Confirmationis; quia, ut antea dictum est, cum ostendimus solam manuum impositionem esse materiam essentialem, vult ibi instituere Armenos, eosque docere non quod essentiale erat cuilibet Sacramento, sed quem ritum observabant Latini in ejus administratione, uti accepimus a Nauclero in chronicon, & a S. Antonio qui Concilio Florentino interfuit. Certe si hæc verba formam essentialem Confirmationis continerent, sequeretur datam non fuisse Confirmationem a Græcis & a Latinis, antequam hæ formulæ in usu forent, quod utique falsum est, nec magis hæc verba, *Signo te*, &c. sunt forma Confirmationis in mente Eugenii, quam ista, *Accipe potestatem offerendi Sacrificium*, &c. sunt forma Ordinationis Presbyteri, quæ Eugenius in eodem decreto assignat pro forma hujus Sacramenti: sed hæc verba, *Accipe potestatem*, &c. non pertinent ad formam essentialem Ordinationis Presbyteri, quia Sacramentum Ordinationis reperitur apud Græcos, qui ejusmodi verbis non utuntur; uti nec porrectione instrumentorum: igitur forma Confirmationis consistit in sola oratione.

Perperam vero, dicam obiter, quidam Theologi illud decretum laudant sub nomine Concilii Florentini, quia quando Armeni Florentiam advenerunt, jam dissolutum erat Concilium Florentinum post Orientalium ex urbe recessum, ut referunt Spondanus ad annum 1539. & Palavicinus hist. Conc. Trident. p. 1. lib. 6. c. 11.

CAPUT V.

De Ministro Confirmationis.

SUpponendum est non alium esse Confirmationis Autorem præter Christum Dominum, ut ostendimus tum in tractatu de Sacramentis in genere, ubi probavimus singula novæ legis Sacramenta fuisse a Christo instituta, tum in præsenti de Confirmatione, cum ostensum est, Confirmationem esse verum ac proprie dictum Sacramentum: de Ministro nunc agimus.

Minister autem Sacramenti, vel ordinarius, qui ex officio suo Sacramentum illud administrat, vel extraordinarius qui ex delegatione Superioris illud dispensat.

Duæ hic expendi solent controversiæ, prior de Ministro ordinario Confirmationis spectat fidem, & agitatur Catholicos inter & Hæreticos. Posterior de Ministro extraordinario, & in qua disputatur salva fide inter Theologos Catholicos.

CAPUT VI.

De Ministro ordinario Confirmationis.

PHotius qui nono sæculo primus fuit nefandi Græcorum schismatis parens, contendit simplicibus Presbyteris uti & Episcopis parem esse confirmandi potestatem, sic enim insurgit in Latinos qui contra docebant solos Episcopos habere potestatem confirmandi, in quadam scilicet Epistola ad omnes Episcopos directa.

cta. *Unde venit hæc lex, & quisnam hujus legis Conditor? Apostolorum aliquis? an vero Patrum, num etiam aliqua ex Synodis? Nec licet Sacerdoti eos qui baptizantur, unguento signare: igitur*, inquit, *neque omnino baptizare, neque sacra facere*.

Dehinc Waldenses teste Reynero, Wiclefus, ut jam ostendimus ex Concilio Constantiensi, Lutherus libro de captivitate Babilonica, & Calvinus lib. 4. inst. cap. 19. Catholicos sugillant, quod sine ullo, ut aiunt, fundamento hanc peculiarem confirmandi prærogativam tribuant solis Episcopis, *Unde*, inquit, Calvinus in antidoto Concilii Tridentini, *quæso, probabunt Episcopis magis quam reliquis Sacerdotibus convenire has partes, nisi quia incertis Autoribus ita placuit*. In hos omnes sit

CONCLUSIO.

Soli Episcopi sunt Ministri ordinarii Confirmationis, propositio est de Fide.

Probatur 1. ex Scripturis quæ Actor. cap. 8. docent, solis Apostolis licuisse baptizatos in Samaria confirmare, quandoquidem ibi refertur Petrum & Joannem missos fuisse Samariam, ut darent Spiritum sanctum, seu Sacramentum Confirmationis illis qui a Philippo Diacono baptizati fuerant. Unde significant consequenter id solis Episcopis Apostolorum Successoribus competere.

2. Idem apertum est ex universa traditione; non tantum enim soli Episcopi confirmarunt, sed & testantur expresse plerique Patres, id solis Episcopis esse debitum. S. Cyprianus ep. 73. hæc scribit, *Quod nunc quoque apud nos geritur, ut qui in Ecclesia baptizantur, Præpositis Ecclesiæ offerantur, ut per nostram orationem, & manus impositionem Spiritum sanctum consequantur, & signaculo Dominico consummentur*.

S. Augustinus lib. 15. de Trinitate cap. 26. *Neque enim aliquis Discipulorum ejus dedit Spiritum S. Orabant quippe ut veniret in eos, quibus manus imponebant, non ipsi eum dabant, quem morem in suis Præpositis etiam nunc servat Ecclesia*. S. Hieronymus adversus Lucif. *Quod si hoc loco quæris, quare in Ecclesia baptizatus, nisi per manus Episcopi non accipiat Spiritum sanctum?* Innocentius I. epist. ad Decentium cap. 3. *Hæc autem Pontificibus solis deberi, ut vel consignent, vel Paracletum Spiritum tradant, non solum consuetudo Ecclesiastica demonstrat, verum & illa lectio Actuum Apostolorum*. S. Chrysost. ad cap. 8. Act. *Hoc erat in Apostolis singulare, unde & præcipuos, & non alios videmus hoc facere*. Isidorus Hispal. lib. 2. de officiis cap. 26. *Hoc autem a quo potissimum fiat, quemadmodum Papa S. Innocentius scribit, subjiciam, dicit enim non ab alio quam ab Episcopo fieri licere*. Beda in cap. 8. Actuum, *Hoc enim solis Pontificibus debetur*. ita cæteri Autores, quibus maxime consentiunt libri omnes pontificales, favet Concilium Eliberitanum in duobus Canonibus, Can. 38. *Ad Episcopum eum perducat, ut per manus impositionem perfici possit*. & Can. 77. *Episcopus eos per benedictionem perficere debebit*.

3. Et idem expresse definierunt multi e summis Pontificibus, sic v. g. Innocentius III. cap. *Quanto*, scribit, *pervenit ad audientiam nostram quod quidam simplices Sacerdotes apud Constantinopolim ea sacra præsumant Fidelibus exhibere, quæ ab Apostolorum tempore fuerunt solis Pontificibus reservata, ut est Sacramentum Confirmationis, quod chrismando renatos soli debent Episcopi per manus impositionem conferre*. in quam praxim acriter insurgit.

Item Gregorius IX. epist. ad Parensem Episcopum. *Chrismati vero, ut urbis tuis utantur, a simplici Sacerdote Confirmationis munus minime recipierunt, quia de solis Apostolis legitur, quorum sunt Episcopi successores, quod per manus impositionem Spiritum sanctum dabant, & ideo tam illi quam confirmandi de cætero a solis Episcopis consignentur*.

Innocentius IV. idem pronuntiat ep. ad

…l Episcopum Tusculanum. *Soli autem Episcopi consignent chrismate in frontibus baptizatos, quia hujus unctio non debet nisi per Episcopos exhiberi; quoniam soli Apostoli, quorum vices gerunt Episcopi, per manus impositionem, quam Confirmatio vel frontis chrismatio repræsentat, Spiritum S. tribuisse leguntur.* ex quibus manifeste liquet solis competere Episcopis hoc Sacramentum administrare.

Quapropter hæc merito sancit Tridentina Synodus sess. 7. Can. 3. de Confirmatione; *Si quis dixerit sanctæ Confirmationis ordinarium Ministrum non esse solum Episcopum, sed quemvis simplicem sacerdotem anathema sit.*

Objicies: Ex laudato Scripturæ textu cap. nimirum 8. Actuum, in quo habetur Philippum Diaconum non confirmasse quos baptizaverat in Samaria, sed ad id missos fuisse Apostolos, colligi solum potest Diaconos non esse Confirmationis Ministros; sed ex hoc non excluduntur Presbyteri; cum enim Apostoli fueri t Presbyteri simul ac Episcopi, non constat eos confirmasse quatenus Episcopos tantum, inde solum colligi debet, non inesse Diaconis potestatem conferendi Confirmationis Sacramentum, secus vero sermo sit de Presbyteris: igitur.

Respondeo certo constare Apostolos tanquam Episcopos confirmasse ex illo citatum loco per Ecclesiæ praxim & traditionem explicato, per Ecclesiæ quidem praxim, quia soli Episcopi semper confirmarunt usque ad Photianum schisma; per traditionem, quia, ut mox ostendemus, multi Patres testantur id solis competere Episcopis.

At inquies, qui potest majus, potest minus: sed simplices Presbyteri possunt majus, puta Eucharistiam conficere & administrare: ergo a fortiori his denegari non debet potestas conferendi Sacramentum Confirmationis.

Resp. in ejusmodi rebus quæ pendent libera Dei institutione, id non esse ex ratiocinio inferendum, ratio facti est voluntas facientis. Certe sequeretur ex illo argumento simplicem Presbyterum habere potestatem ordinandi alios Sacerdotes, quia potest Eucharistiam conficere, quod est quid majus.

Objicies: S. Hieronymus epist. 85. ad Evagrium docet quælibet munia competere Presbyteris æque ac Episcopis excepta ordinatione, *Quid enim facit Episcopus, excepta ordinatione, quod non faciat Presbyter?* Igitur simplex Presbyter potest confirmare.

Resp. sensum esse quod pauca aut fere nihil faciat Episcopus quod non faciat Presbyter. Sed non existimasse S. Hieronymum, posse quoque Presbyterum confirmare, manifestum est ex dialogo contra Luciferianos supra laudato, ubi expresse testatur Spiritum S. non dari, *nisi per manus Episcopi*. excludens Presbyteros.

Obj. Mos fuit in Ægypto, ut Presbyteri confirmarent, ut testatur Ambrosiaster in cap 4. ad Ephesios his verbis, *Apud Ægyptum Presbyteri consignant, si præsens non sit Episcopus*. Idem scribit Autor qq. ex utroque testamento apud Augustinum q. 111. *In Alexandria*, inquit, *& per totam Ægyptum, si desit Episcopus, consignat Presbyter*. igitur.

Resp. valde dubium esse, utrum in illis locis agatur de unctione confirmatoria, in priori quidem sermonem non esse de Confirmatione putat Petavius lib. 3. dogmatum tract. de Hierarchia lib. 2. cap. 6. a qua sententia non recedit Sambovius in tract. de Sacramento Confirmationis. Ex posteriori vero nihil eruitur, quia male legitur *Consignat*, & legendum est, *Consecrat*, ut ferunt omnes Editiones teste Sambovio. Denique si quidam Presbyteri confirmarunt in Ægypto, id fecerunt abusive.

Objicies: Concilium Barcinonense VI. Can. 11. hæc decernit, *Statutum est, ut cum chrisma Presbyteris Diœcesanis pro Neophitis confirmandis datur, nihil pro liquoris pretio accipiatur*: igitur in Hispania Presbyteri mittebantur confirmaturi.

Nego cons. Non ait enim Concilium

Neo-

Neophitos esse confirmandos illos ab ipsis Presbyteris per Presbyteros, unde ex hoc loco confici nihil potest.

Obj. In Pontificali quod Damaso tribuitur, legitur eum *Episcopis contulisse privilegium, ut baptizatos consignarent, Presbyteris vero concessisse, ut chrismate linirent baptizatos in mortis periculo*: igitur jure Divino non competit Episcopis posthac confirmandi.

Nego cons. Quia hujus contextus, qui, fatentibus omnibus eruditis, non est Damasi, sensus est dumtaxat statuisse Sylvestrum ad solos Episcopos pertinere, ex Christi, scilicet institutione, baptizatos confirmare, alioquin a Sylvestro descenderet quod Episcopi Confirmationis Sacramentum administrarent, quod falsum esse probat idem e S. Cypriano relatus, *Ut qui in Ecclesia baptizantur, Praepositis Ecclesiae offerantur*. ubi & alia loca e SS. Patribus & summis Pontificibus mox adducta.

Nec plus virium habet quod objicitur ex his verbis Concilii Hispalensis cap. 7. [illegible] *Nobilis & Ecclesiasticis regulis prohibitum esse simplicibus Sacerdotibus Paraclitum Spiritum tradere Fidelibus baptizatis per impositionem manuum & chrismate baptizatorum frontem signare* quas [illegible] regulas *novellas* excludunt jus Divinum. Siquidem his regulis *novellis* Concilium intelligit eorum Testamentorum quod cum aliis Ecclesiae regulis prohibet simplicibus Sacerdotibus confirmare; quod utique evincitur ex eo quod ibidem inter ea quae [illegible] simplicibus Presbyteris, recensetur [illegible] confirmatio, quae jure Divino solis competit Episcopis.

Obj. [illegible] fuit consuetudo apud Graecos, ut Presbyteri confirmarent: nam saeculo nono, [illegible] invehitur in Latinos, quod aegre ferebant Graecorum Presbyteros confirmare, & chrismatos denuo chrismare. Sic enim loquitur epist. [illegible] *Chrismate [illegible] Sacerdotes denuo chrismare [illegible], eum se Episcopos praedicant* ... *Porro sapiens*

Tom. I.

& egregium eorum responsum hoc est. Non enim, inquiunt, licet Sacerdotibus, eos qui sacro Baptismate initiantur unguento sanctificare; solis enim Pontificibus hic lege datum est. Unde haec lex? quis Autor? quis Apostolorum? an Patrum? an ex Synodo aliqua? sed ubi & quando habita? & quorumnam confirmata sententiis?

Atque haec consuetudo duravit apud Graecos sequtis temporibus, nec illam improbarunt Latini, ut patet ex eo quod hoc systema Graecorum non impedivit, quominus pax iniretur Graecos inter & Latinos, quod factum est in Concilio Florentino, ubi cum facta jam unione quaesitum fuisset a Graecis: *Quare Episcopi non inungunt sacro chrismate, sed Sacerdotes, cum hoc Pontificibus sit datum?* Huic quaestioni Mitilenensis Episcopus satisfecit; *Haec a Latinis objecta Mitilenensis canonice omnia legitimeque dissolvit*. igitur.

Resp. plane nihil colligi ex eo quod Graeci tempore Photii, qui Autor fuit schismatis Graecorum, Presbyteri confirmare ausi sunt; 1. quia sola auctoritate Photii, non summorum Pontificum chrismabant illi Presbyteri, unde haec praxis non favet Adversariorum opinioni; 2. quia hanc consuetudinem acriter & jure improbarunt Latini, ut patet tum ex citatis in objectione Photii verbis, tum ex Nicolao I. epist. 70. *Infrendere*, inquit, *tentant quoniam eosdem Presbyteros chrismate linire baptizatorum frontes inhibemus*. Tum denique ex Ratramno qui lib. 4. adversus Graecos cap. 7. nomine totius Ecclesiae Gallicanae scribens, id improbavit inter alios Graecorum errores.

Quod autem adducitur ex Conc. Florentino, nihil probat; ignoratur enim quid objectioni Latinorum Mitilenensis responderit, cum dicitur omnia legitime dissolvisse. Neque constat Latinos in praefato Concilio Graecorum sententiam approbasse, Graeci enim ad pristinum schisma [illegible] post redierunt.

§. C A-

Caput VII.

De Ministro extraordinario Confirmationis.

HÆC quæstio, ut diximus, non pertinet ad fidem, sed agitatur inter Theologos. Contendunt non pauci simplices Sacerdotes delegari posse a summis Pontificibus ad Confirmationem in certis casibus dispensandam, licet solis Episcopis competat hoc Sacramentum ex officio administrare. Volunt alii id ita solis Episcopis debitum esse, ut ne ex delegatione quidem Papæ, simplex Presbyter possit esse Minister, quorum sententiæ subscribimus.

Conclusio.

Simplex Sacerdos non potest esse Minister extraordinarius Sacramenti Confirmationis.

Probatur ex iis omnibus locis, quæ mox attulimus in præcedenti articulo, ac præsertim ex iis in quibus expresse habetur *solos* Episcopos posse confirmare, id *solis* Pontificibus competere, ejusmodi enim locutio aperte denotat ita hoc Ministerium competere Episcopis, ut nulla autoritate communicari possit Sacerdotibus; cum vox illa *solus* sit exclusiva.

Ita S. Chrysostomus ad caput octavum Actuum, *Hoc erat in Apostolis singulare, unde & præcipuos & non alios videmus hoc facere*. S. Hieronymus dialogo adversus Luciferianos, *Nisi per manus Episcopi non accipiunt Spiritum sanctum*. Innocentius I. epist. ad Decentium cap. 3. *Hoc autem Pontificibus solis deberi*. & infra quod *solis debetur Episcopis*. Isidorus Hispalensis lib. 2. de officiis cap. 26. *Non ab alio quam ab Episcopo fieri licere*. Amalarius lib. de officiis cap. 27. laudato S. Augustini testimonio, ait; Hoc enim *solis* Pontificibus debetur. Beda in cap. 8. Actuum, Hoc enim *solis* Pontificibus debetur. Jonas Aurelianensis lib. 1. de inst. cap. 7. quod *solius* Episcopi sit per manus impositionem Fidelibus tradere Spiritum S. Acta docent Apostolorum. Petrus Damiani serm. I. in dedicatione Ecclesiæ, Nec quilibet tanti mysterii Executor legitur, sed *solus* Episcopus. Eodem prorsus modo locuti sunt summi Pontifices, Innocentius III. cap. *Quanto*. Innocentius IV. Epist. ad Episcopum Tusculanum, & Gregorius IX. Epist. ad Barensem Episcopum, quorum testimonia mox adduximus cum particula *solus* quæ alium quemvis ab Episcopis excludit.

Neque ullum plane est fundamentum quo dicant Adversarii, ex illa voce exclusiva colligendum esse duntaxat solum Episcopum esse Ministrum ordinarium hujus Sacramenti, quod non impedit quominus simplex Presbyter delegari possit a summo Pontifice ad illud conferendum, si qua necessitas postulaverit. Namque si posthabitis illis autoritatibus hoc affirmetur, poterit etiam dici eadem ratione, simplicem Presbyterum esse Ministrum non ordinarium quidem; sed extraordinarium ordinationis aliorum Sacerdotum. Adducantur enim quævis Scripturæ loca, quibus pateat a solis Apostolis consecratos fuisse Sacerdotes, adducantur expressissima Patrum & Conciliorum testimonia, in quibus habeatur ad solos pertinere Episcopos ordinare Sacerdotes: Eadem ratione poterunt Adversarii reponere ex talibus momentis colligi tantum posse, solum Episcopum esse Ministrum ordinarium, tametsi simplices Presbyteri vel etiam Diaconi sint Ministri extraordinarii, quod omnino absurdum esse nemo non videt.

Et similiter, si quem locum habeat hæc Adversariorum responsio, poterit quispiam affirmare, Diaconum posse ex delegatione sedis Apostolicæ, & tanquam Ministrum extraordinarium conficere Eucharistiam, quia licet proferatur perpetua & constans SS. Patrum, qui unanimi consensu testentur solis competere Sacerdotibus Eucharistiam conficere; respondebitur inde solum sequi Sacerdotes esse hujus Sacramenti Ministros ordinarios sine exclu-

[illegible] Diaconorum, qui tamen possint illud ex delegatione conferre. Ex ita nihil certi erui poterit ex quacumque SS. Patrum, vel disertissima traditione.

Atque haec doctrina abunde confirmatur, ex eo quod hujus delegationis datae simplicibus Presbyteris ad confirmandum, non potest ullum afferri exemplum, ut satius patebit ex mox dicendis; quis autem crediderit simplicem Presbyterum posse ex delegatione summi Pontificis Confirmationem administrare, nec ullam tamen occurrisse occasionem, in qua haec potestas ad praxim reducta fuerit?

Probatur insuper, quia dare Confirmationem est actus ordinis, non jurisdictionis; alioquin Episcopus nominatus & confirmatus, nondum tamen consecratus posset confirmare, quia tunc potest ea quae ad jurisdictionem pertinent exercere; est igitur actus ordinis, sed non est actus ordinis Sacerdotalis; alioquin validum esset Sacramentum Confirmationis ab ipsis collatum sine jurisdictione, sicuti valida est ordinatio ab Episcopo data alieno homini sine jurisdictioni non subdito: igitur est actus ordinis Episcopalis. Sed Presbyter per ejusmodi delegationem non acquireret ordinem Episcopalem: ergo nec potestatem confirmandi acciperet.

Sunt qui dicunt extraordinariam confirmandi potestatem competere Presbyteris ex ordinatione simul & ex jurisdictione; ex ordinatione quidem quia delegari non posset Diacono; ex jurisdictione etiam a solo Romano Pontifice concedenda, sed gratis id afferunt; neque huic nostrae probationi quidquam respondent, quod vel minimam probabilitatis speciem habeat.

Obj. S. Gregorius M. permisit Presbyteris Calaritanae Ecclesiae in Sardinia, ut confirmarent: cum etiam epist. 9. lib. 3. praefatis Presbyteris prohibuisset, ne confirmare auderent, eodem anno cum accepisset inde aliquos fuisse scandalizatos, hoc idem privilegium tandem illis concessit. *Pervenit ad nos, inquit, quosdam scandalizatos fuisse, quod Presbyteros chrismate tangere in fronte eos qui baptizati sunt, prohibuimus, & nos quidem secundum usum veterem Ecclesiae nostrae fecimus. Sed si omnino hac de re aliqui contristantur, ubi Episcopi desunt, ut Presbyteri etiam in frontibus baptizatos chrismate tangere debeant concedimus.*

Quamobrem ad illud privilegium a Gregorio M. concessum manifeste respexit Eugenius IV. in decreto suo toties citato: *Legitur*, inquit, *aliquando per sedis Apostolicae dispensationem ex rationabili & urgenti admodum causa, simplicem Sacerdotem chrismate per Episcopum confecto, hoc administrasse Confirmationis Sacramentum*. Ex quibus non parum roboratur haec sententia affirmans Presbyteros ex commissione Papae posse confirmare.

Respondent quidam Theologi hac in parte deceptum fuisse Gregorium M. qui contra universam traditionem vanum concessit privilegium. Sic respondet Durandus in 4. dist. 6. quaest. 4. ad primum. *Si solus*, inquit, *Episcopus est Minister, nescio cur non possit dici, quod Gregorius, cum fuerit homo & non Deus, potuerit errare*: sed necesse non est hanc adhibere responsionem, quia ut putat Sambovius, vere approbata non fuit haec Confirmatio data per Presbyteros Calaritanos.

Respondetur itaque & rectius quidem meo judicio, ibi sermonem non esse de unctione confirmatoria, sed de quodam ritu Ecclesiastico inter baptizandum usurpato; quatenus Presbyteri illi Calaritani qui juxta morem in Ecclesia usitatum Baptismum administrando ungebant in vertice, inceperunt ungere in fronte, in quam unctionem infremuit S. Gregorius, & quam postea permisit, ad hanc interpretationem multa nos adducunt: Primo, quia cum primum epist. 9. prohibuit, ne Calaritani Presbyteri tali unctione baptizatos ungerent, pro causa suae prohibitionis attulit solummodo veterem [illegible] Ecclesiae usum, qui dubio procul dixisset, ut Innocentius I. S. Chrysostomus & alii, ad solos pertinere Episcopos confirmare, ex eo quod soli Apostoli confirmarunt; Secundo, nec ibidem declarat S. Gregorius illas unctiones fuisse irritas, a mirum factas a Presbyteris sine dispensatione sedis Apostolicae, quod tamen non omisisset summus Pontifex, si tunc sermo fuisset de unctione confirmatoria; Tertio, quia non ita facile sine ulla necessitate, & sub praetextu nescio cujus scandali dispensavisset in re tanti momenti, cujus antea nullum erat exemplum; Quarto, quia in hoc Gregorii testimonio, loco, *baptizatos*, legitur in multis codicibus Mss. & editionibus *baptizandos*; unde efficitur ibi sermonem esse de unctione quae adhibebatur in Baptismo, aut saltem quam usurpaverant Presbyteri Calaritani in Baptismo, non autem in Confirmatione. Et ita Gregorius vetuerat primum, ne Presbyteri Calaritani deinceps chrismarent in fronte quos baptizabant; sed in pectore, quod tamen ipsis postea indulsit.

Neque vero probabile est ad istud Gregorii M. factum respexisse Eugenium IV. ut merito colligitur ex istis verbis: (*Ex rationabili & urgente admodum causa*) non erat enim causa urgens, cur Presbyteris Calaritanis veniam daret confirmandi. Deinde Eugenius ait solum id legi, apud aliquos nempe Scholasticos, sed non affirmat id revera fuisse factum.

Objic. Concilium Tridentinum declarat loco supra citato, solum Episcopum esse Ministrum *ordinarium* Confirmationis: igitur supponit saltem Presbyterum delegari posse extraordinarie, & ut Ministrum extraordinarium confirmare.

Nego cons. quinimo idcirco hac voce Ministri *ordinarii* usi sunt Patres Tridentini, ut quaestionem motam inter Theologos de Ministro Confirmationis extraordinario intactam suo more relinquerent, ut patet ex Historica Concilii Petro Suavi, & Cardinali Palavicino; namque si e Canone Concilii exscinderetur ea vox, *ordinarium*, aperte damnaretur eorum sententia, qui putant simplicem Presbyterum [illegible] esse Ministrum extraordinarium.

Objicies: Jam a longo tempore solent Orientales Presbyteri dare Confirmationem, uti & ipsi Episcopi, quod aliquatenus approbarunt Latini, qui [illegible] objecerunt Graecis, nullum [illegible] esse apud ipsos Sacramentum Confirmationis, utpote collatum a Presbyteris.

Respondeo adversus istam Orientalium consuetudinem semper [illegible], quod primum constat ex eo quod saeculo nono Latini chrismatos a Presbyteris Graecis rechrismabant, ut testatur Photius epist. 11? jam citata. Id [illegible] colligitur ex Nicolao I. qui [illegible] loquitur, *Insimulare tentant, quoniam [illegible] Presbyteros chrismate [illegible] baptizatorum frontes inhibemus*. Cum [illegible] secutis temporibus Innocentium III. Gregorium IX. Innocentium IV. Clementem VIII. & plures alios [illegible] consuetudinem.

Objic. Plurimi summi Pontifices Presbyteris hoc privilegium [illegible], testatur Arcudius lib. 2. de Confirmatione cap. 19. se accepisse a Ludovico Fonseca Jesuita, hanc confirmandi facultatem quibusdam Societatis Patribus concessam a summis Pontificibus, *Alii referunt*, inquit, *Adrianum VI. anno 1521. idem concessisse pro Indiis & regionibus, ubi non sunt Episcopi, ut Sacerdos regularis ex minoribus possit confirmare*. Plura ejusmodi summorum Pontificum Diplomata refert Lucas Wadinghus Minor Hibernus in Annalibus Minorum: igitur Ecclesia agnovit potestatem esse in Romanis Pontificibus delegandi Presbyteros ad conferendam extraordinarie Confirmationem, alioquin sibi talem autoritatem non arrogassent summi Pontifices.

Resp. Aut falsum esse data fuisse haec privilegia, aut id factum esse contra Canones, adeoque nullius esse ponderis; prius autem facilius crediderim, quia verisimile non est tam facile in re tanti momenti dispensasse summos Pontifices adversus sacrae Scripturae oracula, [illegible] SS. Patrum [illegible] & [illegible] decreta [illegible] Nicaenum.

Innoc.

Innoc. III. Greg. IX. Innoc. IV. & aliorum, qui expresse prohibuerunt, ne quis Presbyter auderet confirmare; non afferendo pro ratione hujus prohibitionis, quod isti Presbyteri confirmabant sine accepta dispensatione Sedis Apostolicæ; sed quia id soli debetur Episcopis, cum soli Apostoli confirmaverint.

Objicies denique: Papa habet plenitudinem potestatis in universa Ecclesia, cujus est caput; ergo veniam confirmandi dare potest Presbyteris.

Nego consequentiam. Ob illam enim plenitudinem potestatis nequaquam sequitur Papam posse ad votum immutare Ministros Sacramentorum, sicut nec immutare potest essentialem materiam & formam; ipsa enim Ecclesia non statuit quæcumque voluerit in Sacramentis, *salva eorum substantia*, ut docet Concilium Tridentinum. Nemo autem non videt ad substantiam seu essentiam Sacramentorum pertinere, quod a certis non ab aliis Ministris dispensentur, videlicet juxta Christi Domini institutionem, qua ratione simplices Presbyteri conferre, sive ordinare non possunt Sacerdotes, Diaconi non possunt Eucharistiam consecrare, &c.

Cæterum, ut recte observat Natalis Alexander, consultius se facturos judicat summos Pontifices, si hujusmodi dispensationes nunquam concedant, ne huic propositioni favere videantur quam jure damnavit Innocentius XI. *Non est illicitum in Sacramentis conferendis sequi opinionem probabilem de valore Sacramenti*. Licet enim opinio adversariorum esset probabilis, fatendum necesse est nostram esse tutiorem.

CAPUT VIII.

De effectibus Confirmationis.

Primus Confirmationis effectus, est gratia quæ confertur recte disposito, & nullo peccato mortali obstricto. Nimirum gratia sanctificans seu gratum faciens, quæ in Confirmatione conferri, hoc ipso quod Sacramentum est novæ legis, ut initio hujusce tractatus fuse probatum est.

Id constat ex allatis non semel testimoniis tum Scripturæ tum SS. Patrum. Nam Actorum cap. 8. sic habetur de Confirmatione apud Samariam ab Apostolis data, *Miserunt ad eos Petrum & Joannem, qui cum venissent, oraverunt pro ipsis, ut acciperent Spiritum sanctum ... tunc imponebant manus super illos & accipiebant Spiritum sanctum*; unde ostenditur per Sacramentum Confirmationis, quod idem est cum illa impositione manuum & oratione facta ab ipsis Apostolis, dari gratiam sanctificantem; quoniam videlicet ibi per Spiritum sanctum non intelliguntur gratiæ gratis datæ, quæ non solent appellari Spiritus sanctus, sed Spiritus S. effectus vel dona, ut colligitur ex I. ad Corint. cap. 12. ubi sic loquitur S. Paulus, *Alii quidem per Spiritum datur sermo sapientiæ; alii autem sermo scientiæ secundum eundem Spiritum*.

Illud etiam manifeste patet ex SS. Patribus, qui uno ore testantur per impositionem manuum confirmatoriam dari Spiritum sanctum, quod non potest intelligi de gratiis gratis datis, quæ non nisi primis Ecclesiæ temporibus datæ sunt Confirmatis. Præter quam quod Confirmatio dicitur dare Spiritum sanctum etiam Infantibus, quibus in primitiva Ecclesia administrari solebat, nomine autem Spiritus sancti sola intelligi potest gratia sanctificans, quia gratiarum gratis datarum capaces non sunt Parvuli.

Quapropter Concilium Tridentinum merito definivit adversus Novatores, Confirmationem non esse otiosam cæremoniam, nec simplicem Catechesim sess. 7. Can. I. de Confirmatione: *Si quis dixerit Confirmationem baptizatorum otiosam cæremoniam esse ..., aut olim nihil aliud fuisse quam Catechesim quamdam, qua adolescentiæ proximi fidei suæ rationem coram Ecclesia exponebant, anathema sit.*

Gratia illa non est prima gratia, quatenus non datur nisi iis qui jam consti-

tuti

tuti fuere in statu gratiæ, vel per Baptismum, vel per Pœnitentiam, ut observat S. Thomas p. 3. q. 72. art. 7. ad 2. quippe cum instituta non sit ad culpæ remissionem, verum ad gratiæ augmentum, & ideo Sacramentum Confirmationis dicitur Sacramentum viventium, non mortuorum.

Altera gratia quæ confertur per Sacramentum Confirmationis dicitur sacramentalis, quæ propria est huic Sacramento, & dicitur vulgo a SS. Patribus gratia corroborans, confirmans, perficiens, gratia qua fimus perfecti Christiani, quo circa per illud Sacramentum homines dicuntur sæpius recipere Spiritum sanctum, quod intelligitur de Spiritu sancti robore, de majoris Spiritus sancti plenitudine; Confirmatio enim suum non produceret effectum nisi daretur baptizatis, Spiritum sanctum jam habentibus per Baptisma; quo sensu Actuum cap. 8. de Samaritanis jam baptizatis & nondum confirmatis dicitur: *Nondum enim in quemquam illorum venerat* Spiritum sanctus, *sed baptizati tantum erant in nomine Domini Jesu*. Effectus igitur specificus hujus Sacramenti, est gratia roborans, per quam homo possit in tempore fidem christianam profiteri ejusque inimicis fortiter resistere.

Atque hic effectus ita proprius est Confirmationis, ut produci non possit ab alia causa; non potest v. g. per unctionem verticalem in Baptismo adhiberi solitam; quia hæc unctio verticalis non habet rationem Sacramenti, non pertinet ad essentiam Baptismi nec Confirmationis, ea est institutionis humanæ primum introducta a Sylvestro summo Pontifice; sed cæremonia jure humano instituta non producit eamdem gratiam, ac si esset pars essentialis Sacramenti & a Christo instituta, imo plures Theologi putant unctionem verticalem Baptismi nihil omnino efficere, esse merum signum sterile.

2. Nec ille idem effectus habetur per Eucharistiam licet vere etiam dicatur per Eucharistiam dari augmentum gratiæ, multiplicis enim gratiæ intelligitur esse augmentum, & revera per Confirmationis Sacramentum datur augmentum gratiæ roborantis, per Eucharistiam [illegible] datur augmentum gratiæ reficientis [illegible], ut ait S. Thomas, per Confirmationem augetur & perficitur gratia ad [illegible] dum inimicis Christi, per Eucharistiam vero augetur & perficitur spiritualiter [illegible].

Hanc distinctionem effectuum [illegible] diversa producunt Sacramenta [illegible] recenset Eugenius IV. summus Pontifex in suo decreto his verbis: *Per Baptismum spiritualiter renascimur, per Confirmationem augemur in gratia & roboramur in fide, renati autem & roborati nutrimur divinæ Eucharistiæ alimonia; quod si per peccatum incurrimus ægritudinem animæ, per Pœnitentiam spiritualiter sanamur.*

Alter Confirmationis effectus est caracter quem indelebiliter imprimit uti & Baptismus, quod quidem constat, 1. ex S. Paulo ad Hebræos cap. 6. sic loquente: *Non rursum jacientes fundamentum Pœnitentiæ ab operibus mortuis, & fidei ad Deum, Baptismatum doctrinæ, impositionis quoque manuum*. Ubi Apostolus docet non magis iterari posse Confirmationem quam Baptismum. 2. Ex universa Traditione, cum enim Patres loquuntur de Sacramento Confirmationis, dicunt eum esse signum indelebile, [illegible] spiritualis & christianæ, quæ [illegible] nibus non amittitur.

Ita S. Cyprianus ep. 73. loquens de Confirmatione, *Sigillo Dominico consummantur*. Innocentius I. ad Decentium, *Ut consignent*. S. Leo serm. 4. de Nativitate, *Signaculum vitæ æternæ*. S. Augustinus sermone de Cataclysmo c. 1. *Baptisatus es, signatus es regio caractere*, hoc est Confirmatione, *repasti confregisti annonam de mensa Regis tui*. Sic idem S. Doctor passim adversus Donatistas docet Confirmationem non minus valere apud hæreticos quam Baptismum, adeoque imprimere caracterem uti & Baptismum.

Addimus Concilium Tolet. VIII. can.

7. Sa-

7. *Sacrum Chrisma collatum & Altaris honor avelli nequeunt*. Gregorius II. epist. 9. ad Bonifacium, *De homine qui a Pontifice confirmatus fuerit, denuo illi talis reiteratio prohibenda est*. Cabillonense II. c. 27. *Dictum est nobis quod quidam de plebe bis aut ter ab Episcopis, ignorantibus iisdem Episcopis, confirmentur. Unde nobis visum est nullatenus Confirmationem, sicut nec Baptismum iterari minime debere*. Et tandem Conc. Trid. sess. 7. can. 9. sic rem definivit: *Si quis dixerit in tribus Sacramentis Baptismo scilicet, Confirmatione & Ordine non imprimi characterem in anima, hoc est signum quoddam spirituale & indelebile, unde ea iterari non possunt, anathema sit*.

Hic caracter Confirmationis non est aliqua [illegible] extensio caracteris Baptismalis, sed specialis nota propria hujus Sacramenti, quo plane modo Confirmatio ipsa Sacramentum est distinctum a Baptismo.

Quod si quæratur utrum iterato administrans vel recipiens Confirmationem, incurrat irregularitatem, quam incurrunt rebaptizantes. Resp. negative, quia ut aliquis incurrat irregularitatem, hoc debet esse in jure expressum; sed terminis expressis non habetur in jure vetitum esse Confirmationem reiterare sub pœna irregularitatis, quomodo exprimitur de Baptismo.

Quæres utrum caracter Confirmationis supponat caracterem Baptismi.

Resp. affirmative, quia hæc semper fuit Ecclesiæ consuetudo, ut Confirmatio conferretur post Baptismum, *Egressi de lavacro*, inquit Tertullianus lib. de Bapt. cap. 7. *perungimur benedicta unctione*. Deinde homines per Baptismum fiunt Christiani, per Confirmationem vero fiunt perfecti Christiani, unde prius baptisari debent quam confirmentur ab Episcopo: ac proinde qui confirmaretur ante Baptismum susceptum, iterum confirmari deberet.

CAPUT IX.

De Subjecto Confirmationis.

SUbjectum recipiendæ Confirmationis capax, est omnis Fidelis baptisatus. Prioribus quidem Ecclesiæ seculis Infantibus continenter cum Baptismo administrabatur hoc Sacramentum, sed progressu temporis mutata est hæc disciplina, vel ut majori cum reverentia susciperetur, vel ut evitaretur ejus iteratio, vel alia demum ex causa.

Apparet ex S. Thoma decimo-tertio sæculo nondum antiquatam Ecclesiæ praxim Infantes confirmandi, sic enim loquitur 4. parte q. 72. art. 8. in corpore articuli, *Anima autem ad quam pertinet & spiritualis nativitas, & spiritualis ætatis perfectio, immortalis est, & potest sicut tempore senectutis spiritualem nativitatem consequi, ita tempore juventutis vel pueritiæ consequi perfectam ætatem, quia hujusmodi corporales ætates animæ non præjudicant, & ideo hoc Sacramentum debet omnibus exhiberi*. Et in responsione ad quartum ait confirmandos esse Infantes jam jam morituros, *Ad quartum*, inquit, *dicendum quod anima ad quam pertinet spiritualis ætas, immortalis est, & ideo etiam morituris hoc Sacramentum dandum est, ut in resurrectione perfecti appareant ... unde etiam pueri confirmati, decedentes, majorem gloriam consequuntur, sicut & hic majorem obtinent gratiam*.

At nunc ætas provectior expectatur, aliis volentibus sufficere septennium, aliis exigentibus annum duodecimum, id absolute loquendo pendet ab Episcopi voluntate, sic de ea re loquitur Catechismus ad Parochos, *In quo illud observandum est omnibus quidem post Baptismum Confirmationis Sacramentum posse administrari, sed minus tamen expedire hoc fieri, antequam pueri rationis usum habuerint. Quare si duodecimus annus expectandus non videatur, usque ad septimum certe hoc Sacramentum differre maxime convenit*:

Agi-

Agitur hic de conditionibus ad Confirmationis susceptionem prærequisitis, si nimirum sermo sit de adultis; namque certum est non alias requiri in Infantibus quam quæ desiderantur in Baptismo: hæ autem tales sunt.

1. Ut qui ad Confirmationem accedit, fuerit antea baptisatus, idque requiritur, non modo ut quis licite sed ut valide confirmetur; & ratio est, quia per Confirmationem roborantur in fide & perfecti fiunt Christiani, qui consequenter per Baptismum supponuntur initiati in fide & facti jam Christiani.

2. In adulto qui confirmatur & ad hujus Sacramenti validitatem requiritur ea intentio quam diximus necessariam in subjecto Sacramenta suscipiente, vide quæ diximus ea de re in tractatu de Sacramentis in genere.

3. Ut licite suscipiatur Confirmatio, requiritur in adulto, ut sit in statu gratiæ; ea est enim hujus Sacramenti ratio, ut per illud non remittantur peccata, sed gratia augeatur; unde inter ea collocari solet, quæ dicuntur Sacramenta vivorum. Quapropter qui ad Confirmationem suscipiendam accedunt, si aliquo peccato mortali sint obstricti Confessionem Sacramentalem præmittere tenentur, *Moneantur*, inquit Concilium Aurelianense de consecratione dist. 5. cap. Ut jejuni, *Confessionem dare prius, ut mundi donum sancti Spiritus valeant accipere*. & similiter Concilium Burdigalense an. 1583. *Moneantur etiam qui adulti sunt, ut ad tantum Sacramentum non accedant, nisi præmissa peccatorum Confessione*. Quod quidem juris est divini, quia lex divina prohibet, ne sancta indigne tractentur.

4. Ex antiquissima Ecclesiæ disciplina quæ, quantum fieri potest, retinenda, hoc Sacramentum non nisi jejunis administratur, quanquam existimaverit S. Thomas aliquando & in certis casibus dari posse non jejunis, sic enim loquitur 3. p. q. 72. art. 12. ad. 2. *Propter multitudinem fidelium & propter pericula imminentia sustinetur, ut hoc Sacramentum quod nonnisi ab Episcopis dari potest, etiam a non jejunis detur vel accipiatur*. Antiquam tamen Ecclesiæ fuisse consuetudinem, ut adulti nonnisi jejuni confirmarentur, apparet ex Catechismo ad Parochos, ubi sic habetur, *Qui adulta jam ætate confirmandi sunt ...., admoneantur laudabilem illam antiquæ Ecclesiæ consuetudinem renovandam esse, ut nonnisi jejuni hoc Sacramentum reciperent*. Quam reipsa renovarunt plurima Galliæ Concilia post Concilium Tridentinum celebrata, Rothomagense an. 1583. & Aquense an. 1585. &c.

CAPUT X.

De necessitate Confirmationis.

Circa necessitatem Confirmationis hæc tenenda existimamus.

1. Non est necessaria necessitate medii ad salutem, ut manifestum est ex Concilio Eliberitano Can. 77. *Si quis Diaconus*, inquit, *regens plebem sine Episcopo vel Presbytero aliquos baptisaverit, eos Episcopus per benedictionem perficere debebit. Quod si ante de sæculo recesserit sub fide qua quis crediderit, poterit esse justus*. Tum ex S. Hieronymo, dialogo adversus Luciferianos, ubi sic habet, loquens de Confirmatione quæ in minoribus urbibus solet ab Episcopis dari, *Multis in locis*, inquit, *factitatum reperimus ad honorem potius Sacerdotii, quam ad legis necessitatem. Alioquin si ad Episcopi tantum imprecationem Spiritus sanctus defluit, lugendi sunt qui in viculis, aut in castellis, aut in remotioribus locis per Presbyteros & Diaconos baptisati ante dormierunt quam ab Episcopis inviserentur*. Quod abunde confirmat Ecclesiæ praxis, neque enim solliciti sunt Pastores de singulis confirmandis uti curant singulos homines esse baptisandos, quia certo & fide divina creditur, Baptismum esse necessarium necessitate medii; tum & absolute loquendo ad salutem consequendam sufficere, juxta illud Aposto-

li

li ad Rom. 8. cap. *Nihil quippe damnationis est iis qui sunt in Christo Jesu*, quales sunt baptisati.

At, inquiunt, necessarium est necessitate medii ad salutem, ut homo vincat tentationes quæ occurrunt contra fidem: sed nisi sit confirmatus non habebit gratiam roborantem & quæ datur ad superandas tentationes contra fidem: ergo.

Respondeo hominem cui collatum non fuerit Sacramentum Confirmationis, non posse quidem tam facile obvias tentationes vincere, sed illud tamen absolute & simpliciter, quippe cui non deest gratia, quia supponitur Christianus factus per Baptismum.

2. Susceptio Confirmationis in re vel in voto necessaria est necessitate præcepti. An sit necessaria necessitate præcepti divini simul & Ecclesiastici quæstio est inter Theologos.

Eam esse necessariam necessitate præcepti Ecclesiastici nemo diffiteri potest; extant enim in quavis ætate leges Ecclesiasticæ quibus præcipitur Confirmatio. Concilium Eliberitanum Can. 38. *Si supervixerit, ad Episcopum eum perducant, ut per manus impositionem perfici possit*. Laodicenum Can. 48. *Quod oportet eos qui illuminantur post Baptismum inungi supercælesti chrismate*. Hoc sententiæ dixerat S. Cyprianus Epist. 70. *Ungi quoque necesse est eum qui baptisatus est, ut accepto chrismate, id est, unctione, esse unctus Dei & habere in se gratiam Christi possit*. S. Hieronymus Dialogo adversus Luciferianos, *Non abnuo hanc esse Ecclesiarum consuetudinem, ut ad eos qui longe in minoribus urbibus per Presbyteros & Diaconos baptisati sunt, Episcopus ad invocationem sancti Spiritus manum impositurus excurrat*. Et sic secutis temporibus ubique semper & a Patribus & a Conciliis præcipitur Confirmationis susceptio.

Sed non consentiunt omnes eandem esse necessariam necessitate præcepti divini, negat Estius & quidam alii, siquidem, inquiunt, hujusce præcepti divini nullum extat vestigium in Scripturis divinis, & aliunde non apparet Ecclesiam curare, ut adulti in extremis positi confirmentur, vel saltem ad hujus Sacramenti votum a Pastoribus excitentur, quamvis nondum fuerint confirmati. Volunt alii recte dici Confirmationem jure divino præceptam, quia Christus hoc Sacramentum instituit tanquam medium sine quo vix stare potest infirmitas adversus fidei hostes & mundi tentationes.

Utcumque autem conciliari possunt duæ illæ Theologorum sententiæ, si dicatur Confirmationem non esse quidem jure divino præceptam clare & expresse, bene vero implicite, quatenus Confirmatio instituta est a Christo, ut fideles accipiant gratiam roboris ad pugnandum pro fide & ad vincenda mundi pericula; quemadmodum Eucharistia instituta est, ut per modum alimenti reficiat. Unde Confirmationis suscipiendæ necessitas saltem propter hanc rationem revocari potest ad jus divinum.

Ex quibus patet plane illicitum esse cuique fideli contemnere Confirmationis susceptionem, quia, ut ait S. Thomas 3. p. q. 65. art. 4. ad 3. *Omnium Sacramentorum contemptus est saluti contrarius*.

In autem hoc Sacramentum contemnere censeretur qui, ut ait S. Carolus in instructionibus, data præsentis Episcopi illud administrantis opportunitate, hoc sciens nollet suscipere. Unde hanc quorumdam Anglorum Propositionem: *Omnes Theologi dicunt Confirmationem non præcipi, nisi cum commode haberi potest, vel ut alii dicunt, commodissime quando sine ullo vel minimo prorsus incommodo*, sacra Facultas Parisiensis damnavit his verbis; *Ista Propositio, est scandalosa in, maximum Sacramenti Confirmationis contemptum, maligne animo proposita, & in errorem potest inducere*. Unde sequitur & occasionem hujus Sacramenti recipiendi a fidelibus esse quærendam, & a Pastoribus monendos esse parentes, ut pueros confirmandos ad Episcopum adducant; neque enim culpa vacat eorum negligentia, qui huic præcepto non obediunt.

Dices: S. Thomas 3. p. q. 72. art. 8. ad 4. sentit eum non peccare qui Confirmationem recipere negligit, modo absit contemptus, referens enim sententiam Hugonis a S. Victore dicentis periculosum esse Neophito, si ex hac vita sine Confirmatione migraret, ait, *Non quia damnaretur, nisi forte propter contemptum; sed quia detrimentum perfectionis pateretur.* Unde etiam sequitur nullum esse Confirmationis recipiendæ præceptum, non licet enim præceptum negligere.

Dist. ant. modo absit contemptus & explicitus & implicitus simul, C. explicitus tantum N. contemptus est autem implicitus & interpretativus alicujus Sacramenti, in eo qui nec occasionem illius recipiendi quærit nec oblatam amplectitur. Deinde S. Thomas eo loci respondet solum Hugonis testimonio, ut ostendat Confirmationem non esse necessariam necessitate medii; addit enim aliam rationem propter quam putat non esse negligendam Confirmationem his verbis, *Sed quia detrimentum perfectionis pateretur.* Et in corpore articuli ait contra intentionem Dei esse, hoc Sacramentum negligere.

CAPUT XI.

De Ceremoniis Sacramenti Confirmationis.

HÆ sunt præcipuæ Ceremoniæ quibus solemniter administrari debet Confirmatio.

2. Confirmandi frontem abluere jubentur antequam ad Episcopum accedant, præscribitur in Concilio V. Mediolanensi sub S. Carolo his verbis, *Pridie illius diei quo suscipient, caput laveant, aliove modo mundent, capillosque sibi tonderi curent.* & Concilium Aquense an. 1585. *Ut non fronte sordida, aut capillis, ut aliquando ex nimia contingit accedentium incuria indecenter contecta accedant.*

2. Quo ordine confirmandi sistere se debeant coram Episcopo statuit idem Concilium, Mediolanense, *Mares*, inquit, *in Ecclesia a parte sua, fœminæ ab altera sint, sicque separatim distincti, genibus flexis, manibus ante pectus suo quisque ordine pie ac religiose orent, imprimis quæ ab omni strepitu, vociferatione & inani confabulatione caveant, sed silentio sancto utantur. Et quod veteris ritus est, primum mares, deinde fœminæ confirmentur, nisi aliquando aliter fieri Episcopus censuerit.*

3. Sacramentum illud administratur, quatenus Episcopus extensis manibus, &, ut ait Sacramentarium S. Gregorii Mag. *Levata manu* super confirmandos profert orationem, invitet Spiritum Sanctum, tum vero frontem illorum immergit benedicto chrismate per signum crucis dicens, *Signo te signo crucis & confirmo te chrismate salutis, in nomine Patris & Filii & Spiritus Sancti.* Quid in isto ritu sit essentiale Sacramento, quid vero solum integrale, diximus supra cum de materia & forma hujus Sacramenti disseruimus.

4. Levem postea alapam in maxilla confirmati infligit Episcopus, *Ut meminerit*, inquit Catechismus Romanus, *se tanquam fortem Athletam paratum esse oportere ad omnia adversa, invicto animo, pro Christi nomine ferenda.* Vel, ut alii volunt, *Ejusmodi alapa nihil est aliud quam communicatio pacis ab Episcopo confirmatis porrecta.* Perantiquus non creditur iste ritus, cum nec in Sacramentario S. Gregorii, nec apud veteres legatur.

5. In Confirmatione ut in Baptismo adhibentur patrini, cujus ritus meminerunt Sacramentarium S. Gregorii & Ordo Romanus, *Patrinum*, inquit S. Carolus actorum Ecclesiæ Mediolanensis parte 4. *hoc etiam Sacramento adhiberi osten-*

dit

dat Parochus, ut fiat confirmatus, se Spiritus Sancti gratia perfectiorem ita esse assecutum, ut sibiipsi tamen non fidat, sed aliorum qui vel ætate vel disciplina provectiores sunt monita consiliaque libenter audiat atque amplectatur. Ab hoc Patrinorum munere arcentur; 1. Ii omnes qui in Baptismo susceptorum officium implere non possunt, par enim & eadem est quoad hoc utriusque Sacramenti ratio. Itaque arcentur Monachi, Moniales, publici Pœnitentes, &c. 2. Qui nondum confirmati sunt, quia, ut ait S. Thomas 3. p. q. 72. art. 10. in resp. ad 2. *Licet baptizatus sit effectus membrum Ecclesiæ, nondum tamen est adscriptus militiæ Christianæ. Et ideo Episcopo tanquam duci exercitus per alium exhibetur jam militiæ christianæ adscriptum. Non enim debet alium ad Confirmationem tenere, qui nondum est confirmatus*; 3. Arcentur qui de fide Catholica non sunt sufficienter instructi, cum alios erudire non possint. Unde eos excludit S. Carolus qui ad annum decimum quartum nondum pervenere; 4. Excluduntur parentes ejus qui ad Confirmationem accedit, eo quod cum illo cognationem spiritualem contraherent, ut docet Concilium Tridentinum Sess. 24. cap. 2. de reform. Matrimonii. *Ea quoque cognatio*, inquit, *quæ ex Confirmatione contrahitur Confirmantem & Confirmatum illiusque patrem & matrem & tenentem non egreditur, omnibus inter alias personas hujus spiritualis cognationis impedimentis omnino sublatis.*

6. In Confirmatione nomen aliquando mutatur & mutari debet, si turpe sit, vel ridiculum, ut præscribit Concilium V. Mediolanense, *Caveat*, inquit, *etiam Episcopus ac Parochus, ut qui turpe ridiculumve nomen habet, neque plane conveniens homini Christiano, illud mutet.* Quod idem statuunt Concilium Aquense an. 1585. & Tolosanum an. 1590.

Quod spectat locum & tempus, cum olim dari soleret Confirmatio continenter post Baptismum, idem quoque fuit tempus, idemque locus. In præsenti Ecclesiæ disciplina quilibet sacer locus in urbe vel in oppidis censetur idoneus, immo quivis alius si urgeat necessitas; idque in omni promiscue tempore, quanquam hoc Sacramentum videatur convenientius administrari feriis Pentecostes & quatuor temporum: *In Pentecoste*, inquit Concil. Mediolanense citatum, *præcipue hoc Sacramentum ministrari ostendet, quoniam eo maxime die Apostoli Spiritus Sancti virtute roborati Confirmatione sunt.* Addit postea, *Hoc Sacramentum Episcopus ministrare studebit hora tertia potissimum, quæ ex antiquo ritu stata hujus Sacramenti hora est.*

Dehinc peracto unctionis ritu frons confirmati vitta linea circumligatur, quæ olim nonnisi post septimum diem deponebatur, qua die frons chrismate sacro illita abstergebatur, ut colligitur ex ordine Romano. Secutis temporibus vitta hæc linea deposita fuit post triduum, ut patet ex Synodo Trecensi an. 1400. *Confirmandi*, inquit, *bandellos longos & latos secum habeant, quos post Confirmationem triduo die ac nocte deferant, ne chrisma ab aliis possit tangi.* In quibusdam Ecclesiis satis erat illos bandellos deferre horis 24. ita enim *Synodus Carnotensis* an. 1526. *Ut bandellos mundos latos & longos habeant, quos post Confirmationem portent ad minus per 24. horas, ne chrisma possit ab aliis tangi.* Nunc autem in multis Diœcesibus nulla adhibetur fascia, quia statim post Chrismationem Confirmatorum frons abstergitur a Sacerdotibus.

TRACTATUS DE SACRAMENTO PŒNITENTIÆ.

Caput Primum.

De Nomine & Definitione Pœnitentiæ.

Nomen Pœnitentiæ, si spectetur ejus etymologia, idem est, inquiunt multi, ac punitio; ita ut Pœnitentia dicatur quasi punientia, vel, ut ait Isidorus Hispalensis, punitentia. Volunt plerique alii Theologi Pœnitentiam derivari a pœna, & pœnitere idem esse ac pœnam tenere.

Pœnitentia dicitur a Græcis *exomologesis* quod significat actionem, qua peccatores sua delicta detestantur coram Deo & quidem humiliter, ut ait etiam Tertullianus lib. de Pœnit. cap. 9. *Exomologesis*, inquit, *prosternendi & humilificandi hominis disciplina est*.

Juxta Novatores Lutherum & quosdam alios, nomen Pœnitentiæ nihil Pœnæ pro peccatis commissis subeundæ, sed novam resipiscentiam, & melioris vitæ propositum per se sonat & innuit; in quo manifeste Scripturis adversantur, quæ non solam vitæ emendationem, sed etiam conceptum dolorem & pœnas pro peccatis commissis susceptas per pœnitentiæ nomen significant. Matth. 3. Joannes Baptista ad Pœnitentiam excitans Judæos, ait, *Facite ergo fructum dignum Pœnitentiæ*, & cap. 11. Christus ait, *Si in Tyro & Sydone facta essent virtutes quæ facta sunt in vobis, olim in cilicio & cinere Pœnitentiam egissent:* hoc est pœnas in satisfactionem scelerum prius commissorum sibi imposuissent.

Eadem fuit SS. Patrum sententia, eadem loquendi ratio: S. Cyprianus lib. de Lapsis, hortans eos ad Pœnitentiam, *Pœnitentia*, inquit, *non sit minor crimine*. S. Gregorius Nazianzenus Orat. 39. Pœnitentiam appellat *Baptismum laboriosum*. S. Augustinus Serm. 351. *Ad Pœnitentiam*, inquit, *non sufficit mores in melius commutare, & a factis malis recedere, nisi etiam de his quæ facta sunt, satisfiat Deo per Pœnitentiæ dolorem*. Et ita cæteri Patres.

Pœnitentia considerari solet ut virtus & Sacramentum. Pœnitentia ut virtus, est animi dolor ac detestatio de peccato commisso cum proposito non peccandi de cætero: Pœnitentia vero ut Sacramentum, est Sacramentum a Christo institutum, quo peccata post Baptismum commissa contritis & confessis per absolutionem Sacerdotis delentur. De Pœnitentia ut virtus est, quæ & alio nomine vulgatissimo dicitur *Contritio*, plura hic non dicemus, quia cum sit pars Sacramenti Pœnitentiæ, de ea in decursu hujus tractatus suo loco disseremus, ubi de Contritione, nunc satis erit observare,

Primo, Pœnitentiam seu intimum animi dolorem de peccato commisso, esse veram virtutem, tum quia bonum est opus & laudabile detestari peccatum, si nempe id fiat secundum Deum, non secundum sæculum, ut ait S. Paulus 2. ad Corinth. cap. 7. *Quæ enim*, inquit, *secundum Deum tristitia est, Pœnitentiam in salutem stabilem operatur; sæculi autem tristitia mortem operatur*. Actus enim virtutis fieri debet

bet jus bono & laudabili motivo; tum quia Pœnitentia passim præcipitur in Scripturis sacris, Matth. cap. 4. *Pœnitentiam agite, appropinquavit enim regnum Cœlorum*: Deus autem non præcipit, nisi quod bonum est, & ad virtutem pertinet.

Secundo, Pœnitentiam esse virtutem infusam, non acquisitam, idque colligitur tum ex iis Scripturis in quibus Pœnitentia dicitur a Deo dari; Jerem. 31. *Converte me*. Actuum 11. *Ergo & Gentibus Pœnitentiam dedit Deus ad vitam*; tum quia hoc aperte definivit Concilium Trid. sess. 6. Can. 3. his verbis, *Si quis dixerit sine præveniente Spiritus Sancti inspiratione atque ejus adjutorio hominem credere, sperare, diligere, aut pœnitere posse sicut oportet, anathema sit*.

Hæc porro de Pœnitentia quatenus est Sacramentum, nunc examinanda sunt; 1. existentia hujus Sacramenti quam stabiliemus ostendendo potestatem esse in Ecclesia remittendi peccata post Baptismum commissa, & illam potestatem exerceri per aliquod Sacramentum; 2. essentia hujus Sacramenti, ejus materia & forma; 3. quis sit illius Minister.

CAPUT II.

Utrum sit in Ecclesia potestas remittendi omnia peccata post Baptismum commissa.

CONtra Catholicum Dogma, quo certum est Ecclesiæ inesse auctoritatem remittendi omnia peccata vel gravissima quam multi errarunt.

1. Montanistæ sic dicti a Montano, qui secundo sæculo docebat pro levioribus quidem peccatis, non autem pro gravioribus veniam ab Ecclesia dari posse, ut constat ex Tertulliano qui & ipse ad hanc sectam defecit; is enim lib. de pudicitia, peccata non semel distinguit in remissibilia & irremissibilia, cap. 19. sic loquitur, *Sunt autem contraria & illis remissibilibus ut graviora & exitiosa, quæ veniam non capiunt, homicidium, idololatria, fraus, negatio, blasphemia, utique & mæchia, & fornicatio*.

2. Novatiani sic dicti a quodam Novatiano Romanæ Ecclesiæ Presbytero, qui circa annum 252. publicare cœpit, pro gravioribus sceleribus Episcopos non posse nec debere veniam impertiri: unde magnum Schisma ortum est in Ecclesia.

3. Erravit & Wiclefus qui putavit hanc potestatem remittendi peccata non residere nisi in Ministris sanctis, quod idem etiam docuerant Valdenses.

4. Errarunt Lutherani & Calvinistæ, qui potestatem remittendi peccata, de qua expressa mentio habetur in Scripturis, in odium Episcoporum & aliorum Ecclesiæ Ministrorum, totam interpretati sunt de prædicatione Evangelii, aut de Baptismo ipso, aut de simplici quadam declaratione remissionis peccatorum, quasi Deus solus remittat peccata, Sacerdos vero ea duntaxat remissa declarare possit.

Ubi tamen non immerito observant nonnulli Theologi, solos, proprie loquendo, Lutheranos & Calvinistas ex præfatis Hæreticis negare potestatem in Ecclesia remittendi peccata, quia omnium alii istud intelligunt de certis peccatis tantum, alii vero de quibusdam duntaxat Sacerdotibus, non de omnibus.

Quin & Morinus lib. 9. de Pœnitentia, cap. 28. docet plerosque antiquitatis Patres unicum quoddam admisisse peccatum irremissibile, propter nonnulla scripturæ loca quæ mox referemus. Quæ tamen opinio ad præfatas hæreses nequaquam pertinet, quod minime negat hic Theologus potestatem esse in Ecclesia remittendi omnia peccata post Baptismum commissa, contra quos omnes sit

CONCLUSIO.

Est in Ecclesia potestas remittendi omnia vel gravissima peccata, nec ullum est quod Pœnitentia deleri non possit.

Probatur 1. ex Scripturis, quæ ad id stabiliendum plurima suppeditant momenta: Matth. 16. Christus ait S. Petro,

Tibi

Tibi dabo claves regni Cœlorum, & quodcumque ligaveris super terram, erit ligatum & in Cœlis, & quodcumque solveris super terram, erit solutum & in Cœlis; quod dicit omnibus Apostolis cap. 18. his verbis, *Amen dico vobis, quæcumque alligaveritis super terram, erunt ligata & in Cœlo, & quæcumque solveritis super terram, erunt soluta & in Cœlo*: tum vero Joan. 20. adhuc clarius, *Accipite*, inquit, *Spiritum Sanctum, quorum remiseritis peccata, remittuntur eis, & quorum retinueritis, retenta sunt*. Ex quibus manifeste liquet 1. inesse Ministris Ecclesiæ potestatem remittendi peccata, Christus enim alloquitur Apostolis & in eorum persona Episcopos & Sacerdotes; 2. Ministros, cum absolvunt non modo declarare peccata esse a Deo remissa, sed etiam vere ea remittere, ut sonant allata verba *Quorum remiseritis*, &c. quod argumentum fusius prosequemur ubi, cum de forma hujus Sacramenti seu virtute absolutionis dicemus; 3. hanc potestatem non esse positam in prædicatione Evangelii, ut per se patet: cum enim Christus commendat Evangelii prædicationem, clare mentem suam exprimit dicens: *Prædicate Evangelium omni creaturæ*; 4. hanc remittendorum peccatorum potestatem, non de baptismo, sed de alio ritu qui confertur pro peccatis post baptismum commissis esse intelligendam, quia potestas ligandi & solvendi est judiciaria, quæ proinde non exercetur nisi in subditos Ecclesiæ seu baptizatos.

Unde merito hanc doctrinam sancit Concilium Tridentinum sess. 14. Can. 3. his verbis, *Si quis dixerit verba illa Domini Salvatoris, Accipite Spiritum Sanctum, quorum remiseritis peccata, remittuntur eis, & quorum retinueritis retenta sunt, non esse intelligenda de potestate remittendi, & retinendi peccata in Sacramento Pœnitentiæ, sicut Ecclesia Catholica ab initio semper intellexit; detorserit autem contra institutionem hujus Sacramenti ad auctoritatem prædicandi Evangelium, anathema sit*.

Jam vero istam potestatem Ministris Ecclesiæ a Deo concessam, extendere se ad gravissima crimina, ita ut nullum penitus sit, quod Pœnitentiæ dolori non cedat, constat 1. quia Christus loquitur universim *Quæcumque solveritis*, &c. tum quia in aliis scripturæ locis venia universaliter promittitur & omnibus peccatoribus & pro omnibus peccatis nulla facta exceptione 1. 2. Petri cap. 3. *Nolens Deus aliquos perire, sed omnes ad Pœnitentiam reverti*. apud Ezechielem cap. 18. *Si impius egerit Pœnitentiam ab omnibus peccatis suis .... vita vivet, omnium iniquitatum ejus non recordabor*. Joel cap. 2. *Omnis qui invocaverit nomen Domini salvus erit*: igitur nullum est peccatum absolute irremissibile.

Probatur 2. ex SS. Patribus, qui unanimi consensu hanc potestatem remittendi peccata omnia post Baptismum commissa, Ecclesiæ Ministris tribuerunt, adductis passim locis scripturæ mox citatis; unum aut alterum duntaxat ex eorum testimoniis allegabimus, res enim est apud omnes certissima. Tertullianus, Scorpiaci cap. 10. *Nam & si adhuc clausum putas Cœlum, memento claves ejus hic Dominum Petro, & per eum Ecclesiæ reliquisse*. Quibus verbis nihil clarius desiderari potest. S. Cyprianus Ep. 73. *Unde*, inquit, *intelligimus non nisi in Ecclesia præpositis, & in Evangelica lege, ac dominica ordinatione fundatis, licere baptizare, & remissam peccatorum dare, foris autem nec ligari aliquid posse nec solvi*. Totus est autem idem S. Doctor, ut probet contra Novatianos Lapsis cæterisque peccatoribus veniam non esse denegandam Ep. 52. ad Antonianum, & lib. de Lapsis. S. Hieronymus Ep. 1. ad Heliodorum loquens de Sacerdotibus: *Qui claves*, inquit, *regni Cœlorum habentes quodammodo ante Judicii diem judicant, qui sponsam Domini sobria castitate conservant*. S. Chrysostomus lib. 3. de Sacerdotio, *Quanam*, inquit, *obsecro potestas hac una major esse queat ... neque enim tantum nos regenerant Sacerdotes*, *sed qui postea etiam condonandorum peccatorum facultatem obtinent.* Ita cæteri Patres, imprimis vero S. Ambrosius duobus libris de Pœnitentia, & S. Pacianus Ep. ad Sempronianum, uterque agit expresse contra Novatianos, & probat veniam Pœnitentibus esse concedendam, quod supponit inesse Ministris Ecclesiæ potestatem remittendi peccata; & similiter S. Augustinus Serm. 392. *Nemo sibi dicat*, inquit, *occulte ago Pœnitentiam apud Deum ago: ergo sine causa dictum est: Quæ solveritis in terra soluta erunt in Cœlo: ergo sine causa sunt claves datæ Ecclesiæ Dei, frustramur Evangelium? frustramus verba Christi?*

Probatur 3. ex variis Ecclesiæ Decretis.

1. Enim in multis Conciliis damnati sunt Montanistæ & Novatiani, quod duriori disciplina vellent Pœnitentia functis denegandam esse veniam. Profecto si Ecclesia ut Hæreticos habuit eos qui Ecclesiæ potestatem peccata remittendi imminuere conabantur, a fortiori qui eam prorsus abolere tentant.

2. Concilium Lateran. cap. *Firmiter*, sic habet, *Si post susceptionem Baptismi quisquam prolapsus fuerit in peccatum, per veram potest semper Pœnitentiam reparari*.

3. Concilium Trid. sess. 14. jam citatum damnat eos qui potestatem remittendi peccata Ecclesiæ Ministris denegant, Can. 3. *Si quis dixerit verba illa Salvatoris; Accipite Spiritum Sanctum, quorum remiseritis peccata non esse intelligenda de potestate remittendi & retinendi peccata in Sacramento Pœnitentiæ, anathema sit*. Ubi & cap. 6. Anathema declarat, quicumque dixerit absolutionem Sacerdotis non esse actum judicialem, sed nudum ministerium declarandi remissa esse peccata.

His adde hanc fuisse perpetuam Ecclesiæ disciplinam in quovis sæculo, ut fideles commissis post Baptismum peccatis ad Sacerdotes recurrerent veniam consecuturi, & vicissim Sacerdotes virtute clavium, & potestatis sibi a Christo traditæ ipsis Pœnitentibus eam indulgerent.

Objicies 1. Hæc verba Heli ad filios suos I. Regum cap. 2. *Si peccaverit vir in virum placari ei potest Deus, si autem in Dominum peccaverit vir, quis orabit pro eo?* Ergo saltem peccata in Deum remitti non possunt ab hominibus.

Nego cons. 1. enim argumentum nimis probaret, nimirum omnia in Deum peccata esse irremissibilia; 2. hic agitur de peccatis ante institutionem Sacramenti Pœnitentiæ commissis; 3. hujus loci sensus est tantum, peccata in Deum difficilius remitti quam peccata in homines, quod illa sunt istis graviora, ita respondet S. Ambrosius, lib. de Pœnitentia cap. 9. *Scriptum non est, Nullus orabit pro eo, sed, Quis orabit?* Si nempe nullus sit Sacerdos, qui pro peccatis populorum sacrificia offerat, qua de re filios suos increpat Heli qui, ut ibidem habetur, *retrahebant homines a sacrificio Domini*.

Obj. Proverb. 1. Deus sic loquitur peccatoribus, *Despexistis omne consilium meum ... ego quoque in interitu vestro ridebo vos*: igitur sunt peccata quæ Deus non condonabit.

Resp. ex hoc loco & aliis multis similibus quæ leguntur apud Prophetas, ut quod habetur Jeremiæ 14. *Noli orare pro populo isto, cum jejunaverint, non exaudiam preces eorum*, colligi solum posse excæcatos & induratos homines in fine vitæ veniam forte non consecuturos, quod Deus propter multitudinem criminum quæ commiserunt, eos dereliquit, vel quod male agunt Pœnitentiam: quod nihil efficit adversus hanc nostram doctrinam; fatemur enim impœnitentiam esse peccatum irremissibile, & dicimus tantummodo, nullum esse peccatum quod Pœnitentia deleri non possit virtute scilicet clavium & illius potestatis quam Christus Ministris Ecclesiæ dedit, suppositis tamen certis dispositionibus in Pœnitente, quemadmodum supponuntur dispositiones in adulto qui baptizatur.

Et

Et sic respondetur his verbis II. Machab. cap. 9. de Antiocho, *Orabat autem hic scelestus Deum a quo non esset misericordiam consecuturus*. hæc enim Antiochi falsa erat Pœnitentia, quia, ut ait S. Thomas in 4. dist. 2. q 1. *Non ex amore justitiæ de peccatis dolebat, sed timore pœnæ quam expectabat, vel dolore pœnæ quam sustinebat*. quo modo & intelligi debet quod dicitur de Esau Epist. ad Heb. cap. 12. *Non invenit Pœnitentiæ locum quamquam cum lacrymis inquisisset eam*. qui tamen postremus locus melius explicatur de Pœnitentia Isaac patris Esau, & sensus est quod lachrimis suis efficere non potuit, ut patrem facti sui pœniteret.

Obj. Matth. cap. 12. Christus ait, *Omne peccatum & blasphemia remittetur hominibus, Spiritus autem blasphemia non remittetur: & quicunque dixerit verbum contra filium hominis, remittetur ei, qui autem dixerit contra Spiritum Sanctum, non remittetur ei, neque in hoc sæculo, neque in futuro*. igitur est aliquod peccatum irremissibile; adeoque Christus non reliquit Ecclesiæ potestatem remittendi omnia universim peccata post Baptismum commissa.

Resp. juxta communiorem interpretum sententiam, nomine blasphemiæ in Spiritum S. intelligendum esse, illud crimen quo Dei opera tribuuntur diabolo, quod quidem peccatum quantumvis gravissimum remittetur ei qui veram non fucatam egerit Pœnitentiam; illud autem dicitur irremissibile in præfato loco, non quod simpliciter, absolute & defectu potestatis in Ecclesia remitti non possit, sed quia comparate ad alia peccata & habita ratione dispositionis in subjecto difficilius remittitur. Est quippe difficillimum, ut qui putat divinæ gratiæ opera non esse Dei sed diaboli, adeoque in Dei gratiam & misericordiam non sperat, de peccatis suis Pœnitentiam agat.

Obj. Ex S. Paulo ad Heb. cap. 6. *Impossibile est eos qui semel illuminati gustaverunt etiam donum cæleste, & participes facti sunt Spiritus Sancti .... & prolapsi sunt rursus renovari ad Pœnitentiam*: igitur.

Resp. hujus loci, qui difficultate non caret, duplicem potissimum esse apud interpretes expositionem. Multi per hæc verba, *Rursus renovari ad Pœnitentiam* intelligunt Baptismum, quod Baptismus non raro donatur nomine renovationis, ut v. g. Epist. ad Titum cap. 3. unde aiunt mentem Apostoli esse, eos qui semel illuminati sunt, id est, baptizati, non debere iterum baptizari. Alii hunc locum interpretantur de Pœnitentia & de peccatis post Baptismum commissis, & dicunt Apostolum, cum ait impossibile esse, ut qui sunt illuminati iterum renoventur ad Pœnitentiam, nihil aliud significare, quam quod illud sit difficillimum; sæpius enim quod valde difficile est, dicitur impossibile.

Deinde nimis probaret iste S. Pauli locus, si ad litteram sumeretur & nisi benigna aliqua interpretatione donaretur: probaret enim non solum pastores Ecclesiæ non accepisse a Christo potestatem remittendi peccata post Baptismum commissa; sed etiam impossibile esse, ut fideles semel baptizati possint per quamcunque Pœnitentiam Deo reconciliari quocunque modo, vel etiam independenter a clavibus & Pastorum ministerio, omnem etenim videtur Apostolus excludere Pœnitentiam, quod quidem non pretendunt Calvinistæ, & quod certe ipsis ultro fatentibus, a mente S. Pauli valde alienum est.

Obj. I. Joan. 5. *Est peccatum ad mortem, non pro illo dico ut roget quis*. igitur datur aliquod peccatum irremissibile.

Nego cons. 1. quia non dicit S. Joannes hoc peccatum de quo loquitur, esse irremissibile; 2. quia hoc unum docere videtur pro eo qui peccat ad mortem, tanta cum fiducia non esse orandum quam pro eo qui non peccat ad mortem; 3. quia, ut alii interpretantur, S. Joannes loquitur de impœnitentia finali quam fa-

tentur

[illegible] irremissibilem, ita S. Hieronymus Commentario in Jeremiam.

Obj. Quam multi Patres docuerunt aliquid esse peccatum irremissibile, ita Hermas S. Pauli discipulus lib. 3. Similitud. [illegible] octava & nova; S. Cyprianus lib. 3. Testimoniorum Num. 28. ait non posse in Ecclesia remitti ei qui in Deum deliquerit, quod probat ex objectis supra Scripturæ locis. S. Athanasius in illud Evangelii, *Quicumque dixerit verbum*, [illegible] aperte docet dari aliquod peccatum irremissibile, ibique adducit autoritatem Origenis & Theognosti qui existimarunt blasphemiam in Spiritum S. esse irremissibilem. Addit per illam blasphemiam intelligendum esse crimen illorum, qui opera Christi tribuunt Beelzebuth, & quam putat nulla venia dignam atque æternum plectendam. Eadem fuit doctrina S. Hilarii Can. 12. in Matth. S. Ambrosii lib. ad Virginem lapsam cap. 8. & S. Paciani Epist. 3. ad Sempronianum: ergo revera datur aliquod peccatum irremissibile.

Resp. illos PP. agnoscere aliquod peccatum irremissibile eo sensu jam a nobis alibi cum præfata Scripturæ loca explicavimus, quod nempe difficilius remittatur quam alia peccata; non autem eo sensu [illegible] absolute & simpliciter loquendo irremissibile, quasi statuerit Deus se pro [illegible] quodam crimine nullam penitus veniam concessurum; vel quasi generalem & amplissimam pro omnibus vel gravissimis peccatis potestatem non [illegible] Ministris; iidem enim Patres, ut ostendimus, testantur hanc Ecclesiæ potestatem generaliter datam esse pro omnibus peccatis, peccatores ubique semper ad Pœnitentiam compellunt, ipsisque certam veniæ spem pollicentur; vel si Patres illi putant aliquod esse peccatum absolute & simpliciter irremissibile propter illud Scripturæ, *Quod non remittetur neque in hoc sæculo neque in futuro* [illegible] intelligunt illud impœnitentiam finalem. [illegible] porro [illegible] L

pœnitentiam finalem esse peccatum irremissibile, quia Christus non concessit Ecclesiæ Pastoribus potestatem remittendi peccata, nisi supponendo peccatores veram & sinceram agere pœnitentiam.

Instabis. Non videtur eadem responsione solvi merito posse, quod scribit S. Hieronymus Ep. 149. ad Marcellam, ubi impugnando Novatianos, qui blasphemiam in Spiritum S. dictam a Christo irremissibilem, explicabant de sola Christi nominis abnegatione seu idololatria: concedit Novatianis peccatum idololatriæ esse irremissibile, si ostenderint illud esse blasphemiam in Spiritum S. unde sequitur S. Doctorem admisisse aliquod peccatum irremissibile.

Nego cons. & dico ex hoc loco posse tantum colligi S. Hieronymum figura concessionis usum fuisse, en factum: Marcella petierat ab Hieronymo hujus argumenti (quod erat Novatianorum) solutionem, Blasphemia in Spiritum S. est irremissibilis, sed lapsorum idololatria est blasphemia in Spiritum S. ergo est irremissibilis. Quid respondet S. Doctor? primam propositionem non examinat, sed concessionis figura utitur, quia hoc argumentum facile revincere poterat negando alteram propositionem; verum non inde colligi debet mentem S. Hieronymi esse, blasphemiam in Spiritum S. esse irremissibilem. Autor enim quispiam non censetur approbare eas omnes propositiones quas in aliqua disputatione reficere & impugnare non conatur. Eadem ratione se gessit Pacianus Epist. 3. ad Sempronianum qui de Novatianorum secta idem argumentum proponebat; alter vero S. Ambrosius qui lib. 2. de Pœnitentia utramque ejusdem syllogismi propositionem diserte impugnat.

Objicies: Deo soli competit dimittere peccata, Marci 2: *Quis potest dimittere peccata, nisi solus Deus?* igitur perperam hæc potestas tribuitur Sacerdotibus.

Resp. soli Deo competere potestatem remittendi peccata in genere causæ principis, sed & eam habere Sacerdotes a Christo acceptam quam exercent tanquam Ministri & dispensatores mysteriorum Dei, ut ait Apostolus; deinde retorqueri potest illud argumentum adversus Protestantes, nimirum inde sequi Ministros Ecclesiæ non posse baptisare, quo argumento in simili casu utitur S. Ambrosius lib. 1. de Pœnitentia cap. 8. num 37. adversus Novatianos.

Caput III.

An Pœnitentia sit Sacramentum proprie dictum.

Postquam ostendimus residere in Ecclesia legitimam potestatem remittendi peccata post baptismum commissa, superest ad astruendam Sacramenti Pœnitentiæ existentiam, ut demonstremus hancce potestatem exerceri in Ecclesia per verum Sacramentum novæ legis a Christo institutum, hoc ministerium publicum & sensibile, quo Sacerdotes solent ligare vel solvere peccatores ad eorum tribunal accedentes, esse verum Sacramentum a Christo institutum ad remittenda peccata post Baptismum commissa, & a Baptismo quidem ejusque memoria distinctum.

In hac controversia rem habent solum Catholici cum Calvinistis; nam veteres Hæretici Montanistæ, Novatiani & postea Valdenses, & Hussitæ minime negarunt Pœnitentiam esse Sacramentum. Lutherus uti & multi ejus discipuli hac in parte sibi non constant in primis quæ ediderunt operibus, sed omnes tamen videntur nunc profiteri cum Ecclesia Catholica Pœnitentiam esse Sacramentum, qua de re consuli potest illustrissimus Meldensium Episcopus Bossuet in opere suo de Variationibus.

Mirum vero quot & quantas ineat vias Calvinus, ut e numero Sacramentorum novæ legis expungat Pœnitentiam, modo enim hanc potestatem remittendi peccata, quæ toties commendatur in Scripturis, collocat in prædicatione Evangelii; modo ait eam esse tantum politicam & ad externum Ecclesiæ regimen unice spectare. Deinde quia diffiteri non potuit, quin admittendum esset aliquod remedium pro peccatis post Baptismum commissis, dixit hoc remedium nihil aliud esse præter Baptismum, cujus memoria iterum delentur peccata, *Apertissime dixeris*, inquit lib. 4. Instit. n. 17. *si Baptismum dixeris Pœnitentiæ Sacramentum, cum in Confirmationem gratiæ & fiduciæ sigillum illis datus sit qui Pœnitentiam meditantur*. In illos errores duo sunt probanda. 1. Pœnitentiam esse Sacramentum veri nominis. 2. Eam esse Sacramentum a Baptismo & ejus memoria distinctum.

Prima Conclusio.

Pœnitentia est verum ac proprie dictum novæ legis Sacramentum.

Probatur, quia signum sensibile a Christo institutum & gratiæ divinæ productivum, est Sacramentum novæ legis: sed Pœnitentia, hoc est ministerium illud externum, quo Sacerdotes Deo reconciliant peccatores in peccata post Baptismum lapsos, est signum sensibile a Christo institutum & gratiam producit. 1. Est signum sensibile, oculis enim & sensibus obvium est, peccatores confiteri de suis peccatis, & ea coram Sacerdote confiteri, apparet etiam Sacerdotem absolvere peccatorem; nec aliter quam per exterius signum exerceri poterat hæc potestas ligandi & solvendi, quam Apostolis contulit Christus juxta præfata Scripturæ loca. 2. Fuit illud signum a Christo institutum, cum dixit, *Quæcumque solveritis, &c. Quorum remiseritis peccata*, &c. 3. Et annexam habet gratiæ promissionem, quia hoc eodem signo datur gratia sanctificans, quo delentur peccata mortalia: igitur Pœnitentia est Sacramentum proprie dictum.

Prob. 2. ex universa Traditione. 1. Enim videmus ubique & semper in usu po-

possessum fuisse, ut fideles commissis post Baptismum peccatis ad claves Ecclesiæ confugerent, hoc est, ad Sacerdotes, quorum potestate & ministerio absolverentur.

2. Patres loquuntur passim de illo Tribunali Sacerdotum, in quo remittuntur peccata, confertur gratia & Deo reconciliantur fideles, unde patet Pœnitentiam in eorum mente reputatam fuisse pro Sacramento proprie dicto novæ legis.

3. Sunt qui verbis expressis Pœnitentiam appellant Sacramentum, signum, mysterium, hæc constant ex locis superius adductis & ex aliis etiam, quorum nonnulla tantum brevitatis causa referam: Tertullianus lib. de Pœnit. cap. 7. *Deus clausa licet innocentiæ janua, & intinctionis sera obstructa aliquid adhuc permisit patere, collocavit in vestibulo Pœnitentiam secundam, quæ pulsantibus patefaciat.* Tum vero clarius adhuc S. Ambrosius qui Pœnitentiam designat nomine Mysterii lib. 1. de Pœnit. cap. 8. *Nec interest*, inquit, *utrum per Pœnitentiam an per lavacrum hoc jus sibi datum Sacerdotes sibi vindicent, idem in utroque mysterio est.* Item S. Augustinus Ep. 228. ad Honoratum manifeste reponit Pœnitentiam inter Sacramenta novæ legis, *Aliis*, inquit, *Baptismum flagitantibus, aliis reconciliationem, aliis etiam Pœnitentiæ ipsius actionem, omnibus consolationem & Sacramentorum confectionem & erogationem; Ubi si Ministri desint, quantum exitium sequitur eos qui de isto sæculo vel non regenerati exeunt, vel ligati?* Vide etiam lib. 5. de Bap. cap. 20. S. Hieronymus lib. 1. contra Pelagianos, *Redimatur*, inquit, *Sanguine Salvatoris aut in dono Baptismi aut in Pœnitentia quæ imitatur Baptismi gratiam;* & ita cæteri Patres, tum Græci, tum Latini.

His accedit ad confirmandam Traditionis nunquam interruptæ seriem Doctores omnes, cum nata est circa duodecimum sæculum Theologia Scholastica, semper numerasse Pœnitentiam inter alia Sacramenta, uti Baptismum & Eucharistiam: dixerunt semper septem esse Sacramenta, iique omnes & singuli unanimi consensu Græci & Latini, non dissentientibus ipsis Græcis Schismaticis, ut testatur Arcudius lib. 1. de Sacramentis cap. 1.

Quocirca hanc fidem adversus Calvinistas jure merito definivit Concilium Trid. sess. 14. Can. 1. his verbis, *Si quis dixerit in Catholica Ecclesia Pœnitentiam non esse verum et proprie dictum Sacramentum pro fidelibus, quoties post Baptismum in peccata labuntur, ipsi Deo reconciliandis a Christo Domino institutum, anathema sit.*

Obj. Hæc Christi verba quæ in probationem adducuntur, *Quæcunque solveritis*, &c. *Quorum remiseritis*, &c. recte intelliguntur de prædicatione Evangelii quatenus verbi Minister fidelium peccata solvit, eas movendo ad credendum promissionibus divinis, siquidem fides justificat & a peccatis purgat, quod sentiebat S. Hieronymus qui in cap. 44. Isaiæ sic loquitur, *Solvunt eos Apostoli Sermone Dei & testimoniis Scripturarum, & exhortatione virtutum.* igitur male ex iis colligitur Pœnitentiæ Sacramentum.

Neg. ant. nam in his scripturæ locis datur Ecclesiæ Pastoribus potestas ligandi & solvendi, remittendi vel retinendi peccata, sed non omnes absolvuntur sine discrimine; omnibus autem prædicatur Evangelium, neque qui concionatur potest retinere peccata: Nec movere debet locus S. Hieronymi, tametsi enim aliquo modo improprie loquendo dici possit homines solvi a peccatis per Evangelii prædicationem, tamen apertum est in laudatis Christi verbis commendari potestatem ligandi & solvendi longe diversam a prædicatione Evangelii propter rationes adductas & Traditionis auctoritatem.

Obj. Habetur solum ex scripturis Christum contulisse Apostolis potestatem remitmittendi peccata, ſed non aſſignavit ulla verba quæ pronuntiarent: igitur in hoc non cenſetur aliquod Sacramentum inſtituiſſe; cum videlicet remitti poſſint peccata per actum internum, & nullo adhibito ſigno ſenſibili.

Nego conſ. Habemus enim ex Traditione & perpet a Eccleſiæ praxi, Sacerdotes aliqua verborum formula fuiſſe uſos reconciliando peccatores, ut conſtat ex antiquis Sacramentis, quæ juxta priſcam Eccleſiæ fidem adornata ſunt, tum ex S. Auguſtino, *Accedit verbum ad elementum & fit Sacramentum*.

SECUNDA CONCLUSIO.

Pœnitentia eſt Sacramentum a Baptiſmo ejuſque memoria diſtinctum.

Primo, id conſtat ex laudatis Chriſti verbis, quibus inſtituit Penitentiam, *Quæcumque remiſeritis*, &c. *Quæcumque ligaveritis*, &c. ea enim probant Sacerdotes fuiſſe conſtitutos Judices ad remittenda vel retinenda peccata, ad ligandum, vel ſolvendum: ſed ex hoc ſequitur Penitentiam eſſe diſtinctam a Baptiſmo, quatenus Judicium illud exerceri non poſſe niſi in fideles, in baptizatos, & Eccleſiæ ſubjectos facile intelligitur; quo argumento utuntur Patres Tridentini ſeſſ. 14. cap. 1. his verbis, *Ceterum hoc Sacramentum multis rationibus a Baptiſmo differre dignoſcitur (Penitentia Sacramentum) nam præterquam quod materia & forma, quibus Sacramenti eſſentia perficitur, longiſſime diſſidet, conſtat Baptiſmi Miniſtrum judicem eſſe non oportere, cum Eccleſia in neminem judicium exerceat, qui non prius in ipſam per Baptiſmi januam fuerit ingreſſus: Quid enim mihi*, inquit, *Apoſtolus de iis qui foris ſunt judicare? ſecus eſt de Domeſticis Fidei*.

Secundo, id colligitur etiam ex adductis SS. Patrum locis: perſpicuum enim maxime eſt, illos diſtinguere Pœnitentiam a Baptiſmo, quam repræſentant ut Sacramentum a Chriſto inſtitutum ad remittenda peccata poſt Baptiſmum commiſſa. Tum quia Pœnitentiam vocant Baptiſmum laborioſum, quod conciliari non poteſt cum doctrina Calviniſtarum, quam impugnamus; non eſt enim quid laborioſum, nec gravioribus pœnis opus eſt ad eluenda peccata fidelium, ſi in illis ſola Baptiſmi memoria delentur. Deinde multi Patres Pœnitentiam vocant, alteram poſt naufragium tabulam, quod evincit procul dubio eam eſſe Sacramentum a Baptiſmo diſtinctum, ita Tertull. lib. de Pœnit. cap. 4. S. Hieronymus Epiſt. ad Pammachium; S. Pacianus Epiſt. 1. & 2. ad Sempronianum, quam loquendi rationem, licet diſplicuerit Calvino, ut patet ex lib. 4. inſt. cap. 19. tamen approbavit Concilium Trid. ſeſſ. 6. cap. 14. his verbis, *Quam ſecundam poſt naufragium deperditæ gratiæ tabulam Sancti Patres apte nuncuparunt*.

Tertio, rem aperte definivit eadem ſancta Synodus Can. 2: *Si quis Sacramenta confundens ipſum Baptiſmum Penitentiæ, Sacramentum eſſe dixerit, quaſi hæc duo Sacramenta diſtincta non ſint, atque ideo Penitentiam non recte ſecundam poſt naufragium tabulam appellari, anathema ſit....*

Quarto, ea Sacramenta ſunt diverſa, quæ differunt penes materiam, formam, Miniſtrum, & effectum; ſed ejuſmodi ſunt Baptiſmus & Pœnitentia, ut patet enumeratione facta iſtorum omnium: igitur Pœnitentia eſt Sacramentum a Baptiſmo diverſum. Cum aliunde hæc Calviniſtarum doctrina merum ſit figmentum, in nullo Scripturæ teſtimonio fundatum, ubinam viderunt hominem baptizatum, cujus gratia Chriſtus Dominus legitur inſtituiſſe Miniſtros poteſtatem habentes remittendi peccata, per ſolam Baptiſmi memoriam Deo reconciliari?

Objic. S. Auguſtinus Baptiſmo tribuit remiſſionem peccatorum quæ poſt Baptiſmum perpetrantur, Epiſt. 180. *Quicquid ab eis qui poſt acceptum Baptiſmum hic vivunt, infirmitate humana contrahitur, quarumcumque culparum propter ipſum lavacrum dimittitur*. Idem docet lib. 1. de Nupt.

cap.

cap. 4. igitur Pœnitentia non differt a Baptismo nisi quo memoria.

Distinguo ant. Baptismo tribuit velut [illegible], C. proximæ, N. hoc itaque sensu Baptismus in mente S. Augustini, [illegible] omnis mundationis etiam quæ acquiritur per alia Sacramenta, quod mundatio data per Baptismum præsupponitur aliis quibuscumque, sed non contendit S. Doctor Baptismum loco esse [illegible] ei; hoc enim utrumque Sacramentum clare distinguit, ut ostendimus. Vide etiam quæ scribit S. Doctor Epist. 23. ad Bonifacium, *semel perceptam*, inquit, *Christi gratiam parvulus non amittit, nisi propria impietate, si ætatis accessu tam malus evaserit, tunc etiam propria incipiet habere peccata, quæ non regeneratione auferantur, sed alia curatione sanentur*; & Homil 50. inter 50. *Non sufficit mores in melius commutare ... nisi satisfiat Deo per Pœnitentiæ dolorem*. Quis autem dolorem appellabit Baptismi memoriam?

Objicies. Idem effectus tribuitur Pœnitentiæ & Baptismo, nimirum remissio peccatorum: igitur duo non sunt Sacramenta.

Dist. ant. Idem effectus genericus, qui positus est in remissione peccatorum præcise, C. specificus, N. nam alia gratia producitur a Baptismo, alia a Sacramento Pœnitentiæ; per Baptismum gratia regenerans, & per Pœnitentiam gratia, ut ita dicam, resuscitans. Præterquamquod per Baptismum deletur peccatum originale, & per Pœnitentiam sola delentur peccata post Baptismum commissa.

Quæres quando institutum fuerit a Christo Sacramentum Pœnitentiæ.

Resp. Christum instituisse Sacramentum Pœnitentiæ post suam Resurrectionem cum Apostolis suis dixit: *Accipite Spiritum sanctum, quorum remiseritis peccata, &c.* Joan. 20. ut definivit Concil. Trident. sess. 14. cap. 4. his verbis: *Dominus autem Sacramentum Pœnitentiæ tunc præcipue instituit, cum a mortuis excitatus insufflavit in Discipulos suos, dicens: Accipite Spiritum sanctum, &c.* unde cum Christus ante mortem dixit Petro, *Quodcumque solveris, &c.* Matth. 16. tunc eam solum promisit potestatem, quam postea concessit; nam loquitur in futuro, *Tibi dabo claves regni Cœlorum*, non autem in præsenti, ut cum dixit postea: *Accipite Spiritum sanctum*.

CAPUT IV.

De Essentia Sacramenti Pœnitentiæ.

QUoniam a multis jam sæculis consuetudo invaluit apud Theologos, ut essentiam Sacramentorum explicent sub nominibus materiæ & formæ, præeunte Guillelmo Altissiodorensi qui ad initium sæculi decimi tertii florebat, ut jam observavimus in Tractatu de Sacramentis in genere, nos eamdem loquendi normam secuti, de materia & forma Pœnitentiæ disseremus.

CAPUT V.

De Materia Sacramenti Pœnitentiæ.

DUplicem materiam in Sacramentis distinguere solent Theologi, remotam nimirum & proximam. De materia remota Pœnitentiæ nulla est difficultas in Scholis; fatentur enim omnes materiam remotam hujus Sacramenti, esse peccata post Baptismum commissa, quatenus per Pœnitentiam delentur, non quatenus, ut per se patet, ex iis tanquam materia Pœnitentia componitur, hoc est, ut vulgo dicitur peccata post Baptismum commissa per exclusionem ad peccatum originale, quod dimissum supponitur per Baptismum, sunt materia *circa quam* Sacramenti Pœnitentiæ. Sed gravior longe est difficultas de materia *ex qua* proxima & proprie dicta Pœnitentiæ; hoc est de materia, ex qua componitur hoc Sacramentum. Omittimus referre hoc in negotio opinionem Lutheri, qui teste Palavicino duas tantum admittit Pœnitentiæ partes, terrores scilicet Pœnitentis, & fidem qua credit sibi propter Christum esse remissa peccata. Quam sententiam damnavit Concilium Trident. sess. 14. cap. 3. his verbis: *Sancta Synodus damnat eorum sententias, qui Pœnitentiæ partes, incussos conscientiæ terrores, & fidem esse contendunt*. Ea de re varia sunt Theologorum placita, variæ sententiæ.

Scotus in 4. Sententiar. dist. 14. & 16. contendit totam Sacramenti Pœnitentiæ essentiam in sola Sacerdotis absolutione positam; cum sequuntur Okamus, Joannes Major, Almainus, Synodus Coloniensis par. 7. cap. 30. & alii nonnulli.

Refellitur hæc sententia, quia huic manifeste adversantur Eugenius IV. & Concil. Trid. seu, cum de Sacramentis in genere, seu cum de Pœnitentiæ Sacramento loquuntur. Eugenius quidem in suo Decreto ait Sacramenta tribus perfici, rebus ut materia, verbis ut forma, & intentione Ministri; & postea, *Quartum Sacramentum*, inquit, *est Pœnitentia, cujus quasi materia sunt actus Pœnitentis, qui in tres distinguuntur partes, quarum prima est cordis Contritio ... secunda est oris Confessio .... tertia Satisfactio*; unde sequitur absolutionem Sacerdotis, quæ tota in verbis consistit, ad summum esse formam hujus Sacramenti, non ejus materiam, adeoque totam ejus essentiam non complecti.

Concilium autem Trident. loquens de Pœnit. sess. 14. cap. 3. ait vim hujus Sacramenti præcipue sitam esse in absolutione Sacerdotis: non existimabant igitur Patres totam vim & essentiam illius consistere in sola absolutione Sacerdotis. Et aliunde tres illos præfatos actus statuunt materiam esse Sacramenti Pœnitentiæ. *Sunt autem*, inquiunt, *quasi materia hujus Sacramenti ipsius Pœnitentis actus, nempe Contritio, Confessio, & Satisfactio*. Quod idem tenendum sub anathematis pœna pronunciant Can. 4.

Est alia sententia multorum Theologorum, qui materiam Pœnitentiæ reponunt in impositione manuum reconciliatoria, ita Guillelmus Altissiodorensis lib. 4. Sum. Vincentius Bellovacensis lib. [illegible] speculi cap. 43. Guillelmus Arvernus de Pœnitentia cap. 3. Alexander Alensis [illegible] parte sum. q. 4. membro 1. & quidam alii. Hæc autem sententia gravibus nititur fundamentis, quæ nimirum ostendere videntur impositionem manuum habitam semper fuisse tanquam partem essentialem Sacramenti Pœnitentiæ. 1. Enim, inquiunt, adeo essentialis reputabatur huic Sacramento, ut Pœnitentia sæpissime appellaretur impositio manuum, ut videre est apud S. Augustinum qui lib. 3. de Bap. cap. 16. sic loquitur, *Manus autem impositio [illegible] Baptismus repeti non potest*. 2. Quia impositioni manuum tribuitur passim a veteribus effectus qui Pœnitentiæ maxime proprius est, nimirum reconciliatio: idem S. Augustinus v. g. lib. 3. de Bap. cap. 20. *Quomodo exaudit Deus homicidam deprecantem super capita eorum quibus manus imponitur*. Concilium Carthaginense IV. Can. 78. *Pœnitentes*, inquit, *qui in infirmitate Viaticum Eucharistiæ acceperint, non se credant absolutos sine manus impositione*. 3. Tantæ necessitatis esse credebatur hæc manuum impositio, ut nec in ipso vitæ fine omitteretur, ut constat ex eodem Concilio Carthaginensi IV. cap. 78. 4. Quia ab omni ævo & ubique usurpata fuit manuum impositio in administratione Sacramenti Pœnitentiæ, ut patet ex Tertulliano, S. Cypriano, S. Augustino, S. Leone, &c.

Hæc tamen sententia nunc ab omnibus fere Theologis rejicitur, quia nec Scripturæ sacræ in iis locis, in quibus Sacramentum Pœnitentiæ asseritur, de impositione manuum vel minimam faciunt mentionem, uti nec Eugenius VI. in suo Decreto, nec Concil. Trid. in ea sess. in qua partes omnes essentiales hujus Sacramenti sigillatim descripsit; præterquam quod nonnisi a paucioribus Theologis propugnata est.

Quod autem obtenditur semper & ubique usurpatam fuisse impositionem manuum

nuum in administratione Sacramenti Pœnitentiæ, respondent inde solum inferri posse impositionem manuum habitam olim ut cærimoniam ejusdem Sacramenti, quemadmodum exorcismi in Baptismo, & unctio in Confirmatione adhibebantur. Quanquam meo quidem judicio seu manuum impositio credatur solum cæremonia, seu pars Sacramenti, vellem utique propter momenta mox laudata, ut Sacerdotes, cum absolutionem Pœnitentibus conferunt, manus ipsis imponere sedulo curarent, nec unquam omitterent.

Tertia sententia, quæ est S. Thomæ, ejus Discipulorum & aliorum communiter Theologorum, docet materiam Pœnitentiæ esse tres Pœnitentis actus, Contritionem, Confessionem, & Satisfactionem, cui sententiæ subscribimus.

Conclusio.

Tres actus Pœnitentis, Contritio, Confessio & Satisfactio sunt materia Sacramenti Pœnitentiæ.

Probatur 1. quia his tribus Pœnitentis actibus competit ex institutione Christi, ut plenam peccatorum remissionem procurent & efficiant, quod utique constabit ex iis quæ infra dicemus de singulis; 2. ex autoritate Eugenii IV. qui de Pœnitentia ut Sacramento sic loquitur; *Quartum Sacramentum est Pœnitentia, cujus quasi materia sunt actus Pœnitentis, qui in tres distinguuntur partes, quarum prima est Contritio ... secunda oris Confessio ... tertia Satisfactio*. Idem docet Concilium Trid. sess. 14. cap. 3. his verbis: *Sunt autem quasi materia hujus Sacramenti ipsius Pœnitentis actus, nempe Contritio, Confessio, & Satisfactio*. Quod tamen, ut libenter fatemur, intelligendum est eo sensu, quod actus illi requirantur ex institutione Dei, ut Pœnitens remissionem peccatorum consequatur, ut expresse observat Concilium Tridentinum his verbis immediate sequentibus: *Qui quatenus in Pœnitente ad integritatem Sacramenti, ad plenamque & perfectam peccatorum remissionem, ex Dei institutione requiruntur, hac ratione Pœnitentiæ partes dicuntur*. Non autem eo sensu quod tres illi actus sint materia proprie dicta, ex qua constatum sit Pœnitentiæ Sacramentum stricte loquendo & in rigore sumendo nomen materiæ.

Sic enim hanc loquendi rationem explicat Catechismus Romanus de Sacramento Pœnitentiæ num. 17. *Neque vero*, inquit, *hi actus quasi materia a sancta Synodo appellantur, quia vera materiæ rationem non habeant, sed quia ejus generis materia non sint, quæ extrinsecus adhibeatur, ut aqua in Baptismo, chrisma in Confirmatione*.

Et ratio est quia se habet Sacramentum Pœnitentiæ ut ministerium Judicis, & se habet absolutio sacramentalis ut actus judicialis, quo nempe Deo reconciliantur peccatores: atqui Judicium reconciliativum tres illos actus non nisi improprie complectitur, sed essentialiter supponit; quisquis enim reus accedit ad Judicem ut absolvatur, debet dolere de culpa admissa, debet eam confiteri & agnoscere, denique debet aut satisfacere aut satisfactionem promittere, & hi sunt tres actus recensiti Contritio, Confessio & Satisfactio: igitur tres illi actus eo sensu dicuntur materia Sacramenti Pœnitentiæ quod ex institutione Dei requirantur, ad hoc ut Pœnitens remissionem peccatorum consequatur, & tamen late saltem dici possunt materia aut quasi materia hujus Sacramenti.

Objicies: Tres illi actus sunt tantum dispositiones ad recipiendam absolutionem sacramentalem: sed dispositio ad formam non est pars totius, nec ejus materia: igitur.

Dist. min. nec ejus materia stricte loquendo, C. materia aut quasi materia, N. cum dicimus tres illos actus Pœnitentis esse materiam Pœnitentiæ, loquimur cum Patribus Tridentinis loco supra laudato, & propter eorum præsertim autoritatem hanc seligimus sententiam; aiunt

autem

autem tres actus Pœnitentis esse *quasi materiam* hac restrictione utendo, forte quia ejusmodi actus non tam proprie sunt materia, quam aliquod elementum in alio Sacramento, aqua v. g. in Baptismo; vel quia noluerunt aperte definire illos actus esse materiam Sacramenti proprie dictam & stricte loquendo.

Obj. Materia quæ pars est Sacramenti, debet esse a Christo instituta: sed Christus non instituit tres actus Pœnitentis; iis non contulit vim conferendæ gratiæ, unde Concilium Trident. sess. 14. cap. 4. ait, actus illos Pœnitentis esse dispositiones ad recipiendum cum fructu illud Sacramentum, quod proinde non consistit in illis dispositionibus.

Nego min. Christus nempe hoc sensu instituit tres illos actus in materiam Sacramenti Pœnitentiæ, quod Pœnitentiæ virtutem, quæ in Contritione & Satisfactione posita est, evexit ad dignitatem Sacramenti, addens insuper Confessionem, quam præcepit, & conferens Sacerdotibus potestatem remittendi peccata, in his omnibus consistit essentia Sacramenti, ita ut juxta loquendi rationem Theologorum tres recensiti actus merito dicantur materia, & absolutio sit forma.

At inquiunt, Igitur Pœnitens qui subministrat materiam puta Contritionem, Confessionem & Satisfactionem erit hujus Sacramenti Minister: absurdum consequens, ergo & antecedens.

Nego ant. nam contrahentes in matrimonio, qui ministrant contractum, non sunt Ministri, sed Sacerdos qui dat formam, uti Minister Baptismi non reputatur quisquis ministrat aquam Sacerdoti baptisaturo. Scilicet ut Sacerdos sit Minister cujusvis Sacramenti, satis est quod formam materiæ applicet, sic enim illam determinat ad esse sacramentale.

Obj. Materia cujusvis Sacramenti debet esse sensibilis: sed Contritio non est sensibilis, est enim actus interior: ergo.

Dist. min. per se C. per verba & alia signa quibus innotescit, N. Sacerdos quippe non impertitur saltem ordinarie absolutionem, nisi iis qui aliqua dederunt compunctionis signa. Certe consensus contrahentium quem dicemus materiam esse Sacramenti Matrimonii, non aliter sensibilis est, quam per verba aut alia externa signa.

Obj. Potest esse hoc Sacramentum absque Confessione, ut cum datur absolutio moribundis, qui præ morbo peccata sua confiteri non possunt: ergo Confessio non est pars, adeoque materia Sacramenti Pœnitentiæ.

Dist. Ant. Confessione explicita, qua peccata sigillatim declarentur, C. implicita saltem, N. qui enim aliqua Contritionis & voti Confessionis signa exhibent in verbo, sua peccata & se peccatores quodammodo confitentur. Imo ipsa vita christiane ducta, est Confessio implicita, & propterea merito supponitur inesse tali moribundo votum confitendi.

Obj. Satisfactio non potest quoque dici materia Pœnitentiæ: 1. quia materia formam antevertit, Satisfactio autem sequitur absolutionem in præsenti Ecclesiæ disciplina; 2. quia hoc Sacramentum absque ulla Satisfactione concedi potest & conceditur morientibus; 3. Sacramentum ab ejus executione non pendet, etiamsi enim omittatur Satisfactio, vel per negligentiam, vel dedita opera, conficitur tamen Sacramentum, quod dici non potest de materia essentiali: igitur.

Quidam respondent Satisfactionem non esse essentialem Sacramento Pœnitentiæ, tametsi propter auctoritatem Concilii Trid. hanc nostram sequantur sententiam; qua ratione id affirment, cum hæc Synodus tres illos actus Pœnitentis æqualiter instituat materiam aut quasi materiam Sacramenti, nec ipsi explicant, nec facile intelligi potest. Satius est, ut puto, respondere Satisfactionem esse materiam Pœnitentiæ late non stricte loquendo; seu quasi materiam eo sensu quod, ut ajunt Patres Tridentini, ad integritatem Sacramenti, & ad plenam pec-

peccatorum remissionem ex Dei institutione requiritur. Ad tria autem objectionis capita, respondeo Satisfactionem in voto seu promissam & antevertere absolutionem, & reperiri quoque in Sacramento Pœnitentiæ quod moribundis indulgetur, quod sufficit.

Quæres an sit de fide tres illos actus Pœnitentis Contritionem, Confessionem & Satisfactionem, esse materiam proprie dictam Sacramenti Pœnitentiæ.

Sunt qui non dubitent asserere, fide certum esse, actus illos esse materiam Pœnitentiæ, moti potissimum allatis definitionibus Eugenii IV. & Conc. Tridentini, ita Juenius dissert. 6. de Pœnit. q. 3. cap. 2. Bellarminus lib. 1. de Pœnit. cap. 17. affirmat, hanc sententiam esse inter Catholicos certissimam, neque jam amplius in dubium revocari posse, cum in Conciliis Oecumenicis Florentino & Tridentino diserte legatur.

Sed mallem dicere cum clarissimo Witasse Doctore & Professore Sorbonico qui in Tractatu de Pœnit. docet non esse de fide, quod Contritio, Confessio & Satisfactio sint materia proprie dicta Sacramenti Pœnitentiæ.

Et ratio est quia id nusquam definivit Ecclesia, quod enim objicitur autoritas Conciliorum Florentini & Tridentini, primo quidem de Florentino constat apud [illegible] Eruditos hocce Decretum pro Armenis, non esse concilii Florentini sed Eugenii IV. [illegible] editum fuit jam dissoluto Concilio [illegible], et [illegible] moni[illegible], multa leguntur in illo Decreto, quæ privatam Eugenii, non certam Ecclesiæ [illegible] exhibent. Quoad spectat vero Concilium Tridentinum [illegible] dicitur consultos Patres uti & Eugenium IV. pronuntiasse, tres illos Pœnitentis actus, esse *quasi materiam Sacramenti*, non simpliciter materiam, [illegible] indicando hac restrictione aut modificatione se, ut [illegible] apud illos, nolle quidquam statuere in quæstionibus inter Theologos controversis & ad fidem non spectantibus [illegible] [illegible] ut jam [illegible], [illegible]lum fuit votum illorum, ut errores Novatorum convellerent, qui nimirum negabant hos actus in peccatore ad Pœnitentiam requiri, & docebant fidem & terrores conscientiæ incussos sufficere. Quibus adde Patres dedita opera, ne Franciscanorum & aliorum Theologorum sententiam damnarent, declarasse hos actus esse tres Pœnitentiæ partes, non autem Sacramenti Pœnitentiæ, & requiri ad Sacramenti integritatem, non ad essentiam.

Et certe verisimile non est mentem Concilii fuisse, tot & tam præclaros Theologos anathemate suo percellere. 1. Videlicet eos qui pro materia hujus Sacramenti agnoscunt impositionem manuum Sacerdotis; quales sunt Guillelmus Altissiodorensis lib. 4. summæ; Vincentius Bellovacensis lib. 8. speculi, cap. 45. Guillelmus Arvernus de Pœnit. cap. 3. Alexander Alensis 4. p. summæ 4. 4. memb. 1. art. 1. Marianus Victorius in lib. de Sacr. Conf. cap. 13. 2. Eos qui totam Sacramenti Pœnitentiæ essentiam collocant in absolutione Sacerdotis, quales sunt [illegible] Pullus Cardinalis p. 6. cap. 61. Scotus in 4. sent. dist. 14. & 16. quem sequuntur communiter omnes Franciscani. Okamus, Joannes Major, Almainus, Synodo Coloniensis & Autor Enchiridii qui Gropperus vulgo creditur, & alii multi, quam quidem sententiam ut probabiliorem tenet etiam Maldonatus, qui post Concilii Trid. tempora scripsit. 3. His merito additur Durandus qui in 4. dist. 16. docet Sacramentum Pœnitentiæ ex Confessione tanquam materia, & absolutione tanquam forma constare, ita ut Contritio sit tantum dispositio prævia, & Satisfactio Pœnitentiæ fructus, quorum omnium doctrinam non putamus a Concilio Trid. fuisse proscriptam. His positis de tribus illis Pœnitentis actibus singillatim disserendum est.

CAPUT VI.

De Contritione.

NOmen Contritionis derivatur a Verbo *Contero* quod significat imminutionem rei cujuspiam, per Pœnitentiam autem cor hominis quodammodo conteritur, quia humiliatur juxta illud Psalmi 50. *Cor contritum & humiliatum non despicies*. Unde sequitur antiquissimum esse hoc nomen, quod & a SS. Patribus, S. Basilio in Psalm. 23. S. August. in Psalm. 146. & aliis multis usurpatur.

Definitur, *Animi dolor ac detestatio de peccato commisso cum proposito non peccandi de cætero*, quæ definitio est Concilii Trid. sess. 14. cap. 4 loquimur hic de Contritione in genere, non de ea quæ sumitur specifice & opponitur attritioni.

Dicitur *dolor*, qui enim peccavit, dolere debet de peccato commisso, cum resipiscit. Is autem dolor, est motus interior animi Pœnitentis & dolentis, adeoque actio liberæ voluntatis, nec solum terror quidam conscientiæ a Deo incussus, ut volebat olim Lutherus putans Pœnitentiam in sola vitæ emendatione repositam, *Optima Pœnitentia*, inquiebat, *nova vita*. 1. Quia Scripturæ & Patres, cum pœnitentis hominis Contritionem describunt, non terrorem duntaxat, sed dolorem animo conceptum, animi tristitiam, & cordis contriti perfectam ad Deum conversionem exhibent, Psal. 33. *Juxta est Dominus iis qui tribulato sunt corde*. Psal. 50. *Sacrificium Deo spiritus contribulatus*. 2. In iisdem Scripturis terror a Deo incussus parit Pœnitentiam ut causa effectum. II. ad Corint. cap. 7. *Nunc gaudeo non quia contristati estis sed quia contristati estis ad Pœnitentiam*. 3. Quia terror potest esse in eo qui non agit Pœnitentiam, nam Dæmones credunt & contremiscunt, inquit S. Jacobus Epist. cap. 2. 4. quia Deus hortatur ad timorem & Pœnitentiam, Psalm. 33. *Timete Dominum*. Joel 2. *Scindite corda vestra*. Unde præfatum hunc Lutheri errorem damnavit Concilium Tridentinum sess. 14. can. 5.

Additur *cum proposito non peccandi*, cum Pœnitentia sit essentialiter aversio a peccato & conversio ad Deum, ea includit in suo conceptu non solum vitæ veteris odium, sed & melioris propositum, Isaiæ 34. *Recogitabo tibi omnes annos meos in amaritudine animæ meæ*. Psal. 37. *Dolor meus in conspectu meo semper*. En odium peccati commissi; propositum vero vitæ melioris ubique etiam peccatoribus præcipitur, ut Pœnitentiam agant, Isaiæ 1. *Lavamini, mundi estote . . . quiescite agere perverse, discite benefacere*; & S. Paulus ad Ephes. 41. *Deponite vos veterem hominem . . . renovamini autem spiritu mentis vestræ, & induite novum hominem, qui secundum Deum creatus est in justitia & sanctitate*.

Et ratio est, quia in Contritione sincera reperitur vera cordis conversio ad Deum, quæ sine vero melioris vitæ proposito stare non potest.

Sumitur hæc definitio ex Concilio Trid. quod sess. 14. mox citata consentanee ad Scripturam & SS. Patrum oracula 1 idem Catholicam sanxit adversus Lutherum, & plerosque ejus Asseclas qui docebant, Contritionem esse duntaxat quemdam terrorem animis incussum, ad eam sufficere propositum melioris vitæ, non esse necessarium veteris odium. Item Contritionem numquam posse hominem justificare, ac demum timorem gehennæ nedum de se bonum esse, sed reddere homines magis hypocritam. Sedulo legendum est hoc Concili caput.

Et ratio est, quia sincera Pœnitentia non est, nisi cum peccator sincere deposuit omnem peccati affectum, quod idem est ac propositum habere non peccandi.

Quidam addunt cum voto præstandi ea omnia quæ requiruntur ad Sacramentum Pœnitentiæ rite percipiendum, juxta hæc S. Thomas in Supplem. 3. partis qu. 1. art. 1. *Contritio est dolor animi de peccatis assumptus cum proposito confitendi & satisfa-*

tisfa-

tisfaciendi. Prout nempe hæc definitio Christianorum propria est.

Hac allata Contritionis definitione, ad pleniorem rei intelligentiam nonnullas proponemus quæstiones, ut inde pateat qualis debet esse ea Contritio, quæ pars est Sacramenti Pœnitentiæ ad peccatorum remissionem consequendam necessaria.

Quæres primo, utrum Contritio debeat esse vera ad consequendam peccatorum remissionem, vel satis sit habere fictitiam quæ putatur vera.

Resp. requiri veram, nec sufficere fictitiam Contritionem, est contra quosdam Theologos, qui docent falsam Contritionem sufficere, modo putetur vera.

Probatur 1. quia Deus præcipit in Scripturis ut homines convertantur ex toto corde suo, Joelis 2. *Convertimini ad me ex toto corde vestro, in jejunio & fletu, & planctu, & scindite corda vestra*; 2. quia Deus arguit homines quod labiis & exterius, non corde ipsum glorificent, Isaiæ 29. *Appropinquat Populus iste in ore suo, & labiis suis glorificat me, cor autem ejus longe est a me*. Quod idem Judæis exprobrat Christus Matth. 15. 3. quia Deus testatur non moveri se nisi cordis sensibus, Psal. 7. *Consumetur nequitia peccatorum & diriges justum, scrutans corda & renes*; 4. quia Deus qui Spiritus est, debet coli in spiritu & veritate; 5. Concilium Tridentinum sess. 14. cap. 4. docet Contritionem fuisse semper necessariam ad impetrandam veniam peccatorum. *Fuit autem quovis tempore ad impetrandam veniam peccatorum, hic Contritionis motus necessarius*. Sed ista & Scripturæ & Concilii loca intelligi debent de Contritione vera, non fictitia; tum quia in iis locis agitur de Contritione, quæ comitatur conversionem ad Deum ex toto corde, nec solum labiis factam; tum quia falsam & fictitiam duntaxat habere Contritionem, idem est ac nullam habere; tum denique quia Contritio, ut diximus, loco est materiæ in Sacramento Pœnitentiæ, unde qui non nisi fictam & apparentem haberet Contritionem, tunc fictam non veram exhiberet materiam hujus Sacramenti, quod non sufficit, ut videre est in aliis Sacramentis, non adesset enim Baptismus, nisi vera adhiberetur aqua; non conficeretur Eucharistia, nisi verus adhiberetur panis.

Neque dici debet ex illa sententia multos generari scrupulos, cum Pœnitentibus dubitandi semper locus sit, an veram aut fictitiam habeant Contritionem. Nam respondemus, fideles, tametsi ex una parte teneantur cum timore, & tremore suam operari salutem, & nemo sciat an sit amore vel odio dignus; debere tamen ex altera spem suam collocare in Domino omnemque deponere anxietatem, modo, quantum in ipsis est, omnem adhibeant conatum ad veram, non fucatam habendam Contritionem. Et certe mox dicturi sumus necessarium esse amorem Dei, saltem inchoatum in actu illius Contritionis quæ pars est Sacramenti Pœnitentiæ, sed eadem proponi posset objectio; nemo enim scit an veri aut ficti amoris actum elicuerit, ac proinde dicerent adversarii nullum propterea exigendum esse amorem Dei; unde patet quam frivola sit hæc difficultas.

Quæres 2. utrum Contritio debeat esse supernaturalis.

Resp. affirmative, & hæc quidem doctrina adversatur non modo Pelagianis, sed & nonnullis recentioribus Theologis qui contendunt ad Sacramentum Pœnitentiæ sufficere attritionem naturalem, modo sit ex motivo honesto, ita Escobar Tract. 7. Exam. 4. num. 39. & Filiutius Mor. qq. Tom. I. Tract. 7. cap. 6. Ii enim v. g. satis esse putant, sufficere si quis de suo peccato doleat, ob advenientem morbum vel aliud hujus vitæ malum.

1. Ex Scripturis quæ docent Pœnitentiam esse opus Dei, infusum a Deo, Act. 11. *Ergo & Gentibus Pœnitentiam dedit Deus ad vitam*. II. ad Timot. 2. *Nequando Deus det illis Pœnitentiam ad cognoscendam veritatem*: igitur Pœniten-

tia, adeoque Contritio est a Deo infusa & supernaturalis. Cui addideris et Scripturæ & Patrum loca in quibus legitur sine gratia nihil boni posse nos facere, hoc est quod ordinem habeat ad salutem, qualis est Pœnitentia; *Nisi donum Dei esset*, inquit S. Augustinus lib. de gratia & libero arbitrio cap. 5. *etiam ipsa ad Deum nostra conversio, non ei diceretur, Domine virtutum converte nos*. & l. 2. de peccatorum meritis cap. 18. *Quod a Deo nos avertimus*, inquit, *nostrum est, quod vero ad Deum nos convertimus, nisi ipso nos excitante & juvante non possumus*.

2. Hoc idem dogma aperte colligitur ex Concilio Trid. cujus expressa est definitio sess. 6. Can. 3. his verbis, *Si quis dixerit sine præveniente Spiritus Sancti inspiratione atque ejus adjutorio hominem credere .... pœnitere posse, sicut oportet, ut ei justificationis gratia conferatur, anathema sit*, & sess. 6. cap. 5. his verbis, *Declarat præterea ipsius justificationis exordium in adultis a Dei per Christum-Jesum præveniente gratia, sumendum esse*. Quapropter hanc propositionem, *Probabile est sufficere Attritionem naturalem modo honestam*, proscripsit ut hæreticam Clerus Gallicanus anno 1700.

Quæres 3. utrum Contritio sit necessaria.

Resp. affirmative quod itidem asseritur contra nonnullos recentiores qui putant satis esse cum Sacramento habere dolorem præsumptum vel dolendi voluntatem.

Probatur, quia nihil sæpius inculcatur in Scripturis quam necessitas Pœnitentiæ Contritionis, Ezechiel cap 33. loquens de impio, *Si non fuerit conversus a via sua, ipse in iniquitate sua morietur*. Rom. 2. *Ignoras*, inquit S. Paulus, *quoniam benignitas Dei ad Pœnitentiam te adducit?*

Neque obstat hic locus Marci ultimo, *Qui crediderit & baptizatus fuerit, salvus erit*; quasi satis sit ad salutem adipiscendam, credere & baptizari. Nam eo loci commendatur Fides & Baptismus tanquam necessaria, nec rejicitur necessitas Pœnitentiæ, uti nec amoris Dei & [illegible] quæ in aliis locis asseruntur saluti necessaria. Similiter nec ex istis verbis [illegible] Joan. 4. *Omnis qui diligit ex Deo natus est*, inferri debet solum Dei amorem sufficere, Fidemque & Baptismum non esse necessaria necessitate medii.

At inquies, quod operit peccatorum multitudinem sufficere videtur ad justificationem: sed talis est Charitas Dei ex S. Petro I. Epist. cap. 1. *Operit multitudinem peccatorum*: igitur Contritio non requiritur.

Resp. Charitatem Dei operire multitudinem peccatorum, quando supponitur vera & sincera Dei super omnia dilectio; sed moraliter loquendo impius non potest vere ac sincere Deum quem offendit, super omnia diligere, quin vitam præteritam & admissa peccata detestetur; quod quidem si ita non esset, dicimus ejusmodi actum charitatis non sufficere, quia sine odio & detestatione veteris vitæ stare non potest Pœnitentia quæ semper judicata fuit necessaria ad obtinendam peccatorum remissionem, ut definivit Concil. Tridentinum jam citatum sess. 14. cap. 4. *Fuit autem quovis tempore ad impetrandam veniam peccatorum hic Contritionis motus necessarius*.

Instabis. Baptismus, cum agat ex opere operato gratiam producit & peccatum Originale delet in infantibus absque ullo Contritionis actu: ergo similiter id præstare potest Sacramentum Pœnitentiæ in adultis Pœnitentibus.

Nego cons. & paritatem. Disparitas est 1. quia Contritio non est pars Baptismi, sed est pars Sacramenti Pœnitentiæ; unde supponi non debet adultum, in quo nulla est Contritio, recipere Sacramentum Pœnitentiæ. 2. Baptismus gratiam producit in infante, quatenus in eo nullum reperit impedimentum; sed Pœnitentia seu absolutio sacerdotis reperiret impedimentum in adulto qui nullam haberet Contritionem & peccata præterita non detestaretur, ex quibus sequitur Pœnitentritionem esse necessariam necessitate medii & necessitate præcepti, ut aperte significant citata Scripturæ testimonia. His accedit præceptum Ecclesiasticum, quo tenetur quisquam peccata sua quotannis confiteri, quod non fit sine Contritione.

Quæres 4. utrum peccator post commissa peccata mortalia debeat statim de illis Contritionem elicere, vel possit sine nova culpa eam in multum temporis differre.

Resp. hominem lapsum in grave peccatum dici non posse Contritionis actum differre sine nova culpa.

Probatur nonnullis rationibus validissimis ex Scriptura desumptis; 1. quia hujus rei expressum habetur præceptum Ecclesiastici cap. 5. *Non tardes converti ad Dominum, & ne differas de die in diem. Subito enim veniet ira illius & in tempore vindictæ disperdet te.*

2. Quia peccatum est manifesto damnationis æternæ periculo se exponere, ibidem cap. 3. *Cor durum male habebit in novissimo, & qui amat periculum, in illo peribit.* Sed qui Pœnitentiam differt evidenti periculo salutem suam exponit propter incertam mortis horam.

3. Quia Deum contemnit peccator qui Pœnitentiam suam procrastinat, ut testatur Apostolus ad Rom. 2. *An divitias bonitatis ejus & patientiæ & longanimitatis contemnis? ignoras quoniam benignitas Dei ad Pœnitentiam te adducit? Secundum autem duritiam tuam & impœnitens cor thesaurisas tibi iram in die iræ.*

4. Cum peccatum & status hominis in peccato displiceat Deo, debet Christianus quamprimum ab illo resurgere.

5. Demum quia citra culpam non potest in eo manere statu in quo minorem ad precandum Deum propensionem acquirit.

Quod si quæratur quo precise tempore ejusmodi peccator teneatur Contritionem elicere, quot vero vel mensibus vel diebus possit eam differre.

Resp. varias esse super ea re Theologorum sententias; putat Guillelmus Parisiensis hominem debere conteri statim post peccatum commissum. S. Thomas, quando peccata memoriæ occurrunt, *Dicendum*, inquit, in 4. Dist. 17. qu. 3. art. 1. *quod cum propositum confitendi sit annexum Contritioni, tunc tenetur aliquis ad hoc propositum quando ad Contritionem tenetur, quando peccata occurrunt memoriæ.* Idem sentit S. Bonaventura in 4. dist. 16. q. 2. tum vero S. Antoninus 2. p. tit. 14. c. 28. ubi longius progressus docet peccatorem nisi conteratur peccare mortaliter. Scotus in 3. dist. 17. putat teneri hominem diebus festis actum Contritionis elicere: Volunt alii satis esse, si quolibet anno peccator conteratur de suis peccatis, aut saltem ad id non teneri sub pœna peccati, quia nulla fuit ea de re lata lex, nullum præceptum, omne autem peccatum adversatur alicui legi. Quapropter in hac tanta opinionum varietate vix aliquid certi definiri potest, prudentum judicio negotium hoc relinquimus, consulant quæ mox a nobis adducta sunt. Certe tenetur homo homini reconciliari statim moraliter loquendo atque potest, cur similiter reconciliari Deo non tenebitur?

Quæres 5. utrum explicita requiratur Contritio ad singula peccata mortalia, vel sufficiat implicita & generalis. Item utrum aliquando sufficiat virtualis.

Resp. 1. sufficere quandoque Contritionem generalem, tum quando per tempus non licet imminente v. g. subita morte singula sigillatim detestari peccata; tum respectu eorum scelerum quæ post accuratum examen memoriæ non occurrunt.

Resp. 2. Juxta legem ordinariam requiri Contritionem explicitam, ita docet Catechismus Romanus 2. p. n. 3. ubi ait hortandos & monendos esse fideles, ut ad singula peccata mortalia proprium Contritionis dolorem adhibere studeant. Et ratio est quia si necesse est Pœnitentiam agere de peccatis commissis; peccator tenetur singula detestari explicite cum ejus memoriæ occurrunt.

Resp. 3. etiam ad peccata lethalia de-

lenda

lenda quandoque sufficere Contritionem; virtualem dum quis videlicet eo affectu fertur in Deum ut peccatum ei displicere merito judicetur, ut si quis v. g. cito festinet ad martyrium, nec de peccatis præteritis cogitet, tanta enim est charitas in martyre qui pro Christo vitam suam profundit ut cujuslibet sceleris remissionem per se efficaciter operetur.

Quæres 6. utrum ad peccatorum etiam venialium remissionem necessaria sit Contritio.

Resp. requiri etiam nonnullam Contritionem, quia, cum Scripturæ Pœnitentiam exigunt propter peccatorum remissionem, loquantur generatim nullo facto discrimine mortalis & venialis. Unde S. Augustinus Ep. 39. sic loquitur, *Nec quemquam putes*, inquit, *ab errore ad veritatem, vel a quocunque, sive magno sive parvo peccato, ad correctionem sine Pœnitentia posse transire*.

Neque objici debet juxta eumdem S. Aug. & alios quosdam Patres, sufficere recitationem Orationis Dominicæ ad eluenda venialia & quotidiana peccata. Siquidem est aliqua Pœnitentia in ejusmodi recitatione, cum ex intimo affectu postulatur a Deo ut peccata dimittat.

Dixi necessariam esse aliquam Contritionem, quia Contritio virtualis, quam supra explicuimus sufficit ad delenda peccata venialia, quatenus satis est ut homo talium culparum reus, eo ipso affectu feratur in Deum, ac si ejus memoriæ occurrerent, ut ait S. Thomas 3. p. q. 87. art. 1. Hæc tamen Contritio virtualis non consistit in habitu charitatis, alioquin in justis nulla forent peccata venialia, sed est explicitus amoris in Deum actus.

Quæres 7. utrum Contritio recte dicatur causa remissionis peccatorum.

Resp. affirmative, & hæc quidem Catholicorum doctrina est contra Novatores Lutherum & Calvinum qui, cum velint soli fidei adscribendam esse justificationem, docent consequenter Pœnitentiam non esse causam remissionis peccatorum; ita Lutherus in assertione art. 22. & Calvinus lib. 3. inst. cap. 4.

Et ratio est quia vim illam Scripturæ passim tribuunt Contritioni seu Pœnitentiæ, Ezechiel 18. *Cum averterit se impius ab impietate sua, ipse animam suam vivificabit*. Jona 3. *Et vidit Deus opera eorum* (Ninivitarum,) *quia conversi sunt de via sua mala, & misertus est Deus super malitia quam locutus est ut faceret eis, & non fecit*. Luc. 7. de Muliere peccatrice Christus ait: *Remittuntur ei peccata multa, quoniam dilexit multum*. Qua etiam ratione loqui solent SS. Patres, sic v. g. S. Chrysostomus lib. 2. de Compunctione Cordis, *Sola est*, inquit, *compunctio cordis quæ sicut ignis omnem animæ vitium perurit & adimit & quæcumque in ea reperit mala abstergit universa & penitus delet*. Tum vero Concilium Trid. quod jam citata sess. 14. cap. 4. docet per Contritionem veniam peccatorum impetrari: igitur Contritio suo modo est causa remissionis peccatorum.

Quæres 8. utrum dici quoque possit Pœnitentes per Contritionem mereri veniam suorum delictorum & justificationem; ratio dubitandi est quia, ut ait Dominicus Soto, qui partem negantem tuetur, nemo meretur antequam sit justus.

Resp. recte dici posse Pœnitentes per Contritionem mereri veniam suorum peccatorum; idque constat 1. ex allatis scripturæ locis, ex quibus colligitur Deum per opera Pœnitentiæ flecti & moveri ad concedendam peccatorum veniam, hoc autem est aliquo sensu mereri; 2. quia sic loquuntur passim SS. Patres. S. Cyprianus lib. de Lapsis, *Qui sic Deo satisfecerit*, inquit, *lætam faciet Ecclesiam, nec solam Dei veniam merebitur, sed coronam*. S. Hieronymus lib. 2. contra Pelagianos, *Qui peccata simpliciter confitentur merentur humilitate clementiam Salvatoris*. S. Augustinus in Psal. 50. *Ninivitæ*, inquit, *Pœnitentiam egerunt, & certam misericordiam meruerunt*.

Quod autem objicitur, communem Patrum & Theologorum doctrinam esse, nemi-

[illegible] mereri antequam justificetur.

Respondetur id verum esse de merito quod dicitur de condigno, non quod dicitur de congruo. Scilicet, id reperitur discrimen inter utrumque hoc meritum, quod meritum de condigno in justitia quodammodo fundetur, adeoque sit dumtaxat in justo qui præmium meretur; ad meritum autem de congruo satisfit, quod actio sit bona & per gratiam actualem facta, quæ vim habeat impetrandi veniam a Deo, quam proinde eatenus mereri dicitur. Ex quibus sequitur meritum hoc Contritionis esse de congruo tantum non de condigno.

Quæret utrum Contritio debeat esse magna & quomodo.

Resp. neutiquam requiri ut Contritio summa sit intensive, satis est quod summa sit appretiative.

1. Contritio non debet esse magna intensive, hoc est quoad gradus seu doloris de peccato commisso, seu amoris Dei, quod non requiritur ad constituendam Pœnitentiæ efficaciam: quis enim scit se dolere & amare in gradu perfectissimo? Cum ejusmodi graduum intensio non sit in potestate hominis.

2. Contritio debet esse magna & vehemens appretiative, quatenus Deus amari debet super omnia, & in majori pretio haberi quam quodlibet bonum creatum. Matthæi 22. *Diliges Dominum Deum tuum ex toto corde tuo & in tota anima tua.* Dixerat cap. 10. *Qui amat patrem aut matrem plus quam me, non est me dignus, & qui amat filium aut filiam super me, non est me dignus.* Quod non intelligitur quoad intensionem actus amoris, sed quoad æstimationem, ut in quantum Deus, omni creaturæ anteferri debet.

Jam vero Contritio duplex distinguitur, alia perfecta quæ retinet nomen generis & Contritio simpliciter appellatur [illegible] alia imperfecta, quæ Attritio dicitur; [illegible] apud Theologos [illegible] Patres Tridentini sess. [illegible] sic [illegible], *Docet præterea, & si Contritionem hanc aliquando charitate perfectam esse contingat... illam vero Contritionem imperfectam quæ Attritio dicitur, &c.* de utraque sigillatim nunc disserendum est.

CAPUT VII.

De Contritione Perfecta.

UT melius intelligant Theologi & clarius explicent, quid sit Contritio perfecta, expendere solent differentiam quæ est inter Contritionem & Attritionem. Sed mirum quam variæ & inter se discrepantes sint eorum hoc in negotio sententiæ.

Multi inter veteres Theologos Contritionis perfectionem ab ipso charitatis habitu repetunt, rati non fieri actum perfectæ Contritionis, nisi ab eo qui jam supponitur justificatus per gratiam sanctificantem, unde aiunt Attritionem esse informem, quia non est ab homine justificato, Contritionem vero esse formatam; quod elicitur ab homine charitatem habente.

Ita loquuntur Alexander Alensis tom. 4. pag. 552. S. Thomas in 4. dist. 17. S. Bonaventura in 4. dist. 17. p. 2. art. 2. q. 3. ad 4. Scotus in 4. dist. 14. Aureolus in 4. dist. 14. art. 4. Navarrus in Manuali cap. num. 1. de quibus & aliis [illegible]; quorum singula hic non appello nomina, ut brevitati consulam, hæc scribit Morinus lib. 8. de Pœnit. cap. 2. *Sic autem,* inquit, *Attritionem distinguebant, ut Attritionem dicerent ex fide informi nasci; Contritionem ex fide formata.*

Extiterunt alii qui dicerent ad Contritionem perfectam requiri charitatem, sed illud intelligerent de actu charitatis non de habitu, & ita [illegible] & ex [illegible] Dei amore elicita peccatorum detestatio apud illos Theologos [illegible] Contritio, quatenus videlicet [illegible] charitate; quæ vero non sit nisi ex inchoato quodam ac imperfecto [illegible] amore, [illegible] Attritio, quam

quam quidem sententiam & loquendi rationem amplexi sunt multi e veteribus ac fere omnes recentiores, exceptis solum iis qui docent Attritionem quolibet Dei amore destitutam sufficere cum Sacramento.

Dehinc disputant inter se de natura ipsius charitatis, multi eam repetunt ex motivo, & dicunt charitatem sitam in amore amicitiæ quo Deus propter se diligitur, non in amore concupiscentiæ quo Deum propter nos diligimus; unde aiunt Contritionem esse dolorem ortum ex amore amicitiæ, & Attritionem esse dolorem ortum ex amore concupiscentiæ. Alii essentiam charitatis repetunt solum a variis gradibus amoris & dicunt charitatem non esse nisi incensum maxime & inflammatum amorem. Unde juxta illos Attritio est dolor minus intensus, Contritio vero est intensior.

Non desunt etiam Theologi qui cum existiment nullum amorem Dei contineri in Attritione, hoc reponunt discrimen Contritionem, quod illa fiat ex amore Dei, inter & Attritionem hæc vero solum ex timore, quem tamen putant dispositionem sufficientem ad Sacramentum Pœnitentiæ; ita nonnulli recentiores quorum sententiam refellemus infra, cum de Attritione; ita Suarezius, Pingherellus, Abely, & alii multi. Quin & ausi sunt etiam alii affirmare, Attritionem ex solo Dei amore naturali conceptam sufficere ad Sacramentum.

Omitto hic referre opinionem eorum qui sub finem ultimi sæculi plusquam par est volentes perfectionem charitatis extollere sub nomine *puri amoris*, illam præcise & specifice positam esse dixerunt in consideratione divinæ bonitatis in se sine ullo respectu ad nos, & ad nostram propriam felicitatem; ita ut motivum æternæ beatitudinis consequendæ excludat ut quid mercenarium, quam quidem doctrinam, utpote quæ cum virtute spei conciliari non potest, damnavit Innocentius XII. an. 1699.

Nos vero quoniam nec animus est nec ratio instituti nostri postulat, ut opiniones istas fusius discutiamus, sub certiori idea Contritionem spectabimus, sub qua delineatur a Patribus Tridentinis sess. 14. cap. 4. ubi sic loquuntur de Contritione perfecta: *Docet præterea, Sancta Synodus, etsi Contritionem hanc aliquando charitate perfectam esse contingat hominemque Deo reconciliare; priusquam hoc Sacramentum actu suscipiatur, ipsam nihilominus reconciliationem ipsi Contritioni sine Sacramenti voto quod in illa includitur, non esse adscribendam; illam vero Contritionem imperfectam, quæ Attritio dicitur, quoniam, vel ex turpitudinis peccati consideratione, vel ex gehennæ & pœnarum metu communiter concipitur, si voluntatem peccandi excludat, cum spe veniæ declarat non solum non facere hominem hypocritam & magis peccatorem, verum etiam donum Dei esse & Spiritus Sancti impulsum*, &c. eo loci Concilium allata divisione Contritionis generatim sumptæ in Contritionem & Attritionem, hanc Contritionem specifice sumptam, sub duplici nota & caractere exhibet, nimirum quod sit per charitatem perfecta, & quod ante actualem Sacramenti susceptionem aliquando hominem Deo reconciliet. Quapropter sub illa idea considerando Contritionem examinabimus quæstionem hoc loco agitari solitam inter Theologos, utrum Contritio quatenus opponitur Attritioni, sit dispositio necessaria ad Sacramentum Pœnitentiæ, examinaturi postea an & qualis sufficiat Attritio consentanee ad mentem Concilii, quod erit, ut par est, assertionum nostrarum regula.

Interim observabimus, hac præsupposita illarum vocum Contritionis, & charitatis ambiguitate propter quam vario ac multiplici sensu accipiuntur a Theologis, unde merito colligi, veram illarum mentem circa propositas quæstiones attingi non posse, nisi penitus attendatur ad sensum quo sumunt illas voces, adeo ut qui diversas & contradictorias tenere videntur opiniones eandem nihilominus in rei veritate vitate quandoque propugnent, res patebit clarum exemplo. Quammulti Theologi docent Contritionem esse necessariam cum Sacramento, nec sufficere Attritionem; alii vero negant expresse requiri cum Sacramento Contritionem, & aiunt sufficere Attritionem, crederes ambas istas opiniones contradictorie oppositas, attamen in eandem plane recidunt, si advertatur ad sensum quo illi Theologi voces Contritionis & Attritionis accipiunt, qui enim dicunt Contritionem esse necessariam & non sufficere Attritionem, hoc solum profitentur, quod requiratur aliquis saltem inchoatus Dei amor, nec ea sufficiat Attritio quam supponunt quolibet Dei amore destitutam; alii vero quorum sententiam mox sumus amplexuri qui dicunt Contritionem non esse necessariam & sufficere Attritionem, id intelligunt de Contritione perfecta quæ juxta Concilium Tridentinum aliquando ante Sacramenti susceptionem delet peccata, & de Attritione, sed quam supponunt cum aliquo Dei amore conjunctam. His positis sic istam instituimus quæstionem.

CAPUT VIII.

Utrum Contritio sit necessaria dispositio ad Sacramentum Pœnitentiæ, vel sufficiat Attritio.

CErtum est Contritionem charitate perfectam hominem Deo aliquando reconciliare priusquam Sacramentum actu suscipiat, ut verbis expressis docet Concilium Trid. sess. 14. cap. 4. *Docet præterea Synodus etsi Contritionem hanc aliquando charitate perfectam esse contingat, hominemque Deo reconciliare, priusquam hoc Sacramentum actu suscipiatur.* Quod quidem fundatur in illis Scripturæ & SS. Patrum testimoniis quæ affirmant eam esse charitatis vim, ut peccata per se deleat, nec in eodem subjecto sociari possit cum peccato mortali, ut a nobis ostensum est, cum probavimus Baptismum suppleri per charitatem cum voto Sacramenti conjunctam. Sed quæstio, est utrum ejusmodi Contritio necessaria sit etiam cum Sacramento ad remissionem peccatorum obtinendam.

Fuit illa sententia multorum Theologorum Contritionem perfectam, esse dispositionem præviam Sacramento Pœnitentiæ, ita ut peccator prius supponatur justificatus beneficio Contritionis quam Sacerdos illum absolvat. Ex innumeris nonnullos tantum citabimus, nimirum in ea opinione versati sunt Hugo a S. Victore lib. 2. de Sacram. p. 14. cap. 8. Richardus etiam Victorinus lib. de potestate solvendi cap. 7. Robertus Pullus p. 3. cap. 13. Petrus Lombardus lib. 4. Sentent. dist. 17. & 18. Innocentius III. in Psal. 2. Pœnit. Alexander Alensis tomo 4. p. 552. S. Bonaventura in 4. dist. 18. p. 1. art. 2. S. Thomas in Opusculo de forma absolutionis cap. 2. & in supplem. q. 10. art. 5. Gabriel Biel in 4. dist. 14. Adrianus VI. Tract. 2. de Clavibus, qui quidem Autores scripserunt ante Concilium Trid. & quos alii nonnulli secuti sunt postea, ut Fredericus Nausea Viennensis Episcopus in suo Catechismo; Medina Codice de Pœnitentia; Simon Vigor in Dominicam 14. post Trinitatem; Launoius Parisiensis Doctor in lib. de Mente Concilii Trid. circa Contritionem.

Communis tamen sententia nunc obtinet apud omnes fere Theologos, ejusmodi Contritionem perfectam non requiri in Sacramento, hoc est nec requiri Contritionem quæ ex gratia sanctificante procedat, nec illam quæ in suo conceptu includat ferventem & incensum charitatis actum, qua duplici ex causa Contritio dici solet perfecta, & vim habere ante Sacramenti susceptionem producendæ justificationis, sed sufficere Attritionem, quæ tamen, ut postea dicemus, cum aliquo Dei amore conjuncta sit.

CONCLUSIO.

Contritio perfecta non requiritur in Sacramento Pœnitentiæ, ut dispositio absolutioni prævia.

Probatur ex his omnibus quæ jam adducta sunt tum ex Scripturis, tum ex Patribus, tum ex Concilio Trid. ut ostenderemus veram inesse Ministris Ecclesiæ potestatem remittendi peccata, in illis enim monumentis habetur, peccata non prius in Cœlis remittenda, quam fuerint in terris remissa a Sacerdotibus virtute clavium. Item ex eo quod probabimus, ubi agetur de forma absolutionis, Sacerdotes in Sacramento Pœnitentiæ non declarare solum peccata esse remissa, sed ea vere remittere, vere solvere peccatores, non solutos ostendere. Certe si per modum materiæ & præviæ dispositionis requireretur Contritio, quæ per se hominem Deo reconciliat peccatumque delet, jam Sacerdotes non solverent super terram, jam peccata non remitterent, sed remissa tantum declararent.

Huic nostræ sententiæ favere maxime videtur Concilium Trid. licet, ut testantur Historici, quæstionem definire noluerit. Nam sess. 14. cap. 4. jam citato scribit aliquando contingere, ut Contritio perfecta sit & hominem Deo reconciliet, antequam Sacramentum suscipiat, ubi Contritionem describit perfectam & quæ tamen non æstimatur ut materia Sacramenti, ut necessaria ad Sacramentum, quandoquidem ejusmodi Contritio nonnisi raro *& aliquando* contingit. At nemo dixerit nonnisi raro *& aliquando* tantum contingere, ut beneficio Sacramenti Pœnitentiæ homines Deo reconcilientur: igitur in mente Concilii Trid. Contritio perfecta non est absolute necessaria ad Sacramentum. Quod itidem confirmatur autoritate Catechismi Romani qui parte 3. cap. 5. num. 32. aperte rejicit hujus Contritionis perfectæ necessitatem.

Probatur insuper ex Decreto nostræ Facultatis quæ anno 1638. doctrinam Claudii Seguenot, Oratorii Presbyteri qui in notis ad librum S. Augustini de Virginitate scripserat Contritionem perfectam esse necessariam in Sacramento Pœnitentiæ, censura confixit his verbis, *Quæ tradit de Attritionis insufficientia & Contritionis ex perfecta charitate absoluta necessitate ad recipiendum Pœnitentiæ Sacramentum, & quæ addit & approbat de absolutione, quod nihil aliud sit quam declaratio juridica peccati jam remissi, damnavit quoque Facultas, & censuit has propositiones esse quietis animarum perturbativas, communi & omnino tutæ praxi Ecclesiæ contrarias, efficaci Sacramenti Pœnitentiæ imminutivas, & insuper temerarias & erroneas.* Novissime autem anno 1700. hoc habet in sua declaratione Clerus Gallicanus: *Hæc duo imprimis ex sacro-sancta Synodo Tridentina monenda & docenda esse, duximus; primum ne quis putet in utroque Sacramento requiri, ut præviam Contritionem eam quæ sit charitate perfecta, & quæ cum voto Sacramenti antequam actu suscipiatur, hominem Deo reconciliet.*

Quod si quis objiciat ingentem illum Theologorum numerum quos modo appellavimus, nec errores suspectos merito habere possumus.

Respondeo & pro ista sententia quam defendimus, stare etiam plures & insignes quidem Theologos ante Concilii Trident. tempora, qui passim docent Attritionem seu Contritionem imperfectam sufficere cum Sacramento, quatenus Sacerdotes per clavium potestatem vere peccata remittunt, ita S. Thomas in supplemento q. 18. art. 1. Guillelmus Parisiensis de Pœnitentia, tit. de ejus affectu; Scotus in 4. dist. 14. art. 3. Durandus in 4. dist. 18. q. 3. Paludanus in 4. dist. 19. q. 8. art. 1. Aureolus in 4. dist. 14. quæstione unica; Dionysius Cisterciensis in 4. dist. 23. q. 2. art. 5. Capreolus in 4. dist. 1. item Gerson de Pœnitentia testatur hanc fuisse tunc temporis omnium doctrinam; Nicolaus de Orbellis q. 4. de Pœnit. Joannes Nider in expositione præcepto-

[illegible] Decalogi præcepto 3. cap. 9. & alii quam multi.

Deinde in Concilio Trid. ut narrat Palavicinus lib. 12. cap. 10. parum absuit quin assereretur eorum sententia, qui dicunt Attritionem sine amore Dei sufficere, sed obstitit Æmilianus Hispaniensis Tudertinus Antistes, dicens, *Dolorem injustificandi sine amore vix unquam concipi posse, quocirca Decretum sicuti nunc extat, reformatum est*. Sed inde constat fere omnes Patres Tridentinos censuisse Contritionem perfectam non requiri in Sacramento; cui sententiæ postea adhæserunt communiter omnes fere Theologi ad hanc usque nostram ætatem.

Objiciunt adversarii autoritatem plurimorum ex antiquis Patribus qui docent peccatores prius a peccati morte ad vitam gratiæ revocari (per Contritionem scilicet perfectam) quam a Sacerdotibus absolvantur; unde manifeste sequitur Contritionem perfectam requiri, ut dispositionem necessariam in Sacramento Pœnitentiæ. Verum hanc objectionem habes diluendam infra cap. 23. cum de forma Sacramenti seu de absolutione Sacerdotis agitur.

Quibus adde, pro ista sententia quæ asserit ad Sacramentum Pœnitentiæ necessariam esse Contritionem, vel charitatem, nihil omnino certi statui posse, neque ex SS. Patribus neque ex Theologis Scholasticis quorum testimonia objiciuntur, quia, ut supra monuimus, voces illæ Contritionis & charitatis ambiguæ sunt, nec constat illos Scriptores per Contritionem intelligere eam Contritionem perfectam, quæ sola sufficit aliquando ad veniam ante Sacramentum impetrandam, & per charitatem intelligere eum Dei amorem qui tam perfectus sit, ut per se solum justificet ante Sacramenti susceptionem. Siquidem quam multi veteres inter & recentiores qui docent Contritionem charitate formatam esse necessariam, id intelligunt solum de dolore qui fit cum aliquo Dei amore conjunctus, per oppositionem ad eorum Sententiam qui dicunt sufficere Attritionem quolibet Dei amore destitutam; manifeste colligitur v. g. ex opere quodam Gallico *de la Contrition* quod clarissimo D. Boileau Doctori Sorbonico & in sacra Palatii Capella canonico tribuitur; ibi enim totus est, ut probet ex SS. Patribus & innumeris Theologis Contritionem esse necessariam, & neminem posse justificari sine charitate, & nihilominus tamen solos impugnat in rei veritate Doctores Attritionarios, hoc est qui putant Attritionem sine ullo Dei amore sufficere cum Sacramento, contentus si agnoscatur aliquem saltem inchoatum Dei amorem esse necessarium.

Quæres utrum opinio illorum Theologorum, qui docuerunt Contritionem perfectam esse necessariam cum Sacramento, etiamnum in Ecclesia defendi possit.

Respondet D. Witasse Sorbonicus Doctor & Professor, in suo Tractatu de Pœnitentia, illam defendi posse absque ulla hæreseos aut temeritatis nota; quia neque repugnat evidenti Scripturarum sententiæ, neque expressis SS. Patrum placitis, nec Conciliorum sanctionibus, nec constanti Scholarum doctrinæ.

Ac primo cum Scripturis non pugnat hæc opinio. Nam si dicatur ex Scripturis eam a Christo datam fuisse Sacerdotibus facultatem, ut homines salvent a peccatis, quod non præstarent si per Contritionem remissa essent ante absolutionem. Respondere possunt illi Theologi quod juxta Scripturarum loquendi consuetudinem dicuntur homines solvi a peccatis; non quod Sacerdotes a culpa eos liberent, sed a pœna peccatis debita, sic Judas Machabæorum lib. 2. cap. 12. Sacrificia offert pro Mortuis ut a peccatis solvantur, & Ecclesia etiamnum orat pro Defunctis, ut solvantur a peccatis; unde in Scripturis nihil est quod prædictam sententiam convincat erroris.

Secundo, nec illam opinionem damnavit Synodus Tridentina, quia teste Palavicino lib. 12. Hist. cap. 10. in mente non habuerunt Patres Tridentini, ut

 illam

illam Contritionem perfectam excluderent aliamque sufficere definirent, nam, ut mox dicebam, cum paratum fuisset Decretum in quo Attritio *sufficere* declarabatur; refixum est verbum illud *sufficere* promovente Joanne Tudertano in Hispania Episcopo, qui, ut ait Palavicinus, *extremum opposita sententia tenuit, hoc est opus esse Contritione perfecta, nec tamen hinc argui, per Sacramentum peccata non remitti, quippe quæ Sacramentum jam invenit remissa præeuntis Contritionis efficacitate; siquidem, aiebat, ipsa Contritio id præstat virtute Sacramenti, cujus votum in ea continetur.*

At inquies, Si per Contritionem peccata deleta sunt ante Sacramenti susceptionem, jam illud superfluum erit, & ita absolutio erit mera peccati remissi declaratio: sed hoc ipsum damnavit Concilium Trid. sess. 14. Can. 9. his verbis, *Si quis dixerit absolutionem sacramentalem Sacerdotis non esse actum judicialem, sed nudum ministerium declarandi remissa esse peccata ..... anathema sit.*

Respondent negando hanc consequentiam, quia, ut ait ille Hispanus Episcopus in loco mox citato, ipsa Contritio non justificat nisi virtute Sacramenti cujus votum includit, cui responsioni aperte favet ipsa Synodus Tridentina sess. 14. cap. 4. his verbis, *Etsi Contritionem ... contingat hominem Deo reconciliare priusquam hoc Sacramentum actu suscipiatur, ipsa nihilominus reconciliatio ipsi Contritioni sine Sacramenti voto quod in illa includitur, non est ascribenda.* Quo quidem in casu superflua non erit absolutio, nec mera peccati remissi declaratio. Addunt adhuc verum esse quod Sacramentum gratiam sibi præeuntem augeret, & pœnam peccatis debitam saltem ex parte remitteret.

Objicitur hanc fuisse inter propositiones Baianas a Pio V. & Greg. XIII. damnatas: *In peccato sunt duo, actus & reatus, transeunte autem actu nihil manet nisi reatus sive obligatio ad pœnam; unde in Sacramento Baptismi aut Sacerdotis absolutione proprie reatus peccati duntaxat tollitur & ministerium Sacerdotum solum liberat a reatu, peccator Pœnitens non vivificatur ministerio Sacerdotis absolventis sed a solo Deo.* ergo salva fide asseri non potest necessitas Contritionis perfectæ ad Sacramentum Pœnitentiæ.

Negant consequentiam, quia in illa Baii propositione non modo nulla maculæ peccati remissio ascribitur Sacramento, sed & expresse id negatur, quod ab illorum Theologorum doctrina valde alienum est.

Cum autem ipsis opponitur autoritas Catechismi Romani quod part. 2. cap. 5. proponit quasi Fide Catholica tenendum, præter perfectam Contritionem aliam minus perfectam sufficere. Respondent hujus Catechismi autoritatem esse maximam, sed non esse tantam, quin citra censuræ notam non liceat ab illo dissentire, quando aliunde graves desunt autoritates, gravia momenta, prout non semel præstitum est a Catholicis scriptoribus.

Tertio, hæc illorum Theologorum sententia nedum omnium SS. Patrum doctrinæ adversatur, quin potius in eam multi abierunt qui exemplo Lazari utuntur, ut probent a Christo hunc fuisse prius vitæ restitutum, quam ab Apostolis solveretur; ita S. Irenæus, S. Ambrosius, S. Augustinus, Eucherius, Gregorius M. Eligius, Patres Synodi Aquisgranensis, quibus adjungi potest S. Hieronymus in Matth. 16. comparationem Levitarum cum Sacerdotibus usurpans, horum testimonia videre est infra, ubi de forma absolutionis disseremus.

Quarto demum eadem doctrina non pugnat cum Scholarum & Theologorum placitis, palam est enim quammultos tum ex antiquis tum ex recentioribus illam amplexos, neque, ut testatur Morinus loco supra citato, defuisse post Concilium Trid. graves & celebres qui eam propugnarent. Quibus adde hanc Theologorum doctrinam, qui Contritionem perfectam docuerunt necessariam ab iis

etiam

etiam qui contrarium sentiebant fuisse vindicatam, nimirum a Vega; Dominico Soto, Farvacbio, Havermanno, Quiemsio, Castoriensi, a Maiboldo in Pulliam & Petrum Pictaviensem, a D. Boileau, & Juenino: & hæc sunt quæ proponuntur a præfato Theologo, non equidem, ut ait, in sententiæ ipsius sed veterum ejus defensorum gratiam, unde in sua sequenti assertione affirmat ita rem se habere, ut, quamvis huic opinioni aliqua verisimilitudo non desit, altera tamen sententia quæ perfectæ hujusmodi Contritionis necessitatem ad Sacramentum negat, non tantum sit probabilior, sed & omnino tenenda.

CAPUT IX.

De Attritione.

USurpabatur hoc nomen ante Concilium Trid. ab antiquioribus Theologis Guillelmo Parisiensi, Alensi & Alberto Magno. Derivatur a Verbo *Attero* quod significat rem paulisper imminutam.

Circa naturam & definitionem Attritionis non est una & eadem omnium Theologorum sententia, uti & de Contritione perfecta, quæ est altera Contritionis generatim sumptæ species, ut jam supra observavimus; quidam enim in Attritione includunt charitatem inchoatam. Alii fatentur in ea contineri aliquem Dei amorem inchoatum, sed qui non est charitas. Sunt qui dicant solum amorem concupiscentiæ pertinere ad Attritionem, amorem vero amicitiæ ad Contritionem perfectam. Non desunt qui Attritionem sub nomine doloris ex timore sine ullo Dei amore profluentis. Alii demum putant sufficere Dei amorem naturalem.

Nos vero, uti antea egimus, cum de Contritione perfecta, unice adhæremus doctrinæ Concilii Tridentini quod sess. 14. c. 4. Attritionem sic depingit, *Illam vero Contritionem imperfectam quæ Attritio dicitur, quoniam vel ex turpitudinis peccati consideratione, vel ex gehennæ & pœnarum metu communiter concipitur si voluntatem peccandi excludat cum spe veniæ.* unde formari potest hæc definitio: Attritio est dolor ex turpitudinis peccati consideratione vel ex motu gehennæ conceptus peccandi voluntatem excludens.

1. *Est dolor*, quæ vox est genus respectu Contritionis & Attritionis. Hic autem dolor debet esse verus, supernaturalis, & alias habere conditiones Contritionis generatim sumptæ superius allatas, quia quod convenit generi convenit & speciei.

2. Dicitur *ex turpitudinis peccati*, &c. in quo differt a Contritione, quæ dolor est ex perfecto charitatis amore conceptus. Neque vero omnis detestatio peccatorum ob peccati turpitudinem est vera Attritio, ea quippe fieri debet propter Deum, nec præcise propter ipsam peccati deformitatem, aut inde consequentem infamiam; sed quod divinam majestatem sua turpitudine lædit.

3. Additur, *peccandi voluntatem excludens*, quæ quidem verba juxta majorem Theologorum partem indicant aliquem saltem inchoatum Dei amorem cum timore conjunctum esse debere ut Attritio sit vera ac sufficiens ad veniam peccatorum consequendam in Sacramento, ut mox ostensuri sumus.

His positis, duo hic nobis sunt examinanda; 1. utrum dolor ille ex metu gehennæ conceptus vel ipse timor sit bonus atque utilis; 2. utrum sine ullo Dei amore sufficiat in Sacramento Pœnitentiæ.

CAPUT X.

Utrum timor gehennæ sit bonus & utilis.

DUplex distinguitur timor, mundanus quo præcise incommodum temporale timetur, ita ut tamen peccatum non committatur, & Timor Dei. Non agitur de timore humano seu mundano, quem Scripturæ condemnant Matth. 10. *Nolite*, inquit Christus, *timere eos qui occidunt corpus, animam autem occidere*

non

non possunt. 1. Petri 3. *Timorem autem eorum ne timueritis, & non conturbemini*. ad Galatas 1. *Si adhuc hominibus placerem, Christi servus non essem*: Scilicet ejusmodi timor pravum animi affectum complectitur aut supponit; unde vitiosus est. Sed agitur de Timore Dei qui duplex distinguitur, servilis nempe, & castus; ut passim videre est apud S. Aug. Tract. 43. & 85. in Joan. & aliis in locis.

Timor servilis est, cum quis solo pœnæ metu, non amore justitiæ abstinet a peccato, & in ejusmodi timore duo distinguuntur; timor ipse qui dicitur servilis, & ejus servilitas ei conjuncta.

Timor servilis est in eo qui præcise timet pœnam, servilitas est cum timendo pœnam ita dispositus est homo, ut peccatum committeret nisi pœna sequeretur.

Timor castus est ille, quo quis Deum ipsum timet, ne scilicet ipsi displiceat; de quo frequens habetur mentio in Scripturis, Psalm. 111. *Beatus vir qui timet Dominum*. Psal. 33. *Timete Dominum omnes Sancti ejus*. Et duplex rursus distinguitur, initialis & filialis. Initialis est timor culpæ conjunctus adhuc cum timore pœnæ. Filialis vero est timor solius culpæ sine ullo timoris pœnæ consortio. In timore initiali homo partim metu culpæ, partim metu pœnæ retrahitur a peccato, sed ita ut timor culpæ sit dominans. Legi potest super ea re S. Thomas 2. 2. q. 19. art. 5.

De timore casto, qui sanctorum est, nulla est difficultas; sed quæstio est de timore servili præcise spectato, ut timor est pœnæ, docuit enim Lutherus ejusmodi timorem gehennæ vitiosum esse & hominem reddere magis hypocritam, illum appellat consuetudinem desperandi, & Deum odiendi, vitium charitatis, fomitem peccati originalis, & actuale peccatum, affectum capitalem & pessimum; nec mirum, hoc enim falso nitebatur principio ille hæresiarcha, videlicet quod nullum sit bonum opus ante justificationem; ita plerique nunc Lutherani, in quos fit

CONCLUSIO.

Timor pœnæ de se, & ex natura sua bonus est.

Probatur ex Scripturis, Psal. 110. *Initium sapientiæ timor Domini*. Ecclesiastici 1. *Timor Domini expellit peccatum*. Proverb. 1. *Timor Domini principium sapientiæ*. Ubi licet videantur his in locis sermonem esse de timore Domini, eadem loca explicari jure possunt de timore pœnæ, quatenus timetur Deus qui potest pœnam infligere, ut indicat hic locus Matth. 10. *Timete eum qui potest & animam & corpus perdere in gehennam*. Porro timor ille bonus est, qui dicitur initium sapientiæ, qui expellit peccatum, & ad quem hortatur Christus.

2. Idem constat ex SS. Patribus, unum brevitatis causa appellabo S. Augustinum qui sic loquitur lib. de catechizandis rudibus cap. 5. *Si nondum potes amare justitiam, time vel pœnam, ut pervenias ad amandam justitiam*, & in Psal. 5. *Timor*, inquit, *magnum est præsidium proficientibus ad salutem*.

3. Ex Synodo Tridentin. quæ sess. 6. Can 7. sic habet: *Si quis dixerit opera omnia, quæ ante justificationem fiunt quacumque ratione facta sint, vere esse peccata, vel odium Dei mereri ... anathema sit*; & Can. 8. *Si quis dixerit gehennæ metum per quem ad misericordiam Dei de peccatis dolendo confugimus, vel a peccando abstinemus, peccatum esse aut peccatores pejores facere, anathema sit*; & sess. 14. cap. 4. toties citato declarat Attritionem, quæ ex gehennæ & pœnarum metu concipitur, *non solum non facere hominem hypocritam & magis peccatorem, verum etiam donum Dei esse & Spiritus sancti impulsum, non adhuc quidem inhabitantis, sed tantum moventis, quo Pœnitens adjutus viam sibi ad justitiam parat ..., hoc enim timore utiliter concussi Ninivitæ ad Jonæ prædicationem plenam terroribus pœnitentiam egerunt*.

Et ratio est, quia, ut docet experientia,

tia,

tiæ, timor avocat hominem a malo, malas cupiditates coercet, peccatores præparat & impellit ad Pœnitentiam & alios id genus bonos ac utiles producit effectus, ac proinde bonus eſt.

Objicies: Saltem timor ſervilis malus eſt & vitioſus, quia vitioſum eſt plus timere pœnam quam culpam, quatenus qui timet pœnam animum peccandi retinet, ſic diſpoſitus, ut culpam committeret, niſi pœnam timeret: ergo timor pœnæ non eſt bonus.

Diſt. ant. Timor ſervilis eſt vitioſus aliquando, & per accidens, &, ut multi dicunt, ſi ſumatur ratione ſuæ ſervilitatis, C. per ſe & ratione ſui, N. vere quidem ſi quis timens pœnam retinet voluntatem peccandi, & ſic diſpoſitus ſit, ut in actum vetitum erumperet, niſi pœnam timeret, in eo caſu timor eſſet vitioſus per accidens, & propter adjunctam diſpoſitionem illius hominis, ſed vitioſus non eſſet per ſe & ex natura ſua, quod ſignificat S. Thomas 2. 2. quæſt. 19. art. 6. his verbis: *Quamquam timoris ſervilitas mala ſit, ipſe tamen timor ſervilis ſecundum ſubſtantiam ſuam eſt bonus*. Quia revera nemo præciſe peccat quia timet pœnam. Vide Eſtium lib. 3. diſt. 34.

Caput XI.

Utrum Attritio ex timore pœnæ concepta ſine ullo Dei amore ſufficiat in Sacramento Pœnitentiæ.

PArtem affirmantem tenent multi Theologi, ſed ita tamen ut fateantur eam non eſſe Concilii Trid. ætate antiquiorem; ita enim Vega ejuſdem opinionis defenſor lib. 6. in Conc. Trid. cap. 28. illius parentes fuiſſe Canum qui præfatæ Synodo interfuit, & quemdam Henricum Salmanticenſem teſtatur Morinus lib. 8. de Pœnitentia cap. 4. unde cum id maxime verum ſit, quod prius traditum, ſententiam oppoſitam amplectimur & oſtenderemus Attritionem ſine aliquo Dei amore ſaltem inchoato, ut ſufficiat & ad conſequendam in ejus ſuſceptione veniam ſuorum peccatorum. Quocirca ſit ſufficientem non eſſe ad Pœnitentiæ Sacramentum.

Concluſio.

Ad Sacramentum Pœnitentiæ non ſufficit Attritio ex ſolo timore pœnæ concepta ſine amore Dei.

1. Quia ex Scripturis & SS. Patribus nemo poteſt veniam peccatorum ſuorum conſequi ſine vera converſione ad Deum. Ezechiel 18. *Convertimini & agite Pœnitentiam*. Iſaiæ 45. *Convertimini ad me & ſalvi eritis*; & S. Auguſtinus in Pſal. 32. *Converſis ad ſe condonat peccata, non converſis, non condonat*. Unde Theologi merito colligunt Pœnitentiam eſſe converſionem ad Deum: ſed ſolo timore gehennæ non fit vera converſio ad Deum; qui enim pœnam duntaxat timet, tametſi ex hoc ſupponeretur fugere peccatum, non ideo cenſetur quærere Deum, & ad eum ſe convertere. Qui pœnam duntaxat timet ex Apoſtolo ſervus eſt non filius, ſub lege eſt non ſub gratia, Rom. 8. *Non enim accepiſtis ſpiritum ſervitutis in timore*.

Hoc ipſum docet S. Auguſtinus lib. de Nat. & Grat. cap. 57. *Sub lege eſt*, inquit, *qui timore ſupplicii quod lex minatur non amore juſtitiæ ſe ſentit abſtinere ab opere peccati, nondum liber nec alienus a voluntate peccandi*; & lib. 2. contra adverſarium legis cap. 7. *Deſiderium peccandi non extinguitur, niſi contrario deſiderio recte faciendi, ubi fides per dilectionem operatur, non per jubentem litteram timore pœnæ, ſed per juvantem ſpiritum dilectione juſtitiæ*. Unde colligitur non eſſe veram converſionem in eo qui præciſe timet pœnam abſque amore Dei, quia remanet in illo voluntas peccandi in mente S. Auguſtini.

Et ne quis putet exigi tum in Scripturis tum apud SS. Patres amorem Dei pro Pœnitentibus extra ſacramentum, non autem in ſuſceptione Sacramenti

non-

nonnulla referemus Patrum loca qui dubio procul loquuntur de iis quæ requiruntur a Pœnitentibus in susceptione Sacramenti. S. Cyprianus v. g. lib. de Lapsis, postulat a Pœnitentibus qui Sacerdotum absolutionem implorabant, *ut singuli delictum suum confiteantur*, *& ad Dominum toto corde convertantur*.

S. Gregorius M. in cap. 5. lib. 1. Regum, *Tria*, inquit, *in unoquoque consideranda sunt veraciter pœnitente, videlicet conversio mentis, confessio oris, & vindicta peccati*. Ut videtur, loquitur de Pœnitentiæ Sacramento, porro conversio ad Deum supponit amorem Dei, qui enim convertit se ad Deum, amat Deum, *Neque enim*, inquit S. Aug. lib. 21. de Civit. Dei cap. 16. *id fit veraciter atque fructuose nisi vera dilectione justitiæ*. Quibus adde autoritatem omnium Theologorum qui ante Concilium Trid. scripsere, cum primus Attritionis servilis sufficientiam docuerit Canus, tum vero & post illam Synodum longe plurium qui communiter docent Dei amorem saltem inchoatum esse necessarium.

2. Concilium Tridentinum tametsi præsentem quæstionem dirimere noluerit, tamen sess. 14 cap. 4. sic loquitur de Attritione quæ in ejus doctrina disponit in Sacramento Pœnitentiæ ad veniam peccatorum consequendam, ut aperte significet eam non esse positam in solo gehennæ metu; tum quia dicit omni tempore Contritionem fuisse necessariam, adeoque & in Sacramento Pœnitentiæ: sed illa Contritio, licet illam sumat in genere, non consistit in solo gehennæ metu; Contritio enim omnis, ut diximus, est vera detestatio de peccatis commissis, quæ non reperitur in eo qui solum timet pœnam: tum quia requirit insuper Synodus ad remissionem peccatorum etiam in Sacramento obtinendam, vitæ ante actæ odium & sincerum deinceps non peccandi propositum: sed ista non reperiuntur in eo qui præcise pœnam timet, ut testatur S. Augustinus innumeris prope in locis, sic v. g. Epist. 145. loquens de timore servili, *Ille timor pœnæ tormentum habet, & non est in charitate tutum, porro quisque peccatum odit, quo-sum justitiam diligit*.

3. Notissimum est in moralibus hoc principium, in dubiis semper tutius esse sequendum, quod declaravit olim S. Augustinus lib. I. de Bapt. cap. 5. ubi ait eum graviter peccaturum, qui Sacramentum reciperet in secta Donatistarum, hoc ipso *quod in rebus ad salutem animæ pertinentibus certis incerta præponeret*. Unde & hanc propositionem inter alias plures damnavit Innocentius XI. *Non est illicitum in conferendis Sacramentis sequi opinionem probabilem de valore Sacramenti, relicta tutiore*. Atqui dubio procul longe tutius est accedere ad Sacramentum pœnitentiæ cum dolore orto simul ex metu pœnarum & amore Dei, quam si sola adsit timor servilis, ut fatentur ipsi Defensores Attritionis servilis. Melchior Canus parte 5. relectionis de Pœnitentia. *Quod Attritio sufficiat*, inquit, *non est adeo certum & indubitatum, & idem Concilium Florentinum communisque sententia tenens certum, relinquens incertum, ponit Contritionem esse partem hujus Sacramenti*. Suarez in 3. p. q. 90. art. 4. disp. 15. *Licet sit probabilis opinio attritionem cognitam cum Sacramento sufficere ad justificationem, tamen non est certa, & potest esse falsa*. Ita Paulus Comitolus in responsis moralibus lib. 1. q. 32. Becanus Tract. 1. c. 4. q. 9. de bonitate & malitia actuum humanorum; Vasquez in 1. 2. q. 19. art. 6. disp. 63. Sanchez in summa Casuum Conscientiæ lib. 1. cap. 9. Gamachæus de Pœnit. cap. 8. unde colligitur frustra hoc argumentum de Attritionis sufficientia mitti in deliberationem a Theologis, quia cum in iis quæ praxim & conscientiam spectant, pars tutior sit semper eligenda, eo semper redeundum erit, ut Attritio illa quæ dubiam & incertam facit salutem, in praxi rejiciatur tanquam insufficiens.

4. Quia ex adversariorum sententia manifeste sequitur hominem Christianum posse

posse vitam æternam consequi, licet nullum unquam per totam vitam amoris Dei actum elicuerit; cum enim vita æterna certo retribuatur justificatis omnibus qui in statu gratiæ sanctificantis moriuntur; in hac autem sententia justificentur quicunque Attriti sine ullo Dei amore absolvuntur a Sacerdotibus, evidens est quamvis Christianum salvari tandem posse, licet nullum amoris Dei actum eliciterit; quod quam sit odiosum & christiano nomini plane infensum esse nemo non videt.

5. Denum Attritionis servilis sufficientia rejicitur ex ipsa opinionis novitate quæ manifesta est; 1. ex illorum veterum autoritate quos supra appellavimus & qui existimarunt ad veniam peccatorum in Sacramento obtinendam requiri Contritionem perfectam; 2. ex illorum testimonio qui docuerunt necessarium esse aliquem Dei amorem, dilectionem Dei, charitatem; multi enim utuntur nomine charitatis & ita inchoatum saltem Dei amorem agnoscunt necessarium; horum præcipui sunt Hugo a S. Victore lib. 4. Miscellaneorum cap. 77. Richardus quoque Victorinus lib. de potestate solvendi ac ligandi; Robertus Pullus p. 5. cap. 31. Magister Sententiar. Alensis lib. 4. q. 17. S. Bonaventura in 4. dist. 17. p. 2. q. 4. S. Thomas innumeris in locis 1. 2. q. 113. & 3. p. q. 85. art. 2. 5. & 5. Scotus in 4. dist. 2. Paludanus in 4. dist. 17. q. 1. art. 5. Gabriel Biel in 4. dist. 14. q. 1. Conclusione 3. & alii prope innumeri, Joannes Major, Cajetanus Rossensis, Ekius, Joannes a Davenfrie, Stapletonus, Driedo, Latomus, Albertus, Pighius, & alii omnes qui scripserunt ante Concilii Tridentini tempora.

Ab illa autem Synodo licet illa opinio quæ affirmat Attritionem servilem sufficere cum Sacramento non parum invaluerit, suos tamen longe plures & nobiliores habuit Defensores vetus Patrum doctrina, quæ amoris Dei necessitatem astruit; pro hac nostra sententia pugnarunt quamplurimi celeberrimi Scriptores: Estius in 4. dist. 16. Sylvius in 3. p. S. Thomæ ad q. 1. Supplem. Morinus lib. 8. de Pœnitentia; Hugo Methaldus in suis ad Pullum notis; Lupus lib. de Contritione & in Epist. ad Henricum Noris; Havermans Præmonstratensis in tyrocinio Theologiæ moralis; Launoius in lib. de mente Concilii Tridentini; Episcopus Castoriensis in lib. inscripto, *Amor Pœnitens*; D. Dequeras in libro Gallico *Eclaircissement*, &c. elucidario de sensu Concilii de Trid. circa Attritionem, & alii plures quibus adjungi merito possunt multi Episcopi qui in suis Mandatis, alii in suis Ritualibus, alii in Catechismis opinionem Attritionariorum rejecerunt, ut parum Scripturis & SS. Patribus consonam, & recens ac male inventam.

Hic adde nonnullas observationes quæ ex ipsorum Attritionis servilis defensorum testimoniis colliguntur.

1. Enim novam esse hanc doctrinam ingenue confitentur, sic Vega lib. 8. cap. 30. *Dilectionem Dei*, inquit, *necessariam esse ad nostram justificationem apud Theologicos tractatores quos legerim receptissimum est*: Dominicus Soto in 4. dist. 19. q. 2. hæc scribit: *Doctrina hæc*, inquit, *quamvis sit vera, non est tamen vetus*. Idem docet Ludovicus Lopez ejusdem Attritionis acerrimus Defensor in instructorio Pœnitentiæ p. 1. cap. 9. Sed *jam nunc*, inquit, *præcedente lumine Concilii Tridentini audeo hanc statuere conclusionem, quod ad justitiam & remissionem peccatorum in Sacramento Pœnitentiæ satis est Attritio*. Ex quo verisimile fit textum Synodi Tridentinæ de Attritione male intellectum occasionem præbuisse multis Theologis, ut deinceps assererent eam cum Sacramento sufficere. Unde illius opinionis Parentes censentur, ut jam diximus, Melchior Canus & quidam Henricus Salmanticensis, ut affirmant Lopez loco mox citato, Morinus lib. 8. de Pœnitentia cap. 4. Metholdus in notis ad Pullum, item Lupus, Castoriensis Episcopus, & D. Dequeras.

2. Attritionis servilis Defensores fatentur hanc suam opinionem [illegible] in Scri-

pturis,

pturis, nec in SS. Patrum operibus fundatam esse, sic Vega lib. 6. in Concil. Trid. cap. 28. *Et quidem*, inquit, *dilectiones Dei esse dispositionem ad justitiam, doctrina est Christi, Apostolorum & Sanctorum Ecclesiæ Doctorum:* Dominicus Soto in 4. distinc. 18. art 2. *Doctrina hæc*, inquit, *quamvis sit vera, non est tamen multum vetus, Patres enim antiqui solam Contritionem necessariam esse ad Confessionem admittebant.*

3. Et consitentur illi Theologi hanc suam opinionem quam tamen amplectuntur, non esse omnino certam: ita Canus supra citatus, *Quod Attritio sufficiat*, inquit, *non est adeo certum & indubitatum.* Quod idem affirmare non verentur Suarez, Vasquez, Paulus Comitolus, Becanus, Sanchez Jesuitæ, & Gamachæus Sorbonicus Theologiæ Professor, locis mox citatis.

Probatur ultimo ex censura sacræ Facultatis quæ lata est anno 1716. adversus quasdam propositiones excerptas e Codicibus M. le Roux quarum hæc est prima, *In id præcipue probandum incumbemus, ut secundum omnium sæculorum traditionem a sola timore vera sit Pœnitentia, per timorem voluntas a creaturis vere avertatur, convertatur ad Deum, denique ab ipso timore vera sit justitia, ut est a charitate &c.*

Censura, *Hæc propositio falsa est, scandalosa, temeraria, erronea, & quatenus ultimis verbis enunciat parem esse virtutem timoris & charitatis ad justitiam obtinendam, hæretica.*

Octava *dummodo tuta sit in praxi sententia, non tenentur tutiorem sequi . . . dubium non est Attritionem sufficere, quod evidenter probavimus.*

Censura, *Hæc propositio eo in parte in qua autor affirmat dubium non esse quin Attritio amoris Dei expers sufficiat in Sacramento Pœnitentiæ, & hanc opinionem tutam esse in praxi, est falsa, perniciosa, temeraria, & doctrinæ Concilii Tridentini adversa.*

Objicies: Falso omnino arguitur hæc opinio quæ asserit sufficientiam Attritionis servilis: 1. quia eam tenuerunt [illegible] ex antiquioribus Theologis [illegible] Trid. puta Durandus qui in 4. [illegible] q. 2. affirmat Attritionem [illegible] adveniente Sacramento fieri sufficientem virtute [illegible] vitum. Item Guillelmus Parisiensis [illegible]. de Pœnitentia cap. 4. & S. Augustinus [illegible] tit. 19. cap. 5.

Deinde de temporibus Concilii Trid. dubium esse non potest, nam [illegible] non semel Catholicos accusat, quod [illegible] nes dicant Attritionem ex solo [illegible] timore conceptum sufficere ad Pœnitentiæ Sacramentum. Et aliunde constat ex Palavicino, sic primo fuisse a Theologis adornatum Decretum de Attritione; ut eam sine Dei amore esse sufficientem statuerent; denique & post idem Concilium hanc doctrinam evasisse opposita communiorem verbis expressis testatur Alexander VII. in brevi an. 1667. *Sanctitas præcipit*, inquit, *cunctis & singulis fidelibus quocumque gradu ac dignitate Episcopali, & majori, immo & Cardinalitia fulgentibus, ut si deinceps de materia Attritionis præfata scribent, vel libros aut Scripturas edent, vel docebunt vel prædicabunt, vel alio quovis modo Pœnitentes aut Scholares cæterosque erudient; non audeant alicujus Censuræ Theologicæ alteriusve injuriæ aut contumeliæ nota taxare alterutram sententiam, sive negantem necessitatem aliqualis dilectionis Dei in præfata Attritione ex metu gehennæ concepta, quæ hodie inter Scholasticos communior videtur, sive asserentem dilectionis necessitatem, donec ab hac sancta sede fuerit aliquid hac in re definitum.* Porro temerarium videtur a communiori Scholarum doctrina recedere: igitur.

Respondeo satis & abunde ostensum esse supra, hanc opinionem de Attritionis servilis sufficientia novam esse, vel ex ipsa ejus Defensorum confessione, nec quicquam movere debent tria hæc objectionis capita.

Quod primum spectat, negant illi Theologi, qui sententiæ nostræ patres tuentur, Durandum, Guillelmum Parisiensensum, & S. Antoninum certo docuisse Attritionem servilem sine ullo Dei amore sufficientem. Et revera Durandus postquam Attritionem ex solo timore conceptam statuit, addit eam priorem esse justificatione etiam prioritate temporis; unde ante justificationem intervenire potest Dei amor. Deinde Guilielmus & S. Antoninus loquuntur de Attritione quæ non est cujuslibet Dei amoris expers, ut patet ex illorum verbis, quorum longior discussio non est nostri instituti, licet enim donetur adversariis utrumque illum Scriptorem sufficientiam attritionis servilis agnoscere, quid ad tot & tam celebres Theologos qui oppositam sententiam amplexi sunt?

Ad secundum dico vere quidem ex hoc Palavicini loco sequi tantum apud nonnullos invaluisse hanc opinionem, sed nego eam fuisse opposita, quæ nostra est, communiorem, quia fatente Cano, qui Attritionis servilis parens & strenuus Desensor perhibetur, opinio quæ tenet amorem Dei esse necessarium, & in Scholis erat communis & in praxi longe tutior, & Maldonatus paulo post Synodum Tridentinam, scripsit præceptum dilectionis Dei obligare, hancque esse communem Scholarum doctrinam.

Quod autem ad Lutheri accusationem attinet, respondeo meram esse hujus Hæresiarchæ calumniam quam propulsarunt Catholici Theologi, ut liquet ex Viguerio in suis de Sacramento Pœnitentiæ institutionibus a sacra Facultate Parisiensi approbatis. Vide Concilium Tridentinum sess. 14. c. 4.

Ad tertium 1. Alexander VII. loquens de Attritione ait solum *quæ hodie communior videtur*, non ait assertive *quæ est*, nec puto revera hanc opinionem fuisse unquam oppositis communiorem.

2. Si, cum scripsit Alexander VII. communior fuit illa sententia, dici potest, eandem hodie nonnisi a paucis teneri.

Objicies: Si quid impediret quominus Attritio ex solo pœnarum metu concepta sufficeret ad Sacramentum Pœnitentiæ; maxime quia non tollit peccandi voluntatem; sed hoc falsum est; verus enim & sincerus & vehemens inferni timor hominem avocat a peccato, ut docet experientia; igitur.

Resp. 1. dist. maj. & quia contrarium affectum non inducit, C. eo præcise, N. nam, ut diximus, in Pœnitentia duo sunt, aversio a peccato, & conversio ad Deum; unde satis non est ut peccator justificetur, quod voluntatem peccandi deponat, debet insuper converti ad Deum per aliquem amoris actum. Quemadmodum enim peccatum est aversio a Deo & conversio ad creaturam, ita Pœnitentia est aversio a peccato & conversio ad Deum, *Convertimini & agite Pœnitentiam*, inquit Ezechiel cap. 18. Hoc argumentum adversariorum probat quidem timorem esse bonum quatenus continet peccatores, & hic & nunc in iis voluntatem peccandi comprimit, sed non probat huncce timorem sufficere ad veniam peccatorum suorum obtinendam. In hunc sensum explicari debent permulti e SS. Patribus qui ab adversariis objici solent, Origenes lib. 3. in Job. Basilius in Psal. 33. Ambrosius in Psal. 118. S. August. in Psal. 63. S. Greg. Mag. lib. 5. moral. cap. 13. qui aiunt timorem gehennæ a peccato comprimere homines. Sic & Bernardus Serm. 8. de diversis affirmat eum incipere sub Deo esse, qui timore gehennæ agit Pœnitentiam; siquidem, ut fatemur, timor est initium sapientiæ, qui timet ex parte conversus est; sed nondum tota voluntate, ex privato sui, non ex Dei ipsius amore: *Ex hoc*, inquit S. Antoninus, part. 4. tit. 14. cap. 5. *quod quis credit pœnas inferni, & Deum justum inferentem tales pœnas peccatoribus, timet illas, ut caveat sibi; sed quia timor ille servilis non est in charitate, ideo non sufficit ad salutem.*

2. Negari potest minor, scilicet timor avocat quidem a peccato, sed sine ullo Dei amore non avocat ab omni peccandi voluntate.

Obj. Pridem agitatum est inter Theologos, ut dicatur Attritionem vi Sacramenti fieri Contritionem, attritum fieri contritum: igitur Attritio sufficit ad Sacramentum.

Nego consequentiam; hac enim loquendi ratione uti maxime possunt, qui putant aliquem Dei amorem contineri in Attritione, quia homo ex attrito dicitur fieri contritus, quatenus a statu doloris ex metu gehennæ & amore Dei inchoato concepti, transit ad statum doloris ex perfecta charitate formati; idque ex eo constat, quod idem effatum usurpent, qui censent amorem Dei includi in Attritione, uti & qui requirunt in Sacramento charitatem inchoatam, & aiunt Attritionem & Contritionem nonnisi gradu differre, quales sunt Albert. Mag. Scotus, Guillelmus Parisiensis & alii. Hanc explicationem adoptavit sacra Facultas nostra, cum an. 1549. Vigerii institutiones Theologicas approbavit, in quibus hæc leguntur. *Ex attrito aliquis non fit contritus, nisi ad hunc sensum, quod post Attritionem venit Contritio, sicut dicimus ex mane fit meridies, & ex justo fit justus consuetudine*. Unde sequitur defensoribus Attritionis pure servilis nequaquam favere hanc loquendi rationem.

CAPUT XII.

Solvitur objectio petita ex Concilio Tridentino.

PAlmare est apud adversarios hoc momentum, quod petitur ex sess. 14. cap. 4. Concilii Trid. ubi sic habetur: *Illam vero Contritionem imperfectam, quæ Attritio dicitur, quoniam vel ex turpitudinis peccati consideratione, vel ex gehennæ & pœnarum metu communiter concipitur, si voluntatem peccandi excludat, cum spe veniæ ... quo Pœnitens adjutus, viam sibi ad justitiam parat. Et quamvis sine Sacramento Pœnitentiæ per se ad justificationem perducere peccatorem nequeat, tamen eum ad Dei gratiam in Sacramento Pœnitentiæ impetrandam disponit*. Eo loci Patres Tridentini loquuntur de Attritione pure servili, nimirum de ea Attritione quæ concipitur ex metu gehennæ, nec supponunt conjunctum ei ullum Dei amorem, id enim expressissent: atqui tamen docent ejusmodi Attritionem esse materiam Sacramenti Pœnitentiæ, quæ cum Sacramento viam parat ad justitiam: ergo, &c.

Dist. min. esse materiam quæ disponit remote & tamen non sufficit, C. quæ disponit proxime & sufficit, N. idque constat.

1. Ex ipsis Concilii verbis, nullo enim verbo utitur Synodus ad significandam illam sufficientiam, declarat solum adversus Lutherum Attritionem ex metu gehennæ conceptam; 1. non reddere hominem magis hypocritam & peccatorem; 2. esse donum Dei; 3. impulsum Spiritus Sancti moventis; 4. viam præparare ad justitiam; 5. demum peccatorem disponere ad Dei gratiam obtinendam in Sacramento. Sed ista dubio procul non probant Attritionem servilem in mente Concilii esse sufficientem, fides quippe recte dicitur donum Dei, impulsus Spiritus Sancti, disponens peccatorem ad obtinendam Dei gratiam, nec inde tamen sequitur eam sufficere etiam cum Sacramento ad Justificationem. Cur autem non declarasset Synodus Attritionem sufficere, si ea tum fuisset Patrum sententia, aut si talem definitionem ferre voluisset?

2. Hanc autem non fuisse definitionem a Concilio constat ex diserto Palavicini testimonio qui lib. 12. cap. 10. testatur hoc Decretum Concilii de Attritione sic primum Episcopis adornatum fuisse, ut verbum *sufficere* positum fuerit. Unde aperte definiebat Attritionem sufficere in Sacramento Pœnitentiæ; sed monente Joanne Æmiliano Hispaniensi Tudetano Episcopo reformatum fuisse Decretum sicut nunc extat: *Monuit falso dici hujusmodi dolorem sine amore vix unquam concipi posse... quod autem hæc Attritio satis esset Sacramento constituendo, ita ut homini attrito deleantur peccata vi absolutionis supervenientis, variare autorum sententias, adeoque id esse tol-*

len-

laudato: *Quamobrem Decretum sicut nunc exstat, reformatum esset.*

3. Quia, ut sæpissime diximus, ea fuit ratio agendi Patrum Tridentinorum, ut nihil definirent in his quæstionibus quæ ad fidem non pertinebant, & inter Theologos disceptabantur; quæstio autem tunc erat inter Theologos, utrum sufficeret Attritio sine amore Dei, quamquam testetur Palavicinus ibidem *se aliquod duntaxat vestigium comperisse opinionis urgentis necessitatem amoris in his quæ Granatensis disputavit.*

Instabis. Concilium utitur quidem hoc verbo *disponit*, sed illud intelligit de dispositione proxima & sufficiente, ut perspicuum est ex his verbis, *& quamvis sine Sacramento Pœnitentiæ*: ibi enim opponens Attritionem extra Sacramentum Attritioni junctæ Sacramento, definit eam extra Sacramentum ad justitiam non perducere, sed eamdem in Sacramento ad Dei gratiam impetrandam disponere, hoc est perducere; ita ut sit sufficiens, alioquin hæc oppositio esset omnino absurda: igitur mens Concilii est Attritionem proxime disponere & esse sufficientem.

Resp. varias omnino esse ejusmodi argutias contra rem certam & indubitatam; certum est autem Concilium noluisse definire Attritionem esse sufficientem, tum ex ipsius verbis, tum ex laudato historico, tum ex ipsius Synodi proposito recte intellecto. Deinde facile intelligitur absurdam non esse oppositionem Attritionis extra Sacramentum, & in Sacramento, posita hac sententia quam defendimus; hoc unum quippe definire volunt Patres Attritionem esse bonam, utilem, & donum Dei; unde ajunt illam ad Dei gratiam disponere in Sacramento: nam ibidem comparant Contritionem perfectam cum Attritione in eo quod Contritio perfecta hominem Deo reconciliet extra Sacramentum, Attritio vero non reconciliet, sed tantum disponat, adeoque non sit mala, ut volebat Lutherus; ex qua oppositione, ut videtur, inferre solum possunt adversarii Attritionem disponere ad justificationem.

At inquies, Si Patres Tridentini hoc non intelligunt de proxima & sufficiente dispositione: igitur non definierunt quænam sit materia sufficiens & legitima Sacramenti Pœnitentiæ.

Resp. definitam aliquatenus & fixam a Concilio materiam hujus Sacramenti, cum dixit ejus materiam aut quasi materiam tres actus Pœnitentis, Contritionem, Confessionem, & Satisfactionem, qualis vero debeat esse illa Contritio, an fieri debeat ex charitate, an ex aliquo tantum amore Dei inchoato, an ex solo pœnarum metu non determinavit, quod ista erant controversa inter Theologos. Deinde satis indicavit Concilium requiri Dei amorem in Pœnitente, cum sess. 6. jam citata docet de baptisandis quod debeant incipere *diligere Deum tamquam omnis justitiæ fontem.* Idem enim judicium ferri debet de iis qui ad Sacramentum Pœnitentiæ accedunt.

Obj. Si necessarius est amor Dei in Attritione quæ antecedit absolutionem Sacerdotis, vix intelligitur quomodo Pœnitentia dici possit Sacramentum mortuorum, præsertim cum ille amor inchoatus juxta plures Theologos sit actus charitatis vel dilectio Dei super omnia, quæ proinde per se delet peccatum & ante susceptionem Sacramenti.

Resp. 1. Baptismum recte vocari Sacramentum mortuorum, licet juxta Concilium Trid. loco mox laudato, adulti priusquam illum suscipiant, teneantur Deum diligere tanquam omnis justitiæ fontem. 2. Non postulamus in Sacramento ut absolute necessarium, illum charitatis actum qui de se sine Sacramento justificat, sed solum aliquem Dei amorem inchoatum. 3. Is actus est pars Sacramenti, unde cum peccatores ad vitam revocet cum Sacerdotis absolutione, Pœnitentia recte dicitur Sacramentum mortuorum.

Obj. Si cum Sacramento requiritur amor Dei & non sufficit Attritio servilis,

lis, sequitur Christianos pejoris esse conditionis quam Judæos; his enim sufficiebat Contritio, Christianis autem insuper requiritur Confessio & Sacerdotis absolutio: absurdum consequens, ergo & antecedens.

Nego ant. immo plane absurdum est dicere Christianis impositum esse onus, quod tenemur Deum diligere, *Quomodo est grave*, inquit S. Augustinus lib. de natura & gratia cap. ult. *cum sit dilectionis mandatum?* Unde idem S. Doctor ex eo putabat ab antiqua lege novam differre, quod Judæi erant sub timoris servitute constituti, & aliunde multis Sacramentis onerabantur, multis sacrificiis; nos vero per amorem simus liberi cum paucioribus Sacramentis; ut ait lib. de moribus Ecclesiæ. Deinde non dicimus cum Sacramento requiri Contritionem perfectam, satis sit habere Attritionem, modo cum aliquo Dei amore conjuncta sit.

Caput XIII.

Qualis sit ille Dei amor qui requiritur in Sacramento.

Ex dictis patet 1. duplicem esse Contritionem, aliam perfectam quæ charitate formata est: aliam imperfectam, quæ Attritio dicitur, & charitatem non habet adjunctam. 2. Contritionem perfectam de se aliquando reconciliare peccatorem cum Deo antequam Sacramentum actu suscipiatur. 3. Ejusmodi Contritionem perfectam non requiri tanquam dispositionem præviam ad Sacramentum Pœnitentiæ, sed sufficere Attritionem. 4. Hanc Attritionem sufficere modo aliquem Dei amorem includat. Nunc quæritur quis & qualis esse debeat ille amor, quam difficultatem breviter elucidabimus nonnullis propositis quæstionibus.

Quæres 1. Utrum amor ille qui includitur in Attritione necessaria ad Sacramentum, sit amor dominans seu amor Dei super omnia.

Resp. affirmative, nam id constat ex iis omnibus momentis quæ mox adduximus ad asserendam necessitatem amoris in Attritione; ea quippe probant Deum esse diligendum super omnia, appretiative scilicet, ut vulgo dicitur, quatenus debet Deus omni bono creato anteponi, cum homo non peccet nisi quod Deo Creaturam præferat. Deinde cum homo peccando, Creaturam suum constituat finem ultimum, in vera conversione debet rationem finis ultimi Deo restituere, quod sine amore Dei super omnia fieri nequit.

Quæres secundo, utrum hic Dei amor quo Deus diligitur super omnia, & necessarius existimatur ad veniam peccatorum obtinendam in Sacramento, sit amor charitatis.

Resp. primo, multos esse Theologos sive qui ante, sive qui post Concilium Trident. scripserunt, qui hunc amorem nomine charitatis appellant, & cum illis objicitur charitatem omnem de se peccatum expellere, adeoque reputari non posse præviam dispositionem ad Sacramentum, respondent id verum esse de charitate habituali, quæ est ipsa formaliter justitia, per quam formaliter sanctificantur homines, & quæ proinde stare non potest cum peccato mortali; sed si sermo sit de charitate actuali, observant eam duplicem esse, inchoatam nimirum & perfectam. De perfecta nullum esse dubium putant, cum per charitatem & Contritionem perfectam suppleri possint Sacramenta Baptismi & Pœnitentiæ in casu necessitatis, quæ quidem sententia communis est omnium fere Theologorum. Non item vero de charitate inchoata, hoc est de amore Dei non ita acri & intenso, quem putant cum reatu peccati stare posse, nec nisi cum Sacramenti actuali susceptione quemquam justificare.

Resp. secundo, nihil omnino interesse, quod ille amor, quem in vera Attritione dicimus necessarium, dicatur charitas, nec ne; si enim dicitur charitas, non erit nisi charitas inchoata, quam stare posse cum peccato nihil repugnabit, quemadmodum [illegible] duplex distinguitur amor, inchoatus & perfectus. Nec per me stat [illegible] solus amor perfectus nomine charitatis donetur, talis quæstio est de nomine. Duo autem hic tanquam certa & indubitata tenenda sunt. Primum est, per charitatem perfectam hominem ante actualem Sacramenti susceptionem justificari, quia, ut diximus, docet Concilium Trid. sess. 14. cap. 4. per Contritionem charitate perfectam quandoque hominem Deo reconciliari antequam Sacramentum suscipiat. Secundum est, charitatem imperfectam nonnisi in Sacramento justificare, ut constat ex eadem Synodo, quæ sess. 6. can. 6. reponit amorem Dei inchoatum inter dispositiones ad justificationem quam homo consequitur per Baptismum.

Neque his opponi debet charitatem inchoatam ejusdem esse speciei cum perfecta, cum non differant, nisi secundum majus & minus; unde sequi videtur charitatem imperfectam cum reatu peccati [illegible] stare posse quam perfectam. Nam licet concederetur utramque charitatem ejusdem esse speciei, quod non est omnino certum, quia in ejusmodi rebus [illegible] physicis quæ secundum magis & minus insigniter differunt, ejusdem esse speciei non censentur. Tamen utraque charitas non est ejusdem virtutis, charitas enim inchoata respectu perfectæ se habet sicut ignis scintilla cum incendio comparata, quæ proinde eundem habere non debet effectum.

In [illegible] systemate occurrit alia non levis difficultas, quod nimirum dicatur [illegible] charitatis, inchoatum scilicet & remissum, qui tamen est dilectio Dei super omnia, non justificare extra Sacramentum; unde sequeretur hominem damnari posse, qui Deum diligeret super omnia; quod maxime absurdum videtur. [illegible] huic difficultati fecimus satis, cum [illegible] justificari quidem hominem [illegible] extra Sacramentum, cum diligit [illegible] super omnia [illegible] & incen[illegible] [illegible] incipiat cum diligere, quo quidem amore præparatur tantum ad remissionem peccatorum cum Sacramento obtinendam, quod utique evidenter docet Catechismus Romanus, parte 2. num. 46. his verbis, *Ut hoc concedamus, Contritione peccata deleri, quis ignorat eam adeo vehementem, acrem & incensam esse oportere, ut doloris acerbitas cum scelerum magnitudine æquari conferrique possit? & quoniam pauci ad hunc gradum pervenirent, fiebat etiam ut a paucissimis hac via peccatorum venia speranda esset. Quare necesse fuit, ut clementissimus Dominus faciliori ratione hominum saluti consuleret, quod quidem admirabili consilio effecit, cum claves Regni cœlestis Ecclesiæ tradidit.* Autores hujus Catechismi sequuntur hac in parte doctrinam Concilii quod sess. 14. cap. 4. soli Contritioni *perfectæ* tribuit reconciliationem extra Sacramentum. Præterquam quod in casu necessitatis in quo haberi non potest Sacramentum, Contritio imperfecta qualem propugnamus cum Sacramenti voto sufficit ad salutem, quia Deus supplet misericorditer Sacramentum, ut dictum est ubi de Baptismo.

Quæres utrum ad veniam peccatorum in Sacramento obtinendam sufficiat amor æternæ beatitudinis.

Resp. hunc amorem Dei quatenus est nostra beatitudo, sufficere cum Sacramento; de hoc quippe amore explicari potest, quod ait Concilium Trid. sess. 6. cap. 6. necessarium esse, ut qui se disponit ad Baptismum, incipiat diligere Deum tanquam justitiæ fontem; Deus enim quatenus est summum bonum, catenus est fons omnis boni, quinimmo ut alibi probavimus in Tractatu nostro de Charitate, motivum æternæ beatitudinis, quæ nimirum collocatur in Dei possessione, ubique passim in Scripturis proponitur ad excitandam & perficiendam charitatem, & multi Theologi docent ad charitatem pertinere eum amorem quo Deus tanquam Beatitudo diligitur.

Instabis. Amor mercenarius non censetur

ditur sufficere ad obtinendam peccatorum veniam etiam in Sacramento, non est enim castus & laudabilis: sed amor quo Deus diligitur & expetitur ab homine tanquam sui bonum, seu beatitudo, est amor mercenarius; etenim enim Deus non diligitur propter seipsum, sed propter bonum diligentis: ergo, &c.

Dist. majo. amor mercenarius quo diligitur bonum temporale, C. quo diligitur ipse Deus, N. porro quando homo diligit Deum sub ratione mercedis æternæ seu beatitudinis, amat Deum propter ipsum Deum qui nostra est beatitudo, in illa beatitudine, quæ ipse est Deus, conquiescit, eumque respicit tanquam finem ultimum, quo fit ut talis amor sit rectus & laudabilis. Sic autem ratiocinabatur S. Thomas 2. 2. q. 19. art. 4. ad 3. *Dicendum*, inquit, *quod amor mercenarius dicitur, qui Deum diligit propter bona temporalia, quod secundum se contrariatur charitati, & ideo amor mercenarius semper est malus*. Secus vero, ut per se patet, si Deus ipse sit, expetitur ab homine tanquam objectum suæ beatitudinis, castus est enim ille amor.

CAPUT XIV.

De Confessione.

CONfessio quæ est alter Pœnitentis actus, altera Pœnitentiæ pars, definitur declaratio qua Pœnitens coram Sacerdote accusat se suorum sigillatim peccatorum, ad eorum veniam obtinendam. Alio nomine dicitur exhomologesis, ut apud Tertullianum lib. de Oratione cap. 7. *Exhomologesis est petitio veniæ, qui veniam petit, delictum confitetur*; & apud S. Cyprianum Epist. 13. *Si premi infirmitate aliqua & periculo cœperint, exhomologesi facta, & manu eis imposita, cum pace a Martyribus sibi promissa ad Dominum remittantur*.

Confessio appellari solet auricularis, quia secreto fit & in aure Sacerdotis. Circa hanc Confessionem nonnulla veniunt examinanda: 1. & quod potissimum est de ejus institutione, utrum a Christo fuerit instituta tanquam necessaria ad veniam peccatorum post Baptismum commissorum obtinendam; 2. de præcepto Ecclesiastico Confessionis Sacramentalis; 3. quænam sint Confessionis proprietates, ubi præsertim agetur de ejus integritate & sigillo; 4. demum quotuplex sit Confessio.

CAPUT XV.

Utrum Confessio sit jure divino instituta.

JUxta Bellarminum primi Confessionem sustulerunt Montanistæ & Novatiani; sed in eo deceptus est Doctissimus Cardinalis, hi enim Hæretici veniam solum dicebant denegandam quibusdam gravissimis peccatis non singulis. Neque etiam inter Confessionis hostes annumerari debent Audiani, ut nonnullis placuit; in eo enim hac in parte solum errabant, quod vellent post Confessionem nullam injungi Satisfactionem, ut testatur Theodoretus lib. 4. Hæretic. Fabul. cap. 10. perperam quoque recensentur Waldenses, ut enim Reinerus & alii Historici perhibent, usum Confessionis agnoscebant, volentes tamen quod nullus posset absolvi a malo Sacerdote; & quod bonus Laicus potestatem haberet absolvendi.

Audacior fuit Wiclephus, qui, ut refert Thomas Waldensis, superfluam docuit Confessionem Sacerdoti factam, unde hunc, qui septimus est, articulum proscripsit Concil. Constantiense: *Si homo debite fuerit contritus, omnis Confessio exterior est sibi superflua & inutilis*. Idem non sensit nec docuit Joannes Hus, ut probat illustrissimus Meldensium Episcopus lib. 11. variationum num. 16.

Lutherani tametsi fateantur Pœnitentiam esse Sacramentorum novæ legis, ut patet ex Confessione Augustana, contendunt tamen Confessionem nec a Christo fuisse præceptam, nec quidquam prodesse

desse

[illegible] ad justificationem quæ soli debetur [illegible]. Quam parum inter se consentiant, videri potest in opere variationum mox citato. Quod autem hoc negotium spectat, negat aperte Lutherus Confessionem a Christo fuisse præceptam, *Confessio secreta*, inquit, *juris divini non est, nec apud antiquos Patres ante Concilium Lateranense ejus facta est mentio, sed publica Pœnitentia*.

Calvinus lib. 3. institut. cap. 4. miratur *qua fronte Catholici ausi sint contendere Confessionem juris esse divini, cujus*, inquit, *vetustissimus quidem fuit usus, sed qui semper in Ecclesia liber & indifferens inter Christianos habitus est*. Unde ait magno esse detrimento fidelibus, quod aliquo præcepto cogatur, vel arte inducatur. Dehinc unus ex ejus discipulis Joannes Dallæus in denso volumine Confessionem auricularem totis viribus impugnavit, eam contendens primum ab Innocentio III. institutam & præceptam, quam propterea Innocentianam vocare solet: in eos sit

Conclusio.

Confessio Sacramentalis fuit a Christo instituta, & perpetuo Ecclesiæ usu consecrata.

Probatur 1. ex Scripturis quæ licet hanc institutionem & Christi præceptum expressis terminis non exhibeant, tamen nonnulla suppeditant loca ex quibus invicte colligitur: Matth. 16. cap. Christus ait S. Petro: *Tibi dabo claves Regni Cælorum, quodcunque solveris super terram erit solutum & in Cælis*. & cap. 18. alloquens omnes Apostolos, *Quæcunque alligaveritis super terram, erunt ligata & in Cælo, & quæcunque solveritis super terram, erunt soluta & in Cælo*. Insuper Joannis 20. Christus cum in Apostolos suos insufflasset, dixit eis: *Accipite Spiritum-Sanctum, quorum remiseritis peccata remittuntur eis, & quorum retinueritis retenta sunt*. In quibus locis habetur Apostolos, & in eorum persona Sacerdotes constitutos fuisse Judices ad ligandos & solvendos peccatores, ad remittenda vel retinenda eorum peccata: sed intelligi non potest Sacerdotes hoc suo munere fungentes, posse remittere aut retinere peccata, nisi supponatur Confessio sacramentalis per quam hæc peccata ipsis declarentur; alioquin judicarent incognita causa, quod ratiocinium est Concilii Trid. sess. 14. cap. 5. sic loquentis: *Ex institutione Sacramenti Pœnitentiæ jam explicata, universa Ecclesia semper intellexit institutam etiam esse a Domino integram peccatorum Confessionem, & omnibus post Baptismum lapsis jure divino necessariam existere, quia Dominus noster Jesus-Christus e terris ascensurus ad Cœlos Sacerdotes sui ipsius Vicarios reliquit tanquam præsides & judices ad quos omnia mortalia crimina deferantur, in quæ Christi fideles ceciderint .... constat enim Sacerdotes judicium hoc, incognita causa, exercere non potuisse, nec æquitatem in pœnis injungendis illos servare potuisse, si in genere duntaxat & non potius in specie, ac sigillatim, sua ipsi peccata declarassent*: ubi Patres Tridentini Christi Verborum legitimi interpretes definiunt, ex illis certo colligi posse necessitatem Confessionis pro omnibus lethalibus peccatis post Baptismum commissis, in specie ac sigillatim declarandis. Et consequenter quo jure divino scilicet data fuit Sacerdotibus potestas ligandi & solvendi, potestas remittendi peccata, eodem imposita fuit obligatio fidelibus peccata sua confitendi Sacerdotibus.

Probatur 2. ex unanimi SS. Patrum consensu qui testantur perpetuum in Ecclesia fuisse usum, ut peccatores ad veniam suorum scelerum consequendam ea Sacerdotibus confiterentur, seu illa Confessio fieret publice seu secreto, perinde est ad nostrum propositum; neque enim certus confitendi modus fuit a Christo præceptus.

Ac 1. S. Irenæum proferimus qui lib. 10. cap. 9. de Mulieribus a quodam Marco vitiatis hæc scribit; *Hæ sæpissime conversæ ad Ecclesiam Dei confessæ sunt, &*

secundum corpus exterminatas se ab eo & velut cupidine inflammatas valde illum se dilexisse. Ex quo loco patet mulieres illas in Ecclesia confessas fuisse peccatum fornicationis verisimiliter occultum, tum vero illud confessas fuisse non cuivis homini vel etiam laico, sed Ecclesiæ Sacerdotibus & religiosa confessione, ut perspicuum est ex istis verbis *in Ecclesia confessas fuisse*. Idem refert de quodam Cerdone hæretico lib. 3. cap. 4. *Cerdon*, inquit, *sæpe in Ecclesiam veniens & exhomologesim faciens*, id est, Confessionem.

Idem docet Tertullianus lib. de Pœnitentia cap. 9. ubi exhomologesim sic describit. *Cum provolvit hominem magis relevat, cum squallidum facit magis mundatum reddit, cum accusat excusat, cum condemnat absolvit .... is actus qui magis græco vocabulo exprimitur & frequentatur, exhomologesis est, qua delictum Domino nostrum confitemur, non quidem ut ignaro, sed quatenus Satisfactio Confessione disponitur, Confessione Pœnitentia nascitur, Pœnitentia Deus mitigatur*. Ubi 1. loquitur de Confessione non soli Deo facta sed Hominibus; nam paulo post utramque conjungit, *Mugire*, inquit, *dies noctesque ad Dominum Deum suum & Presbyteris adgeniculari*. 2. Extendit Pœnitentiam ad omnia peccata, etiam occulta, cap. 4. dixerat, *Omnibus ergo delictis seu carne, seu spiritu, seu facto, seu voluntate commissis qui pœnam per judicium destinavit, idem & veniam per Pœnitentiam spopondit*.

Nec dicatur Tertullianum non respicere ad Confessionem, nam cap. 9. mox citato ait nullam esse Pœnitentiam sine Confessione; *Satisfactio Confessione disponitur, Confessione Pœnitentia nascitur*. Nullius quoque ponderis est quod reponit Dallæus per Confessionem, quæ nomine Exhomologesis exprimitur, non significari nostram Confessionem auricularem, quæ mera est peccatorum narratio in aure Sacerdotis facta, sed integram ac publicam Pœnitentiæ actionem coram Ecclesiæ Pastoribus factam, ut pro gravitate scelerum pœnas imponerent Canonicas. Siquidem etsi Exhomologesis ibi a Tertulliano describatur ut Pœnitentiæ quædam publica, tamen ipso fatente eam præcedebat Confessio, *Satisfactio Confessione disponitur*. Aliter cuivis Pœnitenti debitas pœnas statuere non potuissent Ecclesiæ Pastores.

Idem aperte docet Origenes Homil. 2. in Leviticum, ubi loquens de Pœnitentia, *Cum*, inquit, *peccator non erubescit Sacerdoti Domini indicare peccatum suum*: videri potest quod scribit Homil. 2. & 17. in Lucam. Hom. 2. & 3. in Leviticum.

S. Cyprianus lib. de Lapsis, *Denique*, inquit, *quanto & fide majores & timore meliores sunt, qui quamvis nullo sacrificii aut libelli facinore constricti, quoniam tamen de hoc vel cogitaverunt hoc ipsum apud Sacerdotes Dei dolenter & simpliciter confitenter exhomologesim conscientiæ faciunt, animi sui pondus exponunt*. Testis est igitur S. Cyprianus in usu tunc positum fuisse, ut Christiani occulta etiam crimina & leviora confiterentur Sacerdotibus. Et postea, *confiteantur singuli quæso vos fratres dilectissimi, delictum suum, dum adhuc qui deliquit, in sæculo est, dum admitti Confessio ejus potest, dum satisfactio & remissio facta per Sacerdotes apud Dominum grata est*.

Respondet Dallæus exhomologesim esse, non simplicem in aure unius Sacerdotis delictorum Confessionem, sed publicæ Pœnitentiæ partem; atque ita ex illa voce Exhomologesis apud Cyprianum & alios Autores tum Græcos tum Latinos nihil quicquam inferri posse ad confirmandam Confessionis praxim; nemini enim dubium est quin Pœnitentia publica per id tempus fuerit in usu apud Christianos.

Verum hoc ratiocinio nihil conficit Dallæus, nam revera Exhomologesis aliquando apud veteres integram actionem Pœnitentiæ significat; sed hoc non impedit quominus etiam aliquando, & sæpe simplicem peccatorum Confessionem Sa-

cer-

cerdotibus factum significaverit, quod potissimum judicatur ex eo, quod Exhomologesis dicitur clanculum fieri, vel pro peccatis cogitationum, vel pro omnibus delictis, tunc enim pro istis delictis non imponebatur Pœnitentia publica.

Lactantius lib. 4. cap. ultimo veram Ecclesiæ notam assignans adversus Montanistas & Novatianos, sic loquitur, *Sciendum est illam esse veram*, Ecclesiam, *in qua est Religio, Confessio & Pœnitentia quæ peccata, & vulnera, quibus subjecta est imbecillitas carnis, salubriter curat*. Ubi, licet Lactantius non addat ejusmodi Confessionem esse a Christianis exactam, ut debuisset juxta Dallæum, tamen testis est locupletissimus Confessionem fuisse unum ex Religionis capitibus. Eodem sæculo Synodus Laodicena sic habet Can. 2. de Pœnit. *Eos qui diversis delictis peccant, & in oratione Confessioneque & Pœnitentia fortiter perseverant ... propter Dei miserationem & bonitatem offerri Communioni jubemus*.

S. Hilarius Comment. in Matthæi cap. 18. *Ad terrorem autem metus maximi*, inquit, *quo in præsens omnes continerentur immobile severitatis Apostolicæ judicium præmisit, ut quos in terris ligaverint id est peccatorum nodis innexos reliquerint & quos solverint, Confessione videlicet veniæ receperint in salutem, hi Apostolicæ conditione sententiæ in Cœlis quoque aut soluti sint aut ligati*. Ubi docet S. Hilarius peccatorum Confessione & venia recipi ad salutem, alias in peccato remansuros.

S. Basilius in Regulis Brevioribus responsione ad interrogationem 229. *Omnino*, inquit, *in peccatorum Confessione eadem ratio est quæ etiam in aspersione vitiorum corporis. Ut igitur vitia corporis quibusvis hominibus temere non aperiunt, sed iis tantum qui rationem qua ea curanda sint, tenent, sic etiam peccatorum Confessio fieri debet apud eos videlicet qui ea possunt curare*. Eo loci S. Basilius loquitur de Confessione secreta quæ fit delictorum occultorum, & quæ fit Sacerdotibus qui ea curare possunt.

Idem habet S. Gregorius Nazianzenus Orat. 15. *Magna*, inquit, *vitii medicina & Confessio & peccati fuga*. Tum & S. Gregorius Nissenus Orat. 10. contra Eunomium his verbis ubi sacros commemorat ritus, *In his autem ritibus est sigillum, deprecatio, Baptisma, peccatorum declaratio, ad mandata promptitudo, &c.* Hæc invicte probant constantem Ecclesiæ usum circa peccatorum Confessionem.

S. Ambrosius lib. 2. de Pœnitentia cap. 10. *An quisquam*, inquit, *ferat ut erubescas Deum rogare, qui non erubescis rogare hominem, & pudeat te Deo supplicare quem non lates, cum te non pudeat peccata tua homini quem lateas confiteri*. Unde Paulinus in hujus S. Doctoris vita hæc scribit, *Quotiescumque illi aliquis ad percipiendam Pœnitentiam lapsus suos confessus esset, ita flebat, ut & illum flere compelleret*. Eo loci habentur & usus Confessionis secretæ & ejusdem sigillum.

S. Hieronymus in caput 10. Ecclesiastis docet Pœnitentiæ partem esse Magistro, id est Sacerdoti, peccata sua confiteri, *Si tacuerit qui percussus est & non egerit Pœnitentiam, nec vulnus suum fratri & Magistro voluerit confiteri, Magister qui linguam habet ad curandum facile ei prodesse non poterit; si enim erubescat ægrotus vulnus medico confiteri, quod ignorat medicina, non curat*. Ubi aperte indicat necessitatem Confessionis quæ fieri debeat Sacerdotibus, vide etiam Comment. in cap. 16. S. Matth.

S. Augustinus Sermone 35. *Elevatus est Lazarus*, inquit, *processit de tumulo & ligatus erat, sicut sunt homines in Confessione peccati agentes Pœnitentiam, jam processerunt a morte: nam non confiterentur nisi procederent, ipsum confiteri, ab occulto & tenebroso procedere est*. Vide etiam enarr. in Psal. 66.

His adjungimus Innocentium I. qui Epist. 1. ad Decentium sic habet, *Cæterum de pondere æstimando delictorum, Sacerdotis est judicare, ut attendat ad Confessionem Pœnitentis*. Ibi non agitur de Pœnitennitentibus publicis, præmiserat enim Innocentius, *De Pœnitentibus vero qui sive ex gravioribus commissis, sive ex levioribus Pœnitentiam gerunt*.

Pacianus Barcinonensis in Parænesi ad Pœnitentiam hæc scribit, *Rogo ergo, vos fratres, etiam pro periculo meo per illum Dominum, quem occulta non fallunt, desinite vulneratam tegere conscientiam .... peccator erubescet perpetuam vitam præteriti pudore mercari? .... an sic illi melius est perire?* Ubi hortatur fideles, ut peccata etiam occulta confiteantur.

S. Leo Epist. 136. *Illam*, inquit, *contra Apostolicam regulam præsumptionem quam nuper agnovi a quibusdam illicita usurpatione committi, modis omnibus constituo submoveri, ne videlicet de singulorum peccatorum genere libello scripta professio publicetur, cum reatus conscientiarum sufficiat solis Sacerdotibus indicari Confessione secreta*. Ex quibus verbis nihil clarius desiderari potest. Ita vero cæteri sequentium sæculorum Patres & Scriptores Ecclesiastici idem dogma Catholicum vel etiam clarius tradunt; consuli possunt S. Cæsarius Homil. 14. & 17. S. Gregorius M. Homil. 26. in caput 20. S. Joan. & Comment. in cap. 15. lib. Regum; S. Bernardus Sermone ad Milites Templi, tum vero alia scripta Hugonis & Richardi a S. Victore, Petri Blesensis, Petri Cellensis & aliorum multorum qui ante Innocentii III. tempora floruerunt, horum omnium, quamvis apertissima, testimonia non referam, ne in immensum crescat hæc dissertatio.

Addere possumus varios Conciliorum Canones, qui, cum pro diversitate peccatorum diversam a Sacerdotibus imponendam esse satisfactionem decernunt, consequenter supponunt eam tum fuisse in Ecclesia praxim, ut fideles sua peccata Sacerdotibus per secretam Confessionem declararent. Legi possunt Concilium Trullanum Can. 102. Concil. Cabillonense II. Can. 32. Parisiense VI. Can. 46. Moguntinum cap. 26. Conc. Turonense III. Remense II. tum & Carolus M. in capitulari an 801. & tandem Concilium Tridentinum quod istud Ecclesiæ dogma apertissime definivit Can. 6. sess. 14. his verbis, *Si quis negaverit Confessionem, Confessionem sacramentalem, vel institutam, vel ad salutem necessariam esse jure divino: aut dixerit modum secrete confitendi soli Sacerdoti, quem Ecclesia Catholica ab initio semper observavit & observat, alienum esse ab institutione & mandato Christi, & inventum esse humanum, anathema sit*.

Est & aliud argumentum ex eo petitum, quod nisi Confessio auricularis fuisset a Christo præcepta, duriorem hanc legem & praxim imponi sibi passi non fuissent Christiani, præsertim cum sic communis Regibus Principibus & Prælatis.

Denique hanc Confessionis auricularis doctrinam ex eo colligimus, quod eam constanter retinuerunt Græci etiam post exortum Schisma, ut videre est apud Allatium lib. 3. de perpetua utriusque Ecclesiæ consensione cap. 17. ubi data opera probat Græcos semper Confessionis necessitatem admisisse. Consuli possunt etiam quidam Græci recentiores, Jeremias Constant. Patriarcha ad quæsita Lutheranorum, Gabriel Philadelf. de septem Sacramentis, & Synodus Jerosolymitana habita anno 1672. hæc quippe monumenta probant hanc in utraque Ecclesia Græca & Latina semper obtinuisse fidem, quod Christus Confessionis necessitatem injunxerat; alioquin Græci tempore Schismatis ea de re litem movissent Latinis propter novum onus Christianis impositum.

Obj. Constat ex Scripturis satis esse peccatoribus, si Pœnitentiam agant, Ezech. 18. *Si impius egerit Pœnitentiam, vita vivet & non morietur*: igitur Confessio auricularis facta Sacerdotibus, nec a Christo fuit unquam præcepta, nec est necessaria.

Resp. ejusmodi loca, quæcunque etiam reperiantur in novo testamento, intelligenda non esse ad exclusionem Confessionis

sionis sacramentalis, sicut nec ad exclusionem Baptismi, Fidei, Charitatis & aliorum quæ præcipiuntur in aliis scripturæ locis. Scilicet ibi commendatur Pœnitentia ut valde utilis & necessaria, non ut absolute sufficiens sine aliorum mandatorum observatione, adeoque sine Confessione qua Sacerdotibus declarentur peccata, ut abunde ostendimus.

Objic. Hoc Nectarii Patriarchæ Constantinop. factum, quod refertur a Socrate lib. 5. cap. 19. his verbis: *Sub idem tempus Presbyterus Ecclesiarum qui Pœnitentiæ præerant, placuit aboleri, id ne ob hujusmodi causam. Postquam Novatiani se ab Ecclesia sejunxissent, eo quod cum illis qui persecutione Deciana lapsi fuerant, communicare noluissent, ex illo tempore Episcopi pœnitentiarium Presbyterum albo Ecclesiastico addiderunt, ut qui post Baptismum lapsi essent, coram Presbytero ad eam rem constituto delicta confiterentur.... Homousiani vero qui nunc Ecclesias obtinent, cum hoc institutum diu retinuissent, tandem Nectarii Episcopi temporibus abrogarunt ob facinus quoddam quod in Ecclesia commissum fuerat. Mulier quædam nobilis ad pœnitentiarium Presbyterum accedens delicta post Baptismum a se perpetrata sigillatim confessa erat. Presbyter vero præcepit mulieri, ut jejuniis & orationibus continenter vacaret, quo scilicet una cum delictorum Confessione opus etiam Pœnitentiæ conveniens ostenderet. Progressu temporis mulier aliud facinus confessa est, Ecclesiæ videlicet Diaconum cum ipsa stupri consuetudinem habuisse. Id cum dixisset, Diaconus quidem Ecclesia ejectus est, populus vero graviter commoveri cœpit. Neque enim solum ob scelus quod patratum fuerat indignabantur, verum etiam eo quod labes haud mediocris atque infamia hoc facto aspersa videbatur Ecclesiæ. Cum igitur ob eam causam Ecclesiastici homines dicteriis appeterentur, Eudemon quidam Ecclesiæ Presbyter Episcopo Nectario suasit, ut pœnitentiarium quidem Presbyterum expungeret. Unumquemque vero pro arbitrio & pro animi sui conscientia ad Sacramentorum communionem sineret accedere*. Eadem leguntur apud Sozomenum lib. 7. c. 16. unde sic argumentari juvat cum Calvino, Confessio peccatorum abrogata fuit a Nectario: igitur non censebatur esse juris divini. Hallucinatum hac in parte Calvinum scribit Dallæus lib. 4. de Confess. cap. 24. hoc ductus momento, quod Confessio dici non debet abrogata quæ nunquam fuit in usu.

Nego ant. & dico tunc a Nectario abrogatum duntaxat fuisse munus pœnitentiarii, non autem Confessionem sacramentalem; scilicet, ut vel ex hac ipsa facti relatione constat, occasione hæreseos Novatianæ, cum propter majorem lapsorum multitudinem, grassante Decii persecutione, solus Episcopus totum Pœnitentiæ publicæ negotium administrare non posset, institutus fuerat in majoribus Ecclesiis Presbyter pœnitentiarius, qui velut publicus morum censor delicta peccatorum discutiebat, auditis delationibus & complicibus gravitatem criminum ponderabat, & sic quosdam peccatores publicæ Pœnitentiæ laboribus obnoxios esse, alios immunes statuebat.

Et hoc est munus quod a Nectario fuit abrogatum, minime vero Confessio secreta & sacramentalis: 1. quia ut constat ex præfatæ narrationis serie, id fuit abrogatum, quod sub Deciana persecutione fuerat institutum; 2. id aperte declarat modus loquendi Socratis, *sub idem tempus Presbyteros Ecclesiarum, qui Pœnitentiæ præerant, placuit aboleri*. His enim verbis manifeste indicat Pœnitentiæ publicæ præfectos, hoc est pœnitentiarium & quos sibi adjutores asciverat. Certum est enim ac indubitatum alios fuisse Sacerdotes ad excipiendas Confessiones destinatos in Ecclesia Constantinopolitana dempto solo illo pœnitentiario, quia unus ille pœnitentiarius sufficere non potuisset ad excipiendas, ut par erat, Confessiones omnium fidelium, quorum numerus prope infinitus erat in illa urbe; 3. quia usus confitendi peccata sua Sacerdotibus post illud Nectarii factum ubique perseveravit in Ecclesia

rum

tum Græca tum Latina, ut abunde constat ex locis mox adductis.

At inquies, teste Socrate, Nectarius expuncto pœnitentiario, *unumquemque pro arbitrio & pro animi sui conscientia ad Sacramentorum Communionem accedere permisit*; igitur abrogata penitus fuit Confessio.

Dist. ant. Permisit accedere sublatis pœnitentiarii functionibus, C. sublata Confessione sacramentali, quasi declaraverit Nectarius deinceps non teneri fideles peccata mortalia Sacerdotibus confiteri, N. certè hoc argumentum nimis probaret, nimirum & tunc expunctam fuisse Pœnitentiam publicam, quod tamen falsum est, siquidem innumeris momentis constat eam diu perdurasse in Oriente, & speciatim in Ecclesia Constantinopolitana, fuisse postea in usu patet ex S. Chrysostomo Nectarii successore, cujus consuli possunt ea de re Homilia 3. de Saule & Davide; & Homilia 17. in Matthæum; igitur hæc Socratis verba intelligi debent in ordine ad priorem solutionem mox allatam, quatenus videlicet sublato pœnitentiarii munere, jam non aderat severus morum censor, qui certum Pœnitentiæ tempus peccatoribus assignaret, prohibens a Communione Sacramentorum quos judicabat, severius forte agens quam par esset, nondum sufficientem explevisse Pœnitentiam. Neque aliud significant hæc alia Socratis ibidem verba, *Cæterum consilium ex eo singulis datum esse video, ut delicta sua invicem amplius non coarguant*. Eodem scilicet quo antea modo, per publicam objurgationem, unde aliqua Ecclesiæ labes aspergi poterat.

Aliter respondet huic objectioni Jacobus Boileau in Histor. Confessionis auricularis cap. 10. nimirum abrogatam tunc fuisse à Nectario publicam occultorum delictorum Confessionem, eo quod in plebis offensionem venerat occasione hujus historiæ, sed ita ut sublata hac publicæ confitendi disciplina remanserit semper Confessio auricularis. Quod autem, inquit ille Theologus, Eudæmon Nectario suasit, ut pœnitentiarium expungeret, & ita licitum fuerit unicuique pro animi sui conscientia ad Sacramentorum Communionem accedere, hoc nihil aliud significat, nisi datum ei consilium, ut quisque solutus jugo pœnitentiarii consulto suo Episcopo, ut moris erat antea, ad Eucharistiam accedere posset.

Certe ex illa ipsa Nectarii historia mirum in modum stabilitur necessitas & praxis Confessionis; 1. hæc mulier, de qua loquitur Socrates, dicitur *sua ei delicta post Baptismum perpetrata sigillatim detexisse*; 2. quia S. Chrysostomus Nectarii successor idem Confessionis dogma multis in locis propugnat, ut mox demonstrabimus.

Sunt qui ex illo facto Nectarii quod denarrat Socrates loco supra laudato duos plane oppositos errores inferunt, scilicet ajunt; 1. manifestum esse, primam Confessionis hodiernæ originem non altius repetendam, quam a tempore quo exorta est hæresis Novatiana, hoc est tertio Ecclesiæ seculo. Quo fit ut sine ullo fundamento asseratur, Confessionem fuisse a Christo institutam; 2. contendunt ex hoc eodem facto constare hujusce Confessionis usum tunc fuisse a Nectario extinctum, quod utique verbis expressissimis declarat Socrates.

Verum nullo negotio refelluntur duo isti errores. Primus, quo asseritur primam Confessionis auricularis originem non altius repetendam, quam a tertio seculo, quo exorta est Novatiana hæresis, clare revincitur ex locis supra adductis tum ex Scripturis, tum ex Scriptoribus qui Novatianos præcesserunt, Origene, Tertulliano, &c. qui dicunt ex illo eodem facto recte colligi usum Confessionis a Nectario fuisse abrogatum, facile etiam revincuntur, quia, ut testantur omnes Patres tum Latini tum Græci qui post Nectarium scripsere, viguit semper usus apud Christianos confitendi peccata sua Sacerdotibus.

Objicies: S. Chrysostomus non semel negare videtur Confessionis auricularis necefnecessitatem, cum scilicet scribit per Confessionem quæ fit & fieri debet soli Deo peccata remitti; Homil. 21. ad Populum Antiochenum; *Neque hoc tantum est admirabile; quod nobis peccata dimittit; verum & quod ipsa non revelat; nec manifesta facit aut conspicua; nec cogit in medium procedentes quæ peccavimus enuntiare, sed sibi soli rationem reddere jubet & confiteri*. Homil. 5. de incomprehensibili Dei natura, *Conscientiam coram Deo explica, & ipsi ostende vulnera, & ab eo pete medicamenta*. Homil. 9. de Pœnit. *Si peccaveris, ingredere, Pœnitentiam age, medicinæ hic locus est, non judicii; in quo peccatorum non pœna exigitur; sed remissio tribuitur, Deo soli dic peccatum tuum*. Idem docerat Homil. 8. quæ est 36. tom. 1. & similiter Homil. 30. in Matth. ubi docet nihil aliud præstandum esse a peccatoribus, nisi ut soli Deo peccata sua confiteantur.

Neg. ant. licet enim in illis & aliis similibus Homiliis exigat S. Chrysostomus ut ad remissionem peccatorum obtinendam Deo confiteamur, non idcirco negat Confessionis auricularis necessitatem: 1. quia cum ad aliquod bonum & utile exercitium hortatur, alterius cujusvis necessitatem non rejicit, nam hoc modo videretur fidei; contritionis, amoris Dei & aliorum ejusmodi actuum necessitatem excludere; cum expresse testatur sufficere lachrymas ad quas in iisdem omnibus fere locis peccatores excitat, Homil. in Psal. 50. *Peccata tua*, inquit, *in libro scripta sunt, spongiæ instar sunt lachrymæ; lachrimas funde & obliterantur*; 2. quia et aliis locis constat S. Chrysostomum Confessionis necessitatem agnoscere Homil. 30. in Genesim, *Quia in Quadragesimæ hujus hebdomadam pervenimus, Dei gratia; nunc maxime & jejunii cursus intendendus, & magis continuanda sunt preces; faciendaque diligens & pura peccatorum Confessio*. Homil. 9. in Epist. ad Hebræos, *Quodnam modi est*, inquit, *medicamentum Pœnitentiæ, & quomodo conficitur? Primum est ex suorum peccatorum condemnatione, & ex Confessione … deinde non irasci neque injuriæ acceptæ meminisse, omnibus peccata remittere .. & se in Sacerdotes, ut convenit, gerere*. Quibus accedit quæ scribit lib. 3. de Sacerdotio cap. 5. ubi peccata remittendi potestatem Sacerdotibus a Deo datam plurimum extollit, ita ut eorum sit judicare peccatores, & alios solvere, alios ligare, quod utique secum importat Confessionem auricularem. Peremptorium est quod scribit S. Doctor Homil. de Muliere Samaritana, *Quapropter*, inquit, *quod timemus, eo ipso pœnam sustinemus, qui enim homini detegere peccata erubescit, neque confiteri vult, neque Pœnitentiam agere*. & Homil. 9. in Epist. ad Hebr. postulat Confessionem quæ de omnibus & sigillatim peccatis fiat. *Sin autem dicit*, inquit, *SUM PECCATOR, ea autem per species non cogitat & supputat, & non dicit, Hoc & illud peccatum admisi, nunquam cessabit, semper confitens, curam autem nullam gerens correctionis*.

Inst. Affirmat S. Chrysostomus soli Deo & non hominibus esse confitendum: igitur aperte rejicit Confessionem sacramentalem.

Dist. ant. & non hominibus palam ac publice, C. secreto & privatim, N. hunc sensum abunde patefaciunt ejus verba, Homil. 5. *De incomprehensibili*, &c. sic loquitur, *Quamobrem vos hortor & oro, ut crebrius & assidue Deo confiteamini. Neque enim te in theatrum duco conservorum tuorum, nec hominibus detegere peccata cogo*. Homil. 21. ad Populum Antiochenum, Deum comparat cum judicibus sæcularibus, *Si quis*, inquit, *ex sæcularibus judicibus alicui captorum latronum diceret ut peccata confiteretur & dimitteretur, omni certe promptitudine susciperet salutis cupiditate pudorem contemnens. Hic vero hoc non est verum, & peccata dimittit, Deus, nec cogit præsentibus quibusdam ea palam confiteri*. Homil. 20. in Genesim, *Ostendamus*, inquit, *alicui medico qui curet & non exprobret*. Unde patet manifeste S. Chryso-

sosto-

sostomum solam rejicere Confessionem publicam, & in eo Christianos hortari ad privatam, in qua sacerdotes curant & non exprobrant, nec manifesta faciunt fidelium peccata; quasi ea soli Deo confiterentur.

At inquit Dallæus, de Confessione auriculari coram Sacerdotibus facienda iis omnibus in locis non meminit Chrysostomus: ergo eam non putabat necessariam.

Nego cons. nam ex ejusmodi argumentis negativis nihil concluditur: in præfatis autem concionibus Confessionis sacramentalis non meminit, quia præsens non postulabat institutum, volebat solum hortari fideles ut singulis diebus conscientiam suam examinarent, Deo soli a quo non objurgarentur libenter & sine pudore peccata confiterentur, quod nimirum utilia maxime sunt illa exercitia; sed non idcirco putabat præceptam non fuisse Confessionem sacramentalem, consulantur testimonia hujus S. Doctoris quæ protulimus.

Objicies cum Dallæo: Testantur multi Autores, qui ab octavo sæculo ad decimum tertium usque scripserunt, liberam esse & problematicam Confessionem Sacerdoti factam: & ideo non omnes etiam Catholici Doctores per id tempus existimarunt Confessionem auricularem esse necessariam & jure divino præceptam; ita Alcuinus Epist. 71. Haimo in Evang. Domin. 15. post Pentecosten; & Concilium Cabillonense II. Can. 33. sic loquitur, *Quidam Deo solummodo confiteri debere peccata dicunt, quidam vero Sacerdotibus confitenda esse percensent, quod utrumque non sine magno fructu intra sanctam fit Ecclesiam*. item Gratianus Decreti 2. p. q. 3. proposita quæstione, Utrum sola cordis Contritione absque oris Confessione possit quisquam Deo satisfacere, scribit, *Sunt enim qui dicunt quemlibet criminis veniam sine Confessione Ecclesiæ & Sacerdotali judicio posse promereri*: & adductis pro utraque Sententia variis momentis, *Cui autem*, inquit, *harum potius sit adhærendum, lectoris judicio reservatur, utraque enim fautores habet sapientes & religiosos viros*... unde Theodorus Cantuariensis in pœnitentiali suo, *Quidam Deo solummodo confiteri debere peccata dicunt, ut Græci, quidam vero Sacerdotibus confitenda esse percensent, ut tota fere sancta Ecclesia, quod utrumque non sine magno fructu intra sanctam fit Ecclesiam*. unde S. Thomas in 4. dist. 17. *Magister & Gratianus hoc pro opinione ponunt, sed nunc, post determinationem Ecclesiæ sub Innocentio III. factam, hæresis reputanda est*. ergo ante Concilii Lateranensis tempora Confessio auricularis non censebatur necessaria & jure divino instituta; Gratianus enim an. 1150. hos viros *sapientes ac religiosos* non reprehendit, erroris non accusat.

Sunt qui huic proposito Dallæi argumento respondent hanc controversiam, quæ in duas partes tunc temporis scindebat Theologos, institutam non fuisse de necessitate Confessionis, sed de ejus effectu; quæstio non erat, inquiunt, an Confessio peccatorum sit a Christo præcepta, sed utrum per Confessionem & in Sacramento, aut sine Confessione, hoc est, ante oris Confessionem, possit quisquam per Contritionem scilicet justificari, an peccata prius per Contritionem remittantur, quam Sacerdoti declarentur, hic, inquiunt, videtur esse status quæstionis quam proponit Gratianus; 1. quia nemo diffiteri potest, quin eo tempore multi Autores existimaverint amorem Dei, & charitatem ipsam esse necessariam dispositionem ad Sacramentum Pœnitentiæ; unde consequenter sentiebant peccata deleri per Contritionem ante Sacramentum; 2. id constat ex ipso Gratiani contextu, sic enim proponit quæstionem, *An sola cordis Contritione crimen possit deleri*, deinde his promiscue utitur locutionibus, *Per Contritionem, sine Confessione, ante Confessionem*; 3. id clare indicant conclusiones quas identidem eruit Gratianus ex adductis SS. Patrum testimoniis, *Luce clarius constat*, inquit, *cordis Contritione, non auris Confessione peccata dimitti*, & postea ait: *In Contritione cordis, non in Confessione erit peccata dimitti*.

Verum illa responsio videtur ad nutum excogitata, textus enim clare denotant quæstionem proponi, An sufficiat Deo confiteri peccata sua, vel ea esse confitenda Sacerdotibus, sic enim loquitur Conc. Cabillonense, *Quidam Deo solummodo confiteri debere peccata dicunt, quidam vero Sacerdotibus, &c.* quo plane modo loquitur Gratianus. Quapropter negari non potest eos proponere quæstionem de necessitate Confessionis factæ Sacerdotibus.

Respondeo primum, quoad spectat Canonem Concilii Cabillonensis, negando illos Patres existimasse liberam esse & problematicam Confessionem quæ fit Sacerdotibus, dum enim aiunt: *Quod utrumque non sine magno fructu intra Sanctam fit Ecclesiam*. Hoc intelligunt conjunctim non divisim, quod clare indicat hoc pronomen *utrumque*. Hoc nimirum sensu, quod utrumque fiat utiliter & cum magno fructu, videlicet confiteri peccata sua soli Deo, & ea confiteri Sacerdotibus, quod utrumque bonum esse, fatentur omnes.

Secundo Concilium Cabillonense II. arcanæ Confessionis dogma diserte astruit can. 32. his verbis, *Sed & hoc emendatione indigere perspicimus, quod quidam cum confitentur peccata sua Sacerdotibus, non plene id faciunt ..... solerti indagatione debent inquiri ipsi peccata, ut ex utrisque plena sit Confessio. Scilicet ut ea confiteantur quæ per corpus gesta sunt, & ea quibus in sola cogitatione delinquitur*.

At, inquies, Patres Cabillonenses non existimasse Confessionem esse necessariam, efficitur manifeste ex eo quod dicunt ministerium Sacerdotis esse, indicare qualiter purganda sint peccata, Confessionem quæ Deo fit, purgare peccata, *Confessio*, inquiunt, *quæ Deo fit, purgat peccata, ea vero quæ Sacerdoti fit docet qualiter ipsa purgentur peccata*. ergo in illorum sententia Confessio Sacerdotibus facta non remittit peccata.

Nego consequentiam, etsi enim Patres Cabillonenses hanc inter functiones Sacerdotum recenseant, quod doceant qualiter purganda sint peccata, imponendo nempe satisfactoria opera, non inde sequitur, quod existimaverint eos non remittere peccata, & consequenter quod non admiserint necessitatem & præceptum Confessionis.

Quod spectat vero testimonium Gratiani dicentis utramque sententiam, eorum videlicet qui putant necessariam esse Confessionem, & aliorum qui aiunt satis esse Deo confiteri, fautores habere *sapientes & religiosos viros*.

Respondeo illos viros qui ausi sunt dicere Confessionem soli Deo factam sufficere, paucissimos fuisse, & Scriptores quidem obscuri nominis, quod constat; 1. quia illos suo nomine non appellat Gratianus quod sane non omisisset; 2. quia econtra Confessionis factæ Sacerdotibus necessitatem tradunt, quotquot Autores fuere celebres per id tempus, ab octavo scilicet seculo usque ad duodecimum: Alcuinus Epist. 71. Haimo Halberstatensis in Domin. 15. post Pentecostem; Goffridus Vindocinensis lib. 5. Epist. 16. Theobaldus Stampensis in Epist. ad Episcopum Lincolniensem. Petrus Cellensis de Disciplina claustrali cap. 20. Robertus Pullus Sent. parte 5. cap. 10. Hugo Victorinus Serm. 53. Richardus pariter Victorinus de Potestate ligandi cap. 5. Petrus Blesensis de Confessione sacramentali; S. Bernardus Sermone ad Milites Templi; Petrus Damiani Cardinalis Serm. 58. de S. Andrea & alii pene innumeri qui ante Concilium Lateranense floruerunt, & qui nullo excepto Confessionis necessitatem tanquam certam propugnarunt.

Inter illos autem eminuit potissimum Magister Sentent. qui lib. 4. dist. 17. proposita quæstione, Utrum sufficiat peccata confiteri soli Deo, an oporteat illa confiteri Sacerdoti, ait, quibusdam visum

sum fuisse sufficere, si soli Deo fiat Confessio sine Judicio sacerdotali, sed contrarium definit ut quid certum & indubitatu.i. *Sed*, inquit, *quod Sacerdotibus confiteri oporteat non solum illa autoritate Jacobi: Confitemini alterutrum peccata vestrum, &c. sed etiam aliorum pluribus testimoniis comprobatur. Ait enim Augustinus.... ex his aliisque pluribus indubitanter ostenditur oportere Deo primum & deinde Sacerdoti offerri Confessionem, nec aliter posse perveniri ad ingressum paradisi, si adsit facultas.*

Quod porro S. Thomas in 4. dist. 17. S. Bonaventura & quidam alii Gratiani textum de Confessione explicent, & tamen nota hæreseos eos non inurant qui negant illam fieri debere Sacerdotibus, inde oritur, quod illud Catholicum dogma nondum explicite definitum fuerat, ut quidam autumant, in quo tamen mihi non probantur, falsum est enim doctrinam de necessitate Confessionis fuisse tunc temporis inter opiniones collocatam. Unde qui huic doctrinæ adhærere ausi sunt, vocantur passim ab Autoribus coævis, nimis audaces, præsumptuosi, fidei subversores, &c.

Instabis. Gratianus attulit quemdam locum e Theodoro Cantuariensi, in quo dicuntur Græci credidisse Confessionem factam soli Deo sufficere: igitur hæc etiam fuit Græcorum sententia.

Respondeo fatentibus ipsis adversariis ibi mendum esse, quatenus videlicet innuitur a Græcis non agnosci necessitatem Confessionis; putat Dominus Wuasse hunc e Theodoro locum eundem esse cum allato Can. 33. Concilii Cabillonensis. Eum valde interpolatum fatentur omnes, sive Synodus illum mutuata fuerit ex Theodoro, sive contra quis eum ex Synodo transtulerit in pœnitentiale Theodoro ascriptum.

Addo non omnino etiam constare Gratianum hanc opinionem de Confessione problematicam reputasse, siquidem vel, ut multi volunt, pluribus mendis refertum est hoc Gratiani opus, ut constat ex correctionibus Romanis, vel integra hæc distinctio perperam ei ascribitur, ut colligitur ex dialogo 18. Antonii Augustini de emendatione Gratiani, *Sunt qui putent*, inquit, *hos duos tractatus* de Pœnitentia, *non esse Gratiani*, & postea, *hæc verba in scheda inveni. Tractatus hic de Pœnitentia non videtur esse Gratiani, sed alicujus paulo antiquioris & totus hic videtur translatus, deestque in exemplaribus antiquis.*

Certe novum dogma non invexit Concilium Lateranense sub Innocentio III. cum de Confessione proprio Sacerdoti facienda hoc definivit Can. 21. *Omnis utriusque sexus fidelis, postquam ad annos discretionis pervenerit .... peccata confiteantur fideliter saltem in anno proprio Sacerdoti, & injunctam sibi Pœnitentiam studeat pro viribus adimplere &c.* ubi nihil aliud definire cogitat Synodus, quam tempus & Ministrum Confessionis, quod quidem ad Disciplinam Ecclesiæ pertinet, non autem ad rem ipsam Confessionis quæ habita non fuisset a Christo instituta; sicut nec censetur de novo instituisse Eucharistiam, cum de ea a fidelibus recipienda tempore Paschali legem ibidem præstituit; unde post illud Decretum de ipsa Confessione tanquam de novo quodam onere sibi imposito nullus conquestus est, de proprio autem Sacerdote quem annuæ Confessionis Ministrum sanxerat Synodus, acriter disputatum est.

CAPUT XVI.

De Præcepto Ecclesiastico Confessionis.

MIrum certe quot & quanta exorta sunt super hoc negotio sæculares inter & regulares dissidia ut scilicet verum ac legitimum horum verborum *proprio Sacerdoti* sensum aperirent. Præterquam quod innumeræ latæ sunt a summis Pontificibus constitutiones, quæ vix inter se conciliari possunt, ut mox videbitur.

Cer-

Certum est ex modo dictis Confessionem esse juris divini & a Christo institutam, quo vero tempore fieri debeat, nullum extat expressum in Scripturis, præter id quod insinuat Apostolus I. Cor. 11. cap. his verbis, *Probet autem se ipsum homo & sic de pane illo edat.* Quæ verba interpretatur Concil. Trident. sess. 13. Can. 11. eo sensu quod Confessio necessaria sit ei qui accedere vult ad Sacramentum Eucharistiæ. *Ne tantum*, inquit, *Sacramentum indigne, atque ideo in mortem & condemnationem sumatur, statuit atque declarat ipsa sancta Synodus illis quos conscientia peccati mortalis gravat, quantumcumque etiam se contritos existiment, habita copia Confessoris, necessario præmittendam esse Confessionem sacramentalem. Si quis autem contrarium docere, prædicare vel pertinaciter asserere, seu etiam publice disputando, defendere præsumpserit, eo ipso excommunicatus existat.*

Cum autem semper in Ecclesia constiterit Confessionem sacramentalem esse necessariam necessitate medii ad veniam peccatorum post Baptisma commissorum obtinendam, dubium non est quin ea identidem ab Episcopis & Conciliis præcepta fuerit ad excitandam fidelium segnitiem, sed inter alia solemne fuit Decretum Concilii Lateranensis IV. an. 1215. sub Innocentio III. quod habetur Can. 21. his verbis, *Omnis utriusque sexus fidelis postquam ad annos discretionis pervenerit, confiteatur fideliter saltem semel in anno proprio Sacerdoti .... suscipiens reverenter ad minus in Pascha Eucharistiæ Sacramentum ... alioquin & vivens ab Ecclesiæ ingressu arceatur, & moriens Christiana careat sepultura ... si quis autem alieno Sacerdoti voluerit justa de causa confiteri, licentiam prius postulet & obtineat a proprio Sacerdote, cum aliter ille ipse non possit solvere vel ligare.* Ibi expressum est mandatum Confessionis semel saltem in anno faciendæ, sed quæstio hic præcipua agitur, utrum nomine proprii Sacerdotis solus intelligatur Parochus, an vero alios etiam quoscumque Sacerdotes ab Episcopis ad fidelium Confessiones excipiendas indefinite approbatos complectatur ille Canon.

CONCLUSIO.

Eo in Canone nomine proprii Sacerdotis intelligitur Parochus, salvo tamen jure Superiorum; hujus conclusionis duæ sunt partes.

Prior ostenditur, 1. ex ipsis Concilii verbis; ibi enim ille dicitur proprius Sacerdos, a quo fideles debent ad minus in Pascha Eucharistiam suscipere, penes quem est eos ab Ecclesiæ ingressu arcere & Christiana privare sepultura, a quo denique debent licentiam petere alieno Sacerdoti peccata confitendi; sed illa in solum Parochum cadunt, ut per se patet, & ipsa Ecclesiæ praxis abunde comprobavit.

2. Ex Canone 32. ejusdem Concilii, ubi procul dubio eadem vox, *Proprii Sacerdotis* significat Parochum: *Illud autem penitus interdicimus*, inquit Synodus, *ne quis in fraudem de Proventibus Ecclesiæ quæ curam proprii Sacerdotis debet habere, pensionem alii quasi pro beneficio conferre præsumat.* Profecto hic designatur Parochus, qui juxta usum pridem in Ecclesia receptum proventus Ecclesiæ recipit ad suam sustentationem.

3. Ex summis Pontificibus qui in hunc sensum hanc Concilii Lateranensis legem interpretati sunt, & novis ipsi constitutionibus confirmarunt, sic v. g. Innocentius IV. an. 1245. Monachos alloquens, *Districte præcipiendo mandamus, quatenus Parochianos alienos sine Sacerdotis sui licentia ad Pœnitentiam nullatenus admittatis, cum, si quis alieno Sacerdoti sua confiteri voluerit peccata secundum statuta generalis Concilii Lateranensis, licentiam prius postulare & obtinere debeat a proprio Sacerdote.* Martinus IV. an. 1281. ut videre est apud Henricum Gandavensem quodlibeto 7. q. 24. Benedictus XI. an. 1304. Sixtus IV. in Bulla quam edidit ad dirimendam præsentem controver-

 siam

ſiam tunc mendicantes inter & Parochos agitatam, ubi ſic habet, *Mendicantes desiſtant prædicare, quod Parochiani non ſunt obligati ſaltem in Paſchate proprio confiteri Sacerdoti, quia de jure tenetur Parochianus ſaltem in Paſchate proprio confiteri Sacerdoti*. Minorita quondam fuerat hic Papa. Item Innocentius VIII. an. 1484. in Epiſt. ad Tornacenſem officialem.

4. Id conſtat ex nonnullis Conciliis, quæ ſimiliter eodem ſenſu Canonem Lateranenſem explicuerunt. Lingonenſe an. 1452. hoc ſtatuit, *Mandamus ſingulis animarum Rectoribus, quod ſingulis diebus quadrageſimæ Dominicis habeant illud ſtatutum ſalutare ſuis Parochianis, omnis utriuſque ſexus Fidelis in Concilio generali editum publicare & exponere, quod omnis utriuſque ſexus fidelis ſemel in anno a proprio ſuo Curato Sacerdote Pœnitentiam debet recipere*. Item Narbonenſe an. 1551. Remenſe an. 1583. Aquenſe an. 1585. Burdigalenſe an. 1624. & alia multa, quibus adjungi merito poteſt Clerum Gallicanum idem conſtituiſſe in comitiis annorum 1645. & 1655. nimirum & docent noſtrates Epiſcopi proprium Sacerdotem in Concilio Lateranenſi eſſe Parochum ſolum, & vetant ne regulares quemquam fidelium admittant ſive ad Confeſſionem ſive ad Communionem a Dominica palmarum ad Dominicam in Albis.

5. Id evincitur ex libris ritualibus uniuſcujuſque Diœceſeos, quibus cautum eſt, ut in qualibet Parochia ſub finem quadrageſimæ lex illa Concilii Lateranenſis publicetur. Sed inſigne eſt quod ſtatuit illuſtriſſimus Remenſium Archiepiſcopus an. 1687. adverſus Petrum Desmottes Jeſuitam, qui Ambiani concionando dixerat eos Eccleſiæ præcepto ſatisfacere, qui regularibus tempore Paſchali peccata ſua confiterentur. Nimirum juridice declaravit præfatus antiſtes per proprium Sacerdotem in Canone Concilii Lateranenſis intelligendum eſſe Parochum, cui Fideles, tenentur confiteri aut alteri Sacerdoti cum venia Parochi vel Epiſcopi Diœceſani, ſi hanc denegaret Parochus.

6. Ex Decreto ſacræ Facultatis Pariſienſis, quæ hanc Joannis Angeli Franciſcani propoſitionem Tornaci prolatam, *Parochianus confeſſus minoribus ſatisfecit decretali, omnis utriuſque, nec tenetur confiteri proprio ſuo Curato ſemel in anno, nec ab eo petere licentiam*, his verbis proſcripſit an. 1482. *Hæc propoſitio, ut jacet, eſt ſcandaloſa & juri communi contraria & pro ſubditorum ad prælatos obedientiæ & reverentiæ obſervantia, publice revocanda*.

Denique ad aſſequendam Concilii Lateranenſis mentem favet maxime occaſio in qua hocce Decretum tulit, eo ſcilicet quod regulares, ut teſtatur Abbas Uſpergenſis in Chronico, pag. 343. *Poſtpoſita autoritate ac licentia Prælatorum mittentes falcem in Meſſem alienam populis prædicabant, & vitam eorum populis regere ſatagebant, & Confeſſiones audire, & miniſteriis Sacerdotibus derogare*, Qua de cauſa ſtatuerant Patres Conc. Lateran. ut Fideles quolibet anno peccata ſua confiterentur proprio Sacerdoti, quem non alium eſſe quam Parochum manifeſtum eſt.

Objicies autoritatem nonnullorum e ſummis Pontificibus qui datis Bullis & Conſtitutionibus in gratiam regularium, conſequenter declarant Canoni Concilii Lateranenſis derogari poſſe, ita Leo X. & cum eo Concilium Lateranenſe V. ſeſſ. XI. an. 1516. Clemens VIII. an. 1593. Urbanus VIII. an. 1625. & Clemens X. an. 1670. igitur præfata Concilii Lateranenſis lex non amplius obtinet in Eccleſia.

Reſp. ejuſmodi Conſtitutiones ſummorum Pontificum nullius eſſe vigoris apud nos, & publica autoritate non eſſe receptas in regno, quod & veriſſimum eſt de Actis Concilii Later. V. ſiquidem generatim loquendo Conſtitutiones, quæ jura Epiſcoporum & Eccleſiæ Gallicanæ Libertates lædunt, vim legis apud nos obtinere non poſſunt. Quin & expreſſe reclamatum eſt adverſus Conſtitutionem

Cle-

Clementis X. postulante enim Clero Gallicano prohibuit Senatus Parisiensis, ne quis eam promulgaret. Deinde cum in nonnullis licentia datur regularibus, ut tempore Paschali excipere possint Confessiones Fidelium, ob id præcise non solvitur obligatio qua tenentur Fideles adire Parochum. Quibus addideris ejusmodi constitutiones intelligendas esse de alia Confessione quam de Paschali, quia in iis summi Pontifices loquuntur generatim & indefinite, nec speciali clausula derogant legi latæ in Canone Concilii Lateranensis; certum est autem juri communi non derogari, nisi privilegium id clare exprimat.

Dixi in conclusione, nomine proprii Sacerdotis intelligendum esse Parochum, sed addidi *salvo tamen jure superiorum*. Quatenus nempe in hoc Canone non excluduntur summus Pontifex & Episcopus Diœcesanus, qui Parochiæ Pastores sunt & Superiores cum ipso Parocho. Scilicet per oppositionem Sacerdos dicitur alienus, quia vi sui status & juxta praxim in Ecclesia receptam nullam habet populos regendi autoritatem, quales sunt Regulares & alii Presbyteri minime Curati, qui dicuntur Sæculares.

Ratio est quia in præfato Canone nomine proprii Sacerdotis Patres Lateranenses voluerunt solum excludere alienos Sacerdotes, quibus non subsunt Fideles alicujus Parochiæ, nec dubio procul autoritatem suam limitarunt Papa & Episcopi, cum illum condiderunt Canonem: quapropter Joannes de Poliaco Doctor Parisiensis damnatus est an. 1321. a Joanne XXII. quod doceret hoc in Canone nomine proprii Sacerdotis ita Parochum esse intelligendum, ut nec Papa nec Deus ipse hanc legem mutare posset. Et in comitiis Cleri Gallicani an. 1655. damnata fuit eorum Sententia, qui dicunt Fidelem Confessioni annuæ non facere satis, qui peccata sua aut Episcopo aut Papæ confiteretur. Legi potest Epistola encyclica quam misit ad Episcopos die vigesima-quinta Aprilis. Ubi asserunt Præsules, *Annuæ Confessionis editum a Concilio Lateranensi præceptum implere, qui apud Regulares ab Episcopis approbatos, iisdem permittentibus tempore Paschali peccata deponunt*. V. nova Memor. Cleri tom. 1. pag. 673.

Item sacra Facultas Parisiensis eandem tenuit doctrinam an. 1252. adversus Guillelmum de sancto amore in Decreto quod refertur in præfatione operum hujusce doctoris.

Tum vero & ipsimet Curati Parisienses declararunt Clero Gallicano an. 1656. se agnoscere *Episcopos proprios esse Sacerdotes qui jure divino & quidem superiori & immediato possunt Fidelibus verbum Dei annuntiare, Sacramenta administrare & quibus voluerint ea administrandi Facultatem concedere*.

Ubi observandum est diversum esse usum potestatis quam exercet hac in occasione summus Pontifex, & illius quam exercent Episcopi Diœcesani, his enim immediate subjiciuntur Parochiani, ut docuit olim sacra Facultas in censura lata an. 1664. in librum Jacobi Devernant, ubi definiunt Magistri Parisienses jurisdictionem Curatorum esse immediate a Christo institutam, *Salva semper immediata Episcoporum in Prælatos minores seu Curatos & plebem subditam autoritate*. Unde contingit nonnunquam, ut justis ex causis Episcopi inconsultis vel etiam invitis Parochis annuæ Confessionis excipiendæ licentiam concedant regularibus vel aliis Sacerdotibus. At vero non ita se gerunt summi Pontifices, ut testantur Episcopi Gallicani in comitiis generalibus an. 1655. his verbis, *Depuis le Concile de Trente il n'y a point d'occasion, où le Pape ne renvoie tous les Reguliers aux Evêques, pour recevoir d'eux le pouvoir de confesser, & ils ne l'ont point, s'ils n'obtiennent effectivement leur approbation*. Quod maxime consentaneum est Decreto Concilii Trid. his verbis concepto in sess. 23. de Reform. c. 15. *Quamvis Presbyteri in sua ordinatione a peccatis absolvendi potestatem accipiant; decernit tamen sacro-sancta Sy-*

nodus

modus nullum etiam regularem posse Confessiones Secularium, etiam Sacerdotum, audire, nec ad id idoneum reputari; nisi aut Parochiale beneficium, aut ab Episcopis per examen, si illis videbitur esse necessarium, aut alias idoneus judicetur, & approbationem, quæ gratis detur, obtinuat: privilegiis, & consuetudine quacunque & etiam immemorabili, non obstantibus.

Nec dicas aut male aut valde improprie dici Parochos in mente Concilii Lateran. esse *proprios* Sacerdotes, quandoquidem vel Papæ vel Episcoporum auctoritate delegari possunt ad annuam Confessionem excipiendam alii Sacerdotes sive Sæculares sive Regulares.

Ratio est quia cum Concilium Lateranense nusquam in suo Decreto exclusit summum Pontificem nec Episcopos, dici potest eos comprehendi sub nomine proprii Sacerdotis & quidem Superioris, dum Parochus & est proprius Sacerdos inferior, vel etiam simpliciter *proprius Sacerdos* eo quod in usu ordinario Sacramenta administrat.

Nec dicas etiam Episcopos dum delegant Sacerdotes alienos ad excipiendas Confessiones, jura Parochorum non servare sed potius lædere. Eatenus enim non censentur Parochorum jura violare, qui sua propria conservant ac defendunt, neque enim Curatus decernitur proprius Sacerdos per oppositionem ad summum Pontificem & Episcopos.

Objicies: Duo hæc, quæ in nostra conclusione asserimus, unum quod nomine proprii Sacerdotis intelligatur Parochus in unaquaque Parochia, alterum quod Episcopi alios Sacerdotes possint approbare, iisque licentiam dare, vel etiam Regularibus excipiendi Confessiones Fidelium, manifeste pugnant inter se: igitur alio sensu intelligi debet præfatus Concilii Lateranensis Canon.

Nego ant. & dico duo hæc non pugnare, quod in præfato Canone per proprium Sacerdotem intelligatur Parochus, quatenus juxta suam ordinariam potestatem Sacramenta administrat, & tamen supponatur summum Pontificem [illegible] in unaquaque Diœcesi Episcopum posse licentiam dare aliis Sacerdotibus excipiendi Confessiones Fidelium. Neque enim per exclusionem Papæ & Episcopi Diœcesani Parochus statuitur proprius Sacerdos in præfato Canone Lateranensi.

Cæterum Parochi exhibere se debent faciles Parochianis petentibus licentiam confitendi peccata sua alteri Sacerdoti, ut monet S. Thomas in Supplem. q. 8. art. 4. his verbis, *Peccaret Sacerdos si non esset facilis ad præbendam licentiam alteri confitendi, quia multi sunt adeo infirmi, quod potius sine Confessione morerentur, quam tali Sacerdoti confiterentur.* Tum vero nec Parochi inquirere debent causas, quæ movent eorum Parochianos ad petendam licentiam alieno Sacerdoti confitendi. Possunt tamen Parochi hanc licentiam ad certum Presbyterorum numerum quos Parochiani adeant, prudenter restringere; ne scilicet isti male Pœnitentes hac facilitate abutantur. In usu est & sapienter constitutum in Diœcesi Cenomanensi, ut cum aliquis Parochianus licentiam petit a Parocho suo peccata confitendi alteri Sacerdoti, Parochus ipsi proponat tres Sacerdotes in Diœcesi approbatos, quorum unum ad libitum eligere possit.

Quæres quibus pœnis subjiciantur, qui huic præcepto annuæ Confessionis non satisfaciunt.

Resp. pœnas non latæ sententiæ sed ferendæ tantum eos incurrere, ut evidens est ex ipso Canone, sic enim habet, *Alioquin vivens ab ingressu Ecclesiæ arceatur, & moriens Christiana careat sepultura*: unde Parochus id exequi non potest ad plectendos contumaces, quin prius intervenerit judicis sententia, ejusmodi enim pœnæ vi Canonis non infliguntur ipso facto.

Quæres utrum præfata Concilii Lateranensis lege teneantur ii, qui nonnisi peccato veniali obstricti sunt.

Resp. cum distinctione post S. Thomam qui in 4. dist. 17. q. 3. art. 1. quæstiuncula.

cula.

cula 3. ad 3. sic loquitur, *Ex vi Sacramenti non tenetur aliquis venialia confiteri, sed ex institutione Ecclesiæ, quando non habet alia quæ confiteatur*. Certe si lex ista non censeretur obligare, nisi reos peccati mortalis; nemo fidelium ejusdem legis contemptor, pœnis ullis addici merito posset, diceret enim quispiam se nullius peccati mortalis esse conscium. De adultis qui post Baptismum in aliquod peccatum mortale lapsi sunt, res est extra omne dubium, subsunt enim Ecclesiæ clavibus ejusmodi peccata.

Quæres utrum huic annuæ Confessionis præcepto satisfiat per Confessionem sacrilegam.

Resp. negative, sic enim id declaratum est in comitiis generalibus Cleri Gallicani an. 1700. ubi hæc propositio *Qui facit Confessionem voluntarie nullam, satisfacit præcepto Ecclesiæ*, damnata est tanquam temeraria, erronea, sacrilegio favens & præceptis Ecclesiæ illudens; eadem proscripta fuerat antea ab Alexandro VII. an. 1665. ratio est quia mens Ecclesiæ aliquam ferendo legem est, ut recte & debite impleatur.

Caput XVII.

De Proprietatibus Confessionis.

Multæ assignantur a Theologis Confessionis proprietates, quæ his versiculis exprimi solent.

Sit simplex, humilis Confessio, pura, fidelis.

Atque frequens, nuda, discreta, libens, verecunda.

Integra, secreta, lachrymabilis, accelerata.

Fortis & accusans, & sit parere parata.

Ex his autem conditionibus duæ sunt præcipuæ, hoc est quæ paulo ulteriori egent explicatione, nimirum ejus integritas, & sigillum, de quibus agendum est.

Caput XVIII.

De Integritate Confessionis.

Circa integritatem Confessionis aperta est Ecclesiæ doctrina in Concil. Trid. sess. 14. cap. 5. ubi sic habetur, *Constat Sacerdotes judicium hoc, incognita causa, exercere non potuisse, neque æquitatem illos in pœnis injungendis servare potuisse, si in genere dumtaxat & non potius in specie, ac sigillatim, sua ipsi peccata declarassent. Ex his colligitur oportere a Pœnitentibus omnia peccata mortalia, quorum post diligentem sui discussionem conscientiam habent, in Confessione recenseri, etiamsi occultissima illa sint .... Nam venialia, quibus a gratia Dei non excludimur, & in quæ frequentius labimur, quanquam recte & utiliter, citraque omnem præsumptionem in Confessione dicantur, quod piorum hominum usus demonstrat, taceri tamen citra culpam, multisque aliis remediis expiari possunt .... Colligitur præterea etiam eas circumstantias in Confessione explicandas esse, quæ speciem peccati mutant: quod sine illis peccata ipsa neque a Pœnitentibus integre exponantur, nec judicibus innotescant; & fieri nequeat, ut de gravitate criminum recte censere possint, & pœnam, quam oportet, pro illis Pœnitentibus imponere. Unde alienum a ratione est, docere circumstantias has ab hominibus otiosis excogitatas fuisse; aut unam tantum circumstantiam confitendam esse, nempe peccasse in fratrem.* Ubi hæc expresse definiuntur: 1. confitenda esse omnia & singula peccata mortalia; 2. ea esse sigillatim & non solum in genere declaranda, quod aliter Sacerdotes de peccatis judicare pœnasque iis debitas injungere non possint; 3. propter eandem rationem aperiendas esse circumstantias quæ speciem peccatorum mutant; 4. non ita se habere de peccatis venialibus, quæ quidem recte & utiliter declarari possunt, sed tamen citra culpam omittuntur.

Agit ibi Concilium Tridentinum con-

tra

tra Protestantes, qui hanc Confessionis omnium peccatorum faciendæ sigillatim necessitatem appellabant *conscientiarum carnificinam*. Quod ibidem Can. 7. damnavit Synodus his verbis, *Si quis dixerit in Sacramento Pœnitentiæ ad remissionem peccatorum necessarium non esse jure divino confiteri omnia & singula peccata mortalia, quorum memoria cum debita & diligenti præmeditatione habeatur, etiam occulta, & quæ sunt contra duo ultima Decalogi præcepta, & circumstantias, quæ peccati speciem mutant, anathema sit.*

Porro cum patres Tridentini statuunt declaranda esse omnia peccata mortalia, addunt, *Quorum post diligentem sui discussionem conscientiam habent*, Pœnitentes; unde duplicem Confessionis integritatem distinguunt Theologi, materialem scilicet & formalem; materialem quæ omnia peccata a confitente commissa complectitur, eaque absolute necessaria non est, qu a vitio verti non potest homini, quod omnium peccatorum non recordetur, cum sufficientem adhibuit disquisitionem. Formalem vero quæ est eorum duntaxat peccatorum, quæ post diligentem sui discussionem memoriæ occurrunt, & hæc integritas est necessaria ac sufficiens in Confessione, ut ex præfato Decreto Concilii Tridentini colligitur. Idem longe antea definierat Concilium Cabillonense II. Can. 32. an. 813. item Concilium Vormatiense an. 868. & Conc. Londinense an. 1200.

Quæres cujus sint generis circumstantiæ in Confessione peccatorum aperiendæ.

Resp. 1. duplicis generis distingui circumstantias peccatorum, alias quæ peccati speciem mutant, ut v. g. quod fornicatio fiat cum sorore, est enim incestus; alias quæ intra eamdem criminis speciem peccatum aggravant, ut quod percussio Clerici sit levior vel gravior.

Resp. 2. Omnes circumstantias, & eas etiam quæ solummodo peccatum aggravant, esse in Confessione aperiendas.

Primo, quia, ut docet Concil. Trid. supra, Sacerdotes non possunt legitime de peccatis judicare, & debitas indicere pœnas, nisi perfectam habuerint notitiam peccatorum gravitatis; sicut medicus aptum decernere non potest remedium, nisi perfecte morbi qualitatem noverit: sed scelerum gravitas non innotescit Confessario, nisi declarentur a Pœnitente omnes circumstantiæ aggravantes, ut per se patet.

Secundo, quia hæc semper fuit Ecclesiæ praxis, ut quæ aggravant circumstantiarum notitia exigeretur a Pœnitentibus, ut constat 1. ex antiqua Ecclesiæ Disciplina quæ talis erat, ut pro gravitate criminum diversæ imponerentur Pœnitentiæ; alia enim erat Pœnitentia pro simplici fornicatione, alia pro adulterio: alia erat pro idololatria voluntaria, & alia pro idololatria vi tormentorum extorta. Ita Joannes jejunator in pœnitentiali, *Oportet*, inquit, *eum qui Confessionem suscipit, videre & adolescentiam & vires, senectutis imbecillitatem, & loci differentiam & modi, per quem malum factum est*. Vivebat iste sexto sæculo. Concil. Vormatiense nono sæculo hæc decernit Can. 25. *Debet Sacerdos in pœna danda singulorum causas singulatim considerare, originem quoque modumque culparum, temporum etiam & locorum, personarum quoque & ætatum qualitatem considerare & inspicere*. Unde merito præfatam legem sancit Concilium Trid. dehinc Innocentius XI. hanc propositionem damnavit, *Non tenemur Confessario interroganti fateri alicujus peccati consuetudinem*. Quam similiter propositionem damnavit Clerus Gallicanus ann. 1700.

Certe Episcopi quædam crimina sibi reservant, incestum v. gr. intra secundum gradum consanguinitatis vel affinitatis, non in gradibus inferioribus, ut in Diœcesi Parisiensi. Sed istud locum non haberet, nisi Penitentes tenerentur peccatorum aggravantes circumstantias aperire. Quæ porro ex hac praxi nascitur difficultas, puta quod non videatur satis consuli famæ proximi, si omnes circumstantiæ

aggra-

aggravantes aperiendæ sint, in sequenti quæstione elucidabitur.

Quæres utrum in Confessione declarandi sint criminum socii.

Resp. 1. Id non esse prælandum sine gravi necessitate, eo quod & lex naturalis & charitas vetant, ne occultum proximi crimen detegatur, eique injuria ullo pacto fiat: unde Pœnitens summo studio id vitare debet, vel differendo Confessionem, vel ad alium confugiendo Sacerdotem qui criminis socios non noverit.

Resp. 2. Declarandos tamen esse criminum socios urgente gravi necessitate, puta cum aliter peccati species non potest designari, tenetur v. g. frater cum sorore pollutus declarare se cum sorore stuprum admisisse, nec satis esset confiteri in genere stupri se reum esse, nimirum propter adductas autoritates & rationes. Hoc ita factum fuisse olim in Ecclesia abunde constat ex Canonibus pœnitentialibus, S. Basilius v. g. in Epist. ad Amphiloch. Can. 75. sic habet: *Qui cum propria vel ex patre vel ex matre sorore pollutus est... triennio defleat*. Ejusmodi autem crimina non declarabantur Sacerdotibus qui ignorarent horum criminum socios, quia Fideles ea deponebant suis Parochis vel Episcopis in propriis locis, nec migrabant tunc temporis ad Monachos, vide Morinum lib. 11. de Pœnit. cap. 12. deinde in more positum est, ut reus torqueatur, & quidem juste ad declarandos criminis socios. Item Fideles sub pœna excommunicationis adiguntur per publicationem Monitoriorum ad revelandum quos noverint alicujus sceleris Autores.

Nec objici debet injuriam & quidem maximam fieri proximo, ei nempe cujus crimen aut criminis societas revelatur. Nam in illo casu nulla inde redundat infamia in socium criminis quod soli Confessario revelatur; aliunde vero, ut putant multi Theologi, si quid ibi pœnæ esse videtur, hanc ille crimine suo meruit.

Quæres utrum Pœnitens teneatur confiteri peccata, quæ ex oblivione tacuerat in præcedenti Confessione.

Resp. teneri, ita enim statuit Clerus Gallicanus in sua censura an. 1700. qua propositionem istam damnavit, *Peccata in Confessione omissa seu oblita ob instans periculum vitæ, aut aliam ob causam non tenemur sequenti Confessione exprimere*. Sic autem pronuntiant Episcopi, *Hæc propositio est temeraria, erronea, & Confessionis integritati derogat*.

Quæres utrum inter confitendum aperienda sint peccata dubia, cum videlicet dubitatur, num aliquis actus sit lege vetitus necne, an de aliqua re observanda latum fuerit præceptum necne, cum quis dubitat, an aliquod peccatum commiserit, an illud ante confessus fuerit, an denique sit mortale aut veniale tantum.

Resp. affirmative, quia in dubiis tutius semper est sequendum, præsertim in administratione Sacramentorum, & cum imminet periculum amittendæ salutis, ut in hoc casu contingeret; qui enim in dubio aliquod peccatum celaret, manifesto violandæ integritatis, quam Confessio postulat, periculo se exponeret.

CAPUT XIX.

De sigillo Confessionis.

Sigillum Confessionis in eo consistit, quod nec directe nec indirecte peccata Pœnitentis a Confessario revelentur. Quod quidem sigillum præceptum est jure naturali, Divino, & Ecclesiastico.

1. Jure naturali, postulat enim jus naturale, ut fides cuipiam data servetur, pactum autem intervenit Pœnitentem inter & Confessarium, ut Pœnitens sua vel occultissima revelet peccata, ea lege ut Confessarius ea nunquam directe vel indirecte prodat. Tale est autem quod præceptum est jure naturali, ut nullo in casu violari possit, nec ulla dispensatione cujuscunque potestatis.

2. Jure Divino, consequenter enim ad legem divinam qua instituta fuit Confessio auricularis, Pœnitentes sua declarant

peccata sub conditione secreti servandi, unde & jus divinum violaretur, si invitis Pœnitentibus manifestarentur.

3. Jure Ecclesiastico, hanc enim praxim religiose semper servavit Ecclesia. Rem ita sanxit Concilium Senonense an. 1524. his verbis. *Obligentur Sacerdotes omnes & singuli triplici jure, videlicet naturali, divino & humano celare peccata quæcunque revelata & dicta in Confessione sacramentali, quæ tanto & tali debet claudi sigillo secreti, ut nullo casu nec verbo nec signo aliqualiter reveletur. Peccat enim graviter contra jus naturale Sacerdos qui revelat peccatum sibi in secreto Confessionis dictum, quia revelando tale peccatum diffamat proximum, & facit proximo quod sibi non vellet fieri. Secundo peccat contra jus divinum, quia eodem jure prohibetur revelatio Confessionis, quo jure præcipitur ipsa Confessio, quæ est de jure divino a Christo instituta. Peccat etiam Sacerdos revelans Confessionem contra præceptum Ecclesiæ, ut habetur in Concilio Lateranensi, cujus hæc verba sunt in Canone, Omnis (utriusque sexus) caveat Sacerdos omnino ne verbo aut signo, aut alio quovis modo aliquatenus prodat Peccatorem.*

Antiquæ hujus doctrinæ & consuetudinis momentum habetur insigne apud Sozomenum lib. 7. cap. 16. ubi de institutione pœnitentiarii disserens, sic loquitur, *Cum in petenda venia peccatum confiteri necessario oportet, grave ac molestum ab initio jure merito visum est Sacerdotibus tanquam in theatro circunstante totius Ecclesiæ multitudine, crimina sua evulgare. Itaque ex Presbyteris aliquem qui vitæ integritate spectatissimus esset, & taciturnitate ac prudentia polleret, huic officio præfecerunt.*

Item Paulinus hæc scribit de S. Ambrosio in ejus vita Num. 39. *Quotiescunque illi aliquis ob percipiendam Pœnitentiam lapsus suos confessus esset, ita flebat ut & illum flere compelleret, videbatur enim cum jacente jacere; causas autem criminum quæ illi confitebatur, nulli nisi Domino soli, apud quem intercedebat, loquebatur.*

2. Id solemniter definivit Ecclesia in Decreto Concilii Lateranensis M. supra citato his verbis, *Caveat autem omnino Sacerdos, ne verbo, aut signo, aut alio quovis modo aliquatenus prodat peccatorem, sed si prudentiori concilio indiguerit, illud absque ulla expressione personæ caute requirat, quoniam, qui peccatum in pœnitentiali judicio sibi detectum præsumpserit revelare, non solum a sacerdotali Officio deponendum decernimus, verum etiam ad agendam perpetuam Pœnitentiam in arctum Monasterium detrudendum.* Quod ipsum approbavit Concilium Trident. sess. 14. cap. 5.

Et ratio est quia, si Confessionis secretum reseraretur directe vel indirecte, jam Fidelibus odiosa redderetur Confessio, ultro enim omnia sua peccata vel occultissimas cogitationes Sacerdotibus declarant, quod ea nunquam evulganda fore confidunt, uti semper in Ecclesia laudabilis obtinuit consuetudo.

Objicies hanc non fuisse doctrinam antiquorum Patrum sigillo Confessionis teneri Ecclesiæ Ministros, cum enim prioribus sæculis publicæ Pœnitentiæ peccatores addicebant, qui peccata occulta fuerant confessi, ita ut notum esset omnibus qualis pœna infligi soleret certis determinatæ peccatis, quot vero annis datura esset, ut colligitur ex Epist. S. Basilii ad Amphil. superius citata, *Qui cum propria sorore pollutus est, triennio defleat.* Necessum erat consequenter, ut peccata revelarentur, & ita sigillum Confessionis reserabatur antiquitus.

Nego ant. & dico non sequi ex Pœnitentiæ publicæ laboribus infligi solitis in veteri Ecclesia, reseratum fuisse Confessionis sigillum, quia videlicet inter peccatores qui publicam agebant Pœnitentiam, multi Fideles titulo pietatis voluntarie & nulla lege coacti eosdem Pœnitentiæ gradus cum peccatoribus decurrebant; unde qui inter Pœnitentes jacebant, nulla maculabantur infamiæ nota, sed magnum virtutis specimen dare censebantur.

Ex qua doctrina intelligitur 1. omnia peccata cujuscunque sint generis, omnes circumstantias & complicium notitiam quæ delarata sunt a Pœnitente, sub sigillo Confessionis cadere; ita ut quidquam eorum directe vel indirecte revelare nefas sit. Immo nec levia & venialia peccata, quia gravis fieret injuria Sacramento.

2. Nec ejusmodi secretum a Confessario violari posse in ullo casu, etiamsi defectu talis revelationis magnum inde in Rempublicam redundaret detrimentum, monendo tamen Principem Reipublicæ de periculo imminenti, sed ut ait S. Thomas in Suppl. q.11. art. 1. *Ita ut non dicant aliquid per quod verbo vel nutu confitentem prodat.*

3. Non solum Confessarium, sed & alios omnes qui v. g. Pœnitentem sua in Tribunali confitentem peccata, casu vel alio quovis modo audiverunt, vel qui chartam in qua Pœnitentis cujuspiam peccata descripta sunt, invenerunt & legerunt. Vel demum qui ex factis imprudenter a Confessario verbis aliquam criminum in Confessione declaratorum habuit notitiam, eos, inquam, omnes eadem sacri sigilli lege teneri, quamvis non ita graviter peccent ac ipsi Confessarii, *Sicut aliquis qui non est Sacerdos*, inquit S. Thomas ibid. art. 3. *in aliquo casu participat aliquid de actu clavis, dum Confessionem audit propter necessitatem, ita etiam participat aliquid de actu sigilli Confessionis & tenetur celare; quamvis proprie loquendo sigillum Confessionis non habeat.* Quo in casu peccat, licet sigillum Confessionis non frangat.

Quæres an Sacerdos de consensu Pœnitentis de iis loqui possit, quæ in Confessione ipsa declarata sunt.

Resp. affirmative, quia nempe sigillum Confessionis servatur in gratiam Pœnitentis, adeoque cum Pœnitens jus suum relaxat, nemini fit injuria, ita S. Thomas ibidem art. 4. nonnulla tamen in tali casu sunt diligenter præcavenda: 1. consensus Pœnitentis debet esse liber & minime extortus a Confessario, qui rem petiisset a Pœnitente sub pœna v. g. denegandæ absolutionis; 2. Id præstari non debet nisi urgente gravissima causa propter periculum scandali; 3. Confessarius debet habere consensum Pœnitentis expressum, quia in id consensisse Pœnitentem, probandum incumbit Sacerdoti, ne secretum violasse convincatur; 4. licentia quam dat Pœnitens Confessario revelandi Confessionem concedi debet ex causa legitima, & cedere in bonum Pœnitentis. Unde si Episcopus præcipiat Confessario ut alicujus peccatum revelet, illud etiam cum licentia Pœnitentis revelare non debet, quia id vergere posset in damnum ipsius Pœnitentis.

Quæres, utrum Confessarius lege sigilli teneatur, quando post audita in Confessione Pœnitentis peccata, ipsi denegavit absolutionem.

Resp. teneri, arcta enim obligatio sigilli oritur ex Confessione facta, quæ in hoc casu sacramentalis est, & pars Sacramenti.

Quæres quid respondere debeat Sacerdos, si sit a Judice interrogatus de crimine quod sola Confessionis via novit?

Resp. posse Sacerdotem sine ullo metu mendacii vel æquivocationis respondere, se id nescire, quia præsumitur Judex non interrogare de iis criminibus quæ sola Confessione novit Sacerdos. Ita S. Thomas loco mox citato; vel Confessarius absolute respondere poterit, se de iis quæ audivit in Tribunali Confessionis nulli præter Deum rationem debere. Quod si agatur de crimine aliunde noto, quam per Confessionem, testimonium ferre poterit Sacerdos, sed cum his cautionibus, & quod gravis urgeat necessitas, & Sacerdos ad omnem vitandam violati sigilli suspicionem, dicat se vidisse factum de quo agitur.

Quæres an cognitione quam per Confessionem adeptus est Sacerdos, uti possit ad exteriorem Ecclesiæ gubernationem.

Resp. negative, id enim expresse prohibuit Clemens VIII. an. 1594. his verbis,

bis, *Tam Superiores pro tempore existentes, quam Confessarii, qui postea ad superioritatis gradum fuerint promoti, caveant diligentissime ne ea notitia, quam de aliorum peccatis habuerunt, ad exteriorem gubernationem utantur*. Proponuntur tamen casus, in quibus nonnulli Theologi contrarium putant, Confessarium v. gr. Eucharistiam denegare posse Poenitenti sine absolutione dimisso, & eam petenti sine ullo teste, quoniam, inquiunt, tunc in tuto est Confessionis sigillum; sed in oppositam sententiam magis inclinarem, quia vix intelligitur, quomodo sine scandalo id fiat a Sacerdote; etsi enim in praesenti casu nullus adesset testis, tamen inclamaret Poenitens egisse Confessarium ex notitia per Confessionem parta.

Quin etiam Confessarius uti non potest cognitione quam per Confessionem adeptus est, ut alium obliget ad declarandum aliquod peccatum quod inter confitendum celat ille Poenitens, Petrus v. g. accusavit se quod Margaretam carnaliter cognoverit, & Margareta mox confitens sua peccata, hoc factum non declarat; Sacerdos uti non potest cognitione quam habuit per Confessionem Petri, ut Margaretam inducat ad illud peccatum confitendum, nec ea de causa ei debet aut denegare absolutionem, aut differre.

Quaeres quam poenam incurrant qui legem sigilli Confessionis violarunt.

Resp. nullam in jure expressam esse, quo fit ut nulla ipso facto incurratur poena, Can. *utriusque sexus* imponitur quidem poena depositionis, sed a Judice ferenda. Quamobrem necesse est, ut re cognita & discussa interveniat Judicis Sententia.

CAPUT XX.

De multiplici Confessionum genere.

MUltiplex est Confessionum genus, fieri enim potest publice vel secreto; alia est peccatorum mortalium, alia solummodo venialium. Item alia est generalis, per quam declarantur peccata totius vitae, alia particularis cum Poenitens declarat solum peccata ab ultima Confessione commissa: alia est Confessio, quae fit secreto & in aure Sacerdotis; alia demum quae fit per litteras aut per internuncium.

Quaeres quid sit sentiendum de Confessione publica quae hodie non est in usu?

Resp. primo, Confessionem publicam fuisse olim satis usitatam in Ecclesia; id enim probant multa Historiae Ecclesiasticae monumenta, vide quae supra adduximus ex S. Irenaeo & Tertulliano, tum vero ex Socrate, & Sozomeno, cum poenitentiarii historiam denarrant, nisi enim Matrona illa de qua loquuntur, delictum suum publice fuisset confessa, id non venisset ad plebis notitiam. Praeterquam quod Haeretici & Schismatici cum in sinum Ecclesiae revertebantur, suos errores publica Confessione ejurare solebant, ut facile ostendi potest ex variis exemplis quae suppeditat Historia Ecclesiastica apud Eusebium, videlicet lib. 7. cap. 6. pro Haereticis, & lib. 6. cap. 35. pro Schismaticis.

Secundo, apparet veteris Ecclesiae consuetudinem fuisse tantum, ut ea scelerum occultorum publica fieret Confessio, quae in aedificationem Ecclesiae vergebat, sic enim Origenes in Psalm. 37. *Si intellexerit & praevideris talem esse languorem tuum, qui in conventu totius Ecclesiae exponi debeat & curari, ex quo fortassis & caeteri aedificari poterunt, & tu ipse sanari, multa hoc deliberatione & satis perito medici illius consilio procurandum est*; & S. Augustinus Homil. 50. *Id tamen agat quod non solum illi prosit ad recipiendam salutem, sed etiam caeteris ad exemplum, ut si peccatum ejus non solum in gravi ejus malo, sed etiam in tanto scandalo est aliorum, atque hoc expedire utilitati Ecclesiae videtur Antistiti, in notitia multorum, vel etiam totius plebis, agere Poenitentiam non recuset, non resistat*.

3. Videtur iste usus, qui nonnisi in quibusdam locis invaluerat, nulla super illo.

illo negotio lata lege, omnino evanuisse in Oriente post factum poenitentiarii Constantinopolitani de quo supra, & in Occidente saltem post latam ea de re legem a S. Leone M. qui loco citato hunc usum habet tanquam præsumptionem contra Apostolicam regulam.

4. Nulla lege divina vel Ecclesiastica præcipiebatur peccatoribus, ut sua peccata publice confiterentur, ut constat ex Sozomeno qui lib. 7. cap. 16. sic loquitur, *Odiosum, ut credibile est, Sacerdotibus ab initio visum fuit tanquam in Theatro audiente Ecclesiæ multitudine delicta pronuntiare*. ex S. Chrysostomo Homil. 21. ad Populum Antiochenum, *Verum & peccata dimittit Deus, nec cogit præsentibus quibusdam ea palam confiteri*. ex S. Leone loco superius adducto ex Epist. 136. ubi revellendam docet quorumdam præsumptionem, qui contra Apostolicam regulam publicæ Confessionis necessitatem inducebant. Ac denique ex Concilio Trid. sess. 14. cap. 5. ubi sic habetur, *Cæterum quoad modum confitendi secreto apud solum Sacerdotem etsi Christus non vetuerit, quin aliquis in vindictam suorum scelerum, & sui humiliationem, cum ob aliorum exemplum, tum ob Ecclesiæ offensæ ædificationem, delicta sua confiteri possit, non est tamen hoc divino præcepto mandatum, nec satis consulte humana aliqua lege præciperetur, ut delicta præsertim secreta, publica essent Confessione aperienda*.

Neque objici debet morem fuisse in multis locis, prout mox dictum est, ut peccatores qui Poenitentiæ publicæ subjiciebantur, delicta sua publice confiterentur: ii quippe non cogebantur publice confiteri nisi quædam graviora de quibus convicti fuerant, [illegible] testibus, vel aliis publicis probationibus; ut patet ex S. Augustino in ultima e 50. Homil. *Nos vero*, inquit, *a Communione prohibere quemquam non possumus, nisi aut sponte confessum aut in aliquo sive Sæculari, sive Ecclesiastico judicio nominatum atque convictum*.

Quæres qui sit sentiendum de Confessione peccatorum venialium.

Resp. peccata venialia esse materiam sufficientem, non tamen necessariam Confessionis sacramentalis. Primum constat, quia & peccata venialia antiquitus confitebantur Fideles, ut patet ex Tertulliano qui lib. de pudicitia cap. 19. allata divisione peccatorum in remissibilia & irremissibilia, inter remissibilia collocat plura venialia quæ per claves Ecclesiæ remittebantur, nec dubio procul sine prævia Confessione; ratio est quia Christus dedit Sacerdotibus potestatem remittendi omnia omnino peccata nullo excepto; venialia autem sunt vera peccata. Alterum colligitur ex eo quod aliis mediis quam per absolutionem sacerdotis peccata venialia deleri possunt, puta jejuniis, eleemosyna & oratione, ut testatur S. Augustinus lib. 1. de Symbolo cap. 7. *Propter omnia*, inquit, *Baptismus inventus, propter quia sine quibus esse non possumus, oratio inventa*.

Quæres quid sit sentiendum de iis Confessionibus quas appellant generales.

Resp. eas in Ecclesia fuisse maxime usitatas, ut multa ostendunt exempla, mulier illa cujus historiam retulimus, apud Socratem lib. 5. cap. 19. *ad Poenitentiarium Presbyterum accedens delicta post Baptismum a se perpetrata sigillatim confessa erat*. S. Eligius Noviomensis omnia ab adolescentia sua peccata coram Sacerdote confessus est, inquit Audoenus in ejus vita. Aliud est exemplum Clotarii Regis apud Greg. Turon. lib. 4. Histor. cap. 21. unde S. Anselmus lib. 3. Epist. 66. *Facite*, inquit, *Confessionem omnium peccatorum vestrorum* [illegible] *ab infantia vestra, quorum* [illegible] *recordari potestis*.

Quæres quid sit sentiendum de Confessionibus per litteras vel internuncium absenti Sacerdoti factis, & similiter de absolutione in illo casu impertita.

Resp. diversas esse hoc in [illegible] Theologorum opiniones.

Sunt qui cum Morino contendunt, in quibusdam casibus per litteras factam fuisse

Con-

Confeſſionem abſentibus Sacerdotibus, qui ſcripto abſolutionem impendere non dubitarunt, ſic v. g. nono ſæculo Robertus Cenomanenſis Epiſcopus abſolutionem ſuorum peccatorum a Patribus Concilii Duziacenſis prope Andegavum per litteras obtinuit. Sic & Hincmarus Remenſis eodem ſæculo Hildebaldum Sueſſionenſem Epiſcopum graviter ægrotantem ſcripto abſolvit. Item Potamius Bracarenſis Archiepiſcopus per litteras abſolutionem habuit a Patribus Concilii Toletani X. & S. Thomas Cantuarienſis ab Alexandro III.

Volunt alii, & quidem veriſimilius abſolutionem ſacramentalem nunquam abſentibus fuiſſe datam, quod videlicet in allatis exemplis non agitur de abſolutione ſacramentali, ſed de ea ſolum quæ eſt a cenſuris, vel de alia quadam ceremoniali, qualem Epiſcopi publice concedere ſolent in fine majoris hebdomadæ, idque facile intelligitur ex eo quod iis ipſis qui hanc abſolutionem abſentes acceperant, injungebatur, ut peccata ſua aliunde confiterentur alicui Sacerdoti, v. g. Hildebaldo id injunxit Hincmarus, ex Sirmondo in notis ad 3. tomum Conc. Galliæ his verbis, *Bonam devotionem tuam commoneo, ut præter iſtam generalem Confeſſionem, qua ab ineunte ætate uſque ad horam in qua nunc degis, te commiſiſſe recognoſcis, ſpecialiter ac ſingulatim Deo & Sacerdoti ſatagas confiteri.*

Quibus adde hanc praxim confitendi peccata ſua abſenti Sacerdoti ubique & ſemper fuiſſe improbatam; nam Autor libri de vera & falſa Pœnitentia apud S. Auguſt. quem citat Gratianus diſt. 1 de Pœnit. Can. Quem pœnitet, hæc ſcribit, *Præcepit Chriſtus [illegible] leproſis ut oſtenderent ore ſuo Sacerdotibus, docens præſentia ſua confitendum peccata. Non alium [illegible] mediante, qui per vos peccaſtis, per vos erubeſcatis.* S. Thomas, quodlib. 1. q. 6. art. 1. *Ex inſtituto Eccleſiæ*, inquit, *tenetur homo qui poteſt ut verbo confiteatur, quia ore confitens magis erubeſcet.* Synodus [illegible] an. 1084. ſic habet, *Non debet confiteri per nuncium vel per Scripturam, ſed viva voce, proprio & præſentialiter, ut qui per ſe peccaverit per ſe ipſum confiteatur & erubeſcat.*

Quapropter rem definivit Clemens VIII. an. 1602. his verbis, *Auditis votis plurium Theologorum ... hanc propoſitionem ſcilicet licere per litteras ſeu internuncium Confeſſario abſenti peccata ſacramentaliter confiteri & ab eodem abſente abſolutionem obtinere, ad minus uti falſam, temerariam, & ſcandaloſam damnavit ac prohibuit, præcepitque ne deinceps iſta propoſitio publicis privatiſque lectionibus, concionibus, & congreſſibus doceatur.* Unde fatentur omnes Theologi jam id nequaquam licitum eſſe. Sed quæritur poſtmodum, an invalida & nulla foret ejuſmodi abſolutio, ſi qua daretur abſenti.

Reſp. hac in parte diſſentire Theologos, affirmantem tenet Iſambertus, pro qua etiam citat Cajetanum, Franciſcum a Victoria, & Scotum, ubi pro negante laudat Paludanum, S. Antoninum, Turrecremata, & Navarrum, cui poſteriori ſententiæ libenter ſubſcribimus, quia ut Confeſſio ore fiat præſenti Sacerdoti neceſſario & de neceſſitate Sacramenti, nullibi legitur præſcriptum: Clemens enim VIII. de *licito* tantum non de *valido* loquitur; unde valida eſt vel etiam licita Confeſſio facta per ſigna a muto & moribundo. Quod autem valida eſſet abſolutio abſentibus data, colligitur ex eo quod tempore peſtis datur multum diſtantibus, quia videlicet partes Sacramentorum non ſunt de genere rerum phyſicarum, non eſt inter eas niſi moralis quædam unio, quæ dubio procul ſtare poteſt inter abſentes, quapropter Matrimonii Sacramentum quandoque per internuncium celebratur inter abſentes.

Ca-

Caput XXI.

De satisfactione.

Sumitur hic satisfactio prout est materia Pœnitentiæ quatenus est Sacramentum, & nihil est aliud quam pœna quædam temporalis quæ a Confessario injungitur Pœnitentibus vel sponte ab ipsis suscipitur, ut reliquum peccati debitum perfecte exolvatur.

Dicitur 1. *pœna* sub quo vocabulo comprehenduntur pia omnia & laboriosa opera, orationes, jejunia, eleemosynæ, &c. quæ adhibere solent Fideles ad placandam Dei vindicis iram; & illa opera nomine pœnæ donantur, quia re ipsa consistere debent in aliqua re molesta; unde ab ejusmodi pœnis nomen Pœnitentiæ potissimum oritur.

Dicitur 2. *quæ a Confessario injungitur*, duplex quippe est pœna satisfactoria, una quæ dicitur spontanea, quam sibi voluntarie imponit Pœnitens, & sæpe quidem independenter a Sacramento, alia quæ injungitur a Confessario & tertia pars est materiæ hujus Sacramenti, ut diximus.

Dicitur 3. *ut reliquum peccati debitum exolvatur*, quia, ut mox ostensuri sumus, docet Ecclesiæ fides dimisso per absolutionem Sacerdotis peccato quoad reatum seu debitum pœnæ æternæ, remanet adhuc alter reatus pœnæ temporalis, qui per opera pœnitentiæ laboriosa redimitur.

Mitto alios plures esse effectus, quos his satisfactoriis operibus ascribit Concilium Trident. sess. 14. cap. 8. & 9. & plerisque hujus sessionis Canonibus, hæc scilicet opera, Fideles a peccato revocant, cautiores in futurum reddunt, & vitiosos tollunt habitus, &c.

At in præfatam Ecclesiæ doctrinam insurrexerunt Novatores, Lutherus in Sermone de indulgentiis, & in assertione art. 5. Calvinus lib. 3. inst. cap. 4. & Dallæus in libro integro de pœnis & satisfactionibus humanis; ubi contendunt remissa culpa nullum remanere reatum pœnæ temporalis expungendum, atque adeo nulla opera satisfactoria exigi debere a Sacerdotibus, nec ulla valere ad placandum Deum; sed rem esse pure politicam & exempli causa institutam ad morum probationem, contra quam doctrinam tria nunc sumus propugnaturi: 1. Remisso peccato quoad reatum pœnæ æternæ remanere pœnam temporalem expiandam sive hac in vita sive in altera: 2. Ejusmodi pœnam temporalem redimi piis & laboriosis Pœnitentiæ operibus & Deo fieri satis: 3. Sacerdotibus inesse potestatem tales pœnas injungendi Pœnitentibus, qui debent illas acceptare.

Prima Conclusio.

Dimisso peccato quoad reatum pœnæ æternæ remanet pœna temporalis luenda; idque constat,

1. Ex Scripturis quæ tradunt Deum pœnas etiam ab iis repetere, quibus peccata condonavit, Genes. 3. hæc Deus pronuntiat Ademo in pœnam peccati ab eo commissi, *In sudore vultus tui vesceris pane, donec revertaris in terram de qua sumptus es, quia pulvis es & in pulverem reverteris.* Ubi hujus vitæ miseriæ & mors ipsa dicuntur affligere omnes Adæ posteros, vel etiam infantes in quibus peccatum originale per Baptisma fuit deletum. Regum II. cap. 12. dum David veniam petisset a Deo de criminibus a se perpetratis, hæc ipsi significavit Nathan Propheta, *Dominus quoque transtulit peccatum tuum, non morieris, verumtamen quoniam blasphemare fecisti inimicos Domini, propter verbum hoc Filius qui natus est tibi morietur.* Ubi & peccatum Davidis ex una parte remittitur quoad pœnam scilicet æternam, ex altera vero pœna temporali plectendum relinquitur. Deus addit postea, *Quamobrem non recedet gladius de domo tua usque in sempiternum, eo quod contempseris me, & tuleris uxorem Uriæ.*

Un-

Unde ubique in Scripturis tum veteris tum Novi Testamenti peccata dicuntur redimi per opera laboriosa, per cilicium, & jejunium, Joelis 2. dicit Dominus: *Convertimini ad me in toto corde vestro, in jejunio, fletu, & planctu*. Tobiæ 4. *Eleemosyna ab omni peccato & a morte liberat*. & Sanctus Paulus 1. Corint. 9. ajebat, *Castigo corpus meum* ad placandam scilicet Dei justitiam.

2. Id expresse docent SS. PP. Tertullianus lib. de Penit. cap. 9. *Delictum nostrum*, inquit, *Domino confitemur, non quidem ut ignaro, sed quatenus Satisfactio Confessione disponitur, Confessione Pœnitentia nascitur, Pœnitentia Deus mitigatur*; S. Chrysost. in Homil. de Penit. & de Conf. sic habet, *Ne peccantes & inulti manentes nos efficeremur deteriores, non remisit nobis supplicium, sed vidit hoc manifeste quod peccantis ipsis non minus damnosum sit non puniri, propter hoc imponit pœnam*; S. August. in Psalm. 50. *Aliquando Deus cui ignoscit in futuro sæculo, corripit eum de peccato in isto sæculo. Nam & ipsi David, cui dictum jam fuerat per Prophetam, Dimissum est peccatum tuum, evenerunt quædam quæ minatus erat Deus propter ipsum peccatum ...... impunita peccata eorum etiam quibus ignoscis non reliquisti .... sic prorogasti misericordiam, ut servares & veritatem; ignoscis confitenti, sed se ipsum punienti, sic servatur misericordia & veritas*; S. Greg. M. lib. 9. moral. cap. 27. loquens de Davidis delicto: *Procul dubio*, inquit, *Dominus delictum sine ultione non deserit*. Non dubitabat S. Gregorius, quin remissum fuisset Davidis peccatum quoad reatum pœnæ æternæ. His adde quammulta veterum Patrum testimonia, qui aperte docent piam esse Ecclesiæ consuetudinem orandi pro mortuis, ut eos ab alterius vitæ pœnis liberet Deus, quæ quidem consuli possunt infra in disquisitione de purgatorio; his enim efficitur post peccatum dimissum quoad pœnam æternam, adhuc superesse pœnam temporalem luendam.

3. Rem definit Concil. Trident. citata sess. 14. Can. 12. his verbis, *Si quis dixerit totam pœnam simul cum culpa remitti semper a Deo, Satisfactionemque Pœnitentium non esse aliam quam fidem, qua apprehendunt Christum pro eis satisfecisse, anathema sit*. & Can. 13. *Si quis dixerit, pro peccatis, quoad pœnam temporalem, minime Deo per Christi merita satisfieri pœnis ab eo inflictis, & patienter toleratis, vel ab Sacerdote injunctis, sed neque sponte susceptis, ut jejuniis, orationibus, eleemosynis, vel aliis etiam pietatis operibus, atque ideo optimam Pœnitentiam esse tantum novam vitam, anathema sit*.

4. Fatentur Hæretici, quos hic impugnamus, per Baptisma deleri Peccatum Originale: sed diffiteri non possunt quin remaneant hujus peccati pœnæ & appendices, miseriæ, morbi & mors ipsa: igitur deleto peccato quoad reatum æternæ damnationis, remanent pœnæ temporales per Pœnitentiam expiandæ.

Obj. Docent Scripturæ multis in locis sic Deum remittere peccata, ut eorum non recordetur amplius, nec quidquam supersit luendum, Ezechiel 18. sic ait Deus, *Omnium iniquitatum ejus quas operatus est non recordabor*. & cap 33. *Omnia peccata ejus quæ peccavit, non imputabuntur ei*; igitur nulla remanet pœna luenda remisso peccato, alias hæc Dei promissio foret falsa & delusoria.

Resp. hæc & alia similia debere intelligi de remissione culpæ & reatu pœnæ æternæ juxta illud Roman. 8. *Nihil ergo nunc damnationis est iis qui sunt in Christo Jesu*, non autem de remissione cujuslibet pœnæ temporalis propter auctoritates adductas, quibus efficitur Deum exigere temporarias satisfactiones ab iis ipsis quibus condonavit.

Objicies: S. Chrysostomus loco mox citato addit, *Propter hoc imponit pœnam, non de peccatis sumens supplicium, sed ad futura nos corrigens*.

Resp. pœnas satisfactorias utrumque effi-

efficere & per illas plectitur peccator justitiæ divinæ satisfaciens, & simul monetur vitam meliorem esse amplectendam; unde varios satisfactionis & pœnarum seu quæ injunguntur, seu quæ sponte suscipiuntur, effectus commemorat Concilium Tridentin. loco citato.

Obj. Sublata causa tollitur effectus; sed peccatum est causa pœnæ, igitur dimisso peccato nulla superesse debet pœna luenda.

Resp. hujus Axiomatis sensum esse, effectum nullum poni, si nulla sit causa, non autem effectum tolli, si tollatur causa; nam mortuo Architecto non perit ædificium ab eo constructum. Sublato Patre non tollitur Filius. Quod autem argumentum est peremptorium adversus Novatores quos hic impugnamus, in baptizatis deletum est Peccatum Originale, ita ut nihil culpæ in iis remaneat, in quibus tamen remanet reatus pœnæ; sunt enim per totam vitam obnoxii variis pœnalitatibus, morbis, & morti ipsi, quæ sunt totidem effectus Peccati Originalis.

SECUNDA CONCLUSIO.

Pœnæ satisfactoriæ merito injunguntur a Sacerdotibus, ut earum beneficio ira Dei placari possit, & pœna temporalis peccatis debita relaxetur. Id constat,

1. Ex Scripturis quæ docent eam esse operis laboriosi seu Pœnitentiæ vim, ut per illud peccata redimantur & Deo perfecte satisfaciant peccatores. Paralip. 7. ait Deus: *Si conversus Populus meus egerit Pœnitentiam a viis suis pessimis, & ego exaudiam de Cælo & propitius ero peccatis eorum, & sanabo terram eorum.* Ninivitæ non modo iram Dei quoad mortem æternam, sed & suæ civitatis eversionem a se averterunt Pœnitentiam agentes in cinere & cilicio, ut perhibet Propheta Jonas. Item Daniel cap. 4. *Peccata tua*, inquit, *eleemosynis redime, & iniquitates tuas misericordiis pauperum.* Idem habetur in Novo Testamento, Lucæ 3. S. Joannes ait: *Facite fructus dignos Pœnitentiæ.* & S. Paulus ad Rom. cap. 6. *Sicut exhibuistis membra vestra servire immunditiæ & iniquitati ad iniquitatem, ita & nunc exhibete membra vestra servire justitiæ in sanctificationem.*

2. Id passim & ubique inculcant SS. PP. Tertullianus lib. de Pœnitentia; S. Cyprianus lib. de Lapsis; S. Ambrosius utroque libro de Pœnitentia; S. Chrysostomus Homil. 41. ad Populum Antiochenum; S. August. Serm. 51. & alii communiter, qui testantur piis & laboriosis Pœnitentiæ operibus peccata hominum redimi, tegi, purgari, deleri; atque ita Deo satisfieri, ejusque iram placari. Quin & Patres hoc nomine Satisfactionis sæpius utuntur. Tertul. lib. de Pœnit. cap. 8. *Confessio Satisfactionis consilium est, dissimulatio contumacia, Satisfactio Confessione disponitur, Confessione Pœnitentia nascitur, Pœnitentia Deus mitigatur.* Origenes Homil. 6. in Exodum, *Si quis forte*, inquit, *hujusmodi pecuniam a diabolo deceptus arripit, non usquequaque desperet, pœnitendo, flendo, satisfaciendo, deleat quod admissum est.* S. Cyprianus lib. de Lapsis, *Dominus*, inquit, *orandus est, nostra Satisfactione placandus.* Lactantius lib. 4. cap. 17. *Deus*, inquit, *Pœnitentiam nobis proposuit, ut si cor mundaverimus, id est si peccata nostra confessi fatis Deo fecerimus, veniam consequamur;* & S. Augustinus Serm. 51. n. 12. *Non enim sufficit mores in melius mutare & a factis malis recedere, nisi etiam de his quæ facta sunt satisfiat Deo per Pœnitentiæ dolorem.* Ex quibus manifestum est causa omnino cadere Novatores qui contendunt pœnas infligi non debere ab Ecclesiæ Ministris in scelerum expiationem, nec recte dici per eas Deo satisfieri.

Unde merito sic loquitur Concil. Trident. sess. 14. Can. 13. *Si quis dixerit, pro peccatis, quoad pœnam temporalem, minime Deo per Christi merita satisfieri pœnis ab eo inflictis, & patienter toleratis.. anathema sit.*

Obj. Nihil necesse est, ut pœnas satisfactorias subeamus ad expiandas peccatorum reliquias, si Christus perfecte satisfecerit Deo Patri pro peccatis nostris; hinc enim videretur Christi Satisfactionis virtus enervari: atqui Christus perfecte satisfecit pro nobis; Apocalyp. 1. *Lavit nos a peccatis nostris in sanguine suo*. I. Joann. 2. *Propitiatio est pro peccatis nostris*: igitur.

Resp. vere quidem Christum pro nobis & pro peccatis nostris perfectam exhibuisse Satisfactionem, sed quoniam voluit hanc Satisfactionem nobis applicari per bona scilicet virtutum opera & laboriosam Pœnitentiam; inde fit ut merito dicamur per Pœnitentiam Deo satisfacere applicando scilicet nobis Christi merita & satisfactionem; gratis porro id non asseritur, constat enim ex Scripturis & Traditione neminem salvari quin certet, laboret, Pœnitentiam agat, de quibus bonis & laboriosis operibus unusquisque sibi applicat Christi merita. Neque inde vis Christi Satisfactionis quidquam imminuitur, quam certe, ut fatemur, plenam & abundantem præstitit; certe fatentur Hæretici bona opera & Sacramenta usurpari posse ad amicitiam Dei fovendam aut acquirendam, nec inde meritis Christi ejusque Passioni præjudicium fieri, quia nempe illa efficaciam suam & qualecumque meritum accipiunt a Christi meritis: sed hoc ipsum quoque docet Ecclesia Catholica de laboriosis Pœnitentiæ operibus, quæ nedum Christi Satisfactionem enervant, sed immo vim suam ab ipsis Christi meritis unice desumunt.

Nec dicas Deum non posse nunc ab hominibus aliquid reposcere in Satisfactionem, quando quidem Christus abunde pro eorum peccatis satisfecit. Siquidem Christi Satisfactionem pro nobis valituram, acceptavit solum Deus ea lege quod ipsi nobis eam per bona opera & Pœnitentiæ labores applicaremus.

Obj. Pœnæ illæ qualescumque sint, ad summum infligi possunt a Deo, ut homines qui peccaverunt, reddat in futurum cautiores; non autem tanquam pœnæ proprie loquendo satisfactoriæ & in ultionem scelerum nostrorum: ergo.

Nego ant. contrarium enim certo colligitur ex allegatis Scripturæ & Patrum autoribus. Deinde dici non potest mortem quæ ex Apostolo stipendium peccati est, infligi a Deo, ut eos in futurum reddat cautiores.

Tertia Conclusio.

Est in Sacerdotibus legitima potestas pœnas satisfactorias injungendi Pœnitentibus; idque constat,

1. Ex Scripturis quæ id manifeste indicant, cum referunt Christum suis Apostolis contulisse claves Regni Cœlorum & potestatem ligandi & retinendi peccata, Matthæi 18. *Quæcumque alligaveritis super terram, erunt ligata & in Cœlo*. Joan. 20 *Quorum retinueritis, retenta sunt*. Cum enim Sacerdotes bona & laboriosa opera injungunt Pœnitentibus, eatenus aliquo modo censentur ligare & retinere peccata.

2. Ex perpetua Ecclesiæ praxi, ubique enim & semper in more positum fuit, ut Episcopi vel Sacerdotes absolvendo a peccatis pœnas & laboriosa opera imponerent in vindictam scelerum & Satisfactionem Deo exhibendam. Disertus est super ea re S. Cyprianus, qui lib. de Lapsis in Ministros Ecclesiæ, qui peccatorum Pœnitentiam plus æquo relaxabant, sic enim loquitur, *Contra Evangelii vigorem, contra Domini ac Dei legem temeritate quorumdam laxatur incautis communicatio, irrita & falsa pax, periculosa dantibus, & nihil accipientibus profutura, non quærunt sanitatis patientiam nec verum de Satisfactione medicinam*; S. Augustinus Sermone 51. n. 9. *Judicet ergo seipsum homo..... & cum ipse in se protulerit severissimæ medicinæ, sed tamen medicinæ sententiam, veniat ad antistites, per quos illi in Ecclesia claves ministrantur ..... a præpositis Sacramen-*

meritorum arripiat Satisfactionis suæ modum; Innocentius I. Epist. ad Decentium cap. 7. *Cæterum*, inquit, *de pondere æstimando delictorum Sacerdotis est judicare, ut attendat ad Confessionem Pœnitentis ... afflictum jubere dimitti, cum viderit congruam Satisfactionem*; & S. Leo Epist. 82. cap. 2. *Mediator Dei & hominum homo Christus Jesus hanc præpositis Ecclesiæ tradidit potestatem, ut & confitentibus actionem Pœnitentiæ darent.*

Quapropter merito rem definiit Synodus Trident. sess. 14. Can. 15. his verbis, *Si quis dixerit claves Ecclesiæ esse datas tantum ad solvendum, non etiam ad ligandum, & propterea Sacerdotes, dum imponunt pœnas confitentibus, agere contra finem clavium & contra institutionem Christi; & fictionem esse, quod, virtute clavium, sublata pœna æterna, pœna temporalis plerumque exsolvenda remaneat, anathema sit.* Hujus doctrinæ inter alias rationes hanc affert eadem Synodus cap. 8. *Sane & divinæ justitiæ ratio exigere videtur, ut aliter ab eo in gratiam recipiantur, qui ante Baptismum per ignorantiam deliquerint; aliter vero qui semel à peccati & dæmonis servitute liberati*, &c.

Dehinc inde sequitur manifeste Pœnitentes debere, quantum in ipsis est, injunctas a Sacerdotibus pœnitentias, ut aiunt, satisfactorias acceptare & executioni demandare, *injunctam sibi Pœnitentiam studeant implere*. Inquit Conc. Lateran. Can. *Omnis utriusque sexus*.

Quod si quæratur qualem Pœnitentiam nunc & in præsenti Ecclesiæ statu, quo quidem non viget usus Pœnitentiæ publicæ, Pœnitentibus peccata sua confessis injungere pro Officio teneantur Sacerdotes.

Resp. apertam hac de re latam fuisse legem a Concilio Trident. sess. 14. cap. 8. jam dicto, *Debent Sacerdotes*, inquit, *quantum spiritus & prudentia suggesserit pro qualitate criminum & pœnitentium facultate salutares & convenientes Satisfactiones injungere; ne, si forte peccatis conniveant, & indulgentius cum Pœnitentibus agant, levissima quædam opera pro gravissimis delictis injungendo, alienorum peccatorum participes efficiantur. Habeant autem præ oculis, ut Satisfactio quam imponunt, non sit tantum ad novæ vitæ custodiam, & infirmitatis medicamentum, sed etiam ad præteritorum peccatorum vindictam, & castigationem.* Ex quibus colligitur e re Confessarii esse duo vitare extrema, cum pœnas satisfactorias imponit, scilicet non debet ex una parte pro multis vel gravioribus peccatis levem tantum aliquam injungere Pœnitentiam, qualis est v. g. recitatio Rosarii, vel alicujus Psalmi; ex altera vero non tenetur pro gravitate criminum pœnas antiquis Ecclesiæ Canonibus præscriptas imponere.

Primum quidem patet, tum ex præfatis Concilii verbis, *Debent Sacerdotes pro qualitate criminum convenientes Satisfactiones injungere*. Juxta illud S. Cypriani lib. de Lapsis, *Pœnitentia crimine minor non sit*. & illud S. Ambrosii lib. ad virginem lapsam cap. 8. *Grande scelus grandem necessariam habet Satisfactionem.* Tum quia Pœnitentia imponitur, ut diximus, & impleri debet a Pœnitentibus in ultionem & castigationem delictorum, adeoque indulgentius cum Pœnitentibus agerent Sacerdotes, *Levissima*, ut ait Synodus, *quædam opera pro gravissimis delictis injungendo*.

Alterum vero colligitur tum ex his Concilii verbis, *Debent Sacerdotes quantum prudentia suggesserit*, &c. sic enim qualitas Satisfactionis imponendæ relinquitur arbitrio prudenti Sacerdotum, qui opera satisfactoria injungant non modo pro qualitate criminum, sed etiam pro facultate Pœnitentium, *Sacerdos*, inquit S. Thomas in Supplem. q. 18. art. 4. *Divino instinctu motus non semper totam pœnam quæ uni peccato debetur injungit, ne infirmus aliquis ex magnitudine pœnæ desperet, & a Pœnitentia totaliter recedat.* Tum vero quia jam a multis sæculis mutata est Ecclesiæ disciplina erga Satisfactiones a Pœnitentibus exigendas, eaque propter duritiem cordis & infirmitatem Fidelium ita pristinam severitatem relaxavit, ut antiqui Canones jam vim legis non obtineant, pro illa nimirum potestate ligandi & solvendi quam acceperat a Christo.

Quæres quo tempore imponenda sit Satisfactio Pœnitentibus, utrum ante vel post datam absolutionem.

Resp. laudabilem esse & servandam consuetudinem Confessariorum, qui audita Confessione Satisfactionem injungunt ante datam absolutionem; operæ enim pretium est ut Sacerdos videat Pœnitentem rite dispositum ad morum emendationem & delictorum castigationem, antequam illum absolvat; quod si tamen per memoriæ lapsum prius absolvisset Pœnitentem, posset postea ipsi Satisfactionem imponere.

Quæres utrum Satisfactio impleri debeat a Pœnitente ante absolutionem.

Resp. 1. antiquitus cum in usu erat Pœnitentia publica, in more quoque positum fuisse, ut ordinarie non concederetur absolutio, nisi post peractos Pœnitentiæ labores, ut multis momentis facile demonstrari posset, sic enim v. g. initio IV. sæculi Innocentius I. Epist. ad Decentium, *Cæterum de pondere æstimando delictorum Sacerdotis est judicare, ut attendat ad Confessionem Pœnitentis, & ad fletus atque lacrymas corrigentis, ac tunc debere dimitti, cum viderit congruam Satisfactionem*. Legi possunt super ea re S. Cyprianus lib. de Lapsis; S. Ambrosius libris de Pœnitentia; S. Pacianus Epist. ad Sempronianum; S. Eligius Homil 8. in Cœna Domini, & alii multi.

His porro de causis antiquitus non impendebatur absolutio, nisi post peractam Satisfactionem, quia timebant ne absolverent hominem a Deo minime absolutum; ut testatur S. Greg. M. Homil. 26. in Evang. *Videndum est*, inquit, *quæ culpa præcessit; aut quæ sit Pœnitentia secuta post culpam, ut quos omnipotens Deus per compunctionis gratiam visitat, illos Pastoris sententia absolvat. Tunc enim vera est absolutio præsidentis, cum æterni arbitrium sequitur Judicis*. & quia sedulo cavebant, ne indignis porrigerentur Sacramenta, ita loquitur S. Greg. Nyss. Epist. ad Letoium, *Quemadmodum porcis margaritas projicere est vetitum, ita & pretiosa margarita privare eum qui jam per alienationem a vitio & purgationem homo factus est, absurdum*. Has & similes rationes reperire est passim apud antiquos.

Respondeo 2. rem tamen istam esse meræ disciplinæ, & plane indifferens esse ad essentiam Sacramenti, quod Satisfactio impleatur ante vel post absolutionem datam a Sacerdote, id constat tum quia in multis casibus etiam in primitiva Ecclesia Pœnitentes absolvebantur ante expletam Satisfactionem, seu quando imminebat persecutio, seu cum erant in manifesto mortis periculo; ut testatur Innocentius I. Epist. ad Decentium his verbis, *Sane si quis in ægritudinem inciderit, atque usque ad desperationem venerit, ei est ante tempus Paschæ relaxandum, ne de sæculo absque Communione discedat*, quod idem præcipiunt Concilium Nicænum M. Can. 13. Conc. Carthag. 4. Can. 76. & Con. Arausicanum I. Can. 3. Quapropter hanc Petri Oxoniensis propositionem, *Non sunt absolvendi Pœnitentes nisi peracta prius Pœnitentia eis imposita*, jure merito damnavit Sixtus IV. anno 1478.

3. Standum est consequenter præsenti Ecclesiæ praxi, qua hodie absolutio conceditur Pœnitentibus ante impletam Satisfactionem: qua autem ratione Satisfactio loco sit veræ materiæ in hoc Sacramento, quamvis absolutionem quæ forma est Sacramenti non præcedat, satis, ut puto, explicuimus supra. Porro non deest quoque ratio legitima, qua stabilitur hæc recentior disciplina quæ nonnullis ab hinc sæculis invaluit, ut absolvantur Pœnitentes ante adimpletam Satisfactionem, scilicet nemini dubium est, quia Satisfactio quæ absolutionem sequitur, tantum prosit quantum quæ eam præcessit ne dicam & amplius, quia bona opera quæ fiunt ab homine justificato censentur Deo gratiora, quam si fiant ab eodem nondum reconciliato.

Præ-

Præterquam quod hanc præsentem Ecclesiæ praxim nemo, nisi plane ineptus sit, damnare potest, nam, ut ait S. Augustinus, *Si quid tota per orbem frequentat Ecclesia, quin ita faciendum sit, insolentissimæ audaciæ est*. Unde Concilium Tridentinum declarat in administratione Sacramentorum sequendam esse praxim Ecclesiæ, sess. 2. cap. 2. *Hæc enim*, inquit, *potestas in Ecclesia semper fuit, ut in Sacramentorum administratione, salva illorum substantia, ea statueret vel mutaret, quæ suscipientium utilitati, seu ipsorum Sacramentorum venerationi, pro rerum, temporum ac locorum varietate magis expedire judicaverit*.

Quæres utrum liceat Sacerdoti aliquam injungere Pœnitentiam saltem ex parte implendam, priusquam absolvat Pœnitentem.

Resp. affirmative, conveniens enim maxime est, ut Confessarius aliquando absolutionem differat Pœnitenti, donec aliqua sinceræ conversionis signa dederit.

Quæres utrum Confessarius possit mutare Pœnitentiam ab alio Sacerdote impositam.

Resp. postulare prudentiam hujus Confessarii, ut non mutet illam Pœnitentiam sine gravi & laudabili causa, ne scilicet ejusmodi indulgentia abutantur Pœnitentes, & ne ludibrio vertant potestatem Sacerdotum in imponendis Satisfactionibus. 2. Hoc ipsum licitum esse, si legitima intervenerit causa, ut si Pœnitens incidisset in morbum, vel alia ex causa non posset talem Pœnitentiam implere, idque fundatur in potestate ligandi & solvendi quam Sacerdotes a Christo acceptam habent. Neque in illo casu Sacerdos in alium Sacerdotem exerceret hanc potestatem, sed in Pœnitentiam quæ ipsius judicio subjicitur de consensu Pœnitentis.

Quæres an teneatur Pœnitens injunctam sibi a Sacerdote Pœnitentiam seu Satisfactionem acceptare.

Resp. 1. partem negantem tenere Scotum qui ad 4. distinct. 19. docet non teneri Pœnitentem solvere pœnam inflictam a Sacerdote, quæ, ut ait, excedit totam latitudinem justitiæ, & proposita sibi objectione: *Unde sciet iste confidens, si excedat latitudinem an non* respondet *vel a lege divina, si peritus est in ea per se, vel si non, potest requirere ab alio Confessore, de cujus prudentia magis confidit*.

Respondeo 2. aliam esse amplectendam sententiam, qua asseritur teneri Pœnitentem injunctam a Confessario Satisfactionem acceptare; 1. quia aliter frustra data fuisset a Christo Sacerdotibus potestas ligandi & solvendi, si cum Pœnitentes per absolutionem solvuntur a reatu culpæ, ligari non possent & obligari ad impositas sibi pœnas acceptandas, quia ut ait Concilium Trident. sess. 14. cap. 8. *Claves Sacerdotum non ad solvendum duntaxat, sed ad ligandum concessas etiam antiqui Patres & credunt & docent*; 2. quia hæc Scoti sententia alioquin nova, periculosa esset in praxi, quatenus si possent Pœnitentes ad libitum acceptare vel rejicere Satisfactiones sibi injunctas, quas nempe proprio judicio crederent non esse ad normam justitiæ impositas, jam Sacerdos non esset judex; sed suam ipsi causam judicarent peccatores, qui propterea ab uno ad alium confugere possent Confessarium.

Quæres utrum possit quis pro alio satisfacere.

Resp. id fieri posse, huc enim spectat doctrina Catholica de indulgentiis, tum vero quod in veteri Ecclesia ad preces Martyrum pœnæ Fidelium qui Pœnitentes erant, relaxabantur.

Quæres utrum Sacerdos cum aliquam Pœnitenti imposuit pœnam in Satisfactionem, possit in aliam commutare.

Resp. id legitime fieri posse, eo nimirum quod Sacerdos in Tribunali Confessionis fungitur hac in parte officio judicis; & qui propterea potest etiam legitima de causa impositam ab alio Sacerdote Pœnitentiam commutare.

Quæ-

Quæres utrum Pœnitens satisfacere possit, licet adhuc in statu peccati mortalis versetur.

Resp. tria hic distingui posse in peccato, actum, reatum, & affectum; actus est ipsa actio qua committitur peccatum; reatus est status in quo versatur peccator nondum justificatus; denique affectus est amor seu complacentia habitualis de peccato commisso, quibus positis; Dico 1. hominem satisfacere non posse per actum peccati mortalis, quia generatim loquendo nunquam debitor censetur satisfacere proprio debito per novum quod contrahit debitum. Dico 2. non satisfacere quoque Pœnitentem per actum quem comitatur affectus peccati mortalis, quia hoc ipso non habet odium vitæ veteris & propositum novæ, quod tamen ex Concilio Trident. requiritur in Pœnitente; immo supponitur habere amorem peccati mortalis dominantem. Potest quidem quispiam hoc in statu præceptum Ecclesiæ adimplere, jejunare v. gr. per quadragesimam, sed exhibere non potest Satisfactionem injunctam sibi a Sacerdote, quia hoc opus essentialiter includit odium vitæ præteritæ, quo pertinet quod legitur Isaiæ cap. 58. ubi populo dicenti, *Quare jejunavimus & non aspexisti?* respondet Deus, *Ecce in die jejunii vestri invenitur voluntas vestra*; 3. peccatorem posse Deo satisfacere & injunctam sibi a Sacerdote Pœnitentiam adimplere, licet adhuc in statu peccati mortalis versetur: docet enim Ecclesiæ historia Pœnitentes ante absolutionem solitos fuisse Pœnitentiæ & Satisfactionis labores perfungi. Et ratio est quia ad Satisfactionem satis est, quod sit opus gratum de congruo, & ab eo fiat qui Deum diligit, licet nondum sit justificatus.

Quæres demum quid prosint pœnæ satisfactoriæ.

Resp. fructus laborum Pœnitentiæ & Satisfactionis sic describi a Patribus Tridentinis sess. 14. cap. 8. *Procul dubio*, inquiunt, *magnopere a peccato revocant, & quasi freno quodam coercent satisfactoriæ pœnæ, cautioresque & vigilantiores in futurum Pœnitentes efficiunt, medentur quoque peccatorum reliquiis & vitiosos habitus male vivendo comparatos contrariis virtutum actionibus tollunt.* Et id quidem præter remissionem pœnæ temporalis pro peccatis commissis debitæ.

CAPUT XXII.

De Pœnitentia publica.

Pœnitentia duplex, privata & publica: privata quæ fit secreto, seu sponte, seu sit injuncta a Sacerdote: publica quæ fit palam & publice.

Pœnitentiam privatam semper in Ecclesia fuisse usitatam constat, tum ex iis omnibus quæ jam adducta sunt de Confessione quæ fiebat secreto, & in aure Sacerdotis qui privatas similiter injungebat Satisfactiones: tum vero ex eo quod mox dicturi sumus non omnia peccata mortalia fuisse Pœnitentiæ publicæ obnoxia, & quæ proinde privatæ expiabantur.

Sed de Pœnitentia publica nunc agendum, cujus existentiam, tempus, circumstantias & conditiones paucis pro instituti ratione delineabimus.

Pœnitentiæ publicæ usus & initium sumitur, ut multi volunt, ab ipsis Apostolorum temporibus, eo quod scribit S. Paulus I. ad Corint. cap. 5. quemdam in incestu viventem satanæ tradendum in interitum carnis, vetatque ne cum illo homine Corinthii cibum sumant. Sed initio tertii seculi maxime usitatam fuisse Pœnitentiam publicam abunde probant opera Tertulliani, Origenis & S. Cypriani. Occasione autem Novatianorum qui nimiæ indulgentiæ erga peccatores accusabant Catholicos, severior evasit Ecclesiæ Disciplina; ut facile colligitur ex Canonibus Concilii Eliberitani.

Quanquam non appareat quodnam præfixum fuerit tempus & spatium peragendæ Pœnitentiæ etiam pro gravissimis pec-

peccatis quæ vulgo canonica dicebantur, videlicet idololatria, homicidium & adulterium; neque enim ullum assignat Tertullianus, nec ullum S. Cyprianus in suo Carthaginensi Concilio, ubi acriter discussa fuit causa lapsorum.

Porro his temporibus, hoc est ad initium quarti sæculi instituta fuerunt solemnes illæ quatuor stationes Pœnitentium certo annorum numero ante Communionem decurrendæ.

Hæ stationes sunt fletus, auditio, substratio, & consistentia, quæ clare describuntur a S. Gregorio Neocæsariensi in Epistola sua Canone undecimo his verbis: *Fletus seu luctus est extra portam oratorii, ubi peccatorem stantem oportet Fideles ingredientes orare, ut pro se precentur. Auditio est intra portam in porticu, ubi oportet eum qui peccavit stare, usque ad Catechumenos & illinc egredi. Audiens enim*, inquit, *Scripturas & doctrinam ejiciebatur, & precatione indignus censebatur. Subjectio autem seu substratio erat, in qua Pœnitentes substrati variis macerationum pœnis exercebantur. Stabant illi a portis Ecclesiæ usque ad Ambonem & cum Catechumenis exibant tempore celebrationis missæ. Consistentia erat statio, in qua Pœnitentes consistebant cum Fidelibus in Ecclesia ab Ambone usque ad Sanctuarium. Hoc uno plectebantur Pœnitentes, quod Eucharistia ipsis non administrabatur.*

Quatuor illos gradus memorant etiam Concil. Ancyranum Can. 4. 5. & 8. Concilium Nicæn. M. Can. 11. & 12. S. Gregorius Nyssenus Epist. ad Letoium, & alia passim antiquitatis monumenta.

Quot vero annis stare deberent Pœnitentes in unaquaque ex illis quatuor stationibus, legitur apud S. Basilium Epist. 3. canonica ad Amphilochium, ubi sic habet Can. 58. *Qui adulteravit quindecim annis Sacramentis non communicabit. Hi autem anni sic dispensabuntur, quatuor annis erit deflens, quinque audiens, quatuor substratus, in duobus consistens sine Communione*, & Can. 59. *Fornicator septem annis sanctis non communicabit, duobus deflens, & duobus audiens, & duobus substratus, uno solo consistens, octavo autem ad Communionem admittetur.*

Porro circa hanc Pœnitentiæ publicæ disciplinam nonnulla sunt observanda: 1. non eandem severitatem observatam semper fuisse in omnibus & singulis Ecclesiis, etiam a tertio sæculo usque ad septimum, quo Pœnitentiæ publicæ usus exolescere cœpit: 2. nec in eadem Ecclesia eamdem quoque fuisse praxim, quia in potestate & arbitrio Episcoporum erat Pœnitentiæ labores relaxare: 3. diversas pro gravitate criminum impositas fuisse pœnas, durius enim actum est cum sacrificatis, hoc est cum iis qui Idolis sacrificaverant, mitius vero cum libellaticis, hoc est, qui libellos supplices dabant, ne sacrificare cogerentur: 4. demum Pœnitentiæ publicæ usum pene omnino evanuisse a nono sæculo, quatenus nimirum hac ætate & sequentibus sæculis mos introductus est in Ecclesia, Pœnitentiæ publicæ onus & labores redimendi precibus, jejuniis, eleemosynis, peregrinationibus, flagellationibus spontaneis, & sacris expeditionibus; adeo ut decimo quarto sæculo aut circiter nulla superfit Pœnitentiæ publicæ praxis.

CAPUT XXIII.

Utrum omnia peccata mortalia fuerint olim subjecta Pœnitentiæ publicæ.

INter peccata mortalia quædam censebantur aliis longe graviora & dicebantur Canonica, scilicet, ut jam dictum est, idololatria, homicidium, & adulterium, de his nulla hic quæstio est, sed de aliis peccatis lethalibus, saltem minime occultis, de quibus speciatim agetur.

CONCLUSIO.

Non omnia peccata mortalia subjiciebantur Pœnitentiæ publicæ. Idque constat,

1. Ex

1. Ex S. Basilio qui Epistola ad Amphilochium Can. 14. asserit usuram non fuisse Pœnitentiæ publicæ obnoxiam, *Qui usuras accipit*, inquit, *si injustum lucrum in Pauperes consumere voluerit, & ab avaritiæ morbo deinceps liberari, est ad Sacerdotium admittendus*; sed, ut postea dicemus, qui Pœnitentiam publicam egerant, ad Saderdotium non promovebantur.

2. Ex S. Gregorio Nyss. epist. ad Letoium, ubi avaritiam eximit a Pœnitentia publica Can. 6. his verbis, *Altera autem idololatriæ species, sic enim Apostolus avaritiam appellat, nescio quomodo absque ulla Pœnitentiæ medela a Patribus prætermissa est, quo fit ut hic morbus valde in Ecclesia redundet*.

3. Ex S. Augustino qui lib. de fide & operibus cap. 26. peccata distinguit in tres classes, eorum quæ excommunicatione plectenda sunt, eorum quæ Pœnitentia publica non expiantur, & eorum denique, venialium scilicet, quæ quotidiana vocat & per Orationem Dominicam eluuntur; sed in mente S. Doctoris peccata secundæ classis mortalia sunt, ea quippe opponit venialibus; adeoque censebat nonnulla peccata mortalia Pœnitentiæ publicæ non fuisse subjecta: consule quæ infra adjungemus respondendo objectionibus.

4. Concilium Neocæsariense a Pœnitentia publica eximit peccata desiderii, etiam mortalia. Can. 4. sic habet, *Si quis proposuerit concupiscere mulierem ad dormiendum cum ea, & ejus desiderium ad opus non venerit, videtur esse gratia liberatus*. Hoc est a Pœnitentia canonica immunis, ut multi exponunt, vel ut volunt alii, ab opere peccati & consequenter a Pœnitentia publica.

5. Concilium Nicænum M. Can. 8. decernit cum sola manus impositione recipiendos esse Novatianos ad Ecclesiam redeuntes. *De his*, inquit, *qui se nominant Catharos, id est Novatianos, si aliquando venerint ad Ecclesiam, placuit magno Concilio, ut impositionem manuum accipientes sic in Clero permaneant*. Et similiter Concilium Laodicenum Can. 7. recipit Hæreticos cum sola fidei professione sine ulla ipsis imposita Pœnitentia. Consuli etiam possunt S. Chrysostomus Homil. 17. in Matth. S. Cæsarius Homil. 13. S. Eligius Homil. 8. S. Leo Epist. 2. quæ est ad Rusticum Narbonensem & multi alii ex antiquis Scriptoribus idem testificantibus.

6. Demum accedit ratio, scilicet si propter quodlibet peccatum mortale imposita fuisset Pœnitentia publica, nonnisi pauci admodum remansissent Fideles in Ecclesiis, & in Communione Sacramentorum; quis enim ab omni peccato mortali, vel etiam cogitationum per totam vitam immunis est?

Obj. Tertullianus lib. de Pœnitentia, cap. 4. testis est, omnia peccata fuisse subjecta Pœnitentiæ publicæ, *Omnibus*, inquit, *delictis seu carne, seu spiritu, seu facto, seu voluntate commissis, qui pœnam per judicium destinavit, idem & veniam per Pœnitentiam spopondit*. Agit autem ibi de Pœnitentia publica quam appellat cap. 9. *Prosternendi & humilificandi hominis disciplinam*: igitur.

Resp. Tertullianum eo loci disserere non de Pœnitentia publica præcise, quamvis illam designet in multis hujus libri locis, sed de Pœnitentia in genere quatenus est virtus necessaria necessitate medii pro omnibus & singulis hominibus in peccata post Baptismum prolapsis: 1. quia loquitur de Pœnitentia quam Deus præcepit. *Bonum est*, inquit, *pœnitere an non? quid revolvis? Deus præcepit*. Pœnitentia autem publica, ut sciunt omnes, non fuit a Christo præcepta: 2. quia hoc argumentum nimis probaret, nimirum etiam pro venialibus impositam fuisse Pœnitentiam canonicam, propositio enim Tertulliani est generalis.

Objicies: S. Cyprianus Epist. 9. loquens adversus lapsos sic habet, *Nam cum in minoribus peccatis agant peccatores Pœnitentiam justo tempore & secundum disciplinam ad exomologesim veniant, &*

per

per manus impositionem Episcopi & Cleri jus Communicationis accipiunt. Ibi loquitur S. Doctor de Pœnitentia publica: sed ait eam fuisse actam pro minoribus peccatis: ergo censebat id moris fuisse in Ecclesia, ut omnia peccata mortalia subjicerentur Pœnitentiæ publicæ.

Respondeo ibi S. Cyprianum per minora peccata intelligere etiam duo alia peccata canonica, homicidium & fornicationem, non quod non existimaverit ea esse lethalia, sed quia de duobus istis loquitur comparate ad idololatriam, propter quam lapsi, contra quos agit, nolebant Pœnitentiam agere; unde idololatriam reputat delictum gravissimum & alia dicit minora peccata; sed dubio procul per minora peccata non intelligit Cyprianus levia & venialia, quæ Pœnitentiæ publicæ subjiciantur. Confirmatur autem hæc responsio ex Epist. [illegible] ubi minora delicta appellat Cyprianus ea quæ committuntur in homines, & gravissimam idololatriam quæ in Deum committitur: *Nam cum*, inquit, *in minoribus delictis, quæ non in Dominum committuntur, Pœnitentia agatur justo tempore, quanto magis in his gravissimis & extremis delictis, caute omnia & moderate secundum disciplinam Domini observare oportet*.

At inquies, etiam de pravis cogitationibus actam fuisse Pœnitentiam publicam testatur S. Cyprianus lib. de Lapsis, *Quanto*, inquit, *& fide majores & timore meliores sunt, qui, quamvis nullo sacrificii aut libelli facinore constricti, quoniam tamen vel de hoc cogitaverunt, hoc ipsum apud Sacerdotes Dei dolenter, & simpliciter confitentes exomologesim conscientiæ suæ faciunt*; igitur.

Distinguo ant. actam fuisse Pœnitentiam publicam sponte, C. necessario & ex lege impositam, N. Jam observavimus inter eos qui Pœnitentiæ publicæ labores & gradus decurrebant, multos olim extitisse qui ex pietatis & humilitatis motivo eamdem susciperent Pœnitentiam, horum [illegible] & devotionem commendat S. Cyprianus.

Obj. S. Augustinus Serm. 352. olim Homil. 27. inter 50. triplicem duntaxat agnoscit Pœnitentiam. Primam quæ fit a Catechumenis ante Baptismum. Secundam quæ est leviorum peccatorum per Orationem Dominicam. Tertiam pro cæteris omnibus delictis quæ expiabantur per illam Pœnitentiam, quæ, ut ait, *est Pœnitentia gravior atque luctuosior, in qua proprie vocantur in Ecclesia Pœnitentes etiam removeri a Sacramento Altaris participandi, ne accipiendo indigne judicium sibi manducent & bibant*: igitur putabat S. Augustinus omnia peccata mortalia fuisse obnoxia Pœnitentiæ publicæ.

Nego cons. ex hoc enim loco vel alio simili, colligi solum potest Sanctum Augustinum singulos Pœnitentiæ ordines ibi non descripsisse, nec ejusmodi divisionem esse accuratam; unde ad indagandam hujus sancti Doctoris mentem super illo negotio, necesse est ut recurratur ad alia ejusdem opera; is autem multis in locis docet aperte omnia peccata mortalia non fuisse Pœnitentiæ publicæ obnoxia. In Enchiridio cap. 8. *Nostris temporibus*, inquit, *ita multa mala in apertam jam consuetudinem venerunt, ut pro his non solum excommunicare aliquem Laicum non audeamus, sed nec Clericum degradare; unde cum exponerem aliquot ante annos Epistolam ad Galatas, exclamare compulsus sum, Væ peccatis hominum quæ sola inusitata exhorrescimus, usitata vero pro quibus abluendis Filii Dei Sanguis effusus est, quamvis tam magna sint, ut omnino claudi contra se faciant Regnum Dei, sæpe videndo omnia tolerare cogimur*. Hæc porro peccata mortalia sunt propter quæ Dei Regnum clauditur. Epist. 22. scribit comessationes non privatas modo, sed & alias in locis sacris fieri solitas publicæ Pœnitentiæ remedio non fuisse tunc sanatas, *Sed magis*, inquit, *docendo quam jubendo, magis monendo quam minando*. & Epist. 153. idem testatur de peccatoribus, qui bona aliena usurpaverant, *Arguimus*, inquit, *increpamus & detestamur quosdam clam, quosdam palam, sicut diversitas per-*

fontium diversam videtur posse reperire medicinam.

Respondent alii sic distinguendo, cetera delicta expiabantur per tertiam illam Pœnitentiam, quatenus erat separatio ab Eucharistia, C. quatenus erat luctuosis Pœnitentiæ laboribus distincta, subdistinguo, si graviora essent, C. leviora & illud intelligendo de singulis mortalibus, N. Scilicet S. Augustinus & alii veteres sumunt nonnunquam Pœnitentiam publicam latius pro separatione ab Altari & Communione Eucaristica, & sæpius in sensu strictiori pro Pœnitentia canonica variis distincta stationibus. Id moris autem fuisse S. Augustino, ut duplex illud Pœnitentiæ genus distingueret; ita ut Pœnitentiam publicam posteriori sensu acceptam, nonnisi pro gravioribus & canonicis sceleribus assignaret, patet ex libro de Symbolo Catechumenos cap. 7. ubi primum loquitur de peccatis, pro quibus Fideles separabantur ab Eucharistia, & postea de alia graviorum scelerum specie, propter quæ cæteris Pœnitentiæ publicæ laboribus subjiciebantur, *Nolite*, inquit, *illa committere, pro quibus necesse est ut a Corpore Christi separemini, quod absit a vobis*, en prima publicæ Pœnitentiæ species, *Illi quos videtis agere Pœnitentiam, scelera commiserunt aut adulteria aut scelera immania*. Ubi [illegible] de Pœnitentia canonica loquitur.

Objicies: Cæsarius Arelatensis omnia peccata distribuit in duas classes, levium scilicet & capitalium Homil. [illegible] & sola levia excipit a Pœnitentiæ publicæ laboribus, is autem vivebat [illegible] sæculi: ergo in [illegible] tunc [illegible] in Ecclesia, ut omnia [illegible] talia subjicerentur Pœnitentiæ publicæ.

Respondeo S. Cæsarium per [illegible] peccata intelligere [illegible] peccata opponuntur [illegible] in [illegible] [illegible] [illegible] [illegible] [illegible] quemado [illegible] [illegible] [illegible], ex S. Eligio, qui similiter Homil. 8. & [illegible] peccata distinguens in minora & capitalia, hæc solum subjicit Pœnitentiæ publicæ.

Quapropter tria tantum peccata canonica, idololatria, homicidium, & adulterium Pœnitentiæ publicæ plectebantur, ut vel ex eo colligitur, quod canonica appellabantur, quia scilicet ex Canonum præscripto Pœnitentiæ publicæ erant obnoxia. Id autem apertum est ex [illegible] Paciano qui oratione parænetica ad Pœnitentiam expresse docet, non omnia peccata mortalia, sed hæc tria solum plecti solita Pœnitentia publica, *Quæ*, inquit, *Apostoli in suo Concilio Hierosolymitano assignarunt, nempe idololatriam, homicidium, & adulterium, cætera vero compensatis bonis operibus sananda sunt*.

At vero ex allatis modo S. Augustini locis aperte manifestum est hanc fuisse Ecclesiæ disciplinam, ut Fideles non modo propter admissa peccata canonica, sed & propter alia peccata mortalia a Communione Eucharistiæ per aliquod tempus arcerentur, ait enim citato capite [illegible] libri de Symbolo, *Nolite illa committere pro quibus necesse est, ut a Corpore Christi separemini*, Lib. de dono perseverantiæ cap. 4. idem esse repetit admittere aliquod peccatum quo mereatur [illegible] tes, & mereri separationem a Christi Corpore, quod confirmat auctoritate S. Cypriani. Eandem disciplinam discimus a S. Basilio Epistol. ad Amphilochium Can. 34. Cæsario Arelatensi homil. 8. & 12. Ex Eligio Noviomensi Homil. 8. ex Isidoro lib. 1. de Officiis, & Concilio Turonensi III. Can. 22. [illegible] est illud Concilium [illegible].

CAPUT XXXIII.

Utrum peccata omnia Pœnitentiæ publicæ subjicerentur.

Quidam [illegible] sæculi [illegible] bus [illegible] accepta fuisse Pœnitentia [illegible] zia, ita sensit Joannes [illegible].

[illegible] pœnitentiale Theodori Cantuariensis, vir cætera Catholicus, quem hac in parte secutus est Dallæus lib. 3. de Confessione cap. 22. [illegible] tamen [illegible] affectum; hic enim contendit juxta veterem Ecclesiæ Disciplinam, sola publica scelera quæ scandalo fuerant, confessos fuisse Fideles. Verum contraria fere omnium Theologorum sententia est sex prioribus Ecclesiæ sæculis peccata etiam occulta, si graviora essent & canonica, fuisse subjecta Pœnitentiæ publicæ, nec nisi septimo sæculo [illegible], ut de occultis occulta ageretur Pœnitentia, huic sententiæ adhæremus; quamobrem sit

PRIMA CONCLUSIO.

Sex prioribus Ecclesiæ sæculis occulta etiam crimina fuerunt subjecta Pœnitentiæ publicæ.

Probatur enim fuisse Ecclesiæ Disciplinam testantur SS. Patres, Origenes in Psal. 37. *Circumspice*, inquit, *diligentius cui debeas confiteri peccatum tuum ... si intellexerit talem esse languorem tuum, qui in conventu totius Ecclesiæ exponi debeat & curari, ex quo fortassis & cæteri ædificari poterunt, & tu ipse facile sanari, multa hoc deliberatione & satis perito illius consilio procurandum est.* Retulimus supra [illegible] Tertulliani locum ex lib. de Pœnitentia [illegible], quo nihil ad eam rem [illegible] addaci potest. Legatur etiam quod scribit S. Cyprianus lib. de Lapsis, ubi loquens de Idololatris tum occultis, tum publicis ait: *Convertantur ad Dominum mente tota, & Pœnitentiam criminis veris doloribus exprimentes Dei misericordiam deprecentur;*

Item S. Basilius Epist. canonica ad Amphilochium sic habet Can. 34. *Adulterio pollutas mulieres & confitentes ob pietatem, vel [illegible] publicare Patres nostri prohibuerunt; ne [illegible], sed manere [illegible] Pœnitentiæ.* Ubi igitur [illegible] consilio, ut ostendant hæc verba, *Constituatur ob pietatem*; 2. plectitur Pœnitentia publica; jubentur enim stare sine Communione. Can. 61. sic loquitur idem Basilius, *Qui furatus est, si ex se quidem Pœnitentia motus se ipsum accusaverit, anno a sola Sacramentorum Communione arcebitur. Sin autem convictus fuerit, duobus annis.* Furtum porro censetur occultum, quando per solam rei secretam revelationem innotescit.

S. Ambrosius lib. 1. de Pœnit. cap. 16 *Si quis igitur*, inquit, *occulta crimina habens propter Christum, tamen studiose Pœnitentiam egerit, quomodo istic recepit, si ei Communio non refunditur, volo veniam reus speret, petat eam lacrymis, petat eam gemitibus, petat populi totius fletibus, ut ignoscatur, obsecret, & cum 2° & 3. dilata fuerit ejus Communio, credat se remissius supplicasse.*

S. Augustinus Serm. 392. *Qui post uxores vestras*, inquit, *vos illicito concubitu maculastis, si præter uxores vestras cum aliqua concubuistis, agite Pœnitentiam, qualis agitur in Ecclesia, ut oret pro vobis Ecclesia, nemo sibi dicat, Occulte ago, apud Deum ago, novit Deus qui mihi ignoscit, quia in corde ago: ergo sine causa dictum est, Quæ solveritis in terra, soluta erunt in Cælo; ergo sine causa sunt claves datæ Ecclesiæ Dei.* Hortatur ibi S. Doctor ad Pœnitentiam publicam, ibidem etiam profert exemplum Theodosii Imperatoris. Consuli possunt insuper Innocentius I. Epist. 2. ad Victricium Rothomagensem Episcopum; Cæsarius Arelat. Homil. 1. in Quadrag. S. Leo Epist. 136. ad Episcopos Campaniæ, & S. Eligius Homil. 4. 7. & 8.

Secundo probatur eadem assertio, quia hæc eadem peccata Pœnitentiæ publicæ fuerunt pro Laicis obnoxia quæ in Clericis majoribus depositione plectebantur; sed propter peccata etiam occulta deponebantur Clerici majores, ut patet ex Concilio Neocæsariensi Can. 9. his verbis: *Si Presbyter qui corpore prius peccaverat, promotus fuerit, & si ante ordinationem peccasse confessus fuerit, ne offerat manere in aliis propter ejus bonæ vitæ studium.* Ubi habetur Presbyterum, si occultum crimen confiteatur, e gradu suo dejiciendum. Cujus rei eximium habetur exemplum in Concilio Toletano X. ubi Potamius Bracarensis Episcopus fuit depositus postquam scripto se fœdissimi criminis accusaverat. *Per fidelem*, inquiunt *PP. Confessionem agnito quod tactu fœmineo sorduisset, licet hunc paterna antiquitas sacris regulis dejicere ab honore decernat; nos tamen miserationis jura servantes non abstulimus nomen honoris, sed valida autoritate decrevimus perpetuæ Pœnitentiæ inservire, officiis & ærumnis.*

Tertio, id recte colligitur ex eo quod in iis omnibus Canonibus, qui pro gravioribus delictis Pœnitentiam publicam decernunt, nullus extat qui crimina publica distinguat ab occultis, & pro publicis tantum ac speciatim instituat Pœnitentiam publicam, quod sane non ita præstitum fuisset a Patribus, nec a Conciliis, si eo tum fuisset Ecclesiæ doctrina & mens, peccata occulta non esse Pœnitentiæ publicæ obnoxia: quinimo accurate distinxissent utrumque delictorum genus, & sola publica publicæ Pœnitentiæ addixissent.

Objicies: Origenes Homil. 21. in Josue sic habet, *Ubi peccatum non est evidens, ejicere neminem possumus de Ecclesia:* igitur pro solis delictis publicis imponebatur Pœnitentia publica.

Dist. cons. Pœnitentia publica per vim & coacta, C. simpliciter, N. scilicet cum peccata occulta erant, nonnisi de consilio Sacerdotis, cui per arcanam Confessionem revelabantur, peccatores mittebantur ad Pœnitentiæ publicæ stationes, contra vero, qui publice peccaverant ad eam suscipiendam cogebantur, & sic explicatur, quod idem Origenes alibi docet pro peccatis occultis agendam esse Pœnitentiam publicam ex consilio Sacerdotis. Unde etiam S. Augustinus Serm. 351. pronunciat neminem a Communione prohiberi posse, nisi aut sponte confessus, aut in aliquo judicio convictus, *Nos vero a Communione prohibere quemquam non possumus, nisi aut sponte confessum, aut in aliquo, sive sæculari sive Ecclesiastico judicio nominatum atque convictum.*

Objic. S. Augustinus Serm. 82. cap. 8. aperte docet sola peccata publica publice corrigenda, *Sunt*, inquit, *homines adulteri in domibus suis, in secreto peccant, aliquando nobis produntur ab uxoribus suis plerumque zelantibus, aliquando maritorum salutem quærentibus, nos non prodimus palam, sed in secreto arguimus: ubi contigit malum, ibi moriatur malum;* igitur.

Respondeo nihil prorsus confici posse ex hoc S. Augustini loco, quia de correctione fraterna tantum, non de Pœnitentia disserit in illo sermone, ut cuivis eum legenti manifestum est; *Ergo*, inquit ibidem, *ipsa corripienda sunt coram omnibus quæ peccantur coram omnibus, ipsa corripienda secretius, quæ peccantur secretius.* Quid vero hæc ad modum agendi Pœnitentiam?

Objic. Innocentius I. scribit in Epist. ad Exuperium cap. 4. in more positum non fuisse, ut Pœnitentiæ publicæ subjicerentur adulteri viri, quia inquit, *Non habent peccata latentia vindictam:* igitur peccata occulta, tametsi canonica, non erant publicæ Pœnitentiæ obnoxia.

Resp. Innocentium appellare peccata latentia, quæ nec Confessione privata, nec convictione juridica innotescebant occasione virorum qui adulteria perpetrabant, nec ab uxoribus suis vulgo accusabantur, quamvis contra uxores ejusdem criminis accusare solerent.

Objic. Si pro peccatis occultis imposita fuisset Pœnitentia publica, non satis prospectum fuisset eorum honori, qui propter ejusmodi peccata in Tribunali Confessionis secreto declarata, inter Pœnitentes fuissent allegati, quinimo hoc pacto revelata fuisset Confessio, saltem indirecte, quatenus proclivum fuisset judicare, ejusmodi homines incidisse in peccata canonica: absurdum consequens & a mente Ecclesiæ prorsus alienum; ergo.

Nego

Nego ant. & ratio est, quia tunc multi erubuissent inter Fideles, qui ex solo humilitatis, & Christianæ pietatis motivo publicæ Pœnitentiæ gradus decurrerent, ut Rex Wamba, de quo sermo est in Concilio Toletano XII. quemadmodum hodie non scandalisantur qui ad Confessionis Tribunal publice accedunt, quia multi pietatem colentes propter peccata solum venialia confitenda illud frequentant.

Secunda Conclusio.

Circa septimum sæculum mutata videtur, hac in parte, Ecclesiæ Disciplina; ita ut pro peccatis publicis publica & occulta pro occultis imponeretur Pœnitentia.

Id ostendunt varia septimi sæculi & sequentium monimenta, in capitular. lib. 5. cap. 52. hoc legitur, *Si occulte & sponte confessus fuerit, occulte fiat, si publice & manifeste . . . publice coram Ecclesia juxta canonicos pœniteat gradus*. Consuli possunt pœnitentiale Theodori Cantuariensis, qui degebat ad medium sæculi septimi; Concilium Arelatense VI. Can. 16. Concilium Cabillonense II. Can. 25. Moguntinum I. Can. 31. hæc decernit: *Discretio servanda est inter Pœnitentes qui publice, & qui absconse pœnitere debeant, nam qui publice peccat, oportet & ut publice mulctetur Pœnitentia*. Habita est illa Synodus ann. 847.

Caput XXV.

Utrum Clerici fuerint etiam Pœnitentiæ publicæ subjecti.

Clerici alii dicuntur majores, alii minores: majores Clerici tunc dicebantur Episcopus, Presbyter, Diaconus; cæteri vero e Clero vocabantur Clerici minores, quibus postrema sic

Prima Conclusio.

Clerici majores publicæ Pœnitentiæ fuerunt subjecti tribus prioribus Ecclesiæ sæculis, non item quarto, & sequentibus.

Probatur prior conclusionis pars, 1. ex Concilio Neocæsariensi Can. 1. *Presbyter*, inquit, *si uxorem duxerit, ab ordine suo illum deponi debere, quod si fornicatus fuerit vel adulterium commiserit, extra Ecclesiam abjiciatur, & Pœnitentiam inter Laicos redactus agat*.

2. Ex Concilio Eliberitano Can. 18. *Episcopi Presbyteri*, inquit, *Diacones, si in ministerio positi detecti fuerint quod sint mœchati, nec in fine eos accipere Communionem*. Can. 66. *Si quis Diaconum se permiserit ordinari, & postea fuerit in crimine detectus mortis quod aliquando commiserit, si sponte fuerit confessus, placuit eum acta legitima Pœnitentia post triennium accipere Communionem, quod si alius eum detexerit, post quinquennium acta Pœnitentia*.

3. Id ostenditur ex S. Cypriano qui testatur Epist. 52. ad Antonianum, Communioni admissum fuisse Trophimum Episcopum, & quidem ex singulari indulgentia, eo quod reduxisset universam plebem quam in ruinam secum traxerat: sed nulla foret indulgentia, nisi parcitum ei fuisset quoad Pœnitentiam publicam. Epist. 59. idem Cyprianus objurgat Terapium, quod Victorem quemdam Presbyterum, qui thus idolis adoleverat, Communioni reddidisset, nondum acta ab eo plena Pœnitentia.

4. Ex Cornelio Papa Epist. ad Fabium Antiochenum apud Eusebium lib. 6. cap. 43. ubi loquens de duobus illis Episcopis, qui Novatiano manus imposuerant: *Unus*, inquit, *non longe post peccatum flebiliter lamentans, & aperte confessus ad Ecclesiam revertit, quem populo universo pro eo rogante, ad Laicam in Communionem recepimus*; igitur tribus prioribus Ecclesiæ sæculis Clerici majores

res

res Pœnitentia publica multabantur.

Objicies: Ex Albaspinæo in Optatum observatione sexta, *Sed & ab Origene hæc vulgo referuntur quæ huic nostræ sententiæ plurimum favent, si Pœnitentia imponeretur Episcopis, non esset Pœnitentia, sed injuria*: igitur.

Resp. deceptum esse Albaspinæum qui hæc verba tanquam Origenis profert in subsidium suæ opinionis, & quæ nullo in loco extent apud illum.

Obj. Optatus lib. 2. cap. 21. arguit Donatistas, quod Episcopos & Presbyteros Pœnitentiæ publicæ addixissent, *Honore sui nominis*, inquit, *spoliati sunt Sacerdotes, o inaudita impietas! quem jugulaveris inter Pœnitentiæ tormenta servare*, hoc est Sacerdotem quem gradu dejeceris, in Pœnitentiæ laboribus detinere, ut habet clarissimus Dupin in notis ad Optatum: sed illos talis impietatis non arguisset Optatus, si tunc recepta fuisset consuetudo Sacerdotes subjiciendi Pœnitentiæ publicæ: igitur.

Dist. maj. quod honore suo spoliaverant Sacerdotes immerentes, & quidem infami quodam & insolito modo, C. eo præcise, quod illos Pœnitentiæ addixerant, N. abunde intelligitur hæc responsio ex ipso Optati textu, *Quid a vobis minus factum est vestris consiliis? Sauciati sunt innocentes, exarmati Fideles, honore nominis sui spoliati sunt Sacerdotes*; cap. 23. sic prosequitur, *Docete ubi vobis mandatum est radere capita Sacerdotum cum contrario sint tot exempla proposita, fieri non debere*; & cap. 24. *Invenistis pueros, de Pœnitentia fecistis, ne aliqui ordinari potuissent. Agnoscite vos animas evertisse: invenistis Fideles antiquos, fecistis Pœnitentes. Agnoscite vos animas evertisse, invenistis Diacones, Presbyteros, Episcopos, fecistis Laicos. Agnoscite vos animas evertisse*. Luce meridiana clarius est, Optatum id præcise vitio non vertere Donatistis, quod Sacerdotibus Pœnitentiam publicam imponerent, in hoc enim animo non conveniunt.

Instabis. In lib. 1. ejusdem Optati habetur Concilii Romani sententia contra Donatum his verbis: *A singulis in Donatum sunt hæ sententiæ latæ, qui confessus sit rebaptisasse, & Episcopis lapsis manum imposuisse*. In Pœnitentiam scilicet, neque enim ibi sermonem esse de manus impositione ordinatoria probat mox laudatus Optati Scholiastes: igitur tunc temporis, hoc est initio quarti sæculi non licebat Sacerdotes Pœnitentia publica multare.

Resp. Verisimiliter id culpari in Donatistis, quod Pœnitentiæ publicæ Sacerdotes addixerant per manuum impositionem, quod quidem Traditioni Apostolicæ adversari scribit S. Leo Epist. 2. vel alio modo aut non usurpato aut etiam ignominioso, quod satis indicant verba mox a nobis allata.

Posterior autem conclusionis pars, qua dicimus elapsis tribus prioribus sæculis, aliam fuisse in Ecclesia invectam Disciplinam, & Clericos majores non fuisse amplius Pœnitentiæ publicæ obnoxios, plurima ostendunt monimenta.

1. Concilium Carthaginense V. Can. 11. sic habet, *Item confirmatum est, ut si quando Presbyteri vel Diaconi in aliqua graviori culpa convicti fuerint, qua eos a ministerio fuerit necesse removeri, non eis manus tanquam Pœnitentibus, vel tanquam fidelibus Laicis imponantur*.

2. Idem docet S. Leo Epist. 2. quæ est ad Rusticum, *Alienum est*, inquit, *a consuetudine Ecclesiastica, ut qui in presbyterali honore, aut in Diaconi gradu fuerint consecrati, ii pro crimine aliquo suo per manus impositionem remedium accipiant pœnitendi, quod sine dubio ex Apostolica Traditione descendit*. Ad Apostolicam Traditionem revocat S. Leo, non quod Sacerdotibus imponi non deberet Pœnitentia, sed quod ea fieri non debeat per manus impositionem; ita vero S. Hieronymus Epist. 48. Isidorus Hispalensis lib. 2. de Officiis Ecclesiasticis c. 16. & Rabanus lib. 2. de instit. Clericorum cap. 29.

Obj. Felix III. ad finem quinti sæculi

Pœ-

Pœnitentiæ publicæ addicit Episcopos, Presbyteros, & Diaconos qui rebaptizari se permiserint Epist. septima: igitur.

Resp. verisimiliter id non intelligere summum Pontificem de Pœnitentia publica, quia tamen primum diversas pœnas esse statuendas pro diversa conditione eorum qui baptismatis iterationem permiserunt; & postea Clericos majores Pœnitentiæ addicit præcise nulla facta mentione stationum & loci; cum vero insuper loquitur de minoribus Clericis, eos ad solitas stationes remittit, *Cæteros*, inquit, *seu Clericos seu Monachos*, ... *his Pœnitentiam per triginta annos ducere decernimus*. Nonnulla tamen extant monumenta, quibus apparet Clericis majoribus concessum fuisse, ut Pœnitentiam publicam peragerent, si eam expeterent, Concilium enim Arausicanum I. cap. 12. decernit Pœnitentiam non esse denegandam Clericis eam flagitantibus, habita est illa Synodus an. 441. tum vero Aurelianense I. an. 511.

Secunda Conclusio.

Quoad Clericos minores spectat, apparet eos Pœnitentiæ publicæ fuisse addictos usque ad seculum septimum.

De tribus quidem prioribus seculis patet ex iis, quæ addidi suo modo, ut ostenderemus & ipsis majoribus Clericis impositam fuisse Pœnitentiam publicam; de sequentibus vero seculis patet etiam ex Felice III. summo Pontifice & speciatim ex laudato Isidori Hispalensis loco.

Sed septimo seculo videlicet an. 633. Concilium Toletanum IV. Can. 29. statuit omnes Clericos perpetuæ Pœnitentiæ damnandos, sed in monasterio peragendæ; *Si Episcopus*, inquit, *aut Presbyter, sive Diaconus, aut quilibet ex Ordine Clericorum, magos aut aruspices ... consulere fuerit deprehensus ab honore dignitatis suæ depositus Monasterii curam excipiat, ibique perpetuæ Pœnitentiæ deditus, scelus admissum sacrilegii luat.*

Caput XXVI.

Utrum Hæreticis ad Ecclesiam redeuntibus imposita fuerit Pœnitentia publica.

Dico haud dubie ad initium quinti seculi legem fuisse in Ecclesia, ut Hæretici qui apud Catholicos baptizati ad Hæreticos defecerant, nonnisi per Pœnitentiam reciperentur cum ad Ecclesiæ castra revertebantur; testis est Innocentius I. Epist. 22. cap. 5. ubi sic habet, *At vero hi qui a Catholica Fide ad hæresim transierunt, quos non aliter oportet nisi per Pœnitentiam suscipi.* Dixerat cap. 4. de Hæreticis extra Ecclesiam Catholicam baptizatis, *Nostra vero lex est Ecclesiæ, venientibus ab Hæreticis, qui tamen illic baptizati sunt, per manus impositionem laicam tantum tribuere Communionem, nec ex his aliquem in clericatus honorem vel exiguum subrogare.* Et similiter Concilium Constantinopolitanum quod secundum est generale Can. 7. decernit recipiendos esse Hæreticos modo suam hæresim ejurent, *Arianos quidem & Macedonianos, & Sabbatianos, & Novatianos .... recipimus, dantes quidem libellos & omnem hæresim anathematizantes, quæ non sentit, ut sancta Dei Catholica & Apostolica Ecclesia.* Scilicet nulli addicuntur Pœnitentiæ.

Apparet tamen in prioribus Ecclesiæ seculis omnes Hæreticos nulla facta distinctione ad Pœnitentiam fuisse damnandos, cum ad Ecclesiam redirent; insigne est Stephani summi Pontificis Decretum pro omnibus omnino Hæreticis, *Si quis*, inquit, *a quacunque hæresi venerit ad nos, nihil innovetur nisi quod traditum est ut manus illi imponatur in Pœnitentiam.* Extat illud decretum apud Cyprianum Epist. 74.

CA-

Caput XXVII.

Utrum olim iteraretur Pœnitentia publica.

Pœnitentia publica non iterabatur, ut constat ex Tertulliano lib. de Pœnit. cap. 7. hæc scribente, *Piget secundæ immo jam ultimæ spei subtexere mentionem, ne retractantes de residuo auxilio Pœnitentiæ, spatium adhuc delinquendi demonstrare videamur .... collocavit Deus in vestibulo Pœnitentiam secundam quæ pulsantibus patefaciat, sed jam semel, quia jam secundo sed amplius nunquam*. Ex S. Paciano adversus Sempronianum, *Attende*, inquit, *quod ad Petrum dicat inferius, id quod peccatur in hominem septuagies & septies esse relaxandum, ut ostendat olim vel semel posse..... conceditur ergo vel semel Ecclesiæ*, scilicet peccata relaxare per Pœnitentiam publicam. Ex S. Ambrosio lib. 2. de Pœnitentia cap. 10. *Merito reprehenduntur*, inquit, *qui sæpius agendam Pœnitentiam putant, quia luxuriantur in Christo, nam si vere agerent Pœnitentiam, iterandam postea non putarent, quia sicut unum Baptisma, ita una Pœnitentia quæ tamen publice agitur; nam quotidiani nos debet pœnitere delicti, sed hæc delictorum leviorum est, illa graviorum*. Quod idem docent S. Augustinus Epist. 153. ad Macedonium; S. Hieronymus Comment. ad Habacuc cap. 3. Siricius Epist. 1. & alii communiter veteres: consuli potest Morinus lib. de Pœnitentia cap. 29.

Obj. Origenes Homil. 15. in caput 25. Levitici hæc scribit, *In gravioribus criminibus semel tantum vel raro Pœnitentiæ conceditur locus, ista vero communia quæ frequenter incurrimus, semper Pœnitentiam recipiunt*. ergo non semel tantum Pœnitentia imponebatur.

Nego cons. contendunt enim Eruditi, has voces *vel raro* non esse Origenis sed in ejus textum irrepsisse; unde sine illis refertur iste locus a Magistro sententiarum dist. 14. forte etiam non ita severa fuit Ecclesia Alexandrina, temporibus Origenis; fatendum est enim in multis circumstantiis quæ publicæ Pœnitentiæ negotium spectant, eandem prorsus servatam non fuisse disciplinam in omnibus & singulis Ecclesiis; quomodo etiam explicari solet quod testatur S. Irenæus lib. 3. cap. 4. Cerdonem Hæreticum non semel fuisse ad Pœnitentiam admissum, scilicet aliter actum videtur cum Hæreticis, ac cum aliis Pœnitentibus ob majorem quæ inde expectabatur Ecclesiæ utilitatem.

Obj. Testatur Socrates lib. 6. cap. 21. S. Chrysostomum permisisse, ut Pœnitentia iteraretur, *Nam*, inquit, *cum a Synodo Episcoporum semel damnaret iis qui post Baptismum peccassent, concessa fuisset Pœnitentia, ipse pronuntiare non dubitavit, licet millies Pœnitentiam egeris, accede. Ob quam doctrinam tum a familiaribus suis reprehensus est, tum maxime Sisinnio Novatianorum Episcopo*: igitur.

Respondeo verisimile esse id nunquam dictum fuisse a S. Chrysostomo, in nulla enim ex ejus Homiliis reperitur, vel si hoc concionando protulit S. Doctor, auditores suos ad Pœnitentiam privatam exhortatus est, ut sonant hæc verba, *licet millies Pœnitentiam egeris*, non ad Pœnitentiam publicam, qua de re tamen eum arguere amat Socrates, qui, ut nemo nescit, Novatianorum partibus adhærebat, unde nullam meretur fidem.

Obj. S. Thomas 3. p. q. 84. art. 10. ait multos errasse dicentes, Pœnitentiam iterari non posse: igitur.

Resp. manifestum esse S. Thomam loqui de Pœnitentia universim, hunc enim errorem tribuit Novatianis, qui dicebant, *Post primam Pœnitentiam quæ agitur in Baptismo, peccatores non posse per Pœnitentiam iteratam restitui*. Unde ibidem solvens argumentum sibi ex auctoritate S. Ambrosii propositum, ait: *Ad secundum dicendum quod Ambrosius loquitur de Pœnitentia solemni quæ in Ecclesia non iteratur*.

Porro qui post actam publice Pœnitentiam iterum in eadem aut similia peccata relabebantur, nulla venia & absolutione sacerdotali donabantur in multis Eccle-

Ecclesiis. Id 1. colligimus ex Concilio Eliberitano Can. 3. *Si post Pœnitentiam*, inquit, *fuerint mœchati, placuit, non amplius eis esse dandam Communionem, ne lusisse de Dominica Communione videantur.* Can. 7. *Si quis forte fidelis post lapsum mœchiæ post tempora constituta, accepta*, vel, ut alii legunt, *acta Pœnitentia denuo fuerit fornicatus, placuit nec in fine habere Communionem.*

2. Ex S. Augustino qui interrogatus a Macedonio, cur Episcopi sæpe sæpius apud Judices sæculares intercedant pro reis, nec tamen ipsi in Ecclesia peccatoribus post primam Pœnitentiam relapsis veniam indulgeant, respondet debere ejusmodi peccatores spem suam omnem collocare in divinam misericordiam, *Quamvis*, inquit, *eis in Ecclesia locus humillimæ Pœnitentiæ non conceditur, Deus tamen super eos suæ Patientiæ non obliviscitur*. Quapropter & ex Macedonii interrogatione, & ex responsione S. Augustini patet, peccatoribus post actam primam Pœnitentiam relapsis, denegatam fuisse veniam & absolutionem a Sacerdotibus, qui illos ad Dei misericordiam remittebant.

3. Accedit Concilium Toletanum III. cap. 11. ubi sic habetur; *Quoniam comperimus per quasdam Hispaniarum Ecclesias non secundum Canonem, sed fœdissime pro suis peccatis homines agere Pœnitentiam, ut quotiescumque peccare libuerit, toties a Presbytero se reconciliari expostulent, ideo pro coercenda tam execrabili præsumptione, id a sancto Concilio jubetur, ut secundum formam Canonum antiquorum dentur Pœnitentiæ, hoc est, ut eum quem prius sui pœnitere fecit a Communione suspensum faciat inter reliquos Pœnitentes ad manûs impositionem crebro recurrere, expleto autem satisfactionis tempore, sicut sacerdotalis contemplatio probaverit, eum Communioni restituat. Hi vero qui ad priora vitia vel infra Pœnitentiæ tempus, vel post reconciliationem relabuntur, secundum priorum Canonum severitatem damnentur.*

Dixi autem hanc consuetudinem inva-

luisse in multis Ecclesiis, non dixi in omnibus; siquidem mitius cum relapsis actum est in Ecclesia Romana, ut perspicuum est ex Epistola Innocentii I. ad Hinerium cap. 5. *De quibus relapsis, quia jam suffragium non habent pœnitendi, id duximus decernendum, ut sola intra Ecclesiam Fidelibus oratione jungantur .... quibus tamen quoniam carnali fragilitate ceciderunt, viatico munere, cum ad Dominum cœperint proficisci, per Communionis gratiam volumus subveniri.*

Quæres utrum etiam his temporibus nonnullam Pœnitentiam publicam imponere liceat saltem pro peccatis publicis. Ratio dubitandi est, quia jam a multis sæculis mos ille obsolevit in Ecclesia peccata Fidelium publicis pœnis castigandi, ea autem res ad meram spectat disciplinam.

Respondeo cum Theologis sanioris doctrinæ, maxime consentaneum esse menti Ecclesiæ, vel etiam expedire, ut quadam Pœnitentia publica aliquando plectantur Fideles, cum peccata commiserunt in aliorum scandalum & offensionem.

Probatur quia his omnibus omissis, quæ supra protulimus tum ex SS. Patribus tum ex Conciliis, ut ostenderemus pro certis gravioribus peccatis etiam occultis impositam olim fuisse Pœnitentiam publicam, quod satis aperte indicat mentem Ecclesiæ fuisse, ut saltem publice corriperentur qui publice peccaverant, uti monet Apostolus, his inquam prætermissis, quia agitur solum de ea Ecclesiæ Disciplina cui conformare se debent impræsentiarum Pastores, audiantur Patres Tridentini, qui longe post obsoletum in Ecclesia usum Pœnitentiæ publicæ scripserunt; ii videlicet sess. 24. de Reform. cap. 8. sic loquuntur, *Apostolus monet*, I. Timot. 5. *publice peccantes palam esse corripiendos, quando igitur ab aliquo publice & in multorum conspectu crimen commissum fuerit, unde alios scandalo offensos commotosque fuisse non sit dubitandum, huic condignam pro modo culpæ Pœnitentiam pu-*

blica injungi oportet, ut quos exemplo suo ad malos mores provocavit, suæ emendationis testimonio ad rectam revocet vitam. Episcopus tamen publicæ hoc Pœnitentiæ genus in aliud secretum poterit commutare, quando ita magis judicaverit expedire. Ubi Patres Tridentini 1. hoc suum Decretum imponendi quandoque Pœnitentias publicas, iis qui publice & cum scandalo peccarunt, autoritate S. Pauli fulciunt: 2. solis Episcopis, non aliis inferioribus Presbyteris veniam concedunt ab illa lege dispensandi & publicam Pœnitentiam cum secreta commutandi; 3. juxta illos id non licet Episcopis, nisi quando Ecclesiæ utilitati magis consentanea judicabitur illa commutatio, quo fit ut vera sit assertio nostra qua diximus, Ecclesiæ mentem esse publica Pœnitentia publicas Fidelium iniquitates emendare.

Atque hanc praxim in Concilio Tridentino stabilitam approbavit postea universa fere Ecclesia Gallicana, ut patet ex Conciliis Provincialibus quæ paulo post celebrata sunt, videlicet ex Concilio Rothomagensi an. 1581. ex Remensi & Burdigalensi an. 1583. ex Bituricensi an. 1584. & ex Aquensi an. 1585. denique in comitiis generalibus Cleri Gallicani Meloduni an. 1579. hæc leguntur titulo de Pœnitentia. *Publice peccantibus publicam injungendam esse Pœnitentiam jure a Tridentina præceptum est Synodo.*

Eamdem disciplinam in Italia viguisse patet ex Conciliis Provincialibus Mediolani habitis sub S. Carolo: in priori hæc habentur, *Iidem Confessarii, quemadmodum a Tridentina Synodo jussum est, publice peccantibus, publicam Pœnitentiam imponant.* Tum vero in Belgio, ut constat ex Concilio Mechliniensi, quod anno 1570. habitum est, ac demum in Lusitania ex Concilio Bracarensi an. 1566.

Ante Concilium Tridentinum anno videlicet 1536. idem statutum fuerat a Concilio Coloniensi his verbis, *In publicis vero criminibus quemadmodum necesse est, ita jubemus ad Canones antiquos publica Pœnitentia regradi, atque adeo ad Christi & sui discipuli Pauli institutum qui ad Corinthios exemplo ostendit, quomodo oporteat Ecclesia in publice peccantes animadvertere, donec ipsis peracta Pœnitentia satisfecerit.* Quibus consentiunt apertissima veterum Theologorum testimonia, legi possunt Magister sententiarum in 4. dist. 14. S. Thomas pluribus in locis, & similiter S. Bonaventura, Paludanus, S. Antoninus, & alii passim.

Deinde validissimum eruitur argumentum ex variis diversarum Ecclesiarum ritualibus, ubi hæc eadem praxis vel conservatur vel instauratur summo cum studio Episcoporum qui & ea de re sæpe-sæpius mandata publicarunt in suis Diœcesibus. Quin & in nonnullis adhuc Ecclesiis Cathedralibus quædam supersunt veteris Pœnitentiæ publicæ vestigia, quatenus Fideles graviorum quorumdam scelerum rei sistunt se coram pœnitentiario ad initium quadragesimæ & ab Ecclesiæ ingressu arcentur usque ad feriam quintam majoris hebdomadæ, quod utique publice & solemniter quot annis usurpatur in Ecclesia nostra Cenomanensi.

Ex quibus patet perperam a nonnullis affirmari singularem & indifferentem esse hanc praxim, qua pro publicis flagitiis, publica injungeretur Pœnitentia, præsertim cum jam a multis sæculis quælibet Pœnitentiæ publicæ usus sit obsoletus, & aliunde postulet prudentia, ut Confessarii in rebus ad meram disciplinam spectantibus præsenti Ecclesiæ praxi inhæreant. Huic inquam ratiocinio locus non est, quando quidem tot ac tam præclaris autoritatibus nititur hæc disciplina, qua pro publicis sceleribus publica injungitur Satisfactio.

Cæterum qui curam animarum gerunt, in imponendis Satisfactionibus prudenter agant, non propriis affectibus præoccupati, sed mentem Ecclesiæ consulentes in Concilio Tridentino & aliis passim Conciliorum Provincialium Canonibus, ubi præsens Ecclesiæ Disciplina a Confessariis retenda continetur.

CA-

CAPUT XXVIII.

De Forma Sacramenti Pœnitentiæ.

HIs pertractatis quæ ad Contritionem, Confessionem, & Satisfactionem, quæ loco sunt materiæ hoc in Sacramento, sequitur ut dicamus de ejus forma seu absolutione sacerdotali, qua in re examinandum est 1. quænam sit illa absolutio & in quo posita sit: 2. utrum per ejusmodi formam peccata vere remittantur, vel solum declarentur remissa: 3. utrum aliquando deneganda sit absolutio.

CAPUT XXIX.

In quo posita sit Absolutio Sacramentalis.

1. FOrma hujus Sacramenti posita est in aliqua verborum formula, quia hæc est praxis Ecclesiæ respectu cujuslibet Sacramenti, juxta S. Augustini Tract. 80. in Joan. *Accedit verbum ad elementum & fit Sacramentum.* Sacramenta novæ legis, ut diximus, constant rebus ut materia, verbis ut forma.

2. Duplex distinguitur forma Sacramentorum: una quæ dicitur deprecatoria & in quadam oratione posita est, ut in Confirmatione: alia indicativa quæ verbis absolutis exprimitur, ut in Baptismo, *Ego te baptizo*, &c. quidam etiam addunt quæ dicitur imperativa, qualis legitur in pœnitentiali Egberti apud Morinum his expressa verbis, *Sis absolutus a Deo Patre & Filio & Spiritu-Sancto ab omnibus peccatis tuis*. Sed hæc verba ad essentiam Sacramenti non pertinebant.

3. Supponendum est tanquam certum, quod fuse ostendit Morinus lib. 8. de Pœnit. cap. 8. & sequentibus, ordinariam & vulgatam antiquitus formam absolutionis fuisse deprecatoriam saltem usque ad duodecimum sæculum in utraque Ecclesia Græca & Latina: idque constat ex Patribus, qui licet ipsas absolutionis formulas non referant, nihilominus tamen omnes testantur precibus Ecclesiæ vel Sacerdotum Pœnitentes absolvi solitos: aiunt enim Sacramenti Pœnitentiæ administrationem commemorant, peccata deleri, remitti per orationem, per invocationem, postulando a Deo, Deum orando, per supplicationes Sacerdotum & alia id genus. Ita Tertullianus lib. de Pœnit. cap. 10. S. Cyprianus lib. de Lapsis, S. Pacianus Epist. 3. S. Ambrosius lib. de Pœnit. cap. 8. & 17. S. Hieron. in Psal. 2. S. Leo Epist. 80. Unum inter cæteros producam S. Augustinum, qui lib. 15. de Trinitate cap. 26. satis aperte ostendit nonnisi per orationem Sacerdotes dedisse Spiritum-Sanctum, aut remissionem peccatorum, *Nos ipsi eum dabant, orabant ut veniret in eos, quibus manum imponebant, quem morem in suis præpositis etiam nunc servat Ecclesia ... Nos accipere quidem hoc donum possumus pro modulo nostro, effundere autem super alios non utique possumus, sed hoc ut fiat, Deum a quo efficitur, super eos invocamus.* Quod manifeste probat usitatam non fuisse tunc temporis hanc formulam absolvendi, *Ego te absolvo a peccatis tuis.* Illud vero insuper constat ex capitularibus Caroli Magni, & Ludovici Pii, ubi sic habetur lib. 5. cap. 52. *Cum Sacerdos Pœnitentiam tribuit, manus ei secundum canonicam auctoritatem imponat, cum orationibus quæ in Sacramentario ad dandam Pœnitentiam continentur.* Tum ex veteribus sacramentariis, quæ nullam aliam absolutionis formulam quam Orationem exhibent; quod idem colligitur ex omnibus quotquot sunt ritualibus, pontificalibus, Euchologiis Græcorum & pœnitentialibus ante annum 1200. scriptis. Quamquam nonnulli, ut Natalis Alexander, putent formulas illas quæ Orationes exhibent, spectare ceremonialem publicæ Pœnitentiæ reconciliationem, non sacramentalem absolutionem.

4. Forma indicativa absolutionis, quæ sola nunc in usu est apud Latinos, vigere cœpit circa initium sæculi decimi tertii, ut

patet ex illo Theologo quem impugnat S. Thomas opusculo 22. cum enim ille formam deprecatoriam retinendam esse contenderet, dicens formam indicativam esse nullam & invalidam, ad id probandum adducebat auctoritatem Gulielmi Altissiodorensis, Guilielmi Parisiensis, & Hugonis Cardinalis, asserebatque, vix annos 30. elapsos esse, cum omnes sola forma deprecatoria uterentur. Quinimo hodie Græci vel Romæ degentes sola utuntur forma deprecatoria ad absolvendos Græcos, ut patet ex Clemente VIII. instructione quam super Græcorum ritibus edidit an. 1595. idem testatur Morinus lib. 8. de Pœnit. cap. 12. nimirum se Romæ degentem id accepisse a quodam Sacerdote Græco, qui in Collegio Romano aliis Græcis præerat.

5. Tantos progressus fecit hæc sententia quæ docet utendum esse forma indicativa, ut sola judicaretur legitima temporibus S. Thomæ, ut liquet ex ejusdem opusculo mox citato, & ex S. Bonaventura in 4. distinc. 18. p. 2. art. 2. quibus positis quæritur in quo tandem posita sit, & quænam in usu retinenda absolutionis forma, an deprecatoria, an indicativa.

CONCLUSIO.

Vera absolutionis forma consistit in his verbis, *Ego te absolvo ab omnibus peccatis tuis, in nomine Patris & Filii & Spiritus-Sancti*. Eaque retinenda est.

Probatur quia hæc forma jam a multis sæculis obtinet in Ecclesia; adeo ut S. Thomas, quem in hac parte multi alii Theologi sequuntur, dicat legitimam non esse formam deprecatoriam, *Mirum*, inquit, Opusc. 22. *qua temeritate aliquis asserat esse falsum, quod habens claves non significat se solvere, sed solum rogat esse solvendum*. Franciscus Maironis decimo quarto sæculo testatur in 4. dist. 14. q. 1. improbatam tunc fuisse eorum sententiam, qui contendebant formam deprecatoriam retinendam esse tanquam formam essentiali, cui doctrinæ astipulati sunt deinceps omnes Latini. Eugenius IV. rem ita præscribit in suo Decreto, *Forma hujus Sacramenti sunt verba absolutionis quæ Sacerdos profert, cum dicit: Ego te absolvo, &c.* & similiter Concilium Trident. sess. 14. cap. 3. *Docet S. Synodus Sacramenti Pœnitentiæ formam, in qua præcipue ipsius vis sita est, in illis Ministri verbis positam esse, Ego te absolvo, &c. Quibus quidem de Ecclesiæ sanctæ more preces quædam laudabiliter adjunguntur, ad ipsius tamen formæ essentiam nequaquam spectant, neque ad ipsius Sacramenti administrationem sunt necessariæ.* Et ratio est quia hæc forma indicativa clarius quam quævis alia exprimit effectum Sacramenti Pœnitentiæ in eo positum, quod per modum judicii enunciativi a Sacerdote tanquam potestatem habente remittuntur peccata.

Obj. Si forma deprecatoria fuit multis sæculis legitima, fieri non potuit, quin dicenda censeretur quoque vera Sacramenti forma; si quidem Ecclesia non potest mutare essentiam Sacramentorum, quæ a solo Christo determinata fuit: igitur forma Sacramenti Pœnitentiæ non est indicativa.

Nego ant. hæc quippe mutatio est mere accidentalis; scilicet hoc essentiale est per modum formæ in Sacramento, quod Sacerdos tanquam Judex absolvat Pœnitentem a peccatis suis: quod autem illud fiat per aliquam Orationem aut verbis indicantibus aut imperativis plane indifferens est, & unum vel aliud determinare aut immutare potest Ecclesia, penes quam est potestas quodlibet immutandi in administratione Sacramenti, ut docet Concilium Tridentinum, salva tamen substantia Sacramenti.

Quæres utrum necessario addendæ sint hæ voces *a peccatis tuis*.

Resp. licite omitti non posse; sed tamen non videri de necessitate Sacramenti addendas, quia sola his vocibus [illegible] satis intelligitur dari absolutionem a peccatis, quæ scilicet [illegible] [illegible]

Pœ-

Pœnitente in Tribunali. Deinde nec absolutio conferri debet his verbis, *Absolvo te ab omnibus peccatis tuis contritis, confessis, & oblitis*, quia tria hæc postrema verba contra Ecclesiæ universalis usum in formam hujus Sacramenti irrepserunt, ut colligitur ex nonnullis ritualibus & sacramentariis quæ citantur a Natali Alexand. ubi de absolutione art. 3. regula secunda.

Quæres utrum necesse sit de necessitate Sacramenti addere invocationem SS. Trinitatis, ut in Baptismo.

Respondent nonnulli id non esse necessarium uti in Baptismo, quia, inquiunt, neque ex Scriptura neque ex Traditione Ecclesiæ habetur, in forma absolutionis necessario exprimendam esse Trinitatem, sed verisimilior mihi videtur opposita sententia, quia ex quo in usu est hæc forma indicativa absolutionis, id religiose observatum est, & expresse requirunt Eugenius IV. & Concilium Tridentinum.

Quæres utrum irrita prorsus esset absolutio quæ nunc daretur apud nos in forma deprecatoria.

Resp. dissentiunt hac in re Theologi. Quidam ut Vasquez putant absolutionem in hoc casu fore prorsus nullam. Alii vero longe plures oppositum affirmant, cui sententiæ libenter subscribimus; tum quia, ut mox dicimus, quod absolutio sit deprecatoria, vel indicativa, indifferens est & accidentale respectu Sacramenti; alioquin intelligi non posset, quomodo per duodecim sæcula absolutio deprecativa fuisset in usu tanquam legitima, nunc vero sola indicativa usurpatur; tum quia deprecativa etiamnum reputatur valida apud Græcos, ut constat ex eo quod in Concilio Florentino Latini non conquesti sunt adversus Græcos, quod forma deprecatoria inter absolvendum uterentur; peccaret tamen Sacerdos qui hodie in Ecclesia Latina formam deprecatoriam absolvendo adhiberet, quia in omnibus [illegible] & praxim Ecclesiæ sequi debet.

Quæres utrum valeat apud Græcos Catholicos absolutio sacramentalis quæ datur sub forma deprecatoria.

Resp. affirmative 1. quia, ut diximus supra, hæc perpetua fuit Græcorum praxis, ut per formam deprecatoriam Pœnitentes absolverent consentanee ad eorum Euchologia; unde sequitur manifeste talem formam apud eos fuisse & licitam & validam; quidni vero, & nunc valida non censeretur? 2. juxta testimonia mox allata perseverant etiamnum Græci Romæ degentes in antiquo suo usu absolutionem per formam deprecatoriam conferendi, non refragantibus Latinis: igitur legitima dici debet.

Neque objici debet testimonium Arcudii, qui lib. 4. de Sacramentis cap. 3. scribit Græcos Sacerdotes dicere absolvendo, *Ego habeo te absolutum*; quæ quidem forma non est deprecatoria. Siquidem si hæc forma a quibusdam fuit usurpata nonnisi post datam absolutionem sub verbis deprecatoriis, verisimiliter adjecta est, ut ipsa clare indicant verba, quibus pronuntiatur Pœnitentem non absolvi, sed fuisse absolutum. Certe Græcorum doctrina & praxis non ex uno aut altero recentiori, sed ex eorum auctoribus, ex Patribus Græcis, & Euchologiis repetenda est.

At, inquies, per actum judicialem confertur & conferri debet absolutio: sed minime bene actus judicialis enuntiatur per preces & formam deprecatoriam: igitur.

Nego min. uterque enim modus videtur æque aptus ad significandam & efficiendam peccatorum remissionem, quia suam absolvendi potestatem exercent Presbyteri ex istis Christi verbis, *Quæcumque solveritis super terram erunt soluta & in Cœlo*. Expresse non determinavit Christus quibus verbis uterentur absolvendo, an verbis deprecatoriis, an indicativis, an vero imperativis; unde rem istam determinare vel immutare potuit Ecclesia.

CAPUT XXX.

Utrum per absolutionem Sacerdotis peccata vere remittantur, vel solum declarentur remissa.

IN Sacramento Pœnitentiæ Sacerdotem declarare tantum peccata prius a Deo fuisse remissa, nec ea vere remittere, non solum docent Novatores, qui omnem remittendorum peccatorum potestatem Ecclesiæ adimere conati sunt, sed &, alio tamen animo, idem censuerunt nonnulli ex veteribus Theologis, Magister sententiarum, Alexander Alensis, S. Bonaventura, &c. contra quos sit

CONCLUSIO.

Forma Pœnitentiæ est actus vere judicialis, quo non modo peccata declarantur remissa, sed & vere remittuntur, id constat,

1. Ex his omnibus Scripturæ & SS. Patrum testimoniis, quæ initio hujusce tractatus adhibuimus ad asserendam Ecclesiæ potestatem remittendi omnia peccata post Baptismum commissa: in his quippe locis habetur Sacerdotes peccata remittere, delere, ligare & solvere. Certe ligare & solvere non est idem ac ligatum & solutum ostendere.

Quin & multi e SS. Patribus diserte affirmant non solum Sacerdotes declarare peccata esse remissa, sed & ea remittere. Ita S. Chrysostomus lib. 3. de Sacerdotio cap. 5. *Nostris Sacerdotibus*, inquit, *animæ sordes non purgatas probare, sed & purgare prorsus concessum est*. Deinde alii tradunt peccatores per peccatum mortuos judicio & auctoritate Sacerdotum reviviscere, ita S. Ambrosius lib. 2. de Pœnit. cap. 7. *Vos indignamini*, alloquitur Novatianos, *& vestram Ecclesiam congregatis conflictum, quia videtis mortuos in Ecclesia reviviscere, & peccatorum venia indultos resuscitari*. Qui quidem loquendi modus aperte denotat per absolutionem Sacerdotum peccata vere deleri, nec solum deleta ostendi. Alii demum ferebant sententiam Sacerdotum in administratione Sacramenti Pœnitentiæ priorem esse divino judicio, ut per se sonant verba Christi mox citata; ita S. Cyprianus Epist. 54. S. Hilarius in cap. 16. S. Matthæi; S. Leo in Sermone de Transfiguratione & alii passim: igitur SS. Patres existimabant ministerium Sacerdotis non esse positum in mera declaratione remissionis peccatorum.

Et certe si Sacerdos hoc Sacramentum administrans declarat solum peccata esse remissa, sequitur per hoc Sacramentum non dari gratiam, supponetur enim semper Pœnitens justificatus ante acceptam absolutionem; sed essentiale est cuilibet Sacramento novæ legis, quod vere producat gratiam, productam non supponat; nam effectus Sacramenti Pœnitentiæ ex Eugenio IV. in Decreto, est absolutio a peccatis, & ex Concilio Trident. sess. 14. cap. 3. est reconciliatio cum Deo: igitur.

Et revera hoc Concilium sess. 14. Can. 9. sic loquitur: *Si quis dixerit absolutionem sacramentalem Sacerdotis non esse actum judicialem, sed nudum ministerium pronuntiandi & declarandi remissa esse peccata confitenti, modo tantum credat se esse absolutum, aut Sacerdos non serio, sed joco absolvat, aut dixerit, non requiri confessionem Pœnitentis, ut Sacerdos eum absolvere possit; anathema sit.*

Quibus adde censuram sacræ Facultatis Parisiensis latam an. 1698. in librum Claudii Segueno Oratorii Sodalitii, in quo scripserat absolutionem esse tantum juridicam peccati jam remissi declarationem.

Obj. Eo modo loquuntur plurimi Patres, ut manifeste persuasum habuerint, Sacerdotem declarare tantum peccata fuisse a Deo remissa, eaque non vere dimittere; scribunt enim hominem prius reconciliatum a Deo quam absolvatur a Sacerdotibus, & se habere Pœnitentem ut Lazarum, vum, qui suis vinculis non fuit solutus, nisi postquam a Christo e mortuis suscitatus est. S. Hieronymus in caput 16. Matth. *Istum locum*, inquit, *Episcopi & Presbyteri non intelligentes aliquid sibi de Pharisæorum assumunt supercilio, ut vel damnent innocentes, vel solvere se noxios arbitrentur, cum apud Deum non sententia Sacerdotum sed reorum vita quæratur. Legimus in Levitico de Leprosis ubi jubentur, ut ostendant se Sacerdotibus, & si lepram habuerint, tunc a Sacerdotibus, immundi fiant; non quo Sacerdotes leprosos faciant & immundos, sed quo habeant notitiam leprosi & non leprosi, & possint discernere, qui mundus quive immundus sit.*

S. Augustinus idem habet Serm. 67. his verbis, *Qui confitentur foras prodit, foras prodire non posset nisi viveret, vivere non posset nisi resuscitatus esset. Dicit ergo aliquis, Quid prodest Ecclesia, si jam Confessor vivet Dominicus resuscitatus prodit, quid prodest Ecclesia confitenti, cui Dominus ait: Quæ solveritis in terra soluta erunt in Cœlo? ipsum Lazarum attende, cum vinculis prodit jam vivebat confitendo, sed nondum liber ambulabat vinculis irretitus, quid ergo facit Ecclesia, cui dictum est, quæ solveritis soluta erunt, nisi quod ait Dominus continuo ad discipulos, Solvite illum & sinite abire.* Iisdem verbis & in eadem mente utuntur Eucherius Legiensis Homil. post Dominicam quartam Quadragesimæ; S. Gregorius M. Homil. 26. in Evang. & citati supra antiqui Theologi cum aliis multis.

Dices aut. multi Patres docent Pœnitentem prius justificatum & viventem esse, quam absolvatur a Sacerdotibus, justificatione inchoatâ & ratione conversionis, C. perfectæ, ita ut deleta sit culpa, N. id tamen igitur volunt illi Patres peccatorem prius debere ad Deum converti per Pœnitentiam & debitam Contritionem, quod idem est ac inchoate vivere, priusquam a Sacerdote absolvatur; [illegible] non intelligunt de vita perfecta, quasi ante absolutionem debeat peccatum esse remissum.

Hanc esse mentem laudatorum Patrum constat 1. quia iidem Patres asserunt passim veram esse in Sacerdotibus potestatem remittendi peccata, non ignorantes illud Scripturæ, *Quorumque remiseritis, &c.* 2. quia eo tantum tendit hic SS. Patrum sermo, ut Pœnitentes ad sinceram conversionem & Pœnitentiam provocent, ita ut contenti non sint absolutione Sacerdotis, quæ omnino inutilis est, nisi præmittatur cordis conversio per quam vita saltem inchoata mortuis per peccatum restituitur.

Neque vim facias in comparationibus, quas sæpius adducunt SS. Patres ex Lazaro, qui prius fuit suscitatus a Deo quam solveretur ab Apostolis; & ex Sacerdotibus antiquæ legis, quorum aliud non fuit munus quam leprosos discernere a non leprosis, ut habet S. Hieronymus. Hæ enim comparationes sumi tantum debent inadæquate, & hoc sensu quod sicut Lazarus cum prodiit e monumento jam vivebat, sed tamen nondum erat omni vinculo solutus; sic Pœnitens per veram conversionem debet aliquo modo vivere antequam absolvatur; ita ut plenam peccati remissionem nonnisi Sacerdotis absolutione consequatur. Et similiter stat alia comparatio in eo quod, sicut Sacerdotes antiquæ legis leprosos a non leprosis discernebant, ita Sacerdotes novæ legis neminem solvere debent quem adhibito prius examine non viderint conversum & quasi jam suscitatum a morte peccati.

Jam vero quod Magister Sententiarum, Alensis, S. Bonaventura, Gabriel Biel & alii nonnulli ex veteribus Theologis & magni quidem nominis ivariat in oppositam sententiam, responderi potest 1. alios communiter Theologos etiam antiquiores nobiscum sensisse, Hugonem a S. Victore, S. Thomam, Scotum, Durandum, Paludanum & alios fere omnes qui postea scripserunt: 2. quæstionem illam nondum fuisse tunc temporis ulla Conciliorum auctoritate definitam quam postea, ut mox diximus,

ver-

verbis expressis declaravit Concilium Tridentinum: 3. illos autores hoc sensu negare potestatem esse in Sacerdotibus remittendi peccata, quod stricte loquendo Deus solus remittit peccata in genere scilicet causæ primariæ, quia Sacerdotes habent tantum potestatem quandam secundariam & ministerialem; nam Petrus Lombardus hac potissimum ratione suam astruit sententiam, *Hoc sane*, inquit, *dicere aut sentire possumus, quod solus Deus dimittit peccata & retinet, & tamen Ecclesia contulit potestatem ligandi & solvendi, sed aliter ipse solvit, aliter Ecclesia*. Magistrum sequuntur alii mox laudati Theologi, & verisimiliter eodem sensu loquentes.

CAPUT XXXI.

De subjecto Absolutionis Sacramentalis.

CErtum est solos Fideles baptizatos, esse capaces recipiendæ absolutionis sacramentalis, quia hæc absolutio est actus Jurisdictionis quam Ministri in eos solos exercere possunt qui per Baptismum Ecclesiæ membra facti sunt juxta hæc S. Pauli verba, *Quid mihi de iis qui foris sunt judicare?* Unde consequenter dari non potest Infidelibus nec Catechumenis. Sed quæstio est num impendi debeat absolutio omnibus & singulis Fidelibus eam exposcentibus, in omni occasione & tempore, vel aliquando iis aut deneganda & differenda sit: quod ut rite exequamur, non alia re erit paucis expendere, quid in hoc negotio factum fuerit in primis Ecclesiæ temporibus, an scilicet absolutio sacramentalis omnino negata fuerit ex rigore [illegible] disciplinæ.

CAPUT XXXII.

Utrum aliquando peccatoribus negata fuerit Absolutio Sacramentalis.

CErtum est non unam eandemque servatam fuisse praxim in omnibus Ecclesiis, quoad spectat peccatorum absolutionem, in quibusdam severior fuit disciplina, mitior in aliis; tum vero in certis temporibus eadem Ecclesia quandoque veniam concedebat reis & peccatoribus, quandoque illam denegabat. Item alia erat praxis pro iis qui nonnisi in exitu veniam postulaverant, & alia pro illis qui sani ante mortis periculum illam efflagitaverant. Item demum alia [illegible] conditio peccatorum, habita ratione scelerum quæ commiserant, pro quibusdam enim aut levioribus aut gravioribus aliter corripiebantur Pœnitentes. Sed quæritur an tandem peccatoribus veniam suorum scelerum poscentibus denegata fuerit absolutio Sacramentalis.

CONCLUSIO.

Mens Ecclesiæ fuit, ut non denegaretur absolutio sacramentalis seu sani Pœnitentiam egissent, seu in infirmitate illam postulassent.

Probatur 1. ex Tertulliano, qui lib. de Pœnitentia cap. 4. sic loquitur antequam ad Montanistas defecisset, *Omnibus ergo delictis seu carne seu spiritu, seu facto, seu voluntate commissis, qui pœnam per judicium destinavit, idem & veniam per Pœnitentiam spopondit*. & cap. 7. *Offendisti*, inquit, *[illegible] adhuc potes; habes cui satisfacias & quidem volentem. Id si dubitas, evolve quæ Spiritus Ecclesiis dicat ... veniam ad Pœnitentiam comminatur [illegible] quidem, [illegible] Pœnitentia* [illegible]

2. [illegible] S. Cyprianus [illegible] ubi sic habet, *[illegible] a fructu satisfactionis & spe pacis arcendum*,

dum, cum scimus juxta Scripturarum divinarum fidem, autore & hortatore ipso Deo & ad agendam Pœnitentiam peccatores redigi, & veniam atque indulgentiam Pœnitentibus non denegari.

3. Ex Concilio Nicæno I. generali Can. 13. *De his*, inquit, *qui ad exitum veniunt, etiam nunc lex antiqua regularisque servabitur, ita ut si quis egreditur e corpore, ultimo & maxime necessario Viatico minime privetur ... generaliter autem omni cuilibet in exitu posito, & poscenti sibi Communionis gratiam tribui Episcopus postquam probaverit, dare debebit.* Ubi Patres Nicæni testantur hanc esse regulam generalem in Ecclesia statutam, ut nemo in exitu positus Communionis gratia privetur.

Simile est, quod legitur Can. ultimo Concilii Arelatensis I. *De his*, inquit, *qui apostatant, & nunquam se ad Ecclesiam repræsentant, nec quidem Pœnitentiam agere quærunt, & postea infirmitate correpti petunt Communionem, placuit eis non dandam Communionem, nisi revaluerint, & egerint fructus dignos Pœnitentiæ.*

Innocentius I. Epist. 3. ad Exuperium fatetur pro veteri Ecclesia priorem disciplinam fuisse duriorem, sed posteriorem interveniente misericordia Dei esse *inclinatiorem, ut homines hujusmodi, vel in supremis suis Pœnitentes miserante Salvatore nostro a perpetuo exitio vindicentur ... Communionem dari obeuntibus placuit ... Ne Novatiani Hæretici negantis veniam asperitatem & duritiem subsequi videamur.*

Quin & Ecclesia Hispanica, quæ præ cæteris visa est severissima propter Canones Concilii Eliberitani, statuit tamen pro Hæreticis ad Ecclesiam redeuntibus denegandam non esse Pœnitentiam, Can. 22. *Si quis*, inquit, *de Catholica Ecclesia ad hæresim transitum fecerit, rursusque recurrerit, placuit huic Pœnitentiam non esse denegandam, eo quod cognoverit peccatum suum.*

His addo autoritatem Cœlestini summi Pontificis in Epist. 2. ad Episcopos Galliæ, qui velut impietatem habet, quod moribundis absolutio denegetur, ait scilicet, *Se tantam impietatem exhorrescere qua morienti mors additur, ejusque anima occiditur.*

Demum Concilium Tridentinum eodem principio eademque mente ratiocinans sic loquitur sess. 14. cap. 7. *Pie admodum*, inquit, *ne hac ipsa occasione pereat aliquis* occasione *scilicet reservationis casuum, in eadem Ecclesia Dei custoditum semper fuit, ut nulla sit reservatio in articulo mortis, atque ideo omnes Sacerdotes quoslibet Pœnitentes a quibuslibet peccatis & censuris absolvere possint.*

CAPUT XXXIII.

Utrum aliquando deneganda sit absolutio.

Certum est Sacerdotes accepisse a Deo potestatem denegandi absolutionem peccatoribus, ut perspicuum est 1. ex illis verbis Matth. 18. *Quæcumque alligaveritis super terram, erunt ligata & in Cœlis.* Ligare enim hic idem est ac denegare aut saltem ad tempus differre absolutionem. Joan. 20. *Quorum retinueritis peccata retenta sunt.* Retinere enim idem est similiter ac denegare & differre absolutionem.

2. Ex perpetua & constanti Ecclesiæ Traditione, quæ docet Episcopos & Sacerdotes in administratione Pœnitentiæ ea semper usos fuisse potestate ligandi & retinendi peccata, quod præstitum est durius in primitiva Ecclesia, & postea mitius, ut constat ex præcedentibus quæstionibus.

3. Ex Concilio Tridentino rem ita definiente in sessione 14. Can. 15. *Si quis dixerit claves Ecclesiæ esse datas tantum ad absolvendum, non etiam ad ligandum; & propterea Sacerdotes, dum imponunt pœnas Pœnitentibus, agere contra finem clavium, & contra institutionem Christi, & fictionem esse, quod virtute clavium sublata pœna æterna, pœna temporalis plerumque*

quæ exolvenda remaneat, anathema sit.

Quæres, quibus denegLondon sit absolutio.

Resp. Verum esse, generatim loquendo, iis omnibus peccatoribus denegandam esse absolutionem, quos Sacerdos videt manifeste indignos defectu dispositionum, sed istos præcipue notari posse casus generaliores, in quibus ita se gerere tenetur.

1. Absolutio denegari debet ei, qui ex negligentia culpabili præcipua Fidei Christianæ mysteria ignorat, nam Clerus Gallicanus ann. 1700. has propositiones tanquam in Deum contumeliosas, erroneas, & hæreticas proscripsit. Prima, *Nonnisi Fides unius Dei necessaria videtur necessitate medii, non autem explicita remuneratoris.* Secunda, *Absolutionis capax est homo quantumvis laboret ignorantia mysteriorum Fidei, & etiam per negligentiam etiam culpabilem nesciat mysterium sanctissimæ Trinitatis & Incarnationis Domini;* hanc eandem propositionem damnavit Innocentius XI.

2. Ei denegari debet absolutio, qui veræ & sufficientis Contritionis, atque emendationis signa non exhibet; quia absolutio est forma hujus Sacramenti, quæ non debet applicari nisi veræ & legitimæ materiæ; materia autem legitima Pœnitentiæ est dolor de peccato commisso qui verus esse non potest, nisi spes affulgeat emendationis: unde hanc quoque propositionem damnavit Clerus Gallicanus eodem anno 1700. *Pœnitenti habenti consuetudinem peccandi contra legem Dei, aut Ecclesiæ, etsi emendationis spes nulla appareat nec est deneganda, nec est differenda absolutio, dummodo ore proferat se dolere & proponere emendationem.*

Neque audiri debent moderni Casuistæ laxioris doctrinæ amatores, cum dicunt e re Confessarii non esse, interiores sui Pœnitentis dispositiones scrutari; siquidem Sacerdos in Tribunali Confessionis, Judicis simul & medici personam agit, ut nemo nescit: audiendus potius S. Thomas qui in 4. Sent. dist. 19. sic habet, *Sacerdos debet scrutari conscientiam peccatoris in Confessione, quasi medicus vulnus, & Iudex causam, quia frequenter quæ pro confusione confitens taceret, interrogatus revelat ..... sed tamen in interrogationibus faciendis tria sunt attendenda: 1. ut interrogetur peccator de peccatis quæ consueverunt in hominibus illius conditionis abundare: 2. ut non fiat explicita interrogatio de peccatis, nisi de illis quæ omnibus manifesta sunt. De aliis autem adinventionibus peccatorum ita debet a longinquo fieri interrogatio, ut si commisit, dicat, si non commisit, non addiscat: 3. ut de peccatis præcipue carnalibus non descendat nimis ad particulares circumstantias, quia hujusmodi delectabilia quanto magis in speciali considerantur, magis concupiscentiam nata sunt movere.*

3. Ei concedi non debet absolutio qui in proxima peccandi occasione versatur nec eam removere tentat. Ita definiit Clerus Gallicanus cum istas propositiones damnavit: *Potest aliquando absolvi, qui in proxima occasione peccandi versatur, quam potest & non vult omittere, quinimo directe & ex proposito quærit, aut ei se ingerit.* Altera est, *Proxima occasio peccandi non est fugienda, quando causa aliqua utilis aut honesta non fugiendi occurrit.* De quibus propositionibus hoc pronuntiavit: *Hæ propositiones scandalosæ sunt, perniciosæ, hæreticæ, aperte repugnantes præcepto Christi jubentis manum, pedem, oculum quoque dextrum scandalisantem abscindere & projicere.*

4. Demum absolutio deneganda est iis omnibus qui bonum alienum retinent & restituere nolunt; qui ablatum proximi honorem resarcire detrectant; qui cum proximo inimicitias fovent & reconciliari nolunt; qui aliis sunt offendiculo vel obscœnas tabellas eorum oculis exponendo, vel libros aut impios, aut obscœnos tradendo, vel per male pudica corporis ornamenta Christianam pudicitiam lædendo. Præter alios quam multos singulares casus, quos hic commemorare longius esset. Ea res prudentiæ Sacerdo-

tum

sum committitur; satis erit generalia mox adducta principia casibus particularibus cum judicio applicare.

Neque vero hæc doctrina, qua dicimus in præfatis casibus & in aliis similibus negandam aut differendam absolutionem, gratis asseritur, sed & validissimis rationibus & laudatissimorum scriptorum judicio nititur: omissis enim veterum Patrum testimoniis, ne quis obtendat, quo tempore scripserunt, usurpatam in Ecclesia fuisse Pœnitentiæ publicæ praxim, adeoque mirum non esse quod durius cum peccatoribus egerit Ecclesia; profecto idem fuit recentiorum Theologorum judicium, si nonnullos excipias mollioris disciplinæ Casuistas, eadem Episcoporum doctrina, eædem præscriptæ ab illis fuerunt regulæ, ut videre est potissimum in instructionibus S. Caroli, quæ præ manibus omnium habentur, & quas Clerus Gallicanus in generalibus comitiis an. 1655. 1656. & 1657. voluit typis mandatas ad omnes mitti hujus regni Diœceses, ut juxta illas omnes Confessarii se se gererent in Sacramenti Pœnitentiæ administratione.

Objicies. Hanc praxim qua peccatoribus differtur absolutio, suo exemplo condemnavit Christus Dominus, is enim mulierem peccatricem absolvit statim atque conversa est, tametsi ex consuetudine peccasset; absolvit quoque sine mora mulierem adulteram, & bonum Latronem: igitur & eodem modo gerere se debent Confessarii. Atque id abunde indicat ipse Christus, dum ait Matth. 11. *Venite ad me omnes qui laboratis, & onerati estis, & ego reficiam vos.* & Lucæ 6. *Estote misericordes sicut & Pater vester misericors est.*

Resp. id discriminis esse inter Christum & Confessarios, quod ille noverat secreta cordium, unde nihil necesse erat, ut quos vere Pœnitentes sciebat, ad aliud tempus differret; secus vero Confessarii, qui de statu Pœnitentis judicare non possunt, nisi ex indiciis externis, & ex operibus satisfactoriis seu fructibus Pœnitentiæ. Ita ratiocinatur Ivo Carnotensis Epist. 228. eidem difficultati respondens, *Rationis ordo*, inquit, *hoc exigit ut internus Judex tanto remittat celerius, quanto solus magis videt interius; Judex vero qui tantum videt in facie, usque adeo delinquentes sub peccati pœna detineat, donec per manifestum Pœnitentiæ fructum quis sit Pœnitentis affectus, intelligat.* Ut certum autem affirmari potest in illis peccatoribus, in bono Latrone, & duabus mulieribus Christum deprehendisse veram & non fucatam Pœnitentiam. Quæ vero proferuntur Scripturæ testimonia, nihil omnino efficiunt, in iis enim habetur solum quod Christus omnes ad implorandam Dei misericordiam invitet, sed non ita ut remittantur eorum peccata, antequam egerint Pœnitentiam; ex illo enim argumento probaretur obviis quibusve & ipsis Impœnitentibus concedendam semper & nunquam differendam absolutionem.

Obj. Ut teneatur Sacerdos ex Christi institutione absolutionem sacramentalem impertiri, requiruntur solum ex parte Pœnitentis, Contritio, Confessio, & Satisfactio seu satisfaciendi voluntas; igitur peccatoribus tria hæc exhibentibus negari non debet absolutio.

Resp. necesse insuper esse, ut Confessario innotescat, an conversio Pœnitentis sit vera & sincera, quod certe dici non potest de iis peccatoribus qui longam peccandi consuetudinem non exuerunt, nec exuere laborant, qui occasiones ex natura sua ad peccatum mortale inducentes non removent, &c.

At inquies, Profitetur Pœnitens, dum peccata sua confitetur, paratum se ad vitam emendandam: igitur absolvi debet, tametsi in eadem peccata mortalia sit persæpe relapsus, nam, inquiunt, Pœnitenti tam pro se quam contra se loquenti credendum est.

Resp. in iis circumstantiis prudenter agere Sacerdotem, si non modo ad verba verum ad opera Pœnitentis attendat. Agit enim personam medici, qui remedia præscribere non debet ad nutum ægrotantis, sed juxta medicinæ regulas; quis autem credat sinceram esse conversionem hominis, qui a longo tempore labitur & relabitur in eadem crimina; qui bonum alienum restituere detrectat; qui proximas peccandi occasiones fugere non conatur?

At inquies, Obtendunt illi Pœnitentes velle se ad sanctæ Eucharistiæ Communionem accedere, nec proinde ipsis differendam aut negandam absolutionem.

His responderi debet sacram Corporis & Sanguinis Christi Communionem nonnisi recte per Pœnitentiam dispositis esse præbendam, *Nonnulli*, inquit S. Ambrosius lib. 2. de Pœnit. cap. 9. *ideo poscunt Pœnitentiam, ut statim sibi reddi Communionem velint. Hi non tam se solvere cupiunt, quam Sacerdotem ligare: suam enim conscientiam non exuunt, & Sacerdotis induunt, cui præceptum est, Noli dare sanctum canibus.*

Aiunt insuper periculum esse, ne moriantur sine absolutione, si diutius differatur: adeoque esse æternæ damnationis periculo expositos.

Resp. inanem prorsus esse ejusmodi metum, quia si peccatores, quibus ex legitima causa absolutionem Sacramentalem distulit Confessarius, incipiat diligere Deum & agere Pœnitentiam, habeatque insuper Sacramenti votum, Ecclesia sperat futurum, ut Deus misericorditer ipsi indulgeat, & Sacerdotis absolutionem suppleat; unde Concilium IV. Carthag. Can. 79. sic habet, *Pœnitentes qui attente Pœnitentiæ leges exequuntur, si casu, in itinere, vel in mari mortui fuerint, ubi eis subveniri non possit, memoria eorum & orationibus, & oblationibus commendetur.* Quod idem docet Concilium Arelatense II. Can. 12. & communiter SS. Patres & Theologi, qui sentiunt Catechumenos nondum suscepto Baptismo decedentes, uti & Pœnitentes ante receptam Sacerdotis absolutionem per Pœnitentiam cum voto Sacramenti justificari posse. Præterquam quod sibi persuasum habere debent Pœnitentes ejusmodi absolutiones, quæ male dispositis impertiuntur, magis noxias quam utiles esse.

Obj. Ex illa praxi contingere potest scandalum, quatenus Pœnitens, cui dilata fuerit absolutio tempore Paschali, non poterit ad sacram Communionem accedere.

Resp. nullum ex eo futurum esse scandalum, tum quia ignoratur an sacram Communionem perceperit quispiam necne! tum quia notum est omnibus Concilium Lateran. IV. quod Communionem Paschalem annuam præcepit, permisisse Sacerdotibus, ut absolutionem ad aliquod tempus differrent. *Nisi forte*, inquit, *de consilio proprii Sacerdotis ob aliquam rationabilem causam ad tempus ab ejus perceptione duxerit abstinendum.* Cum præterea famæ amittendæ periculum, cui exponetur ille peccator, si ad sacram Communionem non accedat, non est casus necessitatis, in quo solum Minister adhibere potest materiam dubiam. Denique ex illo argumento nimis probaretur; scilicet sequeretur Confessarium debere etiam illi absolutionem impendere, qui accessisset ad Tribunal & profiteretur se nolle a furto, usura & aliis ejusmodi criminibus abstinere; immineret enim idem periculum, ne famæ confitentis noceret, quod sine absolutione dimitteretur, & ad sacram Mensam non accederet.

Quæres utrum danda sit absolutio homini, qui non tam frequenter labitur in peccatum, quam antea.

Resp. id relictum esse prudentiæ Confessarii, qui pro officio expendere tenetur, num Pœnitens veram & sinceram Pœnitentiam agere incipiat: existimarem huic posse dari absolutionem, si ab aliquo tempore ab omni peccato mortali abstinuerit, si omnes peccandi occasiones declinet, hæc sunt enim veræ conversionis signa.

Quæres utrum alicui moribundo, qui defectu vocis & rationis nullum Contritionis signum præbet, concedi debet absolutio.

Resp.

Resp. hoc in capite dissentire inter se Theologos & Casuistas. Mihi verisimilior videtur eorum opinio, qui dicunt in illo casu absolvendum esse moribundum, quia tunc dubitat Sacerdos, num ille moribundus aliquo moveatur Contritionis actu in eo instanti quo usu vocis privatur; vel forte num aliquem actum doloris elicuerit paulo antequam in tali statu versaretur. Item potest dubitare cum fundamento, an Contritio sit pars essentialis Sacramenti Pœnitentiæ, multi enim Theologi censent eam non esse nisi præviam dispositionem. Scotistæ totam Sacramenti essentiam in absolutione positam contendunt; debet autem Minister Sacramentorum adhibere potius remedium dubium quam non adhibere, præsertim cum Sacramenta sint ad salutem hominum procurandam destinata. Audivi olim quosdam insignes Theologos qui dicebant, Sacramenta esse pro hominibus, homines non esse pro Sacramentis, cum istud fit sine ullo contemptu, quid mali contingere potest?

Quæres an dari possit absolutio sub conditione.

Resp. Sacerdotem absolvere posse sub conditione, cum agitur de moribundo & dubitat an vivat necne: quo in casu dicet, *Si es capax absolutionis, Ego te absolvo*. Vel si dubitet an verba absolutionis protulerit, dicere poterit, *Si non es absolutus, Ego te absolvo*. 2. Licite absolvere non posse ordinarie sub conditione, ut si dicat: *Si te pœniteat, si recte contritus es, Ego te absolvo*. Hanc enim absolutionis formam non approbat Ecclesia. Imo censent Theologi appositionem conditionis futuræ, ut si dicat Sacerdos, *Si restitueris, eris absolutus*: irritam reddere absolutionem, quia Minister non potest dare Sacramentum & ejus effectum simul suspendere.

CAPUT XXXIV.

De Ministro Sacramenti Pœnitentiæ.

Teste Reynero docebant Waldenses probum Laicum esse potius absolutionis Ministrum, quam improbum Sacerdotem, quem errorem secutus est Wiclephus, tum & postea Protestantes qui suis Pastoribus quos appellare solent *Ministros*, id officii deputant. Contra vero Ecclesia Catholica tenet & semper tenuit omnes Sacerdotes tam indoctos quam doctos, tam improbos quam probos a Christo accepisse potestatem absolvendi; tum vero id ipsis solis datum per exclusionem Laicorum, Diaconorum, & aliorum quorumvis hominum. Præter Episcopos & Sacerdotes.

CONCLUSIO.

Omnes & soli Episcopi & Sacerdotes sunt Ministri legitimi absolutionis sacramentalis, non Laici, nec Diaconi.

Probatur ex iis scripturæ locis, in quibus ait Christus: *Quæcumque solveritis, &c.* Matt. 18. *Et quorum remiseritis peccata, &c.* Joan. 20. tunc enim Christus potestatem ligandi, & solvendi contulit Apostolis, & in eorum persona, omnibus & solis Sacerdotibus; quemadmodum explicuit Ecclesia, cujus perpetua praxis & Traditio docet, Confessiones peccatorum fuisse semper datas non solum ab Episcopis, sed & a Sacerdotibus probis aut improbis, neutiquam vero a Diaconis aut aliis inferioribus Ministris, & a fortiori nunquam a Laicis. Hæc Traditio manifesta est in Patrum testimoniis initio hujusce tractatus adductis, cum ostendimus Ecclesiæ datam a Christo fuisse potestatem clavium, & ubi probavimus perpetuam fuisse praxim in Ecclesia, ut Fideles ad Sacerdotes confugerent peccata sua confessum. Addimus insuper S. Cyprianum qui libro de Lapsis sic loquitur, *Deus adhuc qui deliquit, in*

secu-

sæculo est, dum remissio facta per Sacerdotes, &c. S. Chrysostomum lib. 2. de Sacerdotio cap. 3. *Multa*, inquit, *arte opus est, ut qui laborant Christiani, ultro sibi persuadeant, Sacerdotum Curationibus submittere se oportere*. Item S. Augustinus Epist. 128. hortatur Sacerdotes, ut suas Ecclesias non deserant, quia magnum inde afferretur detrimentum Fidelibus, quatenus nulli superessent Sacramentorum Ministri, a quibus absolverentur; S. Ambrosius lib. 1. de Pœnit. cap. 3. agens adversus Novatianos potestatem remittendi peccata Sacerdotibus abjudicantes, *Hoc jure*, inquit, *vindicat Ecclesia, quæ veros Sacerdotes habet, hæresis vindicare non potest, quæ Sacerdotes Dei non habet*; Innocentius I. Epist. 1. quæ est ad Decentium cap. 7. *Cæterum*, inquit, *de pondere æstimando delictorum, Sacerdotis est judicare*; S. Leo Epist. 92. *Sic divinæ bonitatis*, inquit, *præsidiis ordinatis, ut indulgentia Dei nisi supplicationibus Sacerdotum nequeat obtineri*. Qua in re consentiunt una voce alii SS. Patres, ac postmodum omnes ac singuli Theologi.

Quapropter hæc merito sancit Concilium Trid. sess. 14. cap. 6. *Circa Ministrum hujus Sacramenti declarat sancta Synodus falsas esse, & a veritate Evangelii penitus alienas doctrinas omnes, quæ ad alios quosvis homines præter Episcopos & Sacerdotes clavium ministerium perniciose extendunt, putantes verba illa Domini, Quæcumque alligaveritis super terram, &c. ad omnes Fideles indifferenter & promiscue contra institutionem hujus Sacramenti ita fuisse dicta, ut quivis potestatem habeat remittendi peccata*; & Can 10. ejusdem sessionis, *Si quis dixerit Sacerdotes qui in peccato mortali sunt, potestatem ligandi & solvendi non habere, aut non solos Sacerdotes esse Ministros absolutionis, sed omnibus & singulis Christi fidelibus esse dictum, Quæcumque ligaveritis, &c. quorum verborum virtute quilibet absolvere possit peccata, publica quidem per correptionem dumtaxat, si correptus acquieverit; secreta vero per spontaneam Confessionem, anathema sit*. Idem antea docuerat Eugenius IV. in suo Decreto pro instructione Armenorum his verbis, *Minister hujus Sacramenti est Sacerdos habens auctoritatem absolvendi vel ordinariam, vel ex commissione superioris*.

Obj. Jacobi 5. *Confitemini ergo alterutrum peccata vestra, & orate pro invicem, ut salvemini*: igitur & Laici possunt excipere Confessiones.

Resp. Id intelligendum de Confessione ex motivo pietatis & humilitatis facienda, & ad quam hortatur Apostolus, sed quæ non est sacramentalis, nisi hoc sensu locus intelligatur, quod Laici omnes debent confiteri peccata sua Sacerdotibus, & Sacerdotes aliis Sacerdotibus.

Objic. Ex S. Cypriano Epist. 12. Diaconi absentibus Presbyteris possunt absolvere Pœnitentes, sic enim loquitur, *Occurrendo puto fratribus nostris, ut qui libellos a Martyribus acceperunt, & prærogativa eorum apud Deum adjuvari possunt, si incommodo aliquo & infirmitatis periculo occupati fuerint, non expectata præsentia nostra apud Presbyterum quemque præsentem, vel si Presbyter repertus non fuerit, & urgere exitus cœperit, apud Diaconum quoque exomologesim facere delicti sui possint, ut manu eis in Pœnitentia imposita veniant ad Dominum cum pace, quam dare Martyres litteris ad nos factis desideraverunt*: igitur hæc potestas solis Sacerdotibus non competit, sed ea quoque usi sunt aliquando Diaconi saltem in casu necessitatis, quando nulli aderant Presbyteri, ita sentiebat P. Morinus lib. 8. de Pœnit. cap. 23.

Resp. eo loci sermonem esse de impositione manuum mere cæremoniali, non de absolutione Sacramentali; nimirum S. Cyprianus exul propter persecutionem scribit reconciliandos esse Pœnitentes, si in periculo mortis versentur, vel a Sacerdote, si quis præsens adfuerit, vel a Diacono in absentia Sacerdotum; sed ita ut quilibet agat juxta suam potestatem; unde impositio manuum facta a Sacerdote sit Sacramentalis, facta autem a Diacono

cono sit mere cæremonialis, quam tamen præcipit non omittendam Cyprianus, quod maxime utilis erat cum dolore & contritione Pœnitentium conjuncta. Scilicet observant multi Eruditi nomine Exomologesis, persæpe intelligi actionem, seu solemnem cæremoniam, per quam Pœnitentes Ecclesiæ reconciliabantur, postquam Pœnitentiæ suæ stadium expleverant, non autem semper intelligi sacramentalem peccatorum absolutionem, legi possunt Epistolæ 11. & 62. ejusdem S. Cypriani. Certe potestatem absolvendi a peccatis, Sacerdotibus asserit S. Doctor lib. de Lapsis, *Confiteantur*, inquit, *delictum suum, dum adhuc qui deliquit in sæculo est, dum admitti Confessio ejus potest, dum Satisfactio & remissio facta per Sacerdotes apud Dominum grata est.*

De illa porro impositione manuum mere cæremoniali, per quam reconciliabantur Pœnitentes, & Communioni Ecclesiæ redditi precum & Eucharistiæ ipsius fiebant participes, sermo habetur in multis locis, in Concil. Eliberit. Can. 32. ubi sic habetur, *Aut Diacono potestatem concedendæ Communionis, si ei jusserit Sacerdos.* Tum apud Alcuinum lib. 1. de Divinis Officiis hæc scribentem, *Hoc sunt Episcopi vel Presbyteri, quibus claves Regni cælestis traditæ sunt, sic nec judicia ista ullus usurpare debet, si autem necessitas evenerit, & Presbyter non fuerit præsens, Diaconus suscipiat Pœnitentem ac det sanctam Communionem.* Unde ex istis S. Cypriani verbis nullum argumentum erui potest.

Objic. Ideo Baptismus administrari potest a Laico, quia absolutæ necessitatis est: sed Pœnitentia paris est necessitatis ad remittenda peccata post Baptismum commissa: igitur.

Resp. Traditione, & praxi Ecclesiæ constare Laicos in casu necessitatis baptizare infantes, nimirum qui sibi providere non possunt adeundo Sacerdotes, contra vero nullum extat monumentum quod probet Laicos unquam absolvisse.

Quæres, utrum omnes Sacerdotes hoc ipso quod in sua ordinatione potestatem acceperunt peccata remittendi his nempe verbis Joan. 20. *Accipite Spiritum Sanctum, quorum remiseritis, &c.* valide possint absolvere quoslibet Pœnitentes quando voluerint.

Resp. negative, sed insuper requiri, ut accipiant a Superioribus potestatem Jurisdictionis, uti nunc fit in præsenti Ecclesiæ Disciplina, scilicet hanc Jurisdictionem plenam accipiunt Curati, cum alicui Parochiæ ascribuntur, & alii simplices Presbyteri per novam Episcopi approbationem ad Confessiones audiendas; & ratio est, quia potestas absolvendi exercetur per modum judicii, Judex autem debet habere certos subditos, in quos hanc ligandi & solvendi potestatem exerceat, quo quidem ratiocinio utitur Concilium Trident. sess. 14. cap. 7. ubi sic loquitur, *Quoniam igitur natura & ratio judicii illud exposcit, ut sententia in subditos duntaxat feratur, persuasum semper in Ecclesia Dei fuit, & verissimum esse Synodus hæc confirmat, nullius momenti absolutionem eam esse debere, quam Sacerdos in eum profert, in quem ordinariam aut subdelegatam non habet Jurisdictionem.*

Rem ita definierat antea Eugenius IV. *Minister hujus Sacramenti*, inquit, *est Sacerdos habens auctoritatem absolvendi, vel ordinariam vel ex commissione superioris.* Et multo antea Concilium Lateran. IV. Can. 12. his verbis, *Si quis autem alieno Sacerdoti voluerit justa de causa sua confiteri peccata, licentiam prius postulet & obtineat a proprio Sacerdote, cum aliter ipse illum non possit absolvere vel ligare*: ex quibus patet Presbyteros, quibus in Ordinatione dictum est, *Accipite Spiritum Sanctum* aliqua rursus indigere deputatione seu potestate Jurisdictionis ad excipiendas Fidelium Confessiones; adeoque non modo illicitam sed & nullam & invalidam esse absolutionem quæ daretur a Presbyteris talem Jurisdictionem non habentibus.

At inquies: Sequeretur inde Sacerdo-

tes

tes non habere potestatem ligandi & solvendi, potestatem peccata remittendi ab ipso Christo Domino, sed tantum ab Ecclesia, & ad eos non dirigi hæc Christi verba, *Quorum remiseritis peccata remittentur eis*. Quod tamen non semel dictum est supra.

Nego ant. neque enim juxta hanc doctrinam negamus Sacerdotes suam a Christo habere potestatem remittendi peccata, sed dicimus requiri, ut ad exercitium illius potestatis assignentur ipsis subditi quos possint absolvere.

Duplex itaque in Ministris distinguitur potestas, ordinis nimirum & Jurisdictionis. Potestas ordinis est potestas ligandi & solvendi cum ordine Sacerdotali collata, quæ proinde residet in omni Sacerdote quandiu vivit sive excommunicetur, sive degradetur, seu in schisma, seu in hæresim labatur. Potestas Jurisdictionis est ea quam Ecclesiæ Minister velut Judex in alium tanquam subditum exercet, eaque non manet in excommunicatis, degradatis, & hæreticis, aliisve etiam Pastoribus a quibus aufertur.

Potestas Jurisdictionis duplex est, una quæ exercetur in foro interiori seu in Tribunali Pœnitentiæ & confertur, ut mox dixi, per canonicam beneficii pastoralis institutionem, aut per approbationem Episcopi. Altera quæ exercetur in foro exteriori Ecclesiastico ad coercendos peccatores, qualis est potestas ferendæ excommunicationis.

Utraque potestas vel est ordinaria, quæ alicui competit ratione sui beneficii vel dignitatis qualem habet Episcopus in sua Diœcesi, & Parochus in sua Parochia, cum hoc discrimine, quod Parochus habet tantum potestatem Jurisdictionis ordinariam in foro interiori. Vel delegata, quæ confertur ab eo qui ordinariam habet Jurisdictionem, qualis est in Presbyteris, qui ad excipiendas Confessiones approbantur ab Episcopo, & qualis etiam in pœnitentiariis qui ad casuum reservatorum Confessiones audiendas deputantur ab Episcopis; alii quippe pœnitentiarii Ecclesiarum Cathedralium ordinariam habent Jurisdictionem fori interioris in omnes Diœcesanos, quando munus illud eorum præbendæ vel dignitati annexum est. Et harum quidem divisionum explicatio præcedentibus quæstionibus non parum lucis afferet.

Quæres a quo Episcopo obtineri debeat approbatio, an ab Episcopo Pœnitentis, an ab Episcopo Confessarii, an denique ab Episcopo loci in quo fit Confessio.

Resp. obtinendam esse approbationem Episcopi, in cujus Diœcesi fit Confessio; is est enim a quo Confessarius suam habet Jurisdictionem quam dare potest Episcopus aut voce aut scripto.

Quæres, utrum Episcopi approbatio sit quoque necessaria regularibus ad audiendas Fidelium Confessiones.

Resp. affirmative, idque constat 1. ex summis Pontificibus, ex Pio IV. in Bulla quæ incipit, *In principis*, in qua omnes exemptiones datas hucusque regularibus & Concilii Tridentini Decretis contrarias revocat & rescindit. Ex Pio V. qui in Bulla quæ incipit, *Romani Pontificis*, sic habet, *hac nostra constitutione perpetua sancimus, decernimus, & declaramus Decretum Concilii Tridentini de approbatione audiendis Confessionibus sæcularium ab Episcopis facienda observari debere etiam in omnibus regularibus omnium ordinum etiam mendicantium*, &c. idem sanxit Gregorius XIII. Bulla quæ incipit, *Inscrutabili*. Urbanus VIII. qui regulares omnes etiam Jesuitas voluit examini subjectos & approbationi Episcoporum ad audiendas sæcularium Confessiones, & Clemens X. in constitutione quæ incipit, *Superna magni*.

2. Non semel proscripti fuerunt regulares, cum illud onus excutere voluerunt, extat Cellotii Jesuitæ retractatio, qui promovente sacra facultate Parisiensi declaravit an. 1633. *Regulares non debere nec posse sæcularium Confessiones audire, nisi prius approbationem obtinuerint ab Episcopo*. Item an. 1655. Clerus Gallica-

licanum damnavit hanc propositionem regularium Diœcesis Andegavensis, *Concilium Tridentinum non obligat regulares in Gallia ad obtinendas approbationes ab Episcopis, ut sæcularium Confessiones audire possint.*

3. Hæc disciplina aperte statuitur sess. 23. cap. 15. Concilii Tridem. his verbis, *Quamvis Presbyteri in sua ordinatione a peccatis absolvendi potestatem accipiant, decernit tamen sancta Synodus nullum etiam regularem Confessiones sæcularium etiam Sacerdotum posse audire, nec ad id idoneum posse reputari, nisi aut Parochiale beneficium, aut ab Episcopis per examen, si illis videbitur esse necessarium, aut alias idoneus judicetur, approbationem quæ gratis detur, obtineat, privilegiis & consuetudine quacunque etiam immemorabili non obstantibus.* Quibus diserte abrogata sunt privilegia ante regularibus concessa a Bonifacio VIII. in decretali *super Cathedram*, a Benedicto XI. decretali *inter cunctas*, & a Leone X. constitutione *dum intra*. Idque confirmarunt laudati supra summi Pontifices & multa Ecclesiæ Gallicanæ Concilia paulo post Concilium Trident. habita, videlicet Rothomagense an. 1581. Burdigalense an. 1583. Aquense an. 1585. Tolosanum an. 1590. & postea totus Clerus Gallicanus in comitiis generalibus annis 1625. 1535. 1645. Unde perperam obtenderent regulares, vim nullam in hoc regno habere præfatum Concilii Tridentini Decretum, eo quod receptum non est in iis quæ ad disciplinam spectant, quando quidem ab omnibus Gallicanis præsulibus fuit acceptatum.

Quapropter Alexander VII. in multas alias propositiones, hanc quæ 13. est, damnavit an. 1665. *Satisfacit præcepto annuæ Confessionis, qui confitetur regulari Episcopo præsentato & ab eo injuste reprobato.* Idque intelligitur tum de Episcopo loci quam de Episcopo Pœnitentis, ut explicuit Concilium Mediolanense III. sub S. Carolo, ex quibus sequitur,

1. Posse Episcopos Sacerdotum sive sæcularium sive regularium approbationes ad certa loca vel tempora ad libitum restringere, easdemque ex nova causa suspendere & revocare; uti etiam expresse declaratum est in Decreto Congregationis Concilii Trident. Interpretis an. 1587. & a Clero Gallicano in comitiis generalibus an. 1700.

2. Sacerdos sive sæcularis sive regularis in una Diœcesi approbatus non potest in altera Confessiones audire sine approbatione Episcopi Diœcesani, ut expresse annotavit præfata Cardinalium congregatio, cujus Decretum extat apud Barbosam, p. 2. de off. & potestate Episcopi, allegatione 25. deinde Alexander VII. proscripsit hanc regularium Andegavensium propositionem inter alias, *Regulares ordinum mendicantium semel approbati ab uno Episcopo ad Confessiones audiendas in sua Diœcesi habentur pro approbatis in aliis Diœcesibus, nec novos Episcoporum indigent approbatione.*

3. Ex illo Trid. Concilii Decreto sequitur, Parochos licentiam dare non posse audiendi Confessiones in sua Parochia aliis Sacerdotibus ab Episcopo non approbatis. Neque vero ipsi Parochi possunt extra suas parochias eorum Confessiones audire, qui proprii non sunt Parochiani, nisi hanc potestatem acceperint ab Episcopo, id enim nullo possunt titulo, quanquam suorum Parochianorum Confessiones excipere possint aliena Parochia & in aliena Diœcesi, quia in illos ordinariam habent auctoritatem.

4. Parochus qui parochiale beneficium dimisit, non potest amplius Confessiones audire, nisi de novo sit approbatus, quia eum dimisit titulum, quo juxta Concilii Trid. Decretum non indigebat antea expressa ordinarii approbatione; ita habetur in laudata Cardinalium congregatione. Dehinc Parochi sibi quidem eligere possunt in Confessarium quemlibet Sacerdotem sæcularem vel regularem, uti antiqua fert consuetudo, & constat ex cap. *Ne pro dilatione* extra *de Pœnitentiis & remissionibus* ubi sic habetur, *Ne pro dilatione Pœnitentiæ periculum immi-*

imminentes animarum, permittimus Episcopis vel aliis superioribus, necnon minoribus prælatis exemptis, ut etiam præter sui superioris licentiam providum & discretum sibi possint eligere Confessarem, sed ita ut tamen Sacerdos ille sit ab Episcopo approbatus, ut definivit Clerus Gallicanus an. 1700.

5. Nec sine aprobatione Episcopi Sacerdotes regulares excipere possunt Confessiones Monialium etiam regularibus subjectarum, ut definivit Gregorius XV. in constitutione quæ incipit, *Inscrutabili*, data an. 1622. & statunt etiam Clerus Gallicanus in comitiis an. 1700. Sed Sacerdotes regulares possunt sine approbatione Episcopi excipere Confessiones regularium virorum sui ordinis, modo sint a suis superioribus approbati, ut declaravit Clemens X. Papa an. 1670. quod nimirum de Confessione regularium nihil statuerat Synodus Tridentina.

6. An Parochi & alii Sacerdotes approbati possint Confessiones Fidelium excipere in vicinis Parochiis, attendenda est locorum praxis ab Episcopis probata vel tolerata.

7. Penes Episcopum est, ut regulares, cujuscumque sint ordinis, examen subire teneantur, antequam audiendi Confessiones Facultatem obtineant; ut patet ex Concilio Trid. sess. 23. de Refor. cap. 15. his verbis, *Decernit sancta Synodus nullum etiam Regularem posse Confessiones sæcularium, etiam Sacerdotum, audire, nec ad id idoneum reputari, nisi aut Parochiale beneficium, aut ab Episcopis per examen, si illis videbitur esse necessarium, judicetur.* Hoc Decretum, approbarunt Concilia Ecclesiæ Gallicanæ supra laudata, idemque renovarunt citati etiam ibidem summi Pontifices in suis constitutionibus.

Quæres an sit in Prælatis potestas sibi reservandi certos casus, in quibus Presbyteri sine eorum licentia absolvere non possint.

Resp. affirmative, ea enim semper fuit Ecclesiæ doctrina & praxis, quæ maxime fundatur in his Christi verbis ad Apostolos, *Quæcumque solveritis super terram, &c.* unde jam multi sunt casus a jure reservati summo Pontifici, & multi similiter reservati Episcopis, quorum tamen numerum quilibet Episcopus in sua Diœcesi augere vel minuere potest pro sua prudentia. Hic autem nonnulla praxim spectantia sciri debent a Confessariis.

1. Absolutiones a casibus reservatis tum Papæ tum Episcopis nullæ & irritæ sunt, si dentur a Sacerdotibus sive sæcularibus sive regularibus sine speciali illorum deputatione & venia, ut declararunt Clemens VIII. anno 1601. Paulus V. an. 1617. Urbanus VIII. an. 1628. quorum Decreta refert Barbosa, p. 3. allegat. 52. & Alexander VII. cum an. 1665. inter alias propositiones hanc damnavit, *Mendicantes possunt absolvere a casibus Episcopis reservatis, non obtenta ad id Episcoporum facultate.*

2. In casu necessitatis & imminente mortis periculo quilibet Sacerdos potest a quibuscumque casibus uti & a censuris absolvere, si tamen non adsit Sacerdos approbatus, *Pie admodum*, inquit Concilium Trid. sess. 14. cap. 7. *ne hac ipsa occasione aliquis pereat, in eadem Ecclesia Dei custoditum semper fuit, ut nulla sit reservatio in articulo mortis: atque ideo omnes Sacerdotes quoslibet Pœnitentes, a quibusvis peccatis & censuris absolvere possunt.*

Sed tamen ut ait S. Thomas in Supplem. q. 8. art. 6. quando convaluerint, recurrant ad proprium Sacerdotem, non ut iterum a peccatis absolvantur, a quibus in articulo mortis fuere absoluti, sed ut significent se fuisse absolutos. Tametsi qui in simili casu fuerunt a censuris absoluti, tenentur ad superiorem recurrere mandatum ejus recepturi, nec in eandem censuram ipso jure recidant cap. eor *qui* tit. de sent. excom. in sexto.

3. Qui specialem habent potestatem absolvendi ab omnibus casibus Papæ reservatis, non ideo absolvere possunt a casibus Episcopo reservatis, ut statuit

Cle-

Clemens X. in constitutione quæ incipit, *Superna*.

4. Licet Sacerdos potestatem acceperit absolvendi a casibus Episcopo reservatis, non idcirco absolvere potest a censuris; casus enim reservatur sæpius sine ulla censura, duo hæc inter se differunt.

5. Potest Confessarius in ea Diœcesi, in qua est approbatus, Pœnitentes ex alia Diœcesi confluentes absolvere a casibus in illa Diœcesi reservatis, ex qua veniunt illi Pœnitentes si iter agant ut peregrini, nec ad Confessarii Diœcesim in fraudem reservationis transierint; quia nempe reservatio non afficit Confessarium sed Pœnitentem, ita definivit Clemens X. in laudata constitutione.

Quæres utrum Confessarius qui non accepit ab Episcopo Diœcesano Facultatem absolvendi a casibus reservatis, debeat suspendere erga Pœnitentem, eumque remittere ad superiorem, a quo absolvatur a reservatis.

Resp. circa hunc casum dissentire inter se Theologos; multi enim putant posse ac debere Confessarium mittere Pœnitentem ad superiores, a quibus absolvatur a peccatis reservatis, postquam eundem absolvit a non reservatis, quia, inquiunt, non possent aliter Pœnitentes sua peccata confiteri. Negant alii potissimum, quia Confessio debet esse integra; quæ quidem sententia mihi videtur altera probabilior, unde hæc communis est praxis in tali casu, ut Pœnitens remittatur ad superiores a quibus absolvatur ab ejusmodi peccatis reservatis, simul cum aliis non reservatis, vel, ut a superioribus concedatur Confessario facultas absolvendi pro hac vice a peccatis reservatis, ut integra fiat Confessio.

Caput XXXV.

De effectibus Pœnitentiæ.

De nonnullis effectibus Pœnitentiæ, puta quod peccata post Baptismum commissa remittat, gratiam Dei recte dispositis conferat, Deo peccatorem reconciliet, &c. satis superque dictum est superius. Unus est autem Pœnitentiæ seu quatenus est Sacramentum spectatæ effectus, quod videlicet bona opera per peccatum mortificata reviviscant, beneficio Pœnitentiæ, quod paucis expendemus.

Caput XXXVI.

Utrum per Pœnitentiam reviviscant merita per peccatum amissa.

Certum est bona opera quæ fiunt ab Infidelibus vel a Christianis in statu peccati mortalis constitutis, & quæ propterea dicuntur mortua, non reviviscere per subsequentem Pœnitentiam; quod enim nunquam vixit reviviscere non potest. Sed quæritur, utrum bona opera quæ in gratia sanctificante & per charitatem facta vitæ æternæ erant meritoria, sed quæ per subsequens peccatum mortale fuerunt mortificata, iterum coram Deo reviviscant per Pœnitentiam, ita ut cum Pœnitens Deo reconciliatur, propter ejusmodi bona opera remuneretur, eaque veniant in partem mercedis æternæ.

Conclusio.

Bona opera per peccatum lethale mortificata reviviscunt per Pœnitentiam.

Probatur ex iis scripturæ locis quæ asserunt Deum ita Pœnitentiam agentibus remittere peccata, ut eorum amplius non recordetur, hoc enim posito redeant necesse est coram Deo bonorum operum merita, Ezechiel 18. *Si impius egerit Pœnitentiam ab omnibus peccatis suis quæ operatus est & custodierit omnia præcepta mea, & fecerit judicium & justitiam, vita vivet & non morietur. Omnium iniquitatum ejus quas operatus est non recordabor*. Quod itidem clare docet S. Hieronymus in Galat. 3. *Quicumque*, inquit, *ob Fidem Christi laboraverit*, &

 postea

postea lapsus fuerit in peccatum, sicut priora dicitur passus fuisse sine causa, sic rursus non perdet ea, si ad pristinam fidem, & ad antiquum studium revertatur. Item hoc legitur apud Gratianum de Pœnit. dist. 4. cap. intermittentis, *Priora bona signat Apostolus, quæ persequens peccatum erant mortua, quia hi peccando priora bona irrita fecerunt. Hæc sicut peccando fiunt irrita, ita per Pœnitentiam reviviscunt, & ad meritum æternæ vitæ & beatitudinis singula prodesse incipiunt*. Hanc sententiam tradit S. Thomas 3. p. q. 89. art. 2. quem in hac parte sequuntur communiter Theologi, ea quippe & doctrina est Concilii Trid. sess. 6. cap. 16. hæc scribentis, *Hac igitur ratione justificatis hominibus, sive acceptam gratiam perpetuo conservaverint, sive amissam recuperaverint, proponenda sunt Apostoli verba: Abundate in omni opere bono, scientes quod labor vester non est inanis in Domino, non enim injustus est Deus ut obliviscatur operis vestri, & nolite amittere confidentiam vestram quæ magnam habet remunerationem*. Quibus certe nihil clarius desiderari potest.

Quæritur autem utrum merita per Pœnitentiam reviviscant in eodem perfectionis gradu, qui lapsum præcesserant.

Resp. id pendere ex majori vel minori perfectione Pœnitentiæ per quam ejusmodi merita reviviscunt, & pro magnitudine gratiæ seu charitatis, in qua homo decedet, ut docet S. Thomas loco mox citato ad 3. his verbis, *Dicendum quod ille qui per Pœnitentiam resurgit in minori charitate consequetur quidem præmium essentiale secundum quantitatem charitatis in qua invenitur. Habebit tamen gaudium majus de operibus in prima charitate factis, quam de operibus quæ in secunda fecit, quod pertinet ad præmium accidentale*.

Et ratio est, quia nisi hoc judicaretur ex majori vel minori Pœnitentiæ perfectione, jam indifferens esset inter Samuel remissam agere Pœnitentiam, quod certe consequens absurdum est & Scripturis, Patribus, & Conciliis maxime oppositum.

Deinde si per Pœnitentiam merita reviviscerent ad eum semper gradum quo eminebat antequam peccaret, ut nonnulli contendunt Theologi, sequeretur eos qui per totam fere vitam sanctissime vixissent, & postea sub finem vitæ in scelera prope innumera & atrocissima forent prolapsi, suam priorem sanctitatem integram recuperaturos per levem admodum Pœnitentiæ & Contritionis actum: quantum hoc sit absurdum nemo non videt: igitur.

Atque hæc est aperte sententia S. Thomæ 3. p. q. 89. art. 2. ubi sic loquitur, *Secundum quod motus liberi arbitrii in Pœnitentia est intensior vel remissior, secundum hoc Pœnitens consequitur majorem vel minorem gratiam, contingit autem intensionem motus Pœnitentis quandoque proportionatam esse majori gratiæ, quam fecerat illa a qua ceciderat per peccatum, quandoque vero minori, & ideo Pœnitens quandoque resurgit in majori gratia quam prius habuerat, quandoque autem in æquali, quandoque etiam in minori*. Ubi S. Doctor clare docet gradum perfectionis in Pœnitente justificato desumi ex intensiore vel remissiore Contritionis actu.

Obj. Ezechielis cap. 18. mox citato, *Si impius egerit Pœnitentiam, omnium iniquitatum ejus non recordabor*. Sed recordaretur Deus iniquitatum præteritarum, quantumvis per Pœnitentiam deletarum, nisi integra reviviscerent merita per subsequentem Pœnitentiam; ea quippe non remuneraret secundum omnes eorum gradus: igitur.

Resp. in hoc sententia verum esse quod pollicetur Deus futurum, ut impietatum non recordetur, si impius agat Pœnitentiam, quatenus jam non incurret damnationem æternam propter illas impietates per Pœnitentiam remissas, sed nihil cogit, ut dicatur hunc idcirco totam atque integram priorem sanctitatem recuperaturum, propter rationes mox adductas.

ductas; & sic respondetur præfato concilii Trident. testimonio, quod in hanc sententiam objicere solent adversarii.

At inquies, Si merita integra ante lapsum acquisita reviviscerent, iis nulla correspponderet beatitudo, sed soli Pœnitentiæ advenienti, eadem esset conditio eorum qui justitiam semper conservassent, & eorum qui amissam recuperassent per Pœnitentiam, utique eadem donarentur beatitudine: sed hoc videtur maxime absurdum.

Resp. S. Thomas utrosque eadem fruituros beatitudine essentiali, non eadem accidentali, 3. p. q. 89. art. 5. ad 3. *Dicendum*, inquit, *quod ille qui per Pœnitentiam resurgit in minori charitate, consequetur quidem præmium essentiale secundum quantitatem charitatis in qua invenitur, habebit tamen gaudium majus de operibus in prima charitate factis, quam de operibus quæ in secunda charitate facit, quod pertinet ad præmium accidentale*. Et hæc satis erunt de Sacramento Pœnitentiæ quoad nostrum spectabat propositum.

INDEX

INDEX TRACTATUUM,

Et Capitum quæ in hoc Tomo continentur.

TRA-

Tractatus de Sacramento Confirmationis 106

Tractatus de Sacramento Pœnitentiæ. 148

Cap.

FINIS.